泣き笑い 映画とジャズの極道日記

中山信一郎・著

山田宏一／小野公宇一・編

『天井棧敷の人々』ジャン=ルイ・バロー

『駅馬車』

泣き笑い

映画とジャズの極道日記

目次

凡例

・本書は鹿児島市出身でジャズ・映画評論を繰り広げ、二〇一八年に亡くなった中山信一郎の評論集です。
・序章として現在入手困難な著者の処女評論集「土曜日のジャズ　日曜日のシネマ」（松尾書房）に収録の、著者と映画評論家山田宏一との対談を、新たな校訂を施し再録しました。
・第六章には一九九八年に「南日本新聞」に一年間連載され、「シネマとジャズの『共鳴箱』」（のんぶる舎）として上梓された全三五三篇から、とくに山田宏一がセレクトした九十三篇を収録しました。
・序章の対談、第六章以外の本文はすべて単行本初収録の文章です。
・著者の文章には、執筆当時流通していたビデオに関するものが含まれます。映画の家庭での視聴はＶＨＳビデオやＬＤ（レーザーディスク）などからＤＶＤ、ブルーレイディスクへ、モニターの解像度も４Ｋ、８Ｋへと進歩を遂げていますが、映画の内容にふれた文章は今なお示唆に富むもので、そのまま収録しました。
・単行本化にあたり、送りがなの統一、監督名および製作年、あるいは公開年の追加、外国人名の表記の統一、見出しや記号の変更のほか、一部訂正した箇所があります。
・映画のタイトルのみ二重かぎ括弧で統一しました。
・初出は各文章の文末に記してありますが、掲載紙・誌不明のものもあり、お心当たりのある方はワイズ出版編集部までお知らせ頂けると幸いです。

序章　映画的記憶・ジャズ的記憶

対談／中山信一郎・山田宏一

『おかあさん』香川京子、田中絹代、伊東隆、榎並啓子

ジャズ狂い・映画狂いの人生を中山さんは極道と呼んで自任していた。

極道とは、国語辞典によれば、「悪事を行ったり、酒色や道楽にふけったりすること。身持ちが悪く、素行のおさまらないこと。また、そういう人や、そのさま。」(「大辞泉」)ということになるのだが、もしジャズ道、映画道というものがあるとしたら、むしろ(もちろん、ひそやかに、だが)極道とは書いて字のごとく「道を極める」ことでもあるのだと思いたい――とはいえ、もちろん、放蕩無頼、道楽三昧、わがまま放題の謗りを免れないところが極道の極道たるゆえんではあるものの。

中山信一郎さんと知り合ったのは、中山さんの早稲田大学の映研(映画研究会)時代の先輩で映画雑誌「キネマ旬報」の編集長(当時)だった白井佳夫氏を介してだった。以来、どこかで(少くとも映画の話となると)気が合って、大げさにいえば肝胆相照らす仲として、ずっと、手紙や電話を通して、かなり頻繁に親密なやりとりがつづいた。どんなやりとりだったかは以下の対談に要約されるといっても過言ではない。一九八三年、中山さんが鹿児島から上京されたとき(朋あり遠方より来るというのうれしさだった)の対談で、その年に出版された中山さんの著作集「土曜日のジャズ　日曜日のシネマ」のためだった。思い出とともに、追悼の意もこめて、序論代わりに再録させていただくことにした。

山田宏一

もう解釈学はいらない

山田　中山さんとの付き合いもかれこれ十年になりますか。付き合いといっても、中山さんが鹿児島から東京へ出てこられた時にお会いして映画のことやら雑談したり、電話や手紙のやりとりをしたという程度ではあるんですが……。一九七〇年頃でしたか、初めてお会いしたのは……。

中山　一九七一年だったと思います。最初に僕としては、何故ここで山田宏一さんと対談するのかということを話しておきたいんです。というのも山田さんとの出会いというのは僕と映画をつなぐ強烈な一つの事件でもあったわけです。一九七〇年だと思いますが、当時僕は「鹿児島自主映画の会」という上映運動に従事していたのですが会員の友達が「サニー・タウン」という、今のタウン情報誌みたいなものを出すというので、本についてのエッセーを四〇枚くらい書いたのです。そのエッセーで取上げたのがスーザン・ソンタグの「反解釈」と林達夫なんです。当時、小川徹さんを代表とする裏目読み批評とか左翼陣営からの内容を重視し作品を政治的に分析する映画批評が主流みたいになっていまして、僕なども六〇年代にいちばん感化を受けたのは、花田清輝と吉本隆明、それに新日文（新日本文学）系の佐々木基一とか武井昭夫といった人たちの映画論でしたし、事実、彼らの批評の力というのは大変なものでしたが、いずれにしろ映画をダシにする局外批評でもあったわけで……僕らも当地鹿児島で上映されない作品をということでゴダールや若松孝二などの作品を上映するのだけど、合評会などやると非常に政治的な発言が多い。僕としては、どこか何かがちがうといった映画批評に対する疑問が心の奥にうずまいていました。ソンタグの「反解釈」は作品を分析したり、解釈して、自分の都合のよいように作品をねじまげてしまう現代批評のあり方を全面的に批判しています。作品というのは、すでに生きて歩いているわけで、作品の背後にあるテクストを無理にあばいたり、内容だけを重視する批評に対する挑戦といいますか、彼女がいうには、もう解釈学はいらない、作品と自分の感性に裏付けられた官能美学こそいちばん現代に必要なのだ、という新しい批評のマニフェストが、この本で展開されていたわけです。しかも、ソンタグというのは女で、なかなかの美人ですからね（笑）。何ともみごとな男性横暴的批評への弾劾でもあったわけです。この「反解釈」を読んで何か月もたたないうちに山田宏一さんの「映画について私が知っている二、三の事柄」を読んで、僕は、非常に興奮しました。日本の映画批評の中にソンタグが予感した、あくまで具体的に作品を論じながら、作品そのものを豊かにしてしまう文章、つまりソンタグのマニフェストが山田さんの映画論でみごとに実践されているのです。それで、たまたま「鹿児島新報」からの原稿依頼にソンタグと山田さんの本を紹介したわけです。

山田　そんなことまで、言ってくれたりしたのは中山さんだけで（笑）。中山さんが書いてくれた評を当時「キネマ旬報」の編集長だった白井佳夫さんから送ってもらいました。スーザン・ソンタグのことは、その前に、たしか「キャンプについてのノート」が断片的に「映画評論」などに紹介されていたような記憶がありますが……。

中山　ええ。僕も金坂健二の紹介文は、すでに読んではいましたが、オリジナルのソンタグのキャンプ論というのは、実に明晰で鋭いものでした。でも、それ以上に山田さんの本に僕は感動しました。これだ、これが僕の考えていた、新しい映画論だという、コペルニクス的発見といいますか（笑）、本当に素晴らしいもので、僕は、今でも「忘却と錯乱」、「パンと恋と夢」とか「不思議の国のアイリス」なんかくり返して読むのですが何回読んでもいい。映画についてこんな文章が書けたらなあ、と今や僕の座右の書になっているわけで……。

山田　ちょっとオーバーでは……（笑）。

中山　いや、山田さんの文章のファンというのは確実に存在しますよ。

山田　中山さんとの出会いの話に戻りましょう（笑）。たしかその頃、六本木の「スピーク・ロウ」というスナックで初めてお会いしたと思うんですが……。

中山　僕も出来れば、一度山田さんにお会いしたいと思っていました。白井さんが、山田さんも会いたいと言っているというので「スピーク・ロウ」でお会いしたのですが、あの時、笠井紀美子を僕がさそって、四人で映画の話になったのだけど実に楽しいパーティで……。

山田　笠井紀美子さんは試写で何か見て来た帰りで……ええと、たしかケン・ラッセルの『恋する女たち』（一九六九）の話をしましたね。

中山　そうそう、彼女のコンサートを鹿児島で行なった直後で山田さんの「映画について私が知っている二、三の事柄」の序文に金井美恵子さんが笠井紀美子を「マックス・ホール」かなんかに聴きに行ったけど彼女が出演していなかったというエピソードを書いているのを思い出して山田宏一さんに今夜初めて会うのだけど、会いたいと思いませんかって僕がさそったわけです。それにしても山田さんの映画についての話というのが楽しくてね。ロバート・アルドリッチの『キッスで殺せ！』（一九五五）の話なんかまさに山田さんはスクリーンそのものになれる人だという感じで……。その後山田さんの仕事ぶりを拝見していますと、いわゆる映画評論家という、貧しいといいますか（笑）、解説とか批評といった次元を超えていますよね。翻訳にしてもジェイムズ・ボールドウィンの「悪魔が映画をつくった」、ジェームズ・キャグニーの自伝「汚れた顔の天使」、マキノ雅弘の聞書による自伝「映画渡世」に、あのヒッチコック＝トリュフォーの「映画術」、一連のトリュフォーの批評集といい、あるいはこの前、レーザーディスクで僕も初めて見ることの出来たジャック・ベッケルの『肉体の冠』（一九五二）やベルナルド・ベルトルッチの『暗殺のオペラ』（一九七二）などのスーパー字幕のお仕事、和田誠さんや蓮實重彥さんとの対談にしても映画をより豊かなものにしようとする一貫した姿勢がうかがえます。僕は山田さんのファンですからね（笑）、かげながら力になってあげられればと……。

山田　僕としても中山さんにだけは馬鹿にされたくないという気持で僕なりに頑張りまして……

（笑）。最近では、たしかにスーパー字幕や翻訳の方にむしろ力を入れている感じで……。それはともかく、今日はこちらが中山さんの話を聞く番ですから（笑）。

中山　いや、僕の方も山田さんにお聞きしたいこともあるし、まあ、話は自由にすることにしましょう。

「第三映画」の時代と同人たち

山田　中山さんが映画について書き始めたのは、早稲田大学の映画研究会時代ですか。「第三映画」という同人誌をやってさかんに書いておられたわけですね。

中山　映画について初めて活字になったのは、早大映研の「映画精神」という機関誌に、ウィリアム・ワイラーについて書いたものが、当時一年生だったにもかかわらず白井佳夫さんの推薦で載ったわけです。これがうれしくてね（笑）。ただ「第三映画」時代の日本映画論というのはね、僕自身、非常に不満というか、いわゆる批評文を一生懸命書いているにすぎないという感じなんです。

山田　しかし「第三映画」時代のものも、いくつかこの本（『土曜日のジャズ　日曜日のシネマ』）に収められているのでしょう。

中山　五つ入れましたが、やはり山田さんの批評に接した後では、非常にあの頃の批評というのは、古いしね。本人は一生懸命だったにしても、今やむなしいというか（笑）。

山田　「第三映画」が単行本になったことがありますね。一九六六年頃ですか、僕はあの頃フランスにいたんですが、当時友人が送ってくれまして、ジャック・ドゥミの『ロシュフォールの恋人たち』（一九六七）のロケを見学に行く時に持って行って車中で読んだので、よく覚えてるんですよ。

中山　でも読んで面白い本じゃなかったでしょう（笑）。たしかに「映画によるもう一つの戦後論」という題で出版したのは六六年でした。僕らの「第三映画」というのは不思議な同人誌でね。非常に地味な映画だけ取上げて讃美していましたね。

山田　『警視庁物語』シリーズ（一九五六〜一九六四）とか……。

中山　そうです。この「第三映画」というのは第一期と第二期に分かれているんです。その辺の事情は、飯島哲夫がこの本の中で少し書いてるんですが、第一期は僕とか実相寺昭雄が中心になって八号まで出してるんです。第二期が一九六一年から六五年、十号まで発刊していますが、これは、現在、映画批評を書いている高沢瑛一や飯島哲夫、それに根本治郎とか、今へラルド・エースの宣伝部長の山下健一郎など僕の後輩が中心になって出したわけで、その十号の総括が「もう一つの戦後論」だったわけです。

山田　当時、山下健一郎さんは本名で書いていましたか。蒼井一郎のペンネームはもっとあとかな。彼は村山新治なんて監督に狂っていましたね。白井佳夫さんは、どんな存在だったんですか。

中山　白井さんはもう親分的存在ですから。僕らの同人誌なんかに書いてくれないんですよ（笑）。「もう一つの戦後論」の中に最初に入っている白井さんの論文は、卒論になったものです。白井さんの「観念主義リアリズムからの脱出」というのは同人の志向する一つのテーマでもあったわけで、彼は、第二期の十号のうち二つくらいしか書いていないと思います。で、どんな作家をとりあげたかといいますと、新人監督を中心に当時、僕らは〝セミ・ディレクター〟といっていましたが俳優の山村聰とか佐分利信、シナリオライターの橋本忍なんかの撮った監督作品を新しいリアリズム映画の萌芽があるとして論じました。

山田　山村聰の監督作品としては『蟹工船』（一九五三）とか『黒い潮』（一九五四）とか『母子草』（一九五九）なんてのがありましたね。シナリオ作家の橋本忍の監督した作品は『私は貝になりたい』（一九五九）とか……。

中山　『南の風と波』（一九六一）というのがあって、これは白井さんがほめた。佐分利信の『悪徳』

（一九五八）『乙女の祈り』（一九五九）、それに山村聰の『鹿島灘の女』（一九五九）とか『沙羅の花の峠』（一九五五）なんかいい作品でしたし、田中絹代の『流転の王妃』（一九六〇）とか宇野重吉の『硫黄島』（一九五九）、シナリオライターの猪俣勝人の『殺されたスチュワーデス　白か黒か』（一九五九）という例の神父のスチュワーデス事件を映画にしたものとか。考えてみますと新藤兼人も含めて不思議と、あの頃、シナリオライターとか俳優さんが映画を撮った時代で、一方では、日本ヌーヴェル・ヴァーグあり、『警視庁物語』シリーズあり、日活アクション・ドラマがピークにあった時代ですけど、映画人口の方は、六〇年代に入ってどんどん減少した時期でしたが……。左翼陣営も無視する、オールド・タイマーの批評家もほめないような、こぼれおちた地味な映画を取上げてね、それもストレートにほめたわけではないんです（笑）。山田さんは、六〇年前後の日本映画はどんなものをごらんになっていますか。

山田　一九五八、九年頃に田舎から東京に出て来て、早稲田大学に入って、何をしていいのかわからないので、映画ばかり見ていました。めちゃくちゃに見てたので何がなんだか、傾向も信条もあったもんじゃないんです（笑）。たしか早稲田の同級生に日活の株主券を持っているヤツがいて、そいつをおだてて、ずいぶん券をもらって新宿日活に通った覚えがあります。石原裕次郎がスターで、でもあまりカッコよすぎて感情移入できなくて……主題歌だけはよく覚えています。歌はよかったなあと思います。江戸川乱歩の原作で井上梅次が監督した『死の十字路』（一九五六）というモノクロのミステリー映画が忘れられないんですが、調べてみたら、これは一九五六年の作品なんですね。それを僕は裕次郎ものの添え物として見た記憶があるんです。それから、同じ井上梅次の『女と三悪人』（一九六二）とか、『閉店時間』（一九六二）とか。この二本は大映作品です。『女と三悪人』がフランス映画の『天井桟敷の人々』（マルセル・カルネ監督、一九四五）の焼き直しであることに気づいたのはずっと後でしたが……。それから『閉店時間』は若尾文子なんですね。若尾文子に狂いまして

（笑）。東宝映画では、筧正典作品ですね。早稲田大学の近くに東宝系の映画館があって、そこで見た『重役の椅子』（一九五八）という素晴らしい映画があって、それから『サラリーマン出世太閤記』（一九五七）なんてのも見て……。と、まあ、めちゃくちゃです。理屈も何もないんです。ただもう映画を見ていただけで、映画評論家になろうとはゆめにも思っていなかったもので（笑）……。といった調子で、映画体験どころか、とてもお話になりませんから、中山さんのお話をやはりお聞きしたいと思います。「映画によるもう一つの戦後論」が本になったいきさつは何だったのですか？　小川徹が序文を書いていたと思いますが……。

中山　おそらく同人の何人かが「映画芸術」に書いていたのかな。小川徹は欠席したのですが「映画によるもう一つの戦後論」を出した後で出版パーティをやったのですが、そこに大島渚とか佐々木守、それに実相寺昭雄さんも出席していました。非常につつましいパーティだった記憶があります。大島渚さんなんか「白井佳夫のオリジナルはこの同人にあったのか」なんていっていましたが、佐々木守さんが、この同人は地味すぎるから、まず批評家としてのスターをつくらなければいかん（笑）、と非常に建設的意見をいってくれたのが印象に残っています。プロの映画批評家になったのは、高沢瑛一くらいのものかな。でも、山下にしても根本にしても、長い日活映画論を書いた飯島にしても今読みかえしてみますと、かなりのことをやっています。ただ僕だけは、しだいにジャズの方に入っていっただけに今ひとつ、どれも時評的なものでね、論理といったってほとんど他人の借り物といった感じがするんです。

白井佳夫も実相寺昭雄も大藪春彦も浅井愼平も…

山田　中山さんがなぜジャズに魅せられてその世界に入りこんでゆくかはもう少し後でおうかがいすることにして、いま少し「第三映画」時代のことをほじくってみたいと思います。いつかＡＴＧ（日本アート・シアター・ギルド）のプログラムに白井佳夫さんが早大映研時代に彼が恋をしていた女学生が現在の岡本喜八夫人になったいきさつをきわめて極私的に（笑）書いていたのを読みました。当時から評判の女学生だったんですか。ちょっとスキャンダルめきますが（笑）。

中山　僕もスキャンダル大好きですけどね（笑）。この件に関しては僕などすごく近くにいたんですが、早稲田の女学生でいいなと思ったのはいないですよ（笑）。岡本夫人になった中みね子さんとは同期ですから映研の仲間として毎日のように会って一緒に映画をよく見に行きました。彼女のお母さんが屋久島の出身でね、ちょっと色の黒い素敵な人でしたが、僕の方は、まったく性的な対象としてつき合った記憶はないんです（笑）。彼女も第一期の「第三映画」の同人でした。

山田　岡本喜八監督が『肉弾』（一九六八）をATGで撮ったとき、プロデューサーをやっていた奥さんに一度お会いしたことがあるけど、たしかに色の黒い人でしたが（笑）、若かったころ白井佳夫さんが夢中になるってよく分るようないい女でしたよ（笑）。岡本喜八を初めて早稲田の映研に呼んで作品研究をやったりしたのが白井さんだったわけですか。

中山　いや、ちがうんですよ。すでに白井さんはキネマ旬報社に入社していました。昭和三十四（一九五九）年ですね。何しろ僕が七年間つき合っていた故郷の女の子にふられた年ですからね（笑）。岡本監督の処女作『結婚のすべて』（一九五八）にイカれた映研の後輩たちが彼を呼んだわけで、僕も彼女も大学四年生ですからオブザーバーでしかなかったのです。で、僕の方は後輩が岡本監督を囲んで何をやるのか見学に行ったようなものでね、こんなとこでいっていいのかどうかと思うんですが、白井さんと彼女はおさな友達でね、毎日一緒に登校するわけです。僕は、いとこ同志かなと思っていました（笑）。実際、白井さんにしても彼女が四年生になるまで、まったく女性として意識していなかったというのですから、今もってその辺が僕はよくわからんのです（笑）。

山田　そういえば彼女に「お兄ちゃん」と呼ばれていたとか（笑）。

中山　そうそう。つまり十年くらいつき合ってきた近所の女の子に白井さんは突然、恋をしてしまったというのが真相なんです、その頃、もう一人、第一期の「第三映画」に参加していた早大の仲間で現在ＮＴＶにいるＫ（ここでは名前を伏せておきましょう）も彼女に恋したらしく、突然、彼女が四年生になってもてはじめたわけで僕は本当に困りました（笑）。岡本監督とみね子さんは、偶然デパートかどこかで出会って一緒にスキーに行ったということからロマンスは始まったらしいのですが……。その後の白井さんの話もあるんですがこの辺でやめておきましょう（笑）。

山田　やあ、これでだいぶ、あの強面の白井さんを冷やかす材料ができました（笑）。ところで「第三映画」としては『結婚のすべて』『若い娘たち』（一九五八）、それから次が『独立愚連隊』（一九五九）と最初から岡本喜八をずっと追いかけていたわけですね。

中山　僕は『独立愚連隊』のロケーション見に行っています。「第三映画」としてではなく、映研の後輩に工藤英博という喜八ファンがいまして、この工藤君も後に『もう頰づえはつかない』（東陽一監督、一九七九）とか『海潮音』（橋浦方人監督、一九八〇）などのプロデューサーもしているのですが、彼が僕をさそってくれたのです。

山田　実相寺昭雄という人は映研時代はどんな存在でしたか。

中山　白井さんが二級先輩、実相寺さんが一級先輩です。実相寺さんで思い出したのですが、当時、今考えても不思議なくらい感動的な新人監督の映画が次々に封切られました。増村保造の『くちづけ』（一九五七）、今村昌平の『盗まれた欲情』（一九五八）でしょう。僕が残念に思ったのは、大島渚の『愛と希望の街』（一九五九）を封切の時に見逃したことです。この作品は短期間で打ち切られ、映画館に見に行くと上映している映画が他の作品に変っているのです。その後も他の封切り後の作品の添え物みたいに公開はされたらしいけど気がつかず、しまったと思いました。封切館での上映中断の理由は会社側が入りが悪いとかいうことで一方的に決めたことで特に政治的な事件ではなかったように思いますが。で、実相寺さんが見てきましてね、日頃になく興奮して、革命的な映画として大絶賛するんです。日本映画の歴史は『愛と希望の街』以前と以後という風に論じられるようになるだろうと、ね。

山田　処女作からして〝呪われた映画〟となるというのは、ある意味で映画作家にとっての栄光でもあるといえますね。

中山　だから映研の連中でも『愛と希望の街』を見てるヤツと見てないのがいるでしょう。見たヤツは得意満面としているわけです。

山田　歴史的瞬間に居合せたか居合せなかったかという感じで。

中山　その後、どうしても見ておきたいと思う映画は二番館、三番館にも目を光らせておかなければいかんな（笑）と思い、早目にあちこちの映画館に行くようになりました。大体、その頃の新人の作品というのは映画館で見ています。先にあげた増村保造、今村昌平の処女作に岡本喜八、それに中平康の『狂った果実』（一九五六）、蔵原惟繕の『俺は待ってるぜ』（一九五七）に〝セミ・ディレクター〟たちの作品もこの頃ですし、処女作じゃないけど松尾昭典の『ゆがんだ月』（一九五九）とか舛田利雄の『錆びたナイフ』（一九五八）や『赤い波止場』（一九五八）なんか大変に面白い作品でした。この昭和三十三年から三十五年あたりは、ある意味で、日本映画の最後の絶頂期ともいえるもので、これに類する映画的興奮は、やや水で薄めた感じで七〇年代の日活ロマンポルノで起りましたが……。ところで実相寺さんの話でしたね（笑）。フランス映画についてはめっぽうくわしい人で、何しろ早大仏文科の卒論が「ルネ・クレール論」ですか、担当の先生の飯島正が九十五点をやったのは、歴代実相寺さんの他に一人しかいなかったという伝説も残っているくらいです。第一期「第三映画」の編集のこともあったのでしょうが実相寺さんとは一年半くらいよく付き合いました。彼のところに遊びに行くと「カイエ・デュ・シネマ」が山のように積んである。それ以上に驚いたのは、それまで彼が書いた小説や戯曲、シナリオなど机の横に半メートルくらい積んでありましてね、この人にはとてもかなわんな、と（笑）……。一緒にロベール・ブレッソンの『抵抗』（一九五六）を見に行って僕が「あのフランソワ・ルテリエという役者はきっと悪いヤツにちがいない」なんていうとすごく喜んで「そりゃ、いい！」なんて笑いころげたりしてね。実相寺さんにアメリカの映画監督で好きな人は誰ですかときくとフランク・タシュリンだというのです。

山田　それはたしかに「カイエ・デュ・シネマ」だ！（笑）。

中山　あの『画家とモデル』（一九五五）とか『女はそれを我慢できない』（一九五六）のタシュリンですかときくと「それはそうだよ、君……」（笑）。彼のアメリカ映画論というのはワイラー、カザン、ジンネマン等は全部出来損いのリアリストで彼のベスト・テンにはその辺が一本も入っていない。『ペティコート作戦』（ブレイク・エドワーズ監督、一九五九）なんかが上位に入っている（笑）。

山田　実相寺昭雄という人はテレビの「ウルトラマン」なんかで有名になって、それから劇場用長編をＡＴＧで撮ったせいか、急に芸術的すぎて（笑）。……それでも第一作の大島渚脚本で撮った『宵闇せまれば』（一九六九）はなかなか魅力的な作品でしたが……。

中山　あれは僕も好きです。でも、どうして喜劇を撮らないのかな。コメディに対するセンスのある人だと思うけど、『無常』（一九七〇）はまだしも『曼陀羅』（一九七一）あたりになると……。

山田　『あさき夢みし』（一九七四）なんか、とにかく暗い画面の連続で白井佳夫さんが「懐中電灯を照らさないと何も見えないぞ」と（笑）。

中山　ＴＢＳに入ってからはテレビ界のヌーヴェル・ヴァーグで、実際あの六〇年代初期のテレビ界というのは、テレビ史上、創る側が異常な熱気を持っていましたよね。訳のわからない実況中継とか……。

山田　画面がハレーションだらけで。「佐川満男ショウ」。まだ佐川ミツオって書いていた時代でしたか……。

中山　当時はＴＢＳによく実相寺さんを訪ねました。田村孟なんかがいましてね、ちょうど労働争議かなんかやっていた時で話をきいてもよくわからない（笑）。でも当時のＴＢＳというのは「七人の刑事」なんかにしても石堂淑朗とか佐々木守の脚本が抜群で今野勉なんかの演出作品にギョッとするような傑作がありました。実相寺さんが結婚したのは一九六四年かな。女優である原知佐子さんと一緒になったのだけどそのパーティには日本ヌーヴェル・ヴァーグがテレビ界も含めて全員出席していたのじゃないかと思うくらい、すごい顔ぶれのパーティでした。実相寺さんと白井さんがローレンス・オリヴィエの『リチャード三世』（一九五五）をめぐって論争した時なんか迫力がありました。実相寺さんは否定の方です。白井佳夫という人も立派で自分がよくないと判断した作品は先輩であろうとボロクソに批判しますからね。東宝の森谷司郎さんも映研の先輩で白井さんは尊敬してるけど、こと作品になるとね……。

山田　森谷司郎の初期の作品、とくに井手俊郎の脚本で撮った青春映画をきちんと評価していたのも白井さんですよね。『兄貴の恋人』（一九六八）とか……。

中山　実は当時の東宝映画を見ていないんです。一昨年（一九八一年）湯布院の映画祭で『兄貴の恋人』見て、いいなと思ったのですが、あの頃、この辺の映画を素直にほめるには勇気がいったのではないですか。

山田　でも素直に感動せざるを得なかった作品でしたよ。『二人の恋人』（一九六九）にしても素晴らしい映画だし……ちょっと前にまた見たんですが、やはり素晴らしい映画でした。酒井和歌子が何といってもいいんですね。今になってみると、ますます、あれほどの青春スターは出てこないんじゃないかという感じさえするんですね。内藤洋子なんかにしてもね。『あこがれ』（恩地日出夫監督、一九六六）とか、『伊豆の踊子』（恩地日出夫監督、一九六七）とか。それに『兄貴の恋人』の加山雄三の兄貴の妹役ですね。当時白井佳夫さんが内藤洋子に狂っていて、こんな話をするんですよ。夜の湖にボートが浮かんでいて、静かな、静かな夜で、そのボートに内藤洋子が全裸でのっていて、美しい月の光に照らされて、白黒のシネマスコープの画面が身ぶるいするくらいの緊張感にみたされているってな描写をするわけです。で、それは見たことがないんだけど、何という映画ですかって聞いたら、白井さんが「いや、そういう映画があればよい」と（笑）。まいりましたよ（笑）。

中山　そりゃあ、白井さんらしい話です。どうもあの人は、清純派女優を脱がしたがるくせがありまして（笑）……。

山田　そういえば、白井佳夫さんの好きな女優の系譜はデビュー当初のダニー・ロバン、マリナ・ヴラディ、内藤洋子、大谷直子、秋吉久美子……みなデビュー当初という条件つきですが（笑）、共通してますねえ。

中山　東宝では恩地日出夫の『高校生と女教師　非情の青春』（一九六二）なんか日本ヌーヴェル・ヴァーグ派の力作といった作品でしたが『めぐりあい』（一九六八）はよかったですね。ただ東宝のアクション・ドラマというのは日野晧正が音楽をやった『白昼の襲撃』（西村潔監督、一九七〇）にしても浅丘ルリ子を使った『狙撃』（堀川弘通監督、一九六八）にしても妙にひねくれていて面白くない。

山田　セックス・シーンで官能的に悶えるところで黒い蝶の映像が出てきたり（笑）……。東宝の活劇ではその徹底した娯楽性でやはり岡本喜八につきるでしょう。

中山　圧倒的に面白かったのは初期の『暗黒街の弾痕』（一九六一）と『顔役暁に死す』（一九六一）でしょうね。山田さんのことばでいえば、すべてのアクションが荒唐無稽の虚構の高みに達した日本製ギャング映画の傑作です。

山田　『顔役暁に死す』は最高でしたね。そういえば、たしか原作者の大藪春彦も中山さんの早大時代の同期じゃなかったですか。

中山　ええ、舞台から松竹の俳優になった山口崇なんかも同期です。どちらも短い付き合いでしたが、早大教育学部の同級です。大藪なんかすでにガン・クラブに入っていましてね、二年になって新入生の受付けをやっていると、彼はモデル・ガンなんかふりまわして「おい、一緒にシナリオ書かないか、ゼニになるぞ、批評なんかやめろよ」（笑）。実は、僕も映研から遠ざかっていた時がありまして、当時英文科の連中が中心になって「青炎」という名の同人誌だったと思いますが、その文学同人に僕も入っていました、その第一号に「野獣死すべし」が載っていました。石原慎太郎の「太陽の季節」があれば、こちらは大通俗を堂々と通した悪漢アクション小説で強い印象を受けたことを覚えています。そのうち江戸川乱歩の目にとまって「宝石」に転載されて……。

山田　学生時代にすでにスターになって……。

中山　そうです。その頃、僕は、まったく酒が飲めず、何かというと連中は飲みに行くのですが、しかも焼鳥屋なんかで二級酒飲みながらストリップなんか一生懸命見ているんです。

山田　焼鳥屋でストリップを？

中山　ええ。当時、新宿の西口ガード近くには、まだ戦後的風景の安酒場があって、もうもうとした煙の中で、突然、ライトが照らされ、ストリッパーが出てくる（笑）。山口崇は芝居をやってまして、チェーホフをやるというので無理にチケットを預けられて、五枚くらい売ってあげたこともあるけど、教室の入口でチラシなどくばっていて、彼は、共産党か、もしくは何か政治的活動もやっていましたね。二年になると姿が見えなくなったけど。当時、早大では演劇は盛んでした。もう一人、現在NTVにいる祖父江信太郎という、芝居好きな学生がいて、彼とは同じアパートにいたこともあるんですが、「デッド・エンド」の主役をやるというので……。

山田　「デッド・エンド」というのはウィリアム・ワイラーが映画化してハンフリー・ボガートが出

ていた、あのシドニー・キングズリーの芝居ですか。映画の方（『デッド・エンド』、一九三七）は、リリアン・ヘルマンが台本を書いているんですね。

中山　ええ。その芝居でモダン・ジャズ使ってるんですよ。で、「祖父江君、あの芝居は、三〇年代の話だからアート・ブレイキーは変だよ」なんていうとね、彼は、「だからカッコいいんだよ」（笑）。僕にモダン・ジャズのことを教えてくれたのが彼です。

山田　ところで、早稲田の映研では、具体的にどんなことをやっていたのですか。岡本喜八を呼んだりしたわけですが、よくそんなふうにして新人監督を招いてシンポジウムなんかをやったりしたのですか。

中山　たいしたことはやってないのです。週に三回くらい、理論とか合評会があるのですが、その時間になると人数が少なくなる（笑）。僕が一年の時、白井さんが三年生で幹事長でした。当時、僕なんか田舎から出てきた真面目な白樺派を信奉するコチコチの学生で……。

山田　白樺派!?（笑）。

中山　映研の部室に入ってカバンからノートを取出してメモなんかして終るとすぐ帰るんですよ、ほかに用もないから（笑）。映研の先輩というのは、みんな遊び人に見えましたよ、麻雀はやるし、野球とかコンパになるとにぎやかになる。服装だって、これが学生の服装かと疑うくらい派手なヤツもいるし（笑）、それにただで映画を見られる試写券がきてた時は、先輩達が先を争って行くが、僕の半分も映画は見ない（笑）。そこである時、白井さんと新宿の映画館で出会って、はじめて二人で映画論をたたかわすことになるのですが、まあ、その時の白井さんのすごさというのは、もうアゼンとして（笑）、一方的にしてやられました。

山田　「日本映画の面白さをご存じですか！」と（笑）。

中山　それに、何故、君は合評会など終るとすぐ帰るのかというんで、あとはおしゃべりのパーティがつづくだけでしょうと答えると、何でもないようだが、あそこから映研の面白さが始まるんだ、と（笑）。僕は、その頃、青森出身の警察官の家に下宿してて門限が十二時なわけ。白井さんがいうには楽しい時は徹夜してでも映画について論じようじゃないか、門限のある下宿なんかやめちゃえというんです。白井さんのいうことは、すべからく正しいんです（笑）。それからもう圧倒的に白井さんの影響を受けましたね。

山田　白井さんは、なにしろ学生時代に黒澤明の『蜘蛛巣城』（一九五七）に出演してるひとでしょう（笑）、貫禄はあるし、あのしゃべり方もダイナミックだしね。

中山　それにね、白井さんの映画への悪口というのがすごいというのか、ひどいというのか（笑）。最近では『幸福の黄色いハンカチ』（山田洋次監督、一九七七）ですね。白井さんは、作品そのものよりも、こういう映画が一番いい映画だと安心して見ている、日本の怠惰な状況というものに腹を立てているのでしょうかね。白井さんがいうにはね、北海道の田舎に、あんな高級な黄色いハンカチが一ダースも売っているはずがない（笑）、東京でも三越しか売ってないぞ（笑）。ま、痛烈なんだな。映研時代にも白井さんが四年生の時でしたか、こちらは、真面目に大庭秀雄の『ある落日』（一九五九）の合評会やっているとね、部室に入ってきて、ああ『ある落日』ね（笑）。ラクジツでなくオチメというわけ（笑）。つまり、映画ファンも、創る側から見れば、ひどいことをいいますけどね、そこにも映画を愛するファン気質といったものがないわけではない（笑）。

山田　愛は怒りなり、と。それで思い出したんですが、ベルナルド・ベルトルッチが来日しましたね、『１９００年』（一九七六）の日本公開のキャンペーンで。そのとき、蓮實重彦さんがインタビューしているんですが（たしか「海」に掲載されました）、ベルトルッチがこんなことをいってるんですよ。映画を作る側にとっては批評家ほど憎らしい存在はない。ケチばかりつける。映画の悪口ばかりいっていて、面白いのだろうかと長いあいだ思っていたけど、それも実は映画への愛の表現なんだ、そういう形でしか表現できない愛もあるんだということに気がついた、と。その意味ではたぶん、ひどい悪口ほど、本当は熱烈な愛から出た言葉なんですよ（笑）。ところで、たしか、現在写真家として有名な浅井愼平も……。

中山　ええ、一級下にいまして彼とも一年くらい、よく付き合いました。

山田　なるほど、それで浅井愼平が監督した映画『キッドナップ・ブルース』（一九八二）をプロデュースしているのが岡本喜八夫人というのも、映研以来の絆なんですね。

中山　むろん、それもあると思いますが、今思うに、白井さんの影響を受けなかったのは浅井愼平ぐらいのものだったかもしれません。木下恵介の一種のホモ的な映画がありましたね、白虎隊の……。

山田　『惜春鳥』（一九五九）ですね。たしかに、白虎隊を踊るシーンなんかは耐えがたいくらい（笑）。

中山　そうなんです。どうも気味の悪い映画でしたが（笑）、僕なんかボロクソにこの映画をこきおろしたんですよ。すると浅井が突然怒ってね「僕は感動で震えた。この映画をチャチな論理で一方的に否定するような映研にはもうこない」と（笑）、そして実際、部室にこなくなった（笑）。それでも僕のところに時々、電話があって渋谷などでよく会っていました。彼は名古屋の出身で家庭のいざこざがあったりして中退した後、しばらく名古屋に帰っていたのですが、こんな有名なカメラマンになろうとは、当時の部員は思っていなかったかもしれないけど、物の見方がドライな抒情派というべき、さわやかな男でね。それに音楽が好きでしたから僕のアパートでバッキー白片なんか聴いたりしました。

アメリカ映画の興奮

山田　月並みな質問ですが、中山さんがいちばん最初に見た映画は何ですか。覚えてますか。

中山　最初に見た外国映画の印象は実に強烈なもので、いまだにその作品がわからないのです。今年の春でしたか作家の筒井康隆に初めてお目にかかった時、聞いてみたんですけどね。何しろ筒井さんも「不良少年の映画史」の中で子供の頃見た映画を執拗に追ってる人だから。僕の記憶では一種の戦争航空映画でね、どうもエチオピアとイタリアあたりの戦闘なんですが、ほとんどが空中戦で主人公の飛行機が敵機に銃撃されてジャングルに突入したりするシーンがありました。当時の双発機の機関銃の音が鮮烈なんだな。こんな風にしか覚えてないのですが、筒井さんも「君の話からはわからん」（笑）。何しろ四十年前、僕が幼稚園にかよっていた頃見た映画ですから……。

山田　何でしょうね（笑）。密林に不時着するというだけなら『ターザンの猛襲』（リチャード・ソープ監督、一九三九）なんかだってそうでしたしね（笑）。火を吹いて落ちるといっても中山さんの話ではたぶんモノクロ映画ですよね、ひょっとするとハワード・ホークスの『暁の偵察』（一九三〇）なんかじゃないですか。

中山　えっ！　ホークスの『暁の偵察』。それは舞台はどこになっていますか？

山田　第一次世界大戦の話ですから、プロペラ複葉機なんです。それしかわかりませんが！（笑）。

中山　いやはや、そうだとすれば僕は映画ファン冥利につきるなあ。これはどんなことをしてももう一度この目で確かめてみたい。

山田　でも、エチオピアとかイタリアの戦闘ではないですから、ホークスの映画は。ところで、日本映画の方はどうなんですか。

中山　『フクチャンの潜水艦』（関屋五十二監督、一九四四）というマンガ映画でこれは小学一年の時に学校からつれていってもらったように思います。おじさんにつれていってもらった映画でスパイ映画がありましたがこれはこわい映画で、ラストで「スパイはただ黙っている」とナレーションがかぶさるのです。後で調べてみると昭和十七年に吉村公三郎が『間諜未だ死せず』（一九四二）を作っているのであれがそうだったかわかりませんが。もう一本記憶に残っているのは、ヒロインが高峰秀子か轟夕起子だったようにも思うのですがいつも自転車にのっていましてね。当時（昭和十七、八年）ヒットしていた「花よりきれいな花子さん……」とかね「トントン、トンカラリと隣り組……」なんて歌が入っているたわいのない映画でね。あるいは戦争中の回覧板をまわすPR映画だったようにも思います（笑）。これはおふくろにウソついて一人で見にいった最初の映画なんですよ（笑）。

山田　それはたぶん高峰秀子の何かとマキノ雅弘の『ハナコサン』（一九四三）とかがまざっていますね（笑）。もっとも『ハナコサン』は見てないので、轟夕起子が歌って大ヒットした「お使いは自転車に乗って」という主題歌しか知りませんけど……。高峰秀子といえば戦争中にも『馬』（山本嘉次郎監督、一九四一）とか『綴方教室』（山本嘉次郎監督、一九三八）とか『秀子の車掌さん』（成瀬巳喜男監督、一九四一）とかね、国民的スターだったんでしょう。国民的PR映画に出て影響力があった女優さんだったんでしょうね。もっとも彼女は、戦争直後はちょっとふるわず『陽気な女』（佐伯清監督、一九四六）とか『浦島太郎の末裔』（成瀬巳喜男監督、一九四六）とかあまり話題にならない映画に出ていましたね。

中山　そんな映画を山田さんは子供の頃見てるの。

山田　なぜか見てるんですよ（笑）、もちろん戦後ですが。高峰秀子だから見に行ったわけじゃなくて、もう映画なら無差別に何でも見てましたから。その週に見る映画がなくなって同じ映画を何度も見直したりする始末で（笑）。学校に行かずに映画館に通っていましたから。

中山　まるでフランソワ・トリュフォーだ（笑）。山田さんが後年トリュフォーと友達になるのは少年時代が同じなわけだ（笑）。

山田　ただで映画を見る方法という点だけでは、トリュフォーよりこっちの方が上手だったらしいけど（笑）。最初に名前を覚えた映画監督は誰ですか。スターの名前でもいいんですが……。

中山　中学高学年の頃、すでに「スクリーン」なんか読んでたと思いますが、やっぱし最初に覚えた女優さんは、モーリン・オハラでしょう。次にヴァージニア・メイヨあたりかな。

山田　モーリン・オハラは天然色女優といわれていましたからね。やはり派手で綺麗だったから……？

中山　綺麗とか好きとかいうことではなかったですね。彼女の出る映画はぜんぶ面白かった……。

山田　『海賊バラクーダ』（フランク・ボザーギ監督、一九四五）とか『西部の王者』（ウィリアム・A・ウェルマン監督、一九四四）とか『船乗りシンドバッドの冒険』（リチャード・ウォーレス監督、一九四七）とか『すべての旗に背いて』（ジョージ・シャーマン監督、一九五二）とか……血湧き肉躍る冒険活劇が多かったですね。ヴァージニア・メイヨは『ダニー・ケイの天国と地獄』（ブルース・ハンバーストーン監督、一九四五）とか『虹を掴む男』（ノーマン・Z・マクロード監督、一九四七）とか……。

中山　そうなんです。それから、テレサ・ライトなんか綺麗な女優さんで大好きでしたが、二年くらい前、武市好古さんとお会いしたら、「中山君がゲイル・ラッセルを覚えていないとはね」、とさも、それでも君は映画ファンかといった勢いでね（笑）。ゲイル・ラッセルについては、やはり同世代の人から聞かれたこともあるんです。彼女の出た作品は、結構見ていてきれいな女優さんだった印象はあるけど、輪郭がはっきり思い出せないわけで……。

山田　武市好古ってひとはゲイル・ラッセルのことばかり書いていますね（笑）。ゲイル・ラッセルの悪口なんかいったら殺されちまうなあって和田誠さんと話してるんです（笑）。

中山　武市さんの話では中学生の映画ファン同志で人気投票をやってね、テレサ・ライトが一位になったがテレサ・ライトに投票したのは、上流階級の子供たちで、われら下町っ子は、全員ラッセル派だった（笑）というのです。

山田　たしかに忘れがたい女優さんですけどね。絵に描いたようなB級映画だけど捨てがたい作品に出ていたヒロインですね。ジョン・ウェインの『拳銃無宿』（ジェームズ・エドワード・グラント監督、一九四七）、ジョン・ペインの『熱風の町』（ルイス・R・フォスター監督、一九四九）とか。エドワード・G・ロビンソンの『夜は千の眼を持つ』（ジョン・ファーロウ監督、一九四九）なんかよかった。いい映画でしたね。

中山　B級といえばランドルフ・スコットの西部劇はたくさん見ています。女優さんの話に戻ると、オリヴィア・デ・ハヴィランドのような清純派の女優さんが好きでした。中学生の頃までは。

山田　オリヴィア・デ・ハヴィランドといえばエロール・フリンの活劇のヒロインですね。

中山　オリヴィア・デ・ハヴィランドも結構西部劇にも出ていたし。色っぽいと思ったのは、全体的に好きではないけどリンダ・ダーネルがエロール・フリンの『ドン・ファンの冒険』（ヴィンセント・シャーマン監督、一九四九）でしたか、あれは、めっぽう面白く、何だかとてもエロチックでしたね。

山田　いや、『ドン・ファンの冒険』の女優はリンダ・ダーネルじゃなくてヴィヴェカ・リンドフォースですよ！　スウェーデンの女優で第二のイングリッド・バーグマンなんていわれて……いい女優でしたけど（笑）。リンダ・ダーネルは『血と砂』（ルーベン・マムーリアン監督、一九四一）とか『永遠のアンバー』（オットー・プレミンジャー監督、一九四七）とか『第二の機会《チャンス》』（ルドルフ・マテ監督、一九五三）とか、やたら色っぽかったですけど。

中山　キッス・シーンでつばきが口からひいてる映画は……。

山田　あれは『三銃士』（ジョージ・シドニー監督、一九四八）（笑）。ヴァン・ヘフリンと悪女ラナ・ターナーのキス・シーン。ジーン・ケリーとジューン・アリスンも出ていましたけど。

中山　ジューン・アリスンがあんな濃厚なラブ・シーンはするはずがない（笑）。『ドン・ファンの冒険』にリンダ・ダーネルが出てないとすると、じゃ、僕は『三銃士』と『ドン・ファンの冒険』がごっちゃになってるな（笑）。とにかく、エロール・フリンとラストの馬車の中でやるキッス・シーン、あれに興奮したんだ（笑）。

山田　たしかにきれいでしたからね。ヴィヴェカ・リンドフォースは。フランス映画の『シンゴアラ』（クリスチャン・ジャック監督、一九四九）にも出ていた。

中山　それにしても山田さんはよく映画を見てるなあ。女優さんの話になると記憶力が二倍に増大する（笑）。ところで山田さんの「走れ！映画」の中の蓮實重彦さんとの対談で『ヨーク軍曹』（ハワード・ホークス監督、一九四〇）のことが出てきますが『ヨーク軍曹』は、僕も中学二年生の頃に見て興奮し、山田さんの本の「映画狂い」という対談を読んでさらに興奮しました（笑）。和田誠さんの「お楽しみはこれからだ」を読んでも、まず『オクラホマ・キッド』（ロイド・ベーコン監督、一九三九）『悪漢バスコム』（S・シルヴァン・サイモン監督、一九四八）にターザン映画、『死の谷』（ラオール・ウォルシュ監督、一九四九）あたりに続いて『ヨーク軍曹』、それにハンフリー・ボガートの『サハラ戦車隊』（ゾルタン・コルダ監督、一九四三）『カサブランカ』（マイケル・カーティス監督、一九四二）、その間にエロール・フリンの活劇やランドルフ・スコットの西部劇、アボット＝コステロのコメディ、ボブ・ホープ＝ビング・クロスビーの『珍道中』シリーズ（一九四〇〜一九六二）が入ったりするのですが、こういった実に豊かなアメリカ映画の体験は、僕らの世代のファンには共通しています。『ヨーク軍曹』の、ゲーリー・クーパーが七面鳥を撃つ時の面白さ、そしてドイツ兵は映画では七面鳥そのものなんですからね（笑）。あの映画を見て相手はナチといえども同じ人間だから、七面鳥のギャグを人間に使うのはけしからんなんていうヤツは、むろんいなかったわけで、考えるだけでもバカバカしい発想ですよね（笑）。だから蓮實さんのクリント・イーストウッドの『ガントレット』（一九七七）の穴の問題は無視出来ない映画的大問題なわけです。『サハラ戦車隊』だって五人くらいの兵士がドイツの一個師団を捕虜にしてしまう、あの痛快さ（笑）。ところで『サハラ戦車隊』のゾルタン・コルダ監督というのは……。

山田　アレクサンダー・コルダの弟で、兄弟でイギリス映画の一つのエポックをつくった監督ですよね。『四枚の羽根』（一九三九）とか『ジャングル・ブック』（一九四二）とか……。

中山　何かといえばボガートの場合『カサブランカ』になりますが、同じスタッフ・キャストでつくった『渡洋爆撃隊』（マイケル・カーティス監督、一九四四）もいい映画でしたし、『サハラ戦車隊』も傑作の一つに入れたいですね。

日本映画独自の面白さ

山田　僕の日本映画との出会いはエノケンから始まるんですが、中山さんもエノケンは見てますか。

中山　エノケンは三、四本は見ているんですが……。

山田　『エノケンのちゃっきり金太』（山本嘉次郎監督、一九三七）とか、大体戦前の映画だけど戦後にみんな見られました。田舎にいたせいかもしれませんが。ま、それは僕の場合ですが、中山さんの場合はたぶんエノケンよりも先に見た日本映画があるわけですね。

中山　昭和二十二、三年頃に見た日本映画というのは、おふくろに連れて行かされるわけです。おふくろのごひいきは、高峰三枝子と折原啓子ですからね（笑）。ほとんどがメロドラマで松竹映画が多いんです、上原謙、若原雅夫、佐野周二などが主役で、それが全然面白くない（笑）。題名も覚えていません。少しあとになって美空ひばりの映画は面白かった。特にあの堺駿二なんかのシーンが抜群で……。

山田　川田晴久とか、ね。『東京キッド』（斎藤寅次郎監督、一九五〇）なんてのもありましたね。

中山　あの辺は大体斎藤寅次郎なんかが撮っていたのじゃないかな。その頃までは監督なんて意識しませんでしたね。自分でしっかり覚えたのは成瀬巳喜男かな。何故かというと高校一年の時だと思いますが『おかあさん』（一九五二）を見たんですよ。このタイトル『おかあさん』なんていうのは本当は見たくないんだな（笑）、新聞の批評なんかでほめてあったんでしょうが、この作品がいいんですよ。日本映画独自の面白さを発見したのが『おかあさん』と黒澤明の『生きる』（一九五二）でしょうね。日本映画ってこんなにいいものもあるのかと思いました、香川京子が十八歳くらいで良かった。岡田英次がパン屋の息子で出ていましたがピクニックに行くのにハート形のパンをつくって持って行くわけ。それがよくって（笑）。

山田　それによかったのは娘の香川京子の方だったわけですね（笑）。田中絹代のおかあさんの方でなくて……。

中山　そう、そう。

山田　成瀬巳喜男はいいですからね。戦前の作品ですけど『鶴八鶴次郎』（一九三八）などは涙なくして見られない。

中山　戦後も『流れる』（一九五六）とか後年の『鰯雲』（一九五八）なんてよかったですよ。

山田　ただ、名作呼ばわりされるけど『浮雲』（一九五五）だけは好きになれないんですよ。

中山　僕もそうです。何でこんな暗い映画がベスト・テンの一位になるのかって、日本とはこんなに暗い国なのか（笑）。

山田　ほんとうに暗いんですよね（笑）。

中山　でも昨年でしたかNHKのテレビであらためて見たのですが、あの二人の出会いが大陸なんです、仏印（ベトナム）なんです。つまり、異国で結ばれた二人故にああなったのでは……もし日本で二人が出会っていたら、ああも陰々滅々のドラマにはならなかったのではないかといったことを確認しました（笑）。

山田　根が深い暗さだったんですね（笑）。

中山　ええ。

山田　最近はどんな日本映画がよかったですか。たとえば澤井信一郎監督の『野菊の墓』（一九八一）はごらんになりましたか。最近といっても、もうテレビでも放映されている作品ですが……。

中山　これには僕は泣きました。単純な映画なのに、ただひたすらいい映画なんです。

山田　そうなんですね。何も主張しないというか、ただひたすら単純に映画そのものの美しさなんですね。画面をきっちりつくる、映画的な流れをきっちりする、与えられた俳優で見事につくるという感じで。

中山　そういう映画はたまにあるんですよね。渋谷毅さんが音楽を担当した満友敬司監督の『俺は田舎のプレスリー』（一九七八）なんかもそうですよね。

山田　あ、あれ、渋谷毅さんでしたか。吉幾三のヒット歌謡曲が主題歌になっているので、まったくそれには気がつきませんでした（笑）。ちょっとよかったですね、あの映画。蓮實重彦さんなど、故意に刺激的に、もうワンワン泣いたなんて文章を書くもんだから、大方の人があれだけはわからん、と（笑）。もっとも、澤井信一郎の『野菊の墓』に熱狂したりするのも妙なもので（笑）、いいものはいいといえばそれまでなんですが、でも『野菊の墓』みたいなさりげないけれどもきちんとした正統派の映画にしがみつくのは、まさに古い映画の墓守りみたいで（笑）、最近の新しい日本映画に愛想づかしをすることにもなるので、いや、そうではない、映画に古いも新しいもない、ただ「映画」があるだけなのだと（笑）。

中山　山田さんは不満のようだけど根岸吉太郎の映画は支持します。『キャバレー日記』（一九八二）もよかった。しかしねえ、『遠雷』（一九八一）も含めてこれくらいの映画は昔、増村保造がもっとエネルギッシュにつくったと思うんです。だけど他にないですから。ほう、八〇年代になってこんな映画撮る人がいるか、と（笑）。でも去年の日本映画ベスト・テン一位になった『泥の河』（小栗康平監督、一九八一）になるとダメです。

山田　ただ、あえて悪口をいう気はないということでしょう。

中山　ああ、それならみんなわかっているわけだ（笑）。あれは何だか気色が悪いんです。どこかちがうんだな。

山田　森卓也さんがいうには、あれは一九五〇年代の久松静児だと。『警察日記』（一九五五）とか『おふくろ』（一九五五）とか『雑居家族』（一九五六）とかの。

中山　『月夜の傘』（一九五五）というのもあったな、でも『泥の河』の場合、インテリの映画でそこがいけない。久松映画には庶民に対する哀感がありましたよ。僕はね、『泥の河』を見て感動した人がいたら、では『野菊の墓』を見てこいといっちゃうんですよ。こっちの方が大きくスイングしているから、と（笑）。昔ね、映研で『エデンの東』（エリア・カザン監督、一九五五）派と『ピクニック』（ジョシュア・ローガン監督、一九五五）派がわかれて論争したことがあるんですがね、むろん僕は『ピクニック』支持派で（笑）。そういう意味では『野菊の墓』と『泥の河』という二本の作品は、八一年度の日本映画を語る時にどちらも意味を持っています。僕は伊藤左千夫の原作の最初の映画化である木下恵介の『野菊の如き君なりき』（一九五五）も単純に泣いたんですよね。最後に笠智衆がうたう短歌までまだ覚えている（笑）。あれは大学一年の時でしたか、ところが、大学四年になった時だと思うけど、映研に有田紀子が入ってきたんです。

山田　『野菊の如き君なりき』のヒロインを演じた、あの有田紀子がですか!?

中山　会員になっていたけど三か月ぐらいでやめました（笑）。前に話した浅井愼平がつれて来たんです。

山田　もてたんですね、カメラマン（笑）。

中山　僕は、浅井はそんなに女好きな男じゃないと思ってるんですが、もててたのは確かです（笑）。でも有田紀子は、プアーな女の子でねえ（笑）、鎌倉あたりのいいとこのお嬢さんらしいんです。で、ダンスパーティか何かの時、ダンスを知らないというので僕が教えてやった。

山田　中山さんが有田紀子にダンスを教えた⁉（笑）。

中山　カンが悪い子でね（笑）、要するにスイングしないわけです。それ以来ですね、出来ればスクリーンだけで実物の女優さんには会いたくないということにしています（笑）、日活の清水まゆみって可愛い女優さんを覚えていらっしゃいますか。僕はちょっと好きだったんですが（笑）。

山田　清水まゆみはよかったですね（笑）。肩がセクシーだったんですよ。だから、よく肩を露出していたでしょう、さりげなく。汗ばんだりすると、もう官能的でセクシーでね（笑）。『峠を渡る若い風』（鈴木清順監督、一九六一）とか『海峡、血に染めて』（鈴木清順監督、一九六一）とか。日活の女優では、芦川いづみと清水まゆみが最高でしたね。

中山　清水まゆみを知っている後輩がいまして、そんなにファンなら会わせてあげましょうといってきてくれたのですが、冗談じゃない、俺は本物の女優なんかには会わないぞ（笑）……どうもこの対談は、すぐ話が昔にかえっていきますね。せっかく『泥の河』なんか出てきたのに（笑）。

「ジャズ・フリー」と『チャールストン』

山田　中山さんが本格的にジャズを聴くようになったのはいつ頃からですか。

中山　ようやくジャズの話になった（笑）。でも今夜は映画の山田さんと話しているんで、実はさっきから山田さんに聞こうと思っていることが二つあるんです。少し僕にも質問させて下さい（笑）。一つは、少し前に晶文社から「ジャズ・フリー」という本が出たのですが、この本の著者は、フィリップ・カルルとジャン゠ルイ・コモリというんですが、この二人の名は、山田さんの「友よ映画よ」に出てきますね。

山田　ジャン゠ルイ・コモリは僕がパリ滞在中に同人として参加していた頃の「カイエ・デュ・シネ

マ」の編集長でした。一九六四年から六七年まで僕はパリにいたわけですけど。同じ時期の「ジャズ・マガジン」の編集長――副編集長だったかな――がフィリップ・カルルで、二人は親友同士だったんです。「カイエ・デュ・シネマ」と「ジャズ・マガジン」は編集部が隣り合わせだったし、同じ出版社でしたから僕もしょっちゅう彼らと会って、よくジャズのレコードを聴かせてもらったり、ジャズや映画の話をしてましした。コモリの奥さんというのがマリアンヌという美女で、日本料理の研究をしてましして（笑）、僕がかなり教えた献立もあるんですよ（笑）。いまマリアンヌは日本料理の調理師の免許をとっているはずです（笑）。マリアンヌには妹がいて、この妹が――あまり美人ではないんですが（笑）――フィリップ・カルルと結婚することになるんです。で、コモリとカルルは親友であると同時に義兄弟になった。この両夫婦はパリでもけっこうブルジョワで同じマンションの同じ階に住んでいて、食事なんかに招待されていくと、両家合同ですごい料理を用意するんです（笑）。マリアンヌは料理の名人だしね。「ジャズ・フリー」というのは、かなりいい本じゃないですか。

中山　「ジャズ・フリー」は恐るべき本ですよ、まだ評価未定のものを厖大な資料で総括してるんだけど、こういうのが本来のジャーナリストの仕事というべきものでしょうね。

山田　中山さんはフリー・ジャズもよく聴いておられるのですか。

中山　最近はあまり聴いていません。よく聴いていたのは六〇年代後半から七〇年代の初めまでで、あの頃のアメリカは、政治的にも混乱の時代で、ロックの勢力が強くなった頃でしたが、当時の黒人問題を理解するにはフリー・ジャズを聴かざるを得ないような状況があったわけです。その頃、ジェイムズ・ボールドウィンやマルコムXの自伝、それにブラック・パワーの連中の著作を熱心に読みました。

山田　日本ではフリー・ジャズはあまり評価されていないのでは？

中山　信奉者は多いですよ。清水俊彦さんの「ジャズ・ノート」なんか素晴らしい著作ですし……。

山田　たしかにそうですね……でも一般的にはフリー・ジャズは日本ではあまり定着していないような感じですが……。といっても、そもそも定着するというような類のものではないのかもしれませんが（笑）。

中山　フリー・ジャズというのは、映画でいう実験映画みたいなもので、すでにジャズ史に大きなものを残していますが、ただ僕には方法論的にも聴衆とのコミュニケーションという点からもフリー・ジャズは、一つの袋小路に入ったという受け方をしていました。あの狂暴なサウンドを聴くような状況の中に自分が生きているというリアリティもありませんし。でも「ジャズ・フリー」を読んで、フリー・ジャズも全世界的にわたって大きな伝統となって生きていることを再確認しました。で、もうひとつの質問なんですが、山田さんは、もちろんジャン・ルノワールの『チャールストン』（一九二七）はごらんになっていらっしゃる？

山田　ええ、たしか東京のフィルムセンターや草月会館でも上映したことがありますしね。

中山　これはジャズを使っているのでは？

山田　サイレント映画ですから、映画音楽というより伴奏音楽なんですが、クレマン・ドゥーセというピアニストがデューク・エリントンなんかと親交があって、ジャズをやっていて、当時はこの映画の伴奏音楽を特別に作曲したらしいんですね。その名残りなのか、チャールストンを踊るシーンでは、字幕の画面に楽譜が出るんですよ（笑）。

中山　あれは、ジャック・ベッケルと知り合ってルノワールがジャズに熱中した頃の作品ですよね。

山田　ジャック・ベッケルは助監督でもあり親しい友人でもあり、ベッケルの影響でつくられた作品みたいですね。ルノワールの自伝に彼がジャック・ベッケルに連れられてジャズを発見するくだりが感動的に書かれていますよね。『チャールストン』の伴奏音楽を作曲したドゥーセという人がジャン・ヴィエネルと一緒にジャズに熱中したとか。ヴィエネルはのちに監督になったベッケルの『現金に手を出すな』（一九五四）のテーマ曲「現金のブルース」を作曲することになるし……。

中山　ジャン・ヴィエネルのことは、「話の特集」で蓮實重彦さんが追悼文を書いておられるのを読んで知ったのですが、このヴィエネルは『商船テナシチー』（ジュリアン・デュヴィヴィエ監督、一九三四）『どん底』（ジャン・ルノワール監督、一九三六）などの作曲を手がけ、戦後もブレッソンの『バルタザールどこへ行く』（一九六四）も彼の音楽なんですね。

山田　多作というか、いろんな映画の音楽を担当しているけれども、ジャック・ベッケルの映画の音楽は抜きん出ていたみたいです。日本未公開の『七月のランデヴー』（一九四九）にはクラリネット奏者のクロード・リュテルやトランペット奏者のレックス・スチュアートが出演して演奏するすばらしいジャズ・シーンがありますね。ヌーヴェル・ヴァーグに先立つジャズ・シーンで、パリのサンジェルマン・デ・プレの青春を描いたすばらしい映画です。ルイ・マルが『死刑台のエレベーター』（一九五七）でマイルス・デイヴィスに作曲させたり、ロジェ・ヴァディムが『大運河』（一九五六）にＭＪＱを使ったり、エドゥアール・モリナロが『殺られる』（一九五九）にアート・ブレイキーとジャズ・メッセンジャーズを起用したりして評判になる前です、もちろん。『現金に手を出すな』のジュークボックスから流れ出すジャン・ヴィエネルの「現金のブルース」とともに、ベッケルはその意味でもヌーヴェル・ヴァーグの兄貴分だったわけですね。ベッケルの前にルノワールがいるわけで、ヌーヴェル・ヴァーグはちゃんと正統な、最もいい意味でのフランス映画の伝統というか、系譜を守っているわけです。

中山　なるほど、そういう背景があったわけですか。

山田　さっきのルノワールの『チャールストン』の楽譜が出る字幕の話ですが、トーキー時代になってからも、この楽譜を出すというのがミュージカルっぽい映画の一つの手になって一九四一年にラオール・ウォルシュがジェームズ・キャグニーとリタ・ヘイワースで『いちごブロンド』というのを撮っているのですが、ラストのエンドマークが出てから「みなさん、まだ席を立たないでください」という字幕が出て、それから主題歌がえんえんと歌われるんですよ。画面に楽譜が出て、ちょうど歌う部分にしるしがポンポンとつくの（笑）。「みなさん、ご一緒にどうぞ」という感じで。それから、もっとあとで、ヌーヴェル・ヴァーグの時代になってトリュフォーの『ピアニストを撃て』（一九六〇）で、ボビー・ラポワントという歌手がナイト・クラブで身体をゆすらせてまさにスイングしながら歌うシーンがあるんですが、そこで歌に合わせて画面の下に歌詞が出て、歌っているところに点がポンポンとはねていくんですよ（笑）。なんか、それだけで、ルノワールからラオール・ウォルシュをへてトリュフォーにつながる美しい映画的記憶に彩られた一つの映画史をたどれるような気がしませんか。

中山　でも、『ピアニストを撃て』にそんなシーンがあったという記憶がないなあ。

山田　あ、そうです。ごめんなさい。フランスで上映された版や、日本でもフィルムセンターのフランス映画特集（日仏交換映画祭）でやった版にはありましたが、なぜか日本の劇場で公開された版には字幕がカットされていたんです。それからこの間のＮＨＫテレビでやったブロードウェイのミュージカル「ピピン」でも、マーサ・レイが歌うシーンで同じ手をやってました。ボブ・フォッシーですからね。映画が好きなんですね、やっぱり。

中山　山田さんと映画の話をしていると、かならずこちらをチクショーと歯ぎしりさせる幻のシーンにぶちあたる（笑）。

山田　こちらも悪いくせで、人が見てないものだとつい、いい気になって（笑）。

中山　山田さんは、こうしてファンを挑発するわけだ（笑）。それにしても実に楽しいお話です……。ここまできたら、モダン・ジャズ以前の、お互いがポピュラー音楽のファンであった頃の話を映画とダブらせて語ってみようじゃありませんか。山田さんは「映画この心のときめき」の中で『シェーン』（ジョージ・スティーヴンス監督、一九五三）の日本語訳の歌をうたった雪村いづみのことを書いていらっしゃいますね。

ポピュラー音楽からプレスリーから

山田　雪村いづみが好きだったんです（笑）。映画館の休憩時間にはレコードがかかるでしょう。あれで聴いたんです。たぶんその映画館の支配人も雪村いづみのファンだったんでしょう（笑）、彼女のレコードばかりかけていた。「青いカナリヤ」とか「ペーパー・キッス」とか「テネシー・ワルツ」とか。もちろん『シェーン』のテーマ曲に歌詞の付いた「遙かなる山の呼び声」も。それで、『シェーン』のことを書いたときに、雪村いづみの歌った主題歌のことにふれて、井田誠一という人の訳詞がどんなに心ときめかせたかを書いたんです。それで、井田誠一氏から手紙をいただいたりしてね。感激しました。それから、あまり僕が雪村いづみに熱をあげてるものだから、和田誠さんが「そんなら紹介してやろう」って、一緒に食事をしたこともあるんです。でも中山さんじゃないけど、やっぱり憧れのスターには会わない方がよかった……（笑）。中山さんもやはり雪村いづみなんか聴きましたか。

中山　僕が初めて上京した昭和三十年は、鹿児島ではテレビが特殊なところにしかなかった頃で、しかもＮＨＫだけでしたから、東京のそば屋のテレビで見た雪村いづみの「セブンティーン」なんか実に新鮮で……。

山田　ある意味では雪村いづみ、江利チエミがぼくらの世代のジャズの原点といってもいいくらいですね。

中山　そうなんです。亡くなった江利チエミについては僕の本でも少し書いておいたのですが、ローズマリー・クルーニーやパティ・ペイジよりも江利チエミで「霧のロンドン・ブリッジ」とか「カム・オンナ・マイ・ハウス」なんか覚えていますし、あの頃のヒット・ソングなんかナット・キング・コールとかドリス・デイなどジャズっぽい曲がヒット・チャートに入っていましたし……。

山田　「S盤アワー」ですね。僕がナット・キング・コールを知ったのは、イタリア映画で『高校三年』（ルチアーノ・エンメル監督、一九五四）という青春映画がありましたね。「デリカード」というテーマ曲が大ヒットした。あの映画で「ツー・ヤング」のレコードをかけるシーンがあって、忘れがたい映画ですが、アンナ・マリア・サンドリというい い女が出てまして（笑）、そのあと『黒い天幕』（ブライアン・デズモンド・ハースト監督、一九五六）というイギリス映画に出てましたが、それから消えてしまいました、残念ながら。

中山　そういう甘いムードの中にエルヴィス・プレスリーが突然入ってきましたが、どうもあの下品さが好きになれない（笑）。で、白井佳夫さんにプレスリーどう思いますかって聞いてみた。白井さんいわく「プレスリーは現代のヴァレンチノである」（笑）。こちらはヴァレンチノなんて伝説的な美男俳優と思っていましたからね。しかしプレスリーの映画の方も、かなり面白かった。『監獄ロック』（リチャード・ソープ監督、一九五七）とか『GIブルース』（ノーマン・タウログ監督、一九六〇）、それに『やさしく愛して』（ロバート・D・ウェッブ監督、一九五六）。

山田　『やさしく愛して』は西部劇としてはつまらなかったけれど、プレスリーの歌った主題歌（「ラブ・ミー・テンダー」）はよかった。プレスリーにはすばらしい西部劇があるでしょう。

中山　ドン・シーゲルの『燃える平原児』（一九六〇）ですね。ロックン・ローラーとしては使ってないんですよね。タイトル・バックの歌くらいで。

山田　プレスリーが白人とインディアンの混血児になる。あれは迫力あるいい映画でした。プレスリーもよくて。

中山　あの頃、日劇でギターを弾いていた深沢七郎さんが芥川賞とって『やさしく愛して』を十七回見ているが俺の回りには三〇回以上見ている連中が何人もいるといってました（笑）。今思い出してみると五八年から六〇年にかけて、日本映画の方は新人の作品にいいものがありましたが、外国の方は、ちょうどスタンダードからワイドに変る時だったせいかそれまで僕の神様みたいな存在だったウィリアム・ワイラー、フレッド・ジンネマン、フランスだとルネ・クレール、マルセル・カルネなどの新作が凡作の連続で……。

山田　『ベン・ハー』（ウィリアム・ワイラー監督、一九五九）とか『北京の55日』（ニコラス・レイ監督、一九六三）とか『キング・オブ・キングス』（ニコラス・レイ監督、一九六一）とか、誰が撮ったかわからないようなスペクタクル映画から、ジンネマンなら『オクラホマ！』（一九五五）のような大作ミュージカルとか……。

中山　僕がモダン・ジャズに魅せられたのは、その頃です。当時、渋谷の恋文横丁のところに早大映研の先輩が経営する「イタリアン」という店があって、おかみさんが当時ヒットした『道』（フェデリコ・フェリーニ監督、一九五四）のジュリエッタ・マシーナにそっくりで（笑）。この店のむかい側の筋通りに「デュエット」というジャズ喫茶がありました。昼間は二時間くらいに三人くらいしか客が入ってこない（笑）。最初は、エロール・ガーナーとかジェリー・マリガンとか軽いものが好きだったんですが、そのうちにホーレス・シルバー、アート・ブレイキー、しばらくしてクリフォード・ブラウンとソニー・ロリンズなんかの黒人の強烈なジャズは、すんなり当時の僕の中に入ってきた感じで、一人でジャズを楽しんだわけです。

山田　中山さんは、ジャズについて文章を書く。ジャズ批評は、中山さんにとって何なのか、やっぱりちょっとお聞きしたいですね。

中山　僕のはジャズ批評というものではないんです。僕のジャズ論というのは、かなりメチャクチャで非常にシリアスに〝転向論〟をやったかと思うと、ただひたすらジャズへのオマージュになったり、それに論争的なのもあるわけで（笑）。現在のジャズ評論を書いている人もほとんどがファンから文章を書くようになった人が多いし、映画論壇に比べると仲間うちを大事にするというか、暗黙のうちにこのレコードの悪口は書かない方がいい（笑）、といったところがあって、それだけに徹底的に批判するとか、一つの演奏家なりスタイルを総合的に追求するような大きな批評がないし、みんな奥歯にものがはさまったような解説批評が多いんです。だから、たまにジャズ・ジャーナリストに会うと、今ジャズ論壇に必要なのは、一人の山田宏一と一人の竹中労であると（笑）。でも僕の場合は、アマチュアですからジャズの悪口も書く必要がないから好きなことだけを自由に書いて行こうという気持なんですが。

山田　でも本当に好きなものについて批評が書けないということもあるんじゃないですか。映画とかジャズなんか特にそういう面があるでしょう。

中山　つまり批評の不幸ということですね。

山田　そうなんです。作品を批評するよりもまるごと愛していたいということがある。

中山　まったくその通りです。その点で僕は山田さんの批評についての文章を読んで、僕なりに反省しています（笑）。ジャズ・ジャーナリズムへの不満といいますと、批評家達の権威的な位置付けみたいなものがあるでしょう……。

山田　映画批評も同じでしょう。もっとひどいかも。たとえば、アメリカ映画では、どうしても、ハワード・ホークス、ラオール・ウォルシュ、ドン・シーゲル、クリント・イーストウッドといった〝娯楽映画監督〟は軽視されるわけで……。

中山　そうです。先の「走れ！映画」の対談とまったく同じような怒りもあるわけです。僕の好きなピアニストにバリー・ハリスという人がいます。彼は、多くの批評家も指摘しているように四〇年代のビ・バップの中心であったチャーリー・パーカーとバド・パウエルの信奉者で、ビ・バップそのままといってていい演奏をつづけてきていて独創的なところがないといえばないピアニストなんです。だから一般的にはパウエルの亜流、小型でしかないというわけです。だけど、僕は、単なるイミテイタージャないと思うわけです。彼が今日演奏しているジャズは、明らかに今日のニューヨークに生きた、新鮮な音楽だし、ビ・バップに徹しながら、晩年の泥沼に落ち込んだパウエルの演奏に比べれば、はるかに気品があり内容も豊かです。もっともバド・パウエルの場合は、晩年のボロボロこそいいのだというファンも多くてやっかいなんですが（笑）。三年くらい前にニューヨークにいた中村誠一からバリー・ハリスのコンサートを秘密録音したものを聴かしてもらったのですが、彼の音楽を本当に愛している人達が集ったコンサートで、途中で素晴らしいコーラスが入ってきたりする。中村誠一にこのコーラス隊は何というグループ名かってきいたらバリー・ハリスのシーデ（弟子のことです——ジャズメンはことばをひっくりかえして表現するんです）だと（笑）。バリー・ハリスは、ビ・バップだけ教える学校もやっているんですが、このコンサートを聴いてこれこそジャズだという興奮を覚えました。昔からレコードも好きだったのですが、久しぶりに日本に来るというので僕らは鹿児島まで呼んでコンサートを行ったのですが、二〇万の赤字を出してしまった（笑）。ハワード・ホークスが「職人監督の域を出ず凡作が多い」と日本の映画辞典にあるのと同じで、バリー・ハリスだって単なるビ・バップの後継者なんかじゃなく、かなり重要なピアニストの一人です。新しいもの、重いものがこの世界でもハバをきかせています。蓮實重彥さんのいうように深刻な無邪気さ、無邪気な深刻さのもつ今日の日本の精神風土というのは、かなり重体ともいえます。山田さんは、もう批評なんか書かないと宣言しているけど、こういった病状に対しては沈黙してしまうのではなく、頭にくることがあれば山田さんやアマチュアの僕などが、時たまでいいから立ち上って一矢をむくいるべきじゃないか（笑）、どうもジャズの話になると声高になる（笑）。

山田　そのへんが実は聞きたかったところなんですよ。もっと声高にやって下さい（笑）。

中山　じゃもうひとつ（笑）……声高にしゃべるような例ではないのですが、昔チャーリー・パーカーのグループに十八歳で入団したレッド・ロドニーという白人のトランペッターがいます。彼は、チャーリー・パーカーに心酔するあまりパーカーが麻薬をやっているならオレもやれば、パーカーに少しはついて行ける（笑）と、トイレの中でヤクをやっているところをパーカーに見つかって、パーカーにヤクだけはやめろ、オレみたいになるだけだと涙ながら説得されたという伝説が残っています。この伝説は少しあやしいもので、実は二人は、嬉々としてヤクをうったのではないか（笑）と僕は思っているのですが、実際、レッド・ロドニーは、麻薬後遺症のために十五年間ぐらいブランクがありまして、つい最近カムバックしています。レコードを何気なく聴き流していますと三十年前のビ・バップそのものをやっている。今日、まだこんなに古い演奏をやっているのかとしか聴こえてこない。みんな、そんな評価しかしないのです。事実、レッド・ロドニーのことなんか、この十年間、一行だってジャズ雑誌に書かれたことがない。で、最近の演奏の方も、ヨタヨタしているし昔日のパワーはないのです。しかし、特に「バード・リブス」というミューズに吹き込んだレコードを聴きますと本当に感動させます。時折、パーカーのインスピレーションがのり移った感じで、美しく心ときめく演奏です。そして背後から、パーカーよ、オレは六〇歳になったけど、あなたのために吹いているんだといった気迫さえ感じさせる。これは、僕の勝手な思い込みなんだけど（笑）。六〇歳に近いロドニーは、かつての美少年のおもかげはなく、肥満した白髪の老人といった感じですけどね。正直にいって今年、聴いたレコードで本当に感動したのはこの一枚なんです。レコード評では、古いなりによく健闘している程度にしか評価されない。そうじゃなくて演奏そのものが燃えていること、熱くスイングしていることは、新しい、古いを超えたジャズの大問題です。それにジャズというのは肉体的なものですから。それにしてもチャーリー・パーカーとかつて演奏した経験を持つプレイヤーというのは、ボロボロになって、年をとっても演奏を続けているんです。フランスのヌーヴェル・ヴァーグの連中が自主的に金を集めてジャン・コクトーに映画をつくらせましたね……。

山田 『オルフェの遺言』（一九六〇）。特にトリュフォーが中心になって資金を集めてコクトーに映画をつくらせたんですね。

中山 このエピソードは、ファンを本当に感動させます。僕の場合は、ジャズ・ジャーナリズムがどうであろうと、もうどうでもいいことですから、作品や演奏家をまるごと愛していたいという姿勢はあるんでしょう（笑）。

ジャズ的記憶、ジャズ的快楽

山田 ジャズが、肉体的なものだとおっしゃるのはよくわかります。「のる」ということですね、たぶん。リズムにのるというか。映画的快楽というのもやはり「のる」ということだと思うんです。やはり肉体的に音痴ではのれないわけで……（笑）。で、ジャズ的快楽とは、中山さんにとっては、一言でいえば、何ですか？

中山 ジャズというのは、実にわがままな音楽ということですよね。本来、西洋音楽にもなかった、正規の音楽教育で教育出来ないのが、ジャズの魅力にもなっています。楽器の音だってハーモニーだって西洋の音楽観から見れば異端のサウンドですし、演奏家の方も、自分で自分の音を探究するわけですからね。ジャズの巨匠というのは全部独習です。演奏家の方も生活から創造活動まで自由なんです。自由がすぎて自己破滅に向う人も多いのですが、それぞれの個性が集って、即興演奏が主体ですけど、統一したグループ表現が生れるというところにジャズの一番素晴らしいところがあると思います。アドリブというのは、その人の肉体が思考する一瞬の創造です。だから僕は、いいジャズを聴く度に、仕事をするのであればジャズ・グループのような形でやりたいなという思いがあります。では、僕らのような創造活動とも無関係なファンというのは、どのようにジャズと対決してゆくのか、ジャズという自由な音楽とどうかかわりあうものかということは、ちょっとむつかしい問題で……。

山田　単純なファンとして作品なりリズムなりにひたすら没入し、のめりこんで、創造そのものをもう一度生きるというか、追体験するという欲張りな志向はありませんか。距離をとって批評するよりも、作品なりリズムなりになりきってしまいたいというような生理的、肉体的な欲望が……。

中山　ファンの理想的なかたちとしてはそうありたいですね。ジャズに熱中するということは生活＝ジャズという等式に接近することです。ジャズの場合は、熱狂せずにはいられない何かがあります。僕としても、このような素晴らしい音楽であるジャズにファンとしてどのようなオトシマエをつけられるものか論じたこともあるのですが、ここではもっと気を楽にして（笑）、批評じゃなくてあくまでファンとしてのジャズへの憧れ、それこそ、山田さんのいうジャズ的快楽を徹底的に追求してみようじゃないかという心意気だけは持っていたいと思っているのですが……。

山田　現在のジャズ・シーンといいますか、ジャズ・プレイヤーの演奏についてはどうお考えですか。ちょっと漠然としすぎる質問かもしれませんが……。

中山　今のミュージシャンというのは、みんな優秀なんです。勉強するところも沢山あるし資料だって昔に比べたら沢山出ている。実際、楽器の音もよくなった。しかし何かいちばん大事なものが欠けているような気がします。評判のいい若手の演奏家のプレイなんか音はいいしリズムも悪くない。でも最初からクライマックスといった感じでね。いい音楽というのはクラシックでも他の音楽でも同じだと思うんですが、いろんな音が集って小川のせせらぎのような流れが、しだいにウォーンと太くなって大きく流れてゆくでしょう。ジャズも同じです。ジャズは、本来生のままの、飾り気のない音楽なんです。

山田　映画の面でいえばドキドキする批評というのは本当にむずかしいということがありますね。ドキドキする映画はあっても、ドキドキする批評はない。その点、ジャズの方はどうなんですか。

中山　ジャズの魅力というのは、つきつめていいますと演奏者のイマジネーションがこちらにのり移ってくる時のスリル、すごさだと思います。その瞬間を批評するというのは、本当は不可能に近いともいえます。最近では、レコードでビ・バップを聴いているのですが、チャーリー・パーカーの写真集を見ていても、演奏の場といいますか、ライブをやっているシーンなんか、現代よりはるかにすごいんです。当時のパーカー、ガレスピィの演奏が鮮烈だったこともあるでしょうが、客席のファンの顔が、ドキドキするようにいい（笑）。女性が少ないのですが、ボヘミアンとか左翼くずれ、いわゆるホーボー（浮浪者）たちが多かったのでしょうが、一音も聴きのがさないって感じで、みんなで共和国つくっている。それにくらべると最近のコンサートの風景なんて、山田さんじゃないが「そろそろジャズはおしまいだぜ！」といいたくなる。

山田　いや、僕は、ヒッチコックの『鳥』（一九六三）の酔っぱらいの真似をしてね、ほら、「世界の終りだぜ！」と叫ぶ男がいたでしょう、その調子で「映画の終りだぜ！」と叫んでいるだけでして(笑)、でも、まあ、完全にフィルムとしての映画、あるいは映画館のなかの映画というのは終末を迎えつつあるわけですね、ビデオ時代になって……。それにしてもジャズをやっている男たちというのは、どうしてみんなあんなにいい顔をしているんだろうと思うんですよ。男というのは大体、野心とか野望に歪んだ醜い顔をしているものなのに(笑)。黒人ミュージシャンの顔のよさというのはちょっとないですね。

中山　最近では今年の大分の城島ジャズ祭でのジミーとパーシー・ヒースの兄弟なんか舞台に上っただけでいい音出すだろうなって思うくらい、本当にいい顔していました。黒人のミュージシャンはヒゲをはやした人が多いけど、最初に来日した時のアート・ブレイキーのとこのボビー・ティモンズというピアニストの、ピアノ弾いてる姿と顔がたまらなくいいというので、モダン・ジャズなんか何にも知らないのに何回もステージを見に行った人がたくさんいたという伝説があります。

山田　年をとってからも、いや年をとるにつれてますますいい顔になる……。

中山　ジャズは年とってからもやれるところがいいんです。ベニー・グッドマンの演奏で有名な「メモリーズ・オブ・ユー」を作曲したユービー・ブレイクというピアニストなんかは九十何歳かで今でもステージに上ってピアノを弾いているし、ベッシー・スミスと同じ世代で同じ頃からブルースを歌っていたというアルバータ・ハンターという人の最近のレコードを聴いたのですが、八十五歳というのに大変なものです。少し声は男っぽいけれども（笑）……。ジャズというのは、大きくいってハーモニーの面でブルースが基調です。ブルースは、歌にすれば一種の疎外感覚をうたっています。それとリズム。リズムは、攻撃的であると同時に、人間が生きている呼吸のようなものを伝えています。即興演奏という大きな力が、この二つの要素で生きてくる。そしてグループ表現としても独自のスタイルを生んで、どんどんスタイルを変えていって、表現を拡張してゆきます。そういった途方もないエネルギーがあるわけです。

山田　ひとりがピアノをポロン、ポロンとやる。すると、ひとりがベースで相の手を入れる。またひとりがクラリネットで応ずる。別のひとりがトロンボーンで加わる……といったような典型的なジャズの誕生のパターンがありますね。ジャム・セッションといいますか。ハワード・ホークスの『ハタリ！』（一九六二）でエルサ・マルティネリがピアノを弾いて、レッド・バトンズがハモニカをポケットから取り出して吹き、みんな輪をつくって「スワニー・リヴァー」をやる心おどらせる名場面がありますね。あれですね。

中山　そうです。ジャム・セッションとは、まさにあのシーンだし、実際、ハワード・ホークスの映画は、『リオ・ブラボー』（一九五九）なんかにしてもジャズそのものといっていい雰囲気がありますね……。最近のスティーヴン・スピルバーグなんかとてもいいし、本当に映画に惚れて作品を創っている。そんな気迫と感覚が画面に出ている。しかしファンというのは欲張りだから、もっといい映画はないかと過去をふり返ってみると厖大な映画の宝庫がある。ジャズも映画も単に与えられるものではないわけで、自ら必死になって見たり聴いたりしてゆけば、かならずジャン・ルノワールやジョン・フォードなどにつきあたるし、いつか見てやろうと決意すれば、見ることの出来る時代ですからね。現代は、ジャズも同じで、どちらも素晴らしい世界が待ちかまえている。

山田　蓮實重彦さんが〝映画的記憶〟ということをいった。単に古い映画をたくさん見て記憶しているというようなことではなくて、映画が映画を記憶しているという考え方ですね。パロディとか、そういうことでもなくて、映画そのものに、フィルムそのものに、シナリオライターや監督の意図とか、そんなものを超えて、いわば世界のすべての映画の記憶が刻まれているということ、それを最初に自覚した映画作家たちがフランスのヌーヴェル・ヴァーグであったわけです。これを「映画による映画の発見」と蓮實さんは呼んでるわけですけど。だから、ヌーヴェル・ヴァーグ以後の映画は、もう無邪気に、そういうことはつまり、もう、それ以前に映画があったこと、すでに映画ではすべてが語られつくしてしまったことを自覚せずには、つくり得なくなった。もう映画は存在しきっているのだということですね。創造者の栄光はもうあり得ない。ゴダールの『勝手にしやがれ』（一九五九）がとくにそういうような無邪気な傲慢さを持ち得ない。映画作家は、もはやこれから映画を創造するのだというようですが、もう何もかも映画では描かれてしまっている、映画は終った、という絶望感から生れた作品だったわけです。だから、フィルムも作者もひっそりと自覚した形で世界のすべての映画的記憶を重くひきずっている。

中山　僕がバリー・ハリスとレッド・ロドニーのことについてしゃべったことも、実は、山田さんのおっしゃる〝ジャズ的記憶〟ということだと思います。七〇年代のジャズが、パロディ的なフリー・ジャズ、クロスオーバーといわれる一連のポップス・ジャズに転じたのは、すべて過去の偉大なミュージシャンがすべてをやってしまったことを知ったために生れたのかもしれません。今、僕がビ・バップに熱中しているのも、山田さんがマキノ雅弘やホークス、ルノワール、ヒッチコックにこだわることと同じなわけです。ジャズの世界でもまったく同じ現象が起っています。デューク・エリントンやカウント・ベイシーがつくった、大らかでダイナミックなジャズは、過去のものであったというよりも、こういう音楽が生れる時代は終ったように思います。……一寸、話が変わるかもしれませんが、ジャズ・ファンもサイクルが短かくて五年くらいでジャズなんか聴かなくなる人が多いのですが、年をとってもファンであるというのは、逆にいろんなものを発見します。ゴダールやトリュフォーの映画が映画の記憶と結びついているように、ジャズの場合も新しいサウンドの中に何かを感じたりします。レスター・ヤングやビリー・ホリデイのジャズというのは、ルノワールやホークスの映画と同じで、音色のよさです。聴く度に彼等の音色とイマジネーションの中に新しい発見をしますし、その時代のすべてが音色を通して見えてくるような気さえしてくるわけです。

山田　音色！——まさにこれですね、音色ですね、ジャズの魅力も映画の魅力も。音色、つまりサウンド。サウンド・オブ・ジャズ、サウンド・オブ・ミュージック、サウンド・オブ・シネマ。映画の魅力も、要するに、テーマがどうあれ、スタイルがどうあれ、音色ですね、本当に心に響くのは！どうやら、この辺が結論になりますか。

中山　そうですね（笑）。今夜は、本当に長い時間、山田さんに付き合っていただいてありがとうございました。僕の方も忘れてしまっていたものが、急に生き生きと蘇ってきたりして、話がちょっと飛躍したりしましたが、これは僕の悪い癖で（笑）……。これを機会にあらためて、いっそう楽しい映画とジャズの世界に挑戦しようと思います。

（一九八三年一月七日、東京・新宿にて）

「土曜日のジャズ　日曜日のシネマ」（松尾書房、一九八三年刊）より再録

『鶴八鶴次郎』長谷川一夫、山田五十鈴

第一章　私の映画史

『風と共に去りぬ』ヴィヴィアン・リー、クラーク・ゲーブル

最初に見た映画の記憶
ファシズム映画『空征かば』をめぐる断想

そして、あれはもう抹殺されたろうか

映画の好きな人であれば、生まれて初めて見た映画の記憶を持っておられるであろう。昨年（一九八三年）、私は一冊の本（「土曜日のジャズ　日曜日のシネマ」）を出す好運にめぐまれ、その際、映画について素晴らしい文章を書く、私の最も好きな映画研究家である山田宏一氏と対談したが、その時も最初に見た映画は何であったかをめぐって話がはずんだ。私の場合は、映画初体験の記憶があいまいで、映画に夢中になったのは、むしろん戦後のことで、戦前六、七歳の頃に見た映画の記憶は、かなりぼんやりしているが、多分、学校に引率されて見たアニメ映画『フクチャンの潜水艦』（関屋五十二監督、一九四四）あたりを少し覚えている程度で、それ以前に時代劇を何本か見たような記憶もあり、ひたすら恐かったスパイ映画のある部分も覚えていたりする。

外国映画の中で今もって脳裏の底に残っている映画がある。これは伯父につれられて見に行ったが、映画から受けた興奮のあまり、眠れなかったことをよく覚えている。それは、全篇空中戦というべき航空映画でジャングルに飛行機が不時着するシーンとか空中戦でパイロットが頭を撃たれるシーンやすさまじい銃撃戦など断片的に忘れられない、最初の映画的ショックを与えてくれた作品であったが、山田宏一氏は、私の話からハワード・ホークスの『暁の偵察』（一九三〇）ではないかと指摘された。

この映画を見たのは、私が幼稚園生か小学一年の頃であったろうから、昭和十七年か十八年ということになるが、たしか昭和十六年以後、すべてのアメリカ映画は日本では上映禁止となっていて輸入もされていないはずである。もっとも植草甚一氏がどこかに書いておられたが、戦争中東京の映画館ではアメリカ映画を堂々と上映している小屋もあったというから、あるいは、それはハワード・ホークスの映画であったのかもしれない。私は、山田さんと対談した前後、偶然にも筒井康隆、色川武大、石沢英太郎、蓮實重彦といった、いずれも映画狂の方々にお会いするチャンスがあって、私の記憶の断片を話したのだが、そのお一人である蓮實氏も『暁の偵察』ではないかと言っておられた。けれども今となっては、古い小学時代の友人を探すようなものできっちりした結論を出すことが出来なかった。

ところが、昨年の秋の頃であったか、雑誌を整理していたら、一九七六年に出版された「ユリイカ」映画特集（六月号）の中の次のような佐藤忠男氏の文章にぶち当った。

「……じつはロッセリーニは、ファシズム時代の一九三八年には、エチオピアに帝国主義的侵略を行うファシストの飛行士を英雄化した『空征かば』（ゴッフレード・アレッサンドリーニ監督）という映画のシナリオを書いている。この作品はムッ

ソリーニ時代に日本などにも輸出された数少ないイタリア映画のひとつなのであるが……」(「映画をどう見るか」講談社現代新書)とある。早速、キネマ旬報でロッセリーニのところを調べてみると、この『空征かば』はムッソリーニの息子ヴィットリオが総監督のパイロットを主人公にした戦争映画で、この撮影のためロッセリーニはアフリカまでロケ・ハンに行っている、とある。ロッセリーニがファシズム映画に協力していたという情報はともかく、どうやら私がさがし求めていた映画は『空征かば』であったと思う。私の記憶の中にイタリアとエチオピアの戦いというのが少し残っていたし、アフリカが戦場となればジャングル戦も舞台としてはあってしかるべきであろう。

さらにキネマ旬報のヨーロッパ映画作品全集で調べてみると、『空征かば』が記載されていた!「伊・アイクラ38〜41(つまり昭和十六年　日本上映)ヴィットリオ・ムッソリーニ総指揮、ゴッフレッド・アレッサンドリーニ監督の愛国航空映画。第一次大戦の空の勇士セルラ大尉(アメデオ・ナザリ)は妻子と別れ南米を放浪し、大西洋横断飛行中アフリカへ不時着し、消息不明となるが、エチオピア戦で一兵士として従軍、今や空軍士官となった息子(ロベルト・ヴィルラ)に再会する。しかし味方の危機を救って戦死する。イタリア空軍の偉容を誇る国策映画」とある。

これから判断すると、熾烈をきわめる空中戦は後半にあったのか、主人公が南米を放浪するところなど何ひとつ覚えていないのだが、ともかくもこの映画が与えてくれた映画的興奮は多大であった。だから、たとえ、国策映画であったにしても、この映画こそは、私を映画ファンに導いた栄光の第一作であったし、出来ることならもう一度見てみたいと思う。ただし、ファシズム協力映画と烙印を捺された作品が残っているかどうか、あるいはヨーロッパのシネマテークなどで上映されているかどうか。多分抹殺されたのであろう。

映画的に思考し、映画そのものを楽しむ

歴史がおかしたあやまちは、許してならない部分があるだろう。日本の国策映画というべき『ハワイ・マレー沖海戦』(山本嘉次郎監督、一九四二)とか『海軍』(田坂具隆監督、一九四三)、『陸軍』(木下惠介監督、一九四四)といった映画は、十年くらい前に再上映されたし、ある観点からみると『カサブランカ』(マイケル・カーティス監督、一九四二)や『ヨーク軍曹』(ハワード・ホークス監督、一九四一)といったアメリカ映画も明らかに戦意昂揚を目的としてつくられているし、ソヴィエトの戦争映画などその最たるもので、映画は、その時代の国家の力を反映してつくられもするのである。現在、自由主義陣営では正義とされていることも共産陣営では不道徳かつ不正義であろうし、日本の場合も戦時中に製作された映画は、GHQの検閲を受け、今となっては無害な『エノケンのちゃっきり金太』(山本嘉次郎監督、一九三七)などハサミを入れられ完全プリ

ントは残っていないということだが、ファシズム時代の映画や芸術がすべて抹殺されるというのもおかしなもので、今日ではすべて解禁にしあらためてその時代の空気や人間の生活などを研究する、よき題材にもなるであろうし、少なくとも映画の共和国を夢みるファンにとって、すべての作品は自由に市場に出されてしかるべきだと考えたいが、いかがなものだろう。

『空征かば』は、そういった観点から呪われた作品となったのである。ロベルト・ロッセリーニのみならず、ネオ・レアリズモの作家達もファシズム国家下で映画製作にタッチした人が多く、それ故に戦争の悲惨さを、より克明に描くことが出来たはずであろうし、ロッセリーニの協力によって『空征かば』は、ダイナミックでドキュメンタルな航空映画となっているのかもしれない。

むろん、ある種の危険なファシズム芸術が今日まで存続しているのも事実であり、一番有名なのは、ナチ政権下、ゲッベルスに愛された女流映画作家レニ・リーフェンシュタールのつくった、ナチの党大会を記録した『意志の勝利』（一九三五）と一九三六年のベルリン・オリンピックを描いた『民族の祭典』（一九三八）であろう。今年はオリンピックの年とあって『民族の祭典』の方は、近くテレビで放映されるというから楽しみだが、このレニ・リーフェンシュタールは、今日まで生存〔二〇〇三年に一〇一歳で死去〕し、最近脚光をあびているらしく、私も週刊誌か何かで一寸見たように思うが、南スーダンに住むヌバ族の生態をとった写真集が全世界にヒットしてその健在ぶりを示しているらしい。写真集「ヌバ」を私は見ていないのだが、ナチ時代に腕をみがいた意志の強い作家であれば、独自の美を創ることぐらい容易なことであろう。

アメリカの女流批評家スーザン・ソンタグは、このレニ・リーフェンシュタールを「土星の徴しの下に」（晶文社）で徹底的に批判している。というのもスーザン・ソンタグがユダヤ人であればこそで、その大批判は充分に説得力を持っているし、彼女が指摘するようにレニの映画や写真集が今なお効果的で、その力と美が絶讃されるのは、ひとつにはそこにある憧憬が今も感じとれるからだし、内容のロマンティックな理想に対しては多くの人々がしがみつき、新しい文化も含めて共同体的つながりを求める運動はあとをたたないし、またそういう心情を遮断できるわけではないのだが、ファシズムは、今日も生きているし、ファシズムが、キャンプ的趣味、あるいはエリート文化のレベルでは許容されても、大衆文化、あるいはより広く制度化されてしまうと頽廃的になるというのが、ソンタグの論であった。

今、異常な国粋主義者でないかぎり『民族の祭典』を見てナチズムを賞讃する人もないだろう。国家が力を持っている時は、それなりに映画や芸術も力を持つであろう。歴史をふまえた上で人々それぞれの感覚で、この歴史的作品を鑑賞すればそれでいいのではなかろうか。私の考えでは、映画といわず芸術作品は、いずれもある体制下の中で生まれるものであり、もし反ファシズムや反資本主義の生きた芸術が生まれるとすれば、ファシズムや資本主義体制下の中で生まれたものがあるからこそ意味があるのであって、最初からアンチの作品をつくって（当然、その体制外で）しまうことは、やはり対岸の火事を描くようなものしか生まれないのではないかと思う。

最初に見た映画というテーマから論が離れてしまったが、レニ・リーフェンシュタールの古い作品や『空征かば』も今見ることによって私たちは、さまざまな思考と映画的視点を得ることが出来るのではなかろうかと思う。実際のところ、アメリカがインディアンを虐殺したのは歴史的事実であるが、そのためにインディアンが登場するすべての西部劇が否定されたら、それこそ滑稽であろう。映画というメディアは、映画的に思考し、映画そのものを楽しむことによって、より豊かになるであろう。映画の内容や背後にひそむ思想だけを論じることは、映画そのものの美や表現とは別のことである。

私より年輩の方で『空征かば』をごらんになっている方がたくさんいらっしゃるだろう。もし、ご記憶の方がおられたら具体的にどんな映画であったかお教え願いたい。

（「アドバンス大分」一九八四年八月号、アドバンス）

西部劇こそ最初のカルチャーショックであった

タめしの前に映画を観たのだ

私たちの世代（昭和初期の生まれ）にとって、戦勝国アメリカから受けた文化的影響は、まず野球と映画であった。『瀬戸内少年野球団』（篠田正浩監督、一九八四）の原作者阿久悠にしても監督の篠田正浩にしても戦後の少年時代に対するノスタルジーがあったにちがいない。前回、戦争中に見たイタリア映画『空征かば』について書いたが、映画に熱中するようになったのは中学に入った頃（昭和二四年）で、すっかり映画の虜になってしまった私なりの映画体験談をこれから何回かにわたって書かせてもらうことにしよう。

私は、昭和二〇年六月頃に鹿児島県大口市の近くにあった西太良という小さな村に疎開し、翌二一年の秋に鹿児島市に帰ってきた。周辺は、ガラリと様相が変り、戦後の混乱がつづいていた頃で、極度に食糧事情が悪かった。駅界隈は、闇市になっていたが、あのまるい形状のアイス・キャンデーを口にしたのも闇市の中であった。そして学校でも家庭でも、闇市の周辺にすら、新しい時代が始まろうとする転換期のエネルギーがうずまいていた。この貧しい時代に、すべてを失った日本人の心の中に幸福への幻想を与えたのが、アメリカ映画であった。何しろ映画館の熱気は大変なもので、ヒット作ならずとも大抵の映画に行列がつづいたものだ。

戦後初めて見た映画は何であったかを覚えていない。その頃、公園など野外での上映会もあって、グリア・ガースンとロナルド・コールマンの『心の旅路』（マーヴィン・ルロイ監督、一九四二）を見た記憶がある。この記憶喪失者のメロドラマがすばらしいもので、主人公の名前までまだ覚えているくらいだ。デパートの六階にも特設映画館があって、母につれられて何やら暗いメロドラマの日本映画も見た。暴風雨のシーンなど断片的に記憶しているが、むろん当時も小中学生が単身で映画を見ることは禁じられていたにもかかわらず、特に正月と盆の頃は、ほとんどの映画館に入ることが出来たものである。すべてが禁じられていた少年時代に何故かくも自由に映画を見ることが出来たのか、今不思議に思うが、私の家は商売を営んでいて繁華街の近くにあったし、父母が共に働いていたから、学校から帰って夕食までの間に映画を見ていたのである。映画を見ることは、抗しがたい誘惑であり、その誘惑だけが許されていたのである。混雑する映画館で席をとることにかけては天才的にうまくなった映画少年にとって映画館の闇ほど魅惑的な空間はなかった。映画館の中ですべてを学んだように思う。いや、一本、一本の作品世界に、この世にはこんな世界もあるのかという興奮と驚きでただ立ちすくんでいたというべきであろう。

『悪漢バスコム』『オクラホマ・キッド』

外国映画の最初のショックといえば、まず西部劇で、最初に記憶しているのは『悪漢バスコム』（S・シルヴァン・サイモン監督、一九四六）という作品であった。前後して『オーケストラの少女』（ヘンリー・コスター監督、一九三七）も見ているが、この映画のディアナ・ダービンより『悪漢バスコム』に出ていた少女スター、マーガレット・オブライエンの方が私には魅力があった。悪漢に扮した役者も、ちょっとヴィクター・マクラグレンに似た大男のウォーレス・ビアリーで、この悪党が逃亡の途中、モルモン教徒の幌馬車隊にまぎれこみ、そこに清純なオブライエンの少女がいて二人の交流が始まる。ラストは、インディアンの襲撃があり、バスコムの活躍で幌馬車隊は助かるという、たわいのないストーリーの映画であったが、初めて見た西部劇のすばらしさは、その頃、南洋一郎や山中峯太郎の冒険小説に夢中になっていた私にとって、実にすばらしいものにうつった。

つづいて見た『オクラホマ・キッド』（ロイド・ベーコン監督、一九三九）も歯切れのいいスピーディな展開が楽しく、ジェームズ・キャグニーのキッドが、六人の悪党を次々に射殺していくアクションに息をのんで見た。悪党のボスが、ハンフリー・ボガートであるのを知ったのは、少しあとになってからのことである。ゲーリー・クーパーのファンである母と『モロッコ』（ジョゼフ・フォン・スタンバーグ監督、一九三〇）、『サラトガ本線』（サム・ウッド監督、一九四五）といった映画も見ているが、小学生であったから、あまり面白いものではなかった。何よりも西部劇で、『大平原』(セシル・B・デミル監督、一九三九)と『死の谷』(ラオール・ウォルシュ監督、一九四九)が次のショックを与えてくれた。特に『死の谷』は西部劇にしては暗いドラマであったが、ヴァージニア・メイヨの彫りの深い顔、キラキラと輝く瞳に魅せられ、ラストで手を結び死に至るシーンなど鮮明に覚えている。

手元の資料で調べてみると、戦後最初に東京で上映された作品は、昭和一六年(むろんこの年からすべての米英映画は上映禁止)から二〇年まで倉庫に眠っていた『ユーコンの叫び』(B・リーヴス・イーソン/ジョン・T・コイル監督、一九三八)でこれは昭和二〇年の秋には上映されているらしいが、GHQの下で正式に輸入された作品は『春の序曲』(フランク・ボザーギ監督、一九四三)と『キュリー夫人』(マーヴィン・ルロイ監督、一九四三)であったらしい。昭和二一年には『我が道を往く』(レオ・マッケリー監督、一九四四)、『カサブランカ』、『南部の人』(ジャン・ルノワール監督、一九四五)、『肉體と幻想』(ジュリアン・デュヴィヴィエ監督、一九四三)、二二年には『我等の生涯の最良の年』(ウィリアム・ワイラー監督、一九四六)『第七のヴェール』(コンプトン・ベネット監督、一九四五)、『断崖』(アルフレッド・ヒッチコック監督、一九四一)、『ブルックリン横丁』(エリア・カザン監督、一九四五)、『脱出』(ハワード・ホークス監督、一九四四)、『ガス燈』(ジョージ・キューカー監督、一九四四)らの名作が封切られているが、一方、倉庫に眠っていたアメリカ映画も多く『スタンレー探検記』(ヘンリー・キング監督、一九三九)、『雨ぞ降る』(クラレンス・ブラウン監督、一九三九)、『北海の子』(ヘンリー・ハサウェイ監督、一九三八)、『我が家の楽園』(フランク・キャプラ監督、一九三八)、『オペラ・ハット』(キャプラ監督、一九三六)、『少年の町』(ノーマン・タウログ監督、一九三八)、ヨーロッパ映画の『我等の仲間』(ジュリアン・デュヴィヴィエ監督、一九三六)、『どん底』(ジャン・ルノワール監督、一九三六)、『暁に帰る』(アンリ・ドコワン監督、一九三八)、『格子なき牢獄』(レオニード・モギー監督、一九三八)など戦前に上映された作品もいっせいに封切られたのである。

私は、特に二一年と二二年に封切られた作品を見逃しているのだが、例えば『南部の人』(一九四五)と『運命の饗宴』(一九四二)は共にナチを逃れてアメリカに渡ったフランスの作家による作品で、前者がジャン・ルノワール、後者がジュリアン・デュヴィヴィエの手によるアメリカ映画の新作で、未だに私にとって幻の映画でもある〔後年著者はどちらも鑑賞〕。

手に汗にぎる『ターザン』シリーズ

西部劇といえば、ジョン・ウェインということになるが、有名な『駅馬車』(ジョン・フォード監督、一九三九)を見たのは中学に入ってからで『拳銃の町』(エドウィン・L・マリン監督、一九四四)か『拳銃無宿』(ジェームズ・エドワード・

グラント監督、一九四七）のどちらかを見ているように思うが、当時は、ウェインよりランドルフ・スコット主演の西部劇を何本も見ている。これは題名を思い出せない。スコット主演の西部劇は、十本以上あったと思う。私の記憶では、三週続けて見た。私の最初のヒーローは、エロール・フリンであった。まず『シー・ホーク』（マイケル・カーティス監督、一九四〇）、『海賊ブラッド』（カーティス監督、一九三五）の二本の海賊映画がすばらしく、西部劇も『ヴァジニアの血闘』（カーティス監督、一九四〇）、『カンサス騎兵隊』（カーティス監督、一九四〇）、『壮烈第七騎兵隊』（ラオール・ウォルシュ監督、一九四二）があり、戦争映画『戦場を駆ける男』（ウォルシュ監督、一九四二）など実に痛快であったし、つづく『ロビンフッドの冒険』（マイケル・カーティス／ウィリアム・キーリー監督、一九三八）、『ドン・ファンの冒険』（ヴィンセント・シャーマン監督、一九四八）も面白かった。後者二つはカラー作品であったから、中学生になってから見たものと思われる。それにターザン映画があった。これも四本くらいあったと思うが、密林の中で展開される、大蛇、ワニ、ライオン、象、大蜘蛛、底なし沼らの描写は実にすばらしいもので、胸おどり手に汗にぎる大活劇であった。最近のスティーヴン・スピルバーグの『インディ・ジョーンズ／魔宮の伝説』（一九八四）には明らかにターザン映画のある要素（映画的記憶）が含まれている。当然、ターザンごっこという遊びまで流行した。

これらの映画は、すべて白黒スタンダード・サイズの映画で、最初に見たカラー映画は、学校に引率されて見たソ連の『石の花』（アレクサンドル・プトゥシコ監督、一九四六）であったことはたしかだが、この作品の記憶があいまいで私は退屈したが、次に見た『赤い靴』（マイケル・パウエル／エメリック・プレスバーガー監督、一九四八）はかなり鮮明に覚えている。カラー映画が次々に封切られたのは、昭和二四年からであったと思う。次号では、カラー映画やハンフリー・ボガートに魅せられた時代のことを回想することにしよう。

西部劇を中心とする、これらのアメリカ映画の大半は、かなりいいかげんなB級映画であったが、アメリカの映画らしいスピーディな展開の仕方や、カッコいいラストの決闘シーンなどを夢中になって見ていたわけだから今の子供達がテレビのアニメに熱中するようなものであったろうが、当時の白黒スタンダード映画は、技術的にも洗練された、非常に高度のスタイルをもつもので、しだいに映像のもつ魔術的な話法や技術の面白さを知るようになったのである。美しい女優さんのマスクがクローズ・アップで延々とうつされ、殺人の場面がロング・ショットで撮られる。物語を展開する上で回想形式による巧みなフラッシュ・バックの手法、フェード・イン、アウト、アイリス・イン、アウトらのシャレたテクニック、本の頁をめくるようなワイプ手法、カット・バックといったような映画技法の面白さに惹かれるようになった。また、移動撮影やパン・フォーカス手法といわれる撮影技法なども、これらのことばは後で覚えたのだけれども、多くの映画を見ることによって自分なりに映画のことばを発見していたのである。

その上、闇の中のスクリーンに光る映画の動きは、少年にとってエロティックなものであり、大人にしか許されないエロティックな幻想に酔うことがここでは許されていたのである。すべてを禁止する学校や家庭の現実から、軽々と逃避出来る空間として映画館ほど居心地のいいところが他にあるであろうか。人々は、大人になるにつれて映画館から遠ざかるが、映画は、私のイマジネーションを拡大させる魔力を持っていて、私自身の中にまだ眠っている何かをゆり動かしてくれるものであるから、私は、永遠に映画とつき合ってみようと決意している。要するに、未だに私は、映画中毒患者である。それにしても、一二、三歳から二〇歳くらいまでに見た映画の記憶は、何故、未だに鮮明で、感動が残っているのであろうか。おそらく、私の感傷や郷愁だけでなく、ハリウッド映画の絶頂期と偶然にも出会っていたのであろう。そうでなければ、中学時代に見た数々の名作の中には、今もって見るに値する作品が多いことを、説明しようがないのである。


（「アドバンス大分」一九八四年九月号）

ハンフリー・ボガートこそ次なる私のヒーローであった
——戦後アメリカ映画の興奮——

アメリカ・スポーツ映画の快作

私が中学に入学したのは昭和二四年。この頃に見た映画の記憶はかなり鮮明である。教室内で先生が〝映画〟という言葉を発すると教室内の仲間がいっせいに私の方をむいたくらいだから、級友達に毎週見る映画の話をしていたのであろう。

当時の映画は、カラー中心ではなく大半は白黒スタンダードだったが、これらの映画の妖しいまでに輝く映像は、ますます私をとりこにした。中でもスポーツ映画と戦争映画に面白いものがあった。

アメリカのスポーツの世界を描いた映画には愚作がなく、最近の作品でも、ロバート・レッドフォード主演の『ナチュラル』（バリー・レヴィンソン監督、一九八四）、チビッ子野球の『がんばれ！ベアーズ』（マイケル・リッチー監督、一九七六）、プロのアイス・ホッケーの世界を描いたポール・ニューマンの『スラップ・ショット』（ジョージ・ロイ・ヒル監督、一九七七）、アメリカン・フットボールの『ノース・ダラス40』（テッド・コッチェフ監督、一九七九）、同じく囚人と守衛の試合を描いたバート・レイノルズ主演の『ロンゲスト・ヤード』（一九七四）に同作品の監督ロバート・アルドリッチの遺作『カリフォルニア・

ドールズ』（一九八一）などの傑作がつくられている。
野球少年でもあり映画少年でもあった私には、アメリカのスポーツ映画、例えばルー・ゲーリッグの生涯を描いた『打撃王』（サム・ウッド監督、一九四二）など、感動の一篇であった。今日でもゲーリー・クーパーのゲーリッグがヤンキースタジアムでファンに最後の挨拶をするシーンなどくっきりと覚えている。前後してウィリアム・ベンディックス主演の『ベーブ・ルース物語』（ロイ・デル・ルース監督、一九四八）も面白かったし、ジェームズ・スチュアート主演の『甦る熱球』（サム・ウッド監督、一九四九）も義足でマウンドにあがる投手の実話に基づく映画であった。当時のハリウッドは『キュリー夫人』をはじめとする伝記映画が盛んにつくられていた時代で、これらの作品はアメリカン・デモクラシーを宣伝するには最適のテーマだったのであろう。
野球映画で特に面白かったのは、レイ・ミランドとポール・ダグラスが演じた『春の珍事』（ロイド・ベーコン監督、一九四九）という映画で、大学の研究室で木材に反撥する薬液を発明したレイ・ミランドは、ボールにその液体をぬって次々に打者を三振させ、人気者になるという、奇想天外なコメディで大いに笑った。ややリアリスティックなボクシング映画『罠』（ロバート・ワイズ監督、一九四九）は、ドラマの時間と映画の時間が一致するという手法が斬新であったし、暴露記事風のカーク・ダグラス主演の『チャンピオン』（マーク・ロブスン監督、一九四九）も鮮烈な印象を残した。

『砂漠の鬼将軍』そして『カサブランカ』

戦争は嫌いだが、戦争映画は大好きだ、といったのは作家の武田泰淳であったが、第二次大戦は、アメリカにとって正義の戦争であったからこのジャンルにも傑作が多かった。クーパー主演の『ヨーク軍曹』は、七面鳥撃ちの朴訥な青年が、同じ手を使ってドイツ兵を狙撃して戦勲を上げるという、たわいもない映画ながら実に楽しい気分にさせてくれた一篇であったし、『G・I・ジョウ』（ウィリアム・A・ウェルマン監督、一九四五）、『二世部隊』（ロバート・ピロッシュ監督、一九五一）といった兵隊を描いたもの、『カサブランカ』（マイケル・カーティス監督、一九四二）、『渡洋爆撃隊』（カーティス監督、一九四四）のように戦争にまきこまれたヒーローがナチと闘う作品、グレゴリー・ペック主演でやや重っ苦しいムードの『頭上の敵機』（ヘンリー・キング監督、一九四九）、スパイ映画『五本の指』（ジョゼフ・L・マンキーウィッツ監督、一九五二）などの作品が想い出される。中でもビリー・ワイルダー監督の『熱砂の秘密』（一九四三）が一種のスパイ映画でありながら、異様なサスペンスを持つスリリングな映画で、細部はかなり忘れてしまったが、冒頭、砂漠の中を一台の戦車がクネクネと漂流していてタイトルが終ってカメラが戦車の中に入ると気を失った兵士がいるといったシーンにドキドキするような興奮を味わった。これは北アフリカの戦線を描いたもので、ロンメル将軍に扮したエリッヒ・フォン・シュトロハイムの偉容は今でも覚えている。

北アフリカ戦線といえば、ハンフリー・ボガートの『サハラ戦車隊』(ゾルタン・コルダ監督、一九四三)も忘れがたい。アメリカの四、五人の兵士が、水のなくなったドイツの一個師団を捕虜にするという痛快な作品であったし、ジェームズ・メイスンがロンメル将軍に扮した『砂漠の鬼将軍』(ヘンリー・ハサウェイ監督、一九五一)も戦争映画の傑作であった。

この期のハリウッド映画の面白さを最高に発揮したのは『カサブランカ』であろう。この作品は、私を夢中にさせた。『カサブランカ』を見たのは私が中三の時だと思うが、映画上映中に約四〇分の停電があった。それでも二回続けて見て、そのきびきびしたテンポと息つく間もないストーリー展開の面白さに圧倒された。思うに『カサブランカ』こそアメリカ映画の一番いい部分が描かれた作品であったろう。

まず地球儀が出てきて、世界大戦が始まり、ヨーロッパがナチに陥落させせられた様子がナレーション入りで説明される。パリを中心とするヨーロッパの地図にダブって亡命者がマルセイユからポルトガルに逃れて、そこからカサブランカに移動するシーンが、オーバーラップの手法で描かれる。カサブランカの街ではまず射撃事件が描かれ、ドイツの将校が飛行機で到着する。次に映画の主人公ハンフリー・ボガートが店主に扮するナイト・クラブ〝リックの店〟が紹介される。その間、パスポートをめぐってのボガートとピーター・ローレのからみが抜群で、そのうちボガートの恋人だったイングリッド・バーグマン扮するイルザが、レジスタンスの闘志であり夫である人物と店に入ってくるという、すばらしいプロローグで、ここではドゥーリィ・ウィルソンの歌う〝時の過ぎゆくままに〟が実にうまく使われていて、二人は再会する。ボガートがバーグマンを待っている間に、パリ時代の回想に入ってゆく。この回想場面の最後は〝あなたと一緒に行けなくなった〟というバーグマンの手紙が、はげしい雨で消されていくわけだが、こういった、雨にぬれて手紙の字が消えてゆくとか、地図にダブらせて事件を説明するといった手法が当時の映画少年にとってはたまらない魅力であった。

『カサブランカ』いかに愛し闘うか

『カサブランカ』は以上のような映画技法の面白さを満喫させると同時に、人を愛するとはどういうことか、自由を獲得するために男はどう闘うべきかといった、やや人生論風の夢を与えてくれた作品でもあった。実際、この映画のラストでは、ボガートは愛する女にパスポートを渡し、カサブランカに残るのだが、後年、私は初めての失恋の時、ボガートを想い出していた。つまり、ハンフリー・ボガートは、西部劇の単純なヒーロー達とちがって、思春期の私のヒーローとなったわけで、つづけて見た『マルタの鷹』(ジョン・ヒューストン監督、一九四一)、

『黄金』（ヒューストン監督、一九四八）、『キー・ラーゴ』（ヒューストン監督、一九四八）といった作品もすばらしく『アフリカの女王』（ヒューストン監督、一九五一）のシニックな演技、彼のハードボイルド・スタイルの頂点というべき『裸足の伯爵夫人』（ジョゼフ・L・マンキーウィッツ監督、一九五四）のダンディズムなど作品ごとに吐息をついて映画を見まもっていたのである。また『カサブランカ』と同じスタッフ・キャストでつくられた『渡洋爆撃隊』も犯罪者のアメリカ兵が、フランスのため困難な特別爆撃隊に参加するというメロドラマであったが、全体の暗いトーンがすばらしい効果をあげていて眼帯をしたクロード・レインズの好演が忘れがたい印象を残した。今一度見たい気にさせる映画である。

　ボガートといえば私にとって無念でならないのは、ローレン・バコールとの最初の共演作でヘミングウェイが原作の『脱出』（ハワード・ホークス監督、一九四四）とボガートがフィリップ・マーロウに扮した『三つ数えろ』（ホークス監督、一九四六）の二作品を見ていないことだ。この二本は今でも私の幻の映画である〔後年著者はどちらも鑑賞〕。しかし、考え方を変えれば、このようにどうしても見たい作品を心の中に持っていることが映画ファンの特権でもあり夢であるともいえるだろう。

　その間、ジャズメンを主人公にしたカーク・ダグラス主演の『情熱の狂想曲』（マイケル・カーティス監督、一九五〇）、ボブ・ホープの『腰抜け二挺拳銃』（ノーマン・Z・マクロード監督、一九四八）、ジョン・ウェインとモンゴメリー・クリフトの『赤い河』（ハワード・ホークス監督、一九四八）といった記憶すべき作品がたくさんあったが、ハンフリー・ボガートをヒーローとするアメリカ映画は、時代を超えて、心ときめく興奮を与えてくれたのである。次号では、高校時代に見た映画群、特にイギリス映画を中心に書くことにしよう。

（「アドバンス大分」一九八四年十月号）

イギリス映画『第三の男』と『逢びき』の中に新しい映画世界を発見した

ギャング・犯罪映画、ことに『飾窓の女』

スポーツ、戦争映画につづくアメリカ映画の興奮は、ギャング・犯罪映画である。リチャード・ウィドマークのけたたましい笑いと異様な性格の犯罪者を描いた『情無用の街』（ウィリアム・キーリー監督、一九四八）、同じウィドマークとセクシーなジーン・ピータースが共演した『拾った女』（サミュエル・フラー監督、一九五三）、ジェームズ・キャグニーが冷酷非情なギャングを演じた『白熱』（ラオール・ウォルシュ監督、一九四九）、リチャード・コンテの殺し屋が印象的だった『紐育秘密結社』（ラッセル・ラウズ監督、一九五六）、ハンフリー・ボガートとローレン・バコール共演、そして恐しい貫禄でボスを演じたエドワード・G・ロビンソンの『キー・ラーゴ』、刑事と犯罪者を記録映画のタッチで描いた『裸の町』（ジュールス・ダッシン監督、一九四八）、カーク・ダグラス扮する警部のほぼ一日を完璧な演出で描いた『探偵物語』（ウィリアム・ワイラー監督、一九五一）、スリラーの『らせん階段』（ロバート・シオドマク監督、一九四六）といった作品が思い出されるが、犯罪・ギャング映画はハリウッドが得意とするジャンルで、高校一年の頃見たバーバラ・スタンウィックとフレッド・マクマレーの『深夜の告白』（ビリー・ワイルダー監督、一九四四）などは、女にダマされて犯罪にまきこまれていく平凡な主人公が斬新な演出で描かれていたし、中でも忘れがたい犯罪映画は『飾窓の女』（フリッツ・ラング監督、一九四四）。

これはエドワード・G・ロビンソン主演の作品で、家族が避暑に出た帰り道、ふとショー・ウィンドウに飾られている一枚の絵を見ていると、その女（ジョーン・ベネット扮）が横に立っていて主人公に声をかける。こうして主人公は、この不思議な女に惹かれていくのだが、それが夢であると解っていても男が殺人を犯すに至るサスペンスにすっかり心を奪われてしまった。映画が醸し出すクールな語り口が異様な感覚を与えたもので、この映画がドイツ出身の巨匠フリッツ・ラングの作品であることを知ったのは後になってからのことであるが、ギャング映画とタッチの異ったこの二作品は強烈な印象を残している。

アルフレッド・ヒッチコックの『断崖』（一九四一）もその頃見ているが、ヒッチコックならこの作品より交換殺人というアイディアで始まる『見知らぬ乗客』（一九五一）が断然面白かった。特に後半のサスペンスなど手に汗をにぎるもので、ロバート・ウォーカーの演技も光っていた。

ギャング・犯罪映画に見られる、すさまじい暴力描写や犯罪、愛欲シーンは、思春期前後の私には刺戟の強いものであったが、その頃の日本も戦前のあらゆる価値観が崩壊し新聞では毎日のように犯罪事件が取上げられていた。

映画のメカニズムを考える上においても、これらの映画では映画技法が大胆に活用されている。車を描くスピード感、マシンガンに代表される音響効果、あるいは物語の展開として犯罪の計画と準備、アクションによる実践、裏切りと分裂、仲間同志の破滅といったドラマが作品ごとに工夫され、映画の世界を拡大し、面白いものにした。こういったギャング映画の系譜は、後に『アスファルト・ジャングル』（ジョン・ヒューストン監督、一九五〇）、『現金に体を張れ』（スタンリー・キューブリック監督、一九五六）、あるいはフランスの『男の争い』（ジュールス・ダッシン監督、一九五五）、『現金に手を出すな』（ジャック・ベッケル監督、一九五四）といった映画史上の傑作となって出現することになる。

SFものの恐怖、サスペンス

一方、SFものにも『地球最後の日』（ルドルフ・マテ監督、一九五一）とか『宇宙戦争』（バイロン・ハスキン監督、一九五三）といった作品がある中で『遊星よりの物体X』（クリスチャン・ナイビー監督、一九五一）の恐怖も忘れがたいし、一種の恐怖映画というべきクロード・レインズ出演の『オペラの怪人』（アーサー・ルービン監督、一九四三）の劇場の大シャンデリアが落下するサスペンスものも、中学時代に見た映画の一つである。

『哀愁』『心の旅路』

恋愛映画の記憶があまりないのは、この頃はアクションものやコメディであれば大満足で、しめっぽい恋愛ものなど見る必要がなかったのであろう。それでもヴィヴィアン・リーとロバート・テイラーの甘美なメロドラマ『哀愁』（マーヴィン・ルロイ監督、一九四〇）や数奇な運命にもてあそばれながらラストで結ばれるガースンの『心の旅路』（ルロイ監督、一九四二）など心ときめくものがあり忘れがたい作品だ。

ホーム・ドラマの系譜

ハリウッドには、ラブ・ストーリーとは別にホーム・ドラマの系譜もあり、一般にハート・ウォーミング映画といわれるジャンルのものもあった。四人姉妹の『若草物語』（マーヴィン・ルロイ監督、一九四九）〈ジューン・アリスン、ジャネット・リー、エリザベス・テイラー、マーガレット・オブライエンという豪華な配役！〉、父と子の愛情を描いたグレゴリー・ペック主演『仔鹿物語』（クラレンス・ブラウン監督、一九四六）、娘と父の『花嫁の父』（ヴィンセント・ミネリ監督、一九五〇）、コメディの『一ダースなら安くなる』（ウォルター・ラング監督、一九五〇）、ジョージ・スティーヴンス監督の名作『ママの想い出』（一九四八）、あるいは音楽映画『グレン・ミラー物語』（アンソニー・マン監督、一九五四）だってこのタイプの映画である。ミュージカルも何本か見ているが、このジャンルの面白さを発見するようになったのは、もう少し後になってからである。

喜劇映画、凸凹コンビ

喜劇映画も実に楽しいものであった。アボット＝コステロの『凸凹』コンビ、ダニー・ケイの『天国と地獄』（ブルース・ハンバーストーン監督、一九四五）、『虹を摑む男』（ノーマン・Z・マクロード監督、一九四七）、ディーン・マーティンとジェリー・ルイスも初期の『底抜け艦隊』（ハル・ウォーカー監督、一九五二）や『お若いデス』（ノーマン・タウログ監督、一九五五）など傑作であったが、私が好んだのは、ボブ・ホープとビング・クロスビーの『珍道中』シリーズ。

『アフリカ珍道中』（ヴィクター・シャーツィンガー監督、一九四一）、『モロッコへの道』（ディヴィッド・バトラー監督、一九四二）などの作品がどんなものであったかは忘れてしまっているが、このシリーズはセリフによるギャグがとても面白かった。例えば、山が出てくると、星がピカッと光ってパラマウント映画社のトレード・マークになるとか、泥川の中を歩いていると突然ハンフリー・ボガートが出てきて（むろん『アフリカの女王』のパロディ）ホープがそれを指さして、あれくらい熱演すればアカデミー賞が獲れるぞ、といったオチがおかしく、毎回、出てくるドロシー・ラムーアも美しかった。マルクス・ブラザーズの『マルクスの二挺拳銃』（エドワード・バゼル監督、一九四〇）の後半、列車がまる裸にされる、あぜんとするギャグにもびっくりした。ただ、この兄弟の映画は、他に一本、多分『マルクス兄弟　デパート騒動』（チャールズ・リーズナー監督、一九四一）の記憶がかすかにあるだけだ。

ラフマニノフが胸をゆさぶる『逢びき』

私は、昭和二七年にラ・サール校に入学した。今でこそラ・サールといえば受験校として名高いが、当時はあまり出来のよくなかった天保山中からも十六名ほど受験し、十三名ほどパスしている。入学してみると先生方が熱心で、連日、宿題が出されていたが、私の映画熱はいっこうにさめることがなかった。この前後が私の思春期になるが、高校一年になってから主に白樺派の文学を読みはじめ、ツルゲーネフ、トルストイにまじって「チャタレー夫人の恋人」や、「風と共に去りぬ」、あるいはアンドレ・ジイド「狭き門」、マルタン・デュ・ガールの「チボー家の人々」など読むようになる。一方では悪い仲間たちと「りべらる」「夫婦生活」といったカストリ雑誌もまわし読みしていた。これまであまりにも荒唐無稽な活劇やドタバタ映画を見てきたので、この辺でもう一つ高い次元のヨーロッパ映画も見ようという気持も出てきたのであろう。映画もカラー時代に突入していて、アメリカ映画の方は半分以上が総天然色映画であったが、映画がよりリアリスティックに人間や社会を描く芸術であることを認識するようになった。

戦後の映画が目指すものもリアリズムであった。そのリアリズム映画の典型は、すでに『自転車泥棒』（ヴィットリオ・デ・シーカ監督、一九四八）、『戦火のかなた』（ロベルト・ロッセリーニ監督、一九四六）など見ていたがただこういった重厚な社会派の映画は、少なくとも中学時代の私の理解力を超えていたし映画はあくまで面白くあって欲しかったわけで、母と一緒に見たフランス映画『しのび泣き』、『情婦マノン』〈よく一緒に見たものだ！〉など役者のセシル・オーブリーの生々しい姿態の記憶があるくらいでそんなに強い印象は残っていない。恋愛映画としては信じられないくらい濃密で、ながく美しいラブ・シーンが展開される『肉体の悪魔』、細部をほとんど忘れてしまったが、エヴァ・ガードナーの美しさにエロティックな幻想を抱いた『パンドラ』（アルバート・リューイン監督、一九五〇）、あるいは人妻との恋をリアルに描いた『終着駅』（デ・シーカ監督、一九五三）など高校に入った頃に見た恋愛映画であったが、私が感動したのは、イギリスの田舎の、閑散とした駅を舞台にした、大人の、つかの間の恋を描いた『逢びき』であった。『Brief Encounter』というこの映画の原タイトルは、すぐさま辞書で覚えたのである。この映画の回想場面が素晴らしく、最初に描かれた何気ない日常描写が回想場面を終って、もう一度ヒロインのナレーションをダブらせて描かれるのだがこの同じシーンが実にドラマティックに訴えてくるわけで、バックに流れるラフマニノフ・ピアノ協奏曲第二番の甘美な旋律もうまく使われていた。映画とは、かくも平凡で、さりげない人間の心理をも描くことが出来るものなのか、こんな地味な役者の主演で、かくも美しいラブ・ドラマが作られるのだという、新しい発見が私を興奮させた。

『第三の男』そのものがヒーローになった

次にショックを受けたのは、キャロル・リード監督の『第三の男』である。何と素晴らしい映画であったことか。私は二度見た。つまり一週間に二回見に行ったのである。最初は映画好きのラ・サール同級生佐藤君と一緒だった。「オレ、あの映画もう一度見に行ったよ」と彼に言ったら「オレは四回見たぞ」というではないか！　む、む奴は四回も！　アントン・カラスのツィターの調べが抜群であった。それにキャメラの動きが冴えわたっていた。戦後の複雑な政情のウィーンの描き方がよく、犯罪者のたむろする酒場、リーゼンラートの回転する公園、廃墟の夜の街、大きな下水道といった背景が、クールでサスペンスフルに描かれ、そこにジョセフ・コットンの楽天的なアメリカの三流作家、偽のパスポートを持つアリダ・ヴァリの女優、少し前に見た『逢びき』のトレヴァー・ハワードが抑制された演技でイギリス将校を演じ、オーソン・ウェルズがニヤリと笑う息を飲むワン・ショットで登場する。つづいてあの観覧車での有名なセリフを言ってのける時に何気なくアンナと字を綴る、あざやかに圧倒的なウェルズの演技にゾクッとするスリルを覚え、人間と風土が、どのようなショットであろうと文句のいいようのないタッチとアンサンブルで描かれている……そしてきわめつきのラスト・シーンのみごとさはどうだ。落葉散る墓場の舗道をスクリーンの前をよぎってヴァリが去ると、コットンがポイとタバコを投げるラスト・ショットのみごとな幕切れ……吐息の連続で映画が終る……。

高校一年生になった私は『カサブランカ』のハンフリー・ボガートにつづくヒーローを発見していた。それは、『第三の男』という映画そのものであった。そしてこんなにも素晴らしい映画を作ったキャロル・リードというイギリスの映画監督であった。映画は作家のものである！

次号は、アメリカ・リアリズム映画の抬頭を中心に……。

（「アドバンス大分」一九八四年十一月号）

われながらアキレる高校時代の映画メモ　昭和二七年頃

『絶壁の彼方に』そしてキャロル・リード

僕は、高校一年の時、『第三の男』と『逢びき』に出会って、今までの娯楽映画にない映画世界を知ったのだが、ふり返ってみるとこの時代（一九五〇年前後）は、イギリス映画の黄金時代でもあった。

ローレンス・オリヴィエの『ハムレット』（ローレンス・オリヴィエ監督、一九四七）、『ヘンリィ五世』（オリヴィエ監督、一九四五）、デボラ・カーの美しさに魅せられた『黒水仙』（マイケル・パウエル／エメリック・プレスバーガー監督、一九四六）、ジェニファー・ジョーンズの『女狐』（パウエル／プレスバーガー監督、一九五〇）、記録映画の『エヴェレスト征服』（ジョージ・ロウ監督、一九五三）、喜劇映画『地中海夫人』（アンソニー・キミンズ監督、一九五四）など見ているが、これらの大作の中に『絶壁の彼方に』（シドニー・ギリアット監督、一九五〇）という、忘れられない冒険スリラーの傑作があった。これも断片的にしか記憶していないが、有名なイギリスの外科医が、東欧の小国に公開手術の要望を受けおもむくが、この国は、軍事政権によるファシズム国家で何やら陰謀めいた雰囲気の中で手術を行う。彼が手術する人物がこの国の元首で、手術が失敗して当然のことながら主人公は、逃亡をはかる。そして、奇々怪々なことが次々に起るといった、いわゆるハラハラ、ドキドキの連続で、ラストは驚くべきドンデン返しがあったが、和田誠と山田宏一の対談集「たかが映画じゃないか」（文藝春秋）にこの作品の細部の面白さを語ったところが出てくる。和田誠の記憶力は、もう脱帽する他ないが、『絶壁の彼方に』のような政治スリラーもいかにもイギリス映画らしい、知的でハイブロウな伝統を感じさせるものであった。

キャロル・リードの作品も前後して封切られている。まずアイルランドの革命家が銀行襲撃に失敗して一昼夜、街を彷徨する姿を描いた『邪魔者は殺せ』（一九四七）は、あたかもジェームズ・メイスン扮する主人公の意識の流れがカメラになって映し出されるような雰囲気をもつ、ペシミスティックな映画であったが、ラストの雪が降りそそぐ広場で主人公が死ぬシーンなど胸をしめつけられる思いであった。

次の『落ちた偶像』（一九四八）は、外国大使館内で展開される人間劇を大使の息子である少年の微妙な心理の動きと対比させて見せたサスペンス映画で、グレアム・グリーンの原作脚本から、リードの演出は、室内劇にもかかわらずきわめて大胆にして細かく、従来の映画になかった映画空間を示した作品であった。

『第三の男』の次に公開されたのは『文化果つるところ』（一九五二）で、これは、イギリス植民地セイロン島で展開される、文明を捨て現地民の女と自堕落な生活を送る男と、伯父にあたるラルフ・リチャードソン扮する船長との憎しみのドラマを基調にした、ダイナミックな映画であった。ここでは港町の様々な描写、ケリマという現地女優を使っての集落のドキュメンタルな描き方など、リードの映画技法が最大に発揮されたもので、見る者に第三世界と文明、本能と理知、神と罪といったテーマを思考させた一篇でもある。ただしこれを頂点としたキャロル・リードは、『文化果つるところ』以上の傑作をつくることはなかった。

デヴィッド・リーンも『大いなる遺産』（一九四六）や音の壁に挑むパイロットを描いた『超音ジェット機』（一九五二）という佳作を出している。

映画は一本立て、一週ごとに変わった

四年前に引越しの時に高校時代に記した映画メモを発見した。ラ・サール高校から、二年になった時、僕は、甲南高校に編入した。その時、教師や母とかなりはげしいケンカをしているのだが、映画見学は、ますます僕の情熱の対象となっていた。そのメモを見ると驚くほど多くの映画を見ているのにわれながらびっくりする。この映画メモは、一九五二年九月一〇日に発しているが、約十か月にわたって見た外国映画は次のようなものである。（意外にも日本映画もたくさん見ているが、それは次の機会に語ることにしよう）

ヨーロッパ映画として『美女ありき』（アレクサンダー・コルダ監督、一九四〇）、『輪舞』（マックス・オフュルス監督、一九五〇）、『禿鷹は飛ばず』（ハリー・ワット監督、一九五一）、『悲恋』（ジャン・ドラノワ監督、一九四三）、『情婦マノン』（アンリ＝ジョルジュ・クルーゾー監督、一九四九）、『肉体の悪魔』（クロード・オータン・ララ監督、一九四七）、『海の牙』（ルネ・クレマン監督、一九四六）、『真夜中の愛情』（ロジェ・リシュベ監督、一九五三）、『逢びき』『第三の男』『邪魔者は殺せ』、それにソ連の『ベルリン陥落』（ミハイル・チアウレリ監督、一九四九）。

アメリカ映画は『廃墟の群盗』（ウィリアム・A・ウェルマン監督、一九四八）、『カルメン』（チャールズ・ヴィダー監督、一九四八）、『モナリザの微笑』（ゾルタン・コルダ監督、一九四八）、『白銀の嶺』（テッド・テズラフ監督、一九五〇）、『青いヴェール』（カーティス・バーンハート監督、一九五一）、『欲望という名の電車』（エリア・カザン監督、一九五一）、『囁きの木蔭』（ミッチェル・ライゼン監督、一九四〇）、『カーネギー・ホール』（エドガー・G・ウルマー監督、一九四七）、『キー・ラーゴ』（ジョン・ヒューストン監督、一九四八）、『黒ばら』（ヘンリー・ハサウェイ監督、一九五〇）、『真昼の決闘』（フレッド・ジンネマン監督、一九五二）、『荒野の三悪人』（ウィリアム・D・ラッセル監督、一九五一）、『ウィンチェスター銃'73』（アンソニー・マン監督、一九五〇）、『検察官閣下』（ヘンリー・コスター監督、一九四九）〈ダニイ・ケイ主演〉、『殴り込み一家』（ジョージ・マーシャル監督、一九四〇）、『ピノキオ』（ベン・シャープスティーン／ハミルトン・ラスク監督、一九四〇）、『凱旋門』（ルイス・マイルストン監督、一九四八）、『アパッチ砦』（ジョン・フォード監督、一九四八）、『剣豪ダルタニアン』（ルイス・アレン監督、一九五二）、『遠い太鼓』（ラオール・ウォルシュ監督、一九五二）、『白熱』（ウォルシュ監督、一九四九）、『拳銃魔』（ジョゼフ・H・ルイス監督、一九五〇）、『世界を彼の腕に』（ラオール・ウォルシュ監督、一九五二）、『怒りの河』（アンソニー・マン監督、一九五一）、『死の接吻』（ヘンリー・ハサウェイ監督、一九四七）、『ボー・ジェスト』（ウィリアム・A・ウェルマン監督、一九三九）、『ヴァジニアの血闘』（マイケル・カーティス監督、一九四〇）、『キング・ソロモン』（コンプトン・ベネット／アンドリュー・マートン監督、一九五〇）、『赤い灯』（ロイ・デル・ルース監督、一九四九）、『旅愁』（ウィリアム・ディターレ監督、一九五〇）、『陽のあたる場所』（ジョージ・スティーヴンス監督、一九五一）、『愚かなり我が心』（マーク・ロブスン監督、一九四九）、『栄光の星の下に』（ヴィンセント・シャーマン監督、一九五二）、『暴力帝国』（ジョセフ・ケイン監督、一九五二）、『都会の牙』（ルドルフ・マテ監督、一九五〇）、『外套と短剣』（フリッツ・ラング監督、一九四六）、『ダニイ・ケイの牛乳屋』（ノーマン・Z・マクロード監督、一九四六）、『セールスマンの死』（ラズロ・ベネディク監督、一九五一）、『アフリカの女王』（ジョン・ヒューストン監督、一九五一）、『海賊船長』（ラルフ・マーフィー監督、一九五二）、『キリマンジャロの雪』（ヘンリー・キング監督、一九五二）、『ならず者』（ハワード・ヒューズ監督、一九四三）、『拾った女』（サミュエル・フラー監督、一九五三）、『腰抜けモロッコ騒動』（ノーマン・Z・マクロード監督、一九五二）……そして、最後に「ついに待望の映画を見た！」と『風と共に去りぬ』（ヴィクター・フレミング監督、一九三九）、「一九五三年六月一一日」とあって、終っている。どうしてこんなに多くの映画を見ることが出来たのか、当時は、映画は一本立てであり、一週間で次の作品に替っていたから、これだけ多くの映画を見ることが出来たのだろうが、当然試験もあったであろうし、家庭の規律もあったと思うが、われながらアキレてしまう。もっとも大半は、どんな映画であったかを忘れてしまっている。例えば『青いヴェール』は、メモから察するとジェーン・ワイマンが保育所で子供達と共に生きるヒューマニズム映画であったらしいが、僕の大好きなチャールズ・ロートンが準主役で出演しているにもかかわらず、ワン・カットも記憶にない。『モナリザの微笑』は、ゾルタン・コルダ監督で原作はオルダス・ハックスレーとなっているが、暗い作品でこれは好きになれない、ただサー・セドリック（・ハードウィック）という役者の演技がとてもいい、七〇点とあるだけで、出演はシャルル・ボワイエ、アン・ブライスとあるが、どうも一種の犯罪劇ではなかったかという、かすかな記憶があるだけだ。

『シェーン』『風と共に去りぬ』

このメモには洩れているが『サンセット大通り』（ビリー・ワイルダー監督、一九五〇）を見たのも高一の頃だったと思う。その頃、土曜夜十時からナイト・ショウが行われるようになって、きまったプログラムとは別に一本だけ名作が上映されていた。それも夏の間だけだったように思う。この『サンセット大通り』の映画的興奮も忘れがたい。冒頭、ウィリアム・ホールデンがプールに死体となって浮んでいるのだが、その死体のナレーションで映画が始まる。グロリア・スワンソン、エリッヒ・フォン・シュトロハイム、バスター・キートンといった二〇年代の怪物役者によるおそるべきハリウッド暴露劇であったが、とりわけスワンソンの大邸宅で猿の葬式を行っているシーンなどゾッとした。残酷劇でありながら瞠目すべきシネマトゥルギーを見せてくれた作品。

同じナイト・ショウで『イヴの総て』（ジョゼフ・L・マンキーウィッツ監督、一九五〇）も見ている。これはブロードウェイの暴露劇というべきで、大女優ベティ・デイヴィスの召使いとして住みこんだアン・バクスターが、周辺の人間たちを利用して、最後は女優賞を獲得するのだが、回想場面をうまく使った、今までのアメリカ映画になかった、かなりシャレた、ハイブロウで文学的な作品でありながらすごく面白く見た映画である。ジョージ・サンダース扮する批評家が、ラストでバクスターを殴ったあと「YOU　BELONG　TO　ME」といってのけたセリフまで覚えている。前後してこの映画の監督ジョゼフ・L・マンキーウィッツの『三人の妻への手紙』（一九四九）も見ている。これも面白かった。

同じく、今年NHKで放映されたジョン・フォードの『わが谷は緑なりき』（一九四一）やアイルランドを舞台にしたジョン・ウェインの『静かなる男』（ジョン・フォード監督、一九五二）、ジェームズ・キャグニーがすばらしかった『栄光何するものぞ』（フォード監督、一九五二）等もこの頃、見ているし、ハンフリー・ボガート主演の『黄金』（一九四八）、『アフリカの女王』（一九五一）、『マルタの鷹』（一九四一）〈いずれもジョン・ヒューストン監督〉も、アメリカ映画としては、高度の、洗練された、映画の傑作であった。

アメリカ映画も、また、リアリスティックに人間と風土を追求していたわけで、このあたりから、従来のヒューマニズム映画に見られない作品も登場するようになった。ただしアメリカ映画のリアリズム作品というのは、どうも好きになれない問題作も何本かあった。まず、わがヴィヴィアン・リーが、芝居気たっぷりなメイクアップで登場する『欲望という名の電車』。舞台劇そのままといっていい、息苦しいまでに人間の悲劇を追求するフレドリック・マーチの『セールスマンの死』、従来の西部劇のパターンを破って、あのゲーリー・クーパーが終始オドオドして動きまわる『真昼の決闘』、エリザベス・テイラーはすごくきれいだったが、何やら見るものに不快なあと味を残した『陽のあたる場所』といった作品など、その頃、すでに「映画の友」や「スクリーン」などで批評家が絶讃しているにもかかわらず、どうも今ひとつ面白くないと感じた作品であったが、ただ、『シェーン』（ジョージ・スティーヴンス監督、一九五三）は別格で、おそらく三回くらい見に行っている。『シェーン』は、ラストの素晴らしい決闘もさることながら、葬式の場面や農民の生活など従来の西部劇にないリアリズム手法を導入して作品のリアリティを高めていた。

それに『シェーン』の主題歌「遙かなる山の呼び声」もヒットして好きな歌だ。当時僕はＮＨＫの関光夫氏の解説による映画音楽の番組のファンでもあり、映画音楽の話となれば稿を新たにして書くべきかもしれない。エロール・フリン主演『サン・アントニオ』（デヴィッド・バトラー監督、一九四五）の「サム・サンデー・モーニング」とか、アラン・ラッド主演の『別働隊』（ミッチェル・ライゼン監督、一九五〇）で使われたナット・キング・コールの「モナ・リザ」とか『黄色いリボン』（ジョン・フォード監督、一九四九）や『真昼の決闘』の「ハイ・ヌーン」、スーザン・ヘイワード主演の『愚かなり我が心』の「マイ・フーリッシュ・ハート」、レスリー・キャロンのミュージカル『リリー』（チャールズ・ウォルターズ監督、一九五三）の「ハイ・リリー・ハイ・ロー」など今、メロディをちゃんと歌える佳曲が映画音楽としてヒットしていた。

『風と共に去りぬ』は、初めてガール・フレンドと見に行った記念すべき映画でもある。一か月くらい前に前売券を買い、後方に彼女の父母をともなっての映画見学である。終ったあと映画をめぐって彼女と語りたかったが、高校生の身である。別々に帰途についたが、その夜は、『風と共に去りぬ』をめぐって十枚以上にわたるラブ・レターを書いた。映画は、まさに青春と共にあったのだ。

（「アドバンス大分」一九八四年十二月号）

ヨーロッパ映画の黄金時代とアメリカ映画の新しい興奮

『天井桟敷の人々』の強烈なラスト・シーン

映画なら何でもよかった時代、誰の影響も受けずに無心に映画との交流にひたっていた昭和二〇年代に見た映画について書いている。だが、高校に入ると文学書も読むようになったし、映画雑誌「スクリーン」や「映画の友」も不定期に購読していたから、他からの影響がなかったわけではない。

このあたり（昭和二八年～三〇年）からやや人生論風に映画を見る傾向も出てきたように思う。人間はいかに生きるべきかといった、青臭い哲学問答を文学好きの友人とたたかわした記憶も残っているし、僕自身同級生の少女に恋をしていた。恋に恋していたにちがいないが、初めての恋はやっかいである。愛するという孤独な幻想も何の現実的なリアリティもなく、自分の精神と肉体の分裂の有様を映画を見ることで解消していたともいえるだろう。それだけに映画が与えてくれた感動は大きく、僕の映画への好みもかなり文学的なものとなり、手応えのあるリアリズム作品にむかっていった。

何回も書くようだがこの時代は、映画の黄金時代であり、いわゆるワイド・スクリーン到来の前にスタンダード・スクリーンにおける、あらゆる映画技法が完成された時代であり、映画が追求する主題も複雑になり、多彩な名作が次々に封切られている。

まずドラマと俳優のアンサンブルが最高に発揮されたシネ・ロマン『天井棧敷の人々』(マルセル・カルネ監督、一九四四)、少年の苦悩を動物的なカメラ・アイで追求した『ドイツ零年』(ロベルト・ロッセリーニ監督、一九四八)、同じドイツの映画でヒルデガルト・ネフが女の一生を冷徹に演じた『罪ある女』(ヴィリ・フォルスト監督、一九五一)、メキシコを舞台に悪鬼のごとき少年達の暴力を描いたルイス・ブニュエルの『忘れられた人々』(一九五〇)、ナチ将校の逃亡を潜水艦内においてダイナミックに描いた『海の牙』(ルネ・クレマン監督、一九四七)、スウェーデン映画の『令嬢ジュリー』(アルフ・シェーベルイ監督、一九五一)、ニトログリセリンを積んだ車のサスペンスフルな行動を描く『恐怖の報酬』(アンリ＝ジョルジュ・クルーゾー監督、一九五二)、姦通を暗い映像で追求した『嘆きのテレーズ』(マルセル・カルネ監督、一九五二)、シルヴァーナ・マンガーノが大胆な姿態で登場するイタリア映画『にがい米』(ジュゼッペ・デ・サンティス監督、一九四九)、観客と共に涙した『禁じられた遊び』(ルネ・クレマン監督、一九五二)と『ライムライト』(チャールズ・チャップリン監督、一九五二)といった傑作は、識者も絶讃する戦後の名作である。これらの映画を当時の僕がどれだけ理解したかはさだかでないが、その後『天井棧敷の人々』は七回、『忘れられた人々』は五回、『ライムライト』も四、五回見ている。見る度に新たな感動にひたった。

話は少し横道に入るが、たしか小林信彦氏が映画は時代のもので古典になりにくいといったけれども、何回も見るに値する作品はあるのだし、僕の場合は、記憶力がよい方ともいえず、映画の細部を忘れてしまうのだが。

好きな映画は再見する度に新しい発見をするのである。マルセル・カルネ監督の『天井棧敷の人々』は僕等の世代の映画ファンに、ある種の熱狂を与えた映画であった。この作品を最初に見た時はさほど感動しなかったようにも思う。だが、ジャン＝ルイ・バロー扮する喜劇役者のバチストが、ようやく結ばれたアルレッティの姿を、ごった返す人波を狂ったようにかきわけて探し求めていく、あの強烈なラスト・シーンが席を立ちがたいくらいの映画的興奮を与え、もう一度見たい気持にしてしまうのだ。

プレヴェールの詩も忘れられない

それに『天井棧敷の人々』は全篇を貫くセリフがまた素晴し

く、流麗なフランス語のリズムがひどく心地よいものであった。映画の冒頭、ピエール・ブラッスール扮するシェイクスピア役者が「君はボクを見て笑ったね……なんて素晴しいんだ。人生は美しい、君も人生のように美しい」などといって女に迫るのだが、このセリフを使って女をものにしたという自慢話をする仲間も現われ（むろん大学に入ってからの話だが）、いろんな意味で伝説的な作品であった。この映画のシナリオを書いたジャック・プレヴェールも数年前に亡くなっているが、彼はマルセル・カルネと組んでフランス映画の黄金時代を形成した詩人で、大学に入ってからこのコンビの『霧の波止場』（一九三八）、『悪魔が夜来る』（一九四二）等の作品に魅了された。

『天井桟敷の人々』ではマルセル・エラン扮する悪党詩人ラスネールの設定が心憎いもので彼の目もくらむようなセリフが耳にこびりついている。ジャック・プレヴェールの追悼文を書いた山田宏一氏の文章（「走れ！映画」たざわ書房）を読みながらそのセリフを紹介すると「俺には虚栄心などない、あるのは自尊心だけだ」「誰も愛さない……全くの孤独、誰からも愛されない、全くの自由」といったセリフがあり、これらのセリフが当時の映画青年に与えたショックは大きいものであった。山田宏一氏はこの映画を三〇回以上見て、すべてのセリフをフランス語で覚えたと云っているが、その山田氏によって『天井桟敷の人々』のシナリオは完訳されている（新書館）。

カルネとプレヴェールが作った映画はいわゆる、〈詩的リアリズム〉で貫かれた一種の運命劇であったが、プレヴェールの脚本によるもう一本忘れがたい作品がある。それはアニメーション映画の『やぶにらみの暴君』（ポール・グリモー監督、一九五二）で、およそディズニー映画とはちがった、きわめてシニックで諷刺的な一篇であった。僕は今でも次のような詩を記憶している。

「ロバと王様とわたし　あしたはみんな死ぬ　ロバは飢えで王様は退屈で　わたしは恋で……時は五月」

もう一本、ヨーロッパ映画でそれこそビデオでももう一度見たい作品がある。ヴィットリオ・デ・シーカの『ミラノの奇蹟』（一九五一）で、これは一種の寓話風の不思議なスタイルの作品であった。この作品は、後年批評家からはネオ・レアリズモが後退した楽天的な作品として批判されていたにもかかわらず、映画におけるファンタジーが心にしみるような詩的な高みに達した感動的な作品であった。

『ナイアガラ』『波止場』そして『アスファルト・ジャングル』

アメリカ映画も好調であった。ここでは多彩なスタイルの作品が次々に封切られた。音楽映画が特に好きだったわけではなく、ミュージカル映画風なものには興味を持てなかったが、フレッド・アステアの『バンド・ワゴン』（ヴィンセント・ミネリ監督、一九五三）の素晴しさにはすっかり心をうばわれてしまった。アステアとシド・チャリシーのダンス・シーンもさることながらオスカー・レヴァントなどのワキ役陣が楽しく、特に劇中劇の、夜の闇をぬって響きわたるトランペットの音にはじまるハードボイルド風のモダンなダンス・シーンは実に素晴らしいものであった。『バンド・ワゴン』と『雨に唄えば』（ジーン・ケリー／スタンリー・ドーネン監督、一九五二）こそ最高のシネ・ミュージカルであり、アメリカ映画以外に作れない、心ときめく映画である。つづいて『巴里のアメリカ人』（ヴィンセント・ミネリ監督、一九五一）、『掠奪された七人の花嫁』（スタンリー・ドーネン監督、一九五四）、『リリー』（チャールズ・ウォルターズ監督、一九五三）といった作品を見ている。『リリー』のレスリー・キャロンの愛らしさに心惹かれたが、このキャロンとアステアが組んだ『足ながおじさん』（ジーン・ネグレスコ監督、一九五五）もミュージカル映画の傑作であった。またジャズメンを主人公にした伝記映画『グレン・ミラー物語』（アンソニー・マン監督、一九五四）、『情熱の狂想曲』（マイケル・カーティス監督、一九四九）も受験を前にした頃見ている。

オードリー・ヘプバーンの初々しい溌剌としたアメリカ映画初主演作『ローマの休日』（ウィリアム・ワイラー監督、一九五三）も楽しい作品だった。次作の『麗しのサブリナ』（ビリー・ワイルダー監督、一九五四）は、ボガートとウィリアム・ホールデンを配したシャレた作品でヘプバーン時代が到来するが、一方、マリリン・モンローの『ナイアガラ』（ヘンリー・ハサウェイ監督、一九五三）もこの頃に見ている。もっとも僕のひいきはモンローより、この同じ映画に出ていたジーン・ピータースであったが。

当時のアメリカ映画で強烈な印象を残したのはマーロン・ブランド主演の『波止場』（エリア・カザン監督、一九五四）であろう。特に前半のブランドが鳩とたわむれる屋上のシーンやエヴァ・マリー・セイントとのラブ・シーンなど素晴しいカメラ・ワークに息をのんだ。

ヨーロッパ映画もアメリカ映画も

ウィリアム・ホールデンがアカデミー賞を獲った『第十七捕虜収容所』（ビリー・ワイルダー監督、一九五三）もめっぽう面白い映画で、アメリカ兵の収容所内でのクレイジーな描き方、スパイをめぐるサスペンスの張り方など話術のうまさに堪能させられた一篇であったし、ギャング映画の傑作『アスファルト・ジャングル』（ジョン・ヒューストン監督、一九五〇）のハードボイルド・タッチにも興奮させられた。同じジョン・ヒューストンによる、ロートレックの伝記映画『赤い風車』（一九五二）の色彩デザインの素晴しさにも目をうばわれた。軍隊批判をテーマにしたボガートの『ケイン号の叛乱』（エドワード・ドミトリク監督、一九五四）、デボラ・カーとバート・ランカスターの波ぎわでのラヴ・シーンとナイーヴな青年を演じたモンゴメリー・クリフトが印象的だった『地上より永遠に』（フレッド・ジンネマン監督、一九五三）も高三の頃見た映画である。

ヨーロッパ映画の深刻な社会劇やリアリズム作品もアメリカ映画らしいつくりのドラマも、新しい人生、つまりは近いうちに故郷を出て自由なる東京に行けると考えている映画少年にとって、これらの映画から受けた想像力は、はるかなる未来の窓をかいま見せてくれていた。

次回には日本映画の回想を書いてみることにしよう。

（「アドバンス大分」一九八五年一月号）

日本映画の発見
『おかあさん』と『生きる』の感動

正月映画もあり反戦映画もあり

今まで昭和三〇年頃までに見た外国映画について書いてきたが、日本映画の方も結構見ている。私の母は、日本映画のファンで小学校から中学校にかけて何本か見につれていってくれたが、母のひいきは高峰三枝子、折原啓子で松竹映画が多く、したがってメロドラマが大半で、それらの作品の題名も忘れてしまっている。相手役は大抵、上原謙、若原雅夫、佐野周二といったところで、ダンス映画風のものがあったし、二葉あき子の歌で流行した『フランチェスカの鐘』（大曾根辰夫監督、一九四九）とかいった作品を少し覚えていたりする。喜劇映画のエノケンものも何本か見ているし、エンタツ＝アチャコのコンビも映画によく出ていた。片岡千恵蔵の『七つの顔』シリーズは何本か見ていて面白かった。千恵蔵が金田一耕助に扮した『三本指の男』（松田定次監督、一九四七）〈横溝正史原作「本陣殺人事件」の映画化〉などはかなり鮮明に覚えている。嵐寛寿郎の鞍馬天狗、大河内伝次郎の丹下左膳、市川右太衛門の旗本退屈男なども二、三本ずつくらい見ているように思う。

特に正月ともなれば日本映画が六本、外国映画三本を全部見てしまう。当時の正月映画といえば、美空ひばりの松竹映画『東京キッド』（斎藤寅次郎監督、一九五〇）、『悲しき口笛』（家城巳代治監督、一九四九）、『とんぼ返り道中』（斎藤寅次郎監督、一九五一）といった映画で、ストーリーはたわいのないものだったが傍役の堺駿二、川田晴久とダイナ・ブラザースの連中のギャグがめっぽう面白く正月映画にふさわしい雰囲気があった。美空ひばりが杉作少年になった嵐寛寿郎の鞍馬天狗も何本かあったと思う。正月にはよく忠臣蔵もやっていた。この種の時代劇は好きではなかったが、東宝の『次郎長三国志』シリーズは大変に楽しいもので、森繁久彌が森の石松に扮し、水島道太郎の小政、河津清三郎の大政で、久慈あさみがサイコロを振るシーンなど色っぽいものであった。

三船敏郎と月形龍之介の『ジャコ万と鉄』（谷口千吉監督、一九四九）とか、松竹（京都）映画の『武装警官隊』（大曾根辰夫監督、一九四八）というタイトルのものがあって、昭和二五年くらいまでは日本の警官は棍棒でギャングと対決していたのだが、ついに拳銃を手にした警官隊がギャング団を撲滅するという、何やら警察のPRを折り込んだアクション映画もあった。

当時は劇映画と同時にニュース映画が三本くらい上映され、洋画の方ではウォルト・ディズニーの漫画映画が併映されていた。学校から引率されて見たものには『インパール作戦』とか『アッツ島玉砕』といった記録映画があり、今でも夜間の豪雨の中をかける日本兵が自爆する、悲惨なシーンが目にやきついている。一方『手をつなぐ子等』（稲垣浩監督、一九四八）とか『蜂の巣の子供たち』（清水宏監督、一九四八）といった児童ヒューマニズム映画も断片的には記憶している。当然、世相を反映して反戦映画も多く製作されているのだが『異国の丘』（渡辺邦男監督、一九四九）とか『長崎の鐘』（大庭秀雄監督、一九五〇）といった作品を見ているし、今でもその主題歌を覚えているのは映画のせいだったかどうか。その中に『戦争と平和』（亀井文夫／山本薩夫監督、一九四七）という、非常に暗い反戦映画があって、銃後にあって一般の人々がいかに苦しんだかを戦争の悲惨さを通して描いた作品だったと思うが、今でも鮮明に記憶しているのは、岸旗江がミシンを踏みつづけるシーンで、その音が戦場の機関銃の音とダブるシーンがあった。高校に入って『雲流るる果てに』（家城巳代治監督、一九五三）という特攻隊の映画なんか素直に泣けたいい映画であった。山口淑子の『暁の脱走』（谷口千吉監督、一九五〇）も一種の反戦映画であった。

『青い山脈』と『おかあさん』のすばらしさ

以前、高校一年の時の映画メモについて述べたが、今回は日本映画の方をピック・アップしてみよう。したがって昭和二七年から二八年にかけて見た作品ということになる。

『現代人』（渋谷実監督、一九五二）、『思春期』（丸山誠治監督、一九五二）、『慟哭』（佐分利信監督、一九五二）、『お茶漬の味』（小津安二郎監督、一九五二）、『弥太郎笠』（マキノ雅弘監督、一九五二）、『人生劇場』（佐分利信監督、一九五二）、『アチャコ青春手帖』（野村浩将監督、一九五二）、『花火の舞』（小田基義監督、一九五二）、『カルメン純情す』（木下惠介監督、一九五二）、『夏子の冒険』（中村登監督、一九五三）、『ひばり姫初夢道中』（大曾根辰夫監督、一九五二）、『次男坊』（野村芳太郎監督、一九五三）、『春の囁き』（豊田四郎監督、一九五二）、『まごころ』（小林正樹監督、一九五三）、『煙突の見える場所』（五所平之助監督、一九五三）、『学生社長』（川島雄三監督、一九五三）、『十代の性典』（島耕二監督、一九五三）といった作品がメモされている。これで驚くのは、十代の性典ものを高一の時に見ているということである。『十代の性典』は若尾文子のデビュー翌年のヒット作だったが、同じ映画に南田洋子も出ていたはずだ。一方『春の囁き』も性典もので、こちらの方は岡田茉莉子の主演でポスターがかなり扇情的で黒いスカートがまくれあがっているものであったように思う。当然、こういった映画は入場出来ないのだが、私服に着がえて見に行くと入れてくれた。作品の方は、まったく面白くなかった。性典ものでは『娘はかく抗議する』（川島雄三監督、一九五二）という桂木洋子が出演したものと、藤田泰子の肢体がまぶしかった『エデンの海』（中村登監督、一九五〇）〈鶴田浩二が教師役〉などの記憶が残っている。

高一に至るまでに見た日本映画の中で強烈な印象を受けたのは『青い山脈』（今井正監督、一九四九）であったろう。中学生になって一端の文学少年風のところもあった頃で、石坂洋次郎の「若い人」も読んでいたが、とりわけ地方都市に展開される庶民のまきおこすデモクラシー騒動がおかしく、芸者と町の議員が対立するところなども面白かったが、堂々と青空の下で恋を語ることの正当性を謳歌した、この映画は実に爽快な解放感を与えてくれた。原節子、杉葉子もよかったが、若山セツ子の女学生が可愛く、当時はテレサ・ライトと並ぶ、あこがれのわがアイドル女優さんであった。

高校一年になって『おかあさん』（成瀬巳喜男監督、一九五二）という田中絹代主演の映画を見た。これが実にいい映画であった。あまりに荒唐無稽な日本映画を見てきたので日本映画もこのように自然な人間と生活を描くことが出来るのかという驚きがあった。つまり『おかあさん』によって僕は日本映画の素晴らしさを発見したわけだ。女学生の香川京子の目を通して、一家の苦労を一身に背おって、泣きごと一ついわずに家事をきりまわす母を描く。ホーム・ドラマ風のものでありながら、淡々とした描き方がすごく新鮮であった。香川京子に好意を寄せる岡田英次のパン屋の息子がハート型のパンを作ってピクニックに出かけるシーンなどほほえましいユーモアもよかった。監督は成瀬巳喜男である。前年の、上原謙と原節子のサラリーマン生活を描いた『めし』（一九五一）も評判の作であったが、やはりその年に見た『稲妻』が素晴らしいものであった。浦辺粂子扮する母と、娘の高峰秀子が、トボトボと道を歩きながらかわす会話の妙と、暗い話がからみながら進行するドラマのトーンは暖かなもので、日本映画も悪くないと思った。

一方、メモに入っている『現代人』（渋谷実監督、一九五二）は池部良の、本来、善良な青年サラリーマンが汚職事件にまきこまれ、ついには放火するに至る悲劇をかなりドラマティックに描いた作品であったし、高峰秀子と芥川比呂志の『煙突の見える場所』は道ゆく方角から見ると、煙突が二本になったり三本になったりする北千住を舞台に、その底辺に住む庶民の生活をやや不条理風のドラマで味つけした、面白い作品であった。『まごころ』は十代ものにしては、しっかりしたドラマのもので、大学受験を前にした石浜朗が隣に移ってきた胸をわずらった少女に恋をすることで悩むといったものであったが、その少女を演じたのが野添ひとみで清純な瞳だけの演技がかれんな印象を残している。この映画についてはメモに欠点をあげながら、やはり感動を与える一篇であると記している。当時新進気鋭の小林正樹の監督第二作で、脚本は木下惠介によるものだ。

佐分利信の『慟哭』はその年のキネマ旬報ベスト・テンの十位にランクされているがほとんど記憶にない。舟橋元という大根役者が青成瓢吉を演じる『人生劇場』はかなり面白かった。吉良常が月形龍之介で貫禄のある演技で出演していた。これは「青春篇」と「残侠篇」に別れて一本ずつ上映されたと思う。面白かったのは獅子文六のベストセラー「自由学校」が松竹と大映の両方で映画化されほぼ同時（一九五一）に上映されたことがあった。松竹の方が渋谷実、大映の方が吉村公三郎の監督作品で、作品の出来としては佐分利信が主演する松竹の方がよかったように思うが、〝とんでもハップン〟などという流行語がハヤった頃で、大映の方には大泉滉が出ていておかしかったし、松竹の淡島千景は相当に色っぽかった。

日本最初の総天然色映画たる『カルメン故郷に帰る』（木下惠介監督、一九五一）の続篇『カルメン純情す』「モノクロ」も見ているが、これはさっぱり面白くなかった。松竹のカラー第二作目、角梨枝子が主演する『夏子の冒険』に至っては、三島由紀夫の原作でありながらひどい作品で僕のメモにも四〇点とある。

黒澤明の圧倒的なシネマトゥルギー

先々号に書いたように、僕は母とけんかしながらラ・サールから甲南高校に移校するのだが、この頃は思春期なりに悩み多き時代でもある。たかが映画とはいえ、黒澤明の『生きる』（一九五二）を見た時のショックは大きかった。今までの映画とまったく異なった、ワン・ショット、ワン・ショットの入念な演出、今となってはややオーバーともいえるリアルな演技の振付けと細部に至るまでこりにこったセットなどによって、実にリアルな現実感を生み出した作品であったが、日本映画のバイ・プレイヤーの名人は全部出演しているのではないかと思うほど演技のアンサンブルが見事で、志村喬の主人公のひたむきな生き方、日本の役所の不合理な構造、全体にみなぎるヒューマニズム、お通夜を通しての日本人の感情の動きなどすべてが熱っぽく語りかけてくれる映画で、この作品を見た後、一週間、父親と口をきかなかった。おそらく日本の家族制度にむけられた、この映画の辛辣な批判にすっかり同調したのであろう。『生きる』を見るに至って黒澤明の映画への関心が高まった。ちょうどその頃『羅生門』（一九五〇）がヴェネチア映画祭金獅子賞（グランプリ）を獲得して、それが大変な話題になった年でもある。その年であったか『野良犬』も見たが、これも傑作で、野球場のドキュメンタルな描写やラストで犯人と格闘する時、近くの家の部屋からきこえてくる平和なピアノの音の対比など黒澤明のシネマトゥルギーは圧倒的なものであった。さらに『酔いどれ天使』（一九四八）も胸をやんだ三船敏郎が見るシュールな悪夢やラストの泥地周辺の悲惨な格闘のシーンなど目にやきついている。この映画には久我美子が出ていて最初とラストの清楚なシーンも鮮やかに記憶している。『羅生門』も翌年あたりに見ていると思う。

木下恵介の映画はこの時代のものがいい。『女の園』(一九五四)は女学校の学園闘争を描いたもので女同志の憎しみのドラマであったが、僕は感動で涙をながして見た。『女の園』はもう一度見ておきたい作品である(後年鑑賞)。望月優子が熱演した『日本の悲劇』(一九五三)は重っ苦しく、好きになれない作品であったが、翌年の『二十四の瞳』(一九五四)は泣かされた映画であった。ただし、この時期の木下恵介の映画技法は最高のものであったろうが、日本人の泣きの部分に必要以上に感情移入しているように思われ、その結果が『喜びも悲しみも幾歳月』(一九五七)のような感傷がテーマになった作品を出すに至るのであった。

小津安二郎の『東京物語』(一九五三)も胸にしみこむ傑作であった。黒澤明、木下恵介が西洋型のドラマティックでエネルギーあふれる映像でせまれば、小津安二郎と成瀬巳喜男は、静かなテンポで日本人の生活をうつしていくのだが、そこにも映画独自のスタイルがあって見る者を釘付けにするのだった。もう一人の巨匠溝口健二の作品は、大学に入ってから知る。スタンダード・スクリーンにおける日本映画のピークがこの時代で、僕は、その後大学に入ってほとんどの作品を見ているが、昭和二八年、二九年のキネマ旬報の日本映画ベスト・テンを参考までに記しておこう。

昭和二八年①『にごりえ』②『東京物語』③『雨月物語』④『煙突の見える場所』⑤『あにいもうと』⑥『日本の悲劇』⑦『ひめゆりの塔』⑧『雁』⑨『祇園囃子』⑩『縮図』

昭和二九年①『二十四の瞳』②『女の園』③『七人の侍』④『黒い潮』⑤『近松物語』⑥『山の音』⑦『晩菊』⑧『勲章』⑨『山椒大夫』⑩『大阪の宿』

(「アドバンス大分」一九八五年二月号)

スクリーンを飾る魅惑の女優たち

武市サンのラッセル狂い

映画ファンの楽しみは、ひいきの女優をスクリーンの上に発見することであろう。実際、スクリーンの半分は、魅力あふれる女優の存在によって占められている。特に私と同世代の映画ファンにとって戦後のアメリカ映画のスターたちは、単なる想い出の女優という存在を超えて神話的な存在でもあった。

武市好古という、演出家であり、エッセイスト、ジャズの批評家でもある人の処女エッセイ集に「ぼくの遊びはヒップ・ステップ・ジャンプ」(九藝出版)という著作があるが、この本はアメリカ女優ゲイル・ラッセルに捧げられている。武市好古は現在「キネマ旬報」や「小説新潮」にエッセイを連載している人だ。私が武市さんに初めてお会いした時に戦後のアメリカ映画の話になったのだが、ゲイル・ラッセルという女優さんははっきり記憶していないなと、ついうっかりしゃべったら一瞬不快な顔をされたのを覚えているけど、武市好古のラッセル狂は仲間では有名であって、昨年久しぶりにお会いした時もニューヨークの裏通りを歩いていたら、小さなレコード・ショップにゲイル・ラッセルのブロマイドが飾ってあってね、そこで彼女のブロマイドを七枚買ってきたと嬉々として話してくれた。一枚七ドルもするブロマイドを五〇歳に近い男が見つけて狂喜している姿は、いささか異常な気がしないでもないが、彼は、アル中で不遇な晩年を送ったゲイル・ラッセル伝を書くのが生涯のテーマだといいきっている人物であるから、笑ってすますわけにもゆくまい。

ラッセルは『拳銃無宿』（ジェームズ・エドワード・グラント監督、一九四七）、『怒濤の果て』（エドワード・ルドウィグ監督、一九四八）、『南支那海』（ルイス・R・フォスター監督、一九四九）といったB級映画に出演した美貌の女優で、ジョン・ウェインとのロマンスが噂された時代もあったらしい。武市さんの筆によれば「ゲイル・ラッセルの美しさは、戦後はじめて見たアメリカ映画『春の序曲』（フランク・ボザーギ監督、一九四三）のディアナ・ダービンから受けたあのショックすら、どこかへすっとんでいったほどのもので、とても生きものとは考えられない美貌だった。ブルーアイズにブルネット、神秘的な眼の輝きにしびれた。女優としては決してうまいひとではなかったが、これほどの美人に演技の必要はなかった。彼女に比べたらテレサ・ライトなんかイモ同然だった」とわがライト嬢も武市さんにかかるとカタなしだ。しかし、武市さんのゲイル・ラッセル讃は、われら飢えた時代に育った映画ファンに、少年時代に見た夢を決して忘れてはならないのだと伝えてくれている。といっても私の場合、武市さんみたいに狂ったように女優の姿を追ったというよりは、ある時期に、ある期間を通してのぼせていたというべきであろうが、ただスクリーンの上の映像を見るという誘惑だけが許されていた思春期、出会った多くの女優のイメージが、私の心と身をはげしくゆり動かしたのは事実である。

あこがれの三女優をあげれば

最初に魅せられた女優さんといえば、ヴァージニア・メイヨとモーリン・オハラであった。メイヨの方は『死の谷』（ラオール・ウォルシュ監督、一九四九）の鮮烈な印象があったが、今調べてみるとそんなに多くの名作に出演しているわけではない。モーリン・オハラは、魅力があるというよりも、堂々と男たちと対等にふるまう映画的な躍動感に惹かれた。作品をあげてみても『西部の王者』（ウィリアム・A・ウェルマン監督、一九四四）、『海賊バラクーダ』（フランク・ボザーギ監督、一九四五）、『すべての旗に背いて』（ジョージ・シャーマン監督、一九五二）、『剣豪ダルタニアン』（ルイス・アレン監督、一九五二）といったアクション映画にジョン・フォードの

『リオ・グランデの砦』(一九五〇)、『静かなる男』(一九五二)、『荒鷲の翼』(一九五六)と実に多くの作品があり、天然色女優といわれながら、永遠に忘れえないフォードの黒白スタンダードの名作『わが谷は緑なりき』(一九四一)がある。この作品は、昨年NHKで放映されたが、あの嫁ぐ日の彼女の白いウエディング・ドレスがゆれるシーンなど心に深くきざまれている。

当時のアメリカ映画の女優陣がいかに豊富であったかは、この連載でも書いた、野球映画『打撃王』(サム・ウッド監督、一九四二)にはテレサ・ライト、『甦る熱球』(ウッド監督、一九四九)にはジューン・アリスン、『春の珍事』(ロイド・ベーコン監督、一九四九)にはジーン・ピータースが出演していた例でもわかっていただけるだろう。

この三人の女優さんこそわが中学時代の憧れのスターであった。テレサ・ライトの優しい微笑、ジューン・アリスンの活発な行動とユーモア、ジーン・ピータースの作品ごとに変化するヘアー・スタイルとはちきれそうなプロポーション……とりわけリチャード・ウィドマーク共演の『拾った女』(サミュエル・フラー監督、一九五三)のピータースは挑発的で、この映画の一シーンがわりと最近に見たロバート・デ・ニーロ主演の『キング・オブ・コメディ』(マーティン・スコセッシ監督、一九八三)にチラッと出てきた時にはドキリとした。

ハリウッド的美女といえば、『われら自身のもの』(デヴィッド・ミラー監督、一九五〇)や『世界を彼の腕に』(ラオール・ウォルシュ監督、一九五二)のアン・ブライスも素晴らしかった。『見知らぬ乗客』(アルフレッド・ヒッチコック監督、一九五一)やチャンピオン』(マーク・ロブスン監督、一九四九)のルース・ローマン、『愚かなり我が心』(ロブスン監督、一九四九)、『愛と血の大地』(ジョージ・マーシャル監督、一九四八)のスーザン・ヘイワード、やや妖婦型のリタ・ヘイワース〈『雨に濡れた欲情』(カーティス・バーンハート監督、一九五三)〉、ラナ・ターナー〈『帰郷』(マーヴィン・ルロイ監督、一九四八)、『三銃士』(ジョージ・シドニー監督、一九四八)〉、バーバラ・スタンウィック〈『深夜の告白』(ビリー・ワイルダー監督、一九四四)〉なども作品によっては忘れがたい印象を残している。一方、美人とはいえない、大柄なベティ・ハットンも『アニーよ銃をとれ』(ジョージ・シドニー監督、一九五〇)と『地上最大のショウ』(セシル・B・デミル監督、一九五二)では抜群であったし、MGMミュージカル『雨に唄えば』(ジーン・ケリー/スタンリー・ドーネン監督、一九五二)、『バンド・ワゴン』(ヴィンセント・ミネリ監督、一九五三)におけるシド・チャリシーのダイナミックでエロティックなダンス・シーンも心ときめくものであった。

それに決して大スターではなかったが、『黄色いリボン』(ジョン・フォード監督、一九四九)で、キリッとした美しさを見せたジョーン・ドルーは、アラン・ラッドとの『地獄の埠頭』(フランク・タトル監督、一九五五)では、かなり妖麗な役で出演していたし、ヴァンプ役専門の『悪人と美女』（ヴィンセント・ミネリ監督、一九五二）や『突然の恐怖』（デヴィッド・ミラー監督、一九五二）のグロリア・グレアムなどもちょっと忘れられない女優である。

グリア・ガースンが見せた、貞淑で知的なキャラクター、『アンナとシャム王』（ジョン・クロムウェル監督、一九四六）や『ママの想い出』（ジョージ・スティーヴンス監督、一九四八）のアイリーン・ダンの母性的で心あたたまる演技も記憶に残っている。

『欲望という名の電車』は許せない

ヴィヴィアン・リーとイングリッド・バーグマンの美しさは、天上のものであった。バーグマンがロッセリーニと結婚してネオ・レアリズモの映画に出演したのはともかく、ヴィヴィアン・リーがひどいメーキャップで、おどろおどろしい演技を見せた『欲望という名の電車』（エリア・カザン監督、一九五一）は許しがたい作品である。映画とは、名優を必要としないメディアであろう。いつだってスクリーンの上ではローレンス・オリヴィエや滝沢修より、ジョン・ウェインや鶴田浩二の方が必要であり重要なのであり武市風にいえば、演技力などどうでもいいのだ。

性的な、妖しい夢を支えてくれた最初の女優は、エヴァ・ガードナーであったかもしれない。その頃、珍しかった色彩映画『パンドラ』（アルバート・リューイン監督、一九五〇）のガードナーの妖麗な姿態に私の目は釘付けされた。彼女の下着姿の、ほとんど肩が露出した肢体のエロティックな美しさは、まさにまぶしいものであり、見てはならぬものを見てしまったという感じであった。黒白映画『殺人者』（ロバート・シオドマク監督、一九四六）のガードナーもよかったが、ボガートとの『裸足の伯爵夫人』（ジョゼフ・L・マンキーウィッツ監督、一九五四）のガードナーは、まるで実生活の彼女がそのままスクリーンに出現したようなリアリティを感じさせた。山田宏一は、その素晴らしい女優論「美女と犯罪」（早川書房、この本は今までに書かれたことがない必読の女優論）の中で「エヴァ・ガードナーのとどまるところを知らない奔放な生き方は、現実的で打算的な冷感症的色情狂の悪女たちの男狂いの域を超え、彼女にふさわしくない男たちの意のままにはけっしてならない自由な女の荒唐無稽な夢に昇華していく」と書いているが、『裸足の伯爵夫人』で男を破滅させるガードナーの、決して安住しない女のプロフィールは、高校時代の私に激しい映画的興奮を与えたといえるだろう。『キリマンジャロの雪』（ヘンリー・キング監督、一九五二）も作品はつまらなかったが、ガードナーの出るシーンは輝いていたし、フォードの異色作『モガンボ』（ジョン・フォード監督、一九五三）の彼女も圧倒的に素晴らしかった。

ジョーン・フォンテーン、オリヴィア・デ・ハヴィランド、リンダ・ダーネル、アン・シェリダン、ローレン・バコール、ジーン・ティアニー、ヘディ・ラマール、ドロシー・ラムーア、パイパー・ローリー、エリザベス・テイラー、エリナー・パーカー、パトリシア・ニール〈特に『摩天楼』（キング・ヴィダー監督、一九四九）のニールはみごとであった！〉、ロンダ・フレミング、ジュディ・ガーランド、演技派のキャサリン・ヘプバーン、ベティ・デイヴィス、アン・バクスターとあげていけばキリがないくらいだがマリリン・モンローとオードリー・ヘプバーンが出現しなくとも、当時のハリウッドの女優陣は豊富であった。このような女優たちによって私達は、エネルギー溢れるハリウッド映画の全盛期と出会っていたのである。女優に対する憧れや好みは時代と共に変っていくが、昭和二〇年代に見たアメリカの女優たちの輝くばかりの美しさとアクションは、武市さんならずとも、ひたすらスクリーンを見つづけるだけで夢がかなうという映画ファンのみに許される最高の快楽であった。

ヨーロッパの女優については紙面がなくなった。ヨーロッパ映画の知的で成熟した女優であるダニエル・ダリュー、ミシュリーヌ・プレール、ミッシェル・モルガン、アルレッティ、シモーヌ・シニョレの魅力は、当時の私にはとどかなかった。むしろ、大学に行ってからジャンヌ・モロー、パスカル・プチ、ブリジット・バルドーなど好きな女優に出会うが、わずかに『真夜中の愛情』（ロジェ・リシュベ監督、一九五三）のダニー・ロバンに惹かれた記憶しかない。それでも、ドイツ映画『罪ある女』（ヴィリ・フォルスト監督、一九五一）のヒルデガルト・ネフ、『第三の男』のアリダ・ヴァリ、フランス映画『情婦マノン』のセシル・オーブリーの三人の女優から受けた強烈なイメージは、今なお心の中に残っている。

（「アドバンス大分」一九八五年三月号）

『カサブランカ』ハンフリー・ボガート

第二章　ビデオ・シネマ名作館

『M』ピーター・ローレ

いつも2人で（スタンリー・ドーネン監督、一九六七）
しゃれた感覚のコメディ

スクリーンの妖精とうたわれたオードリー・ヘプバーンの人気は、現在でも衰えることなく、一昨年だったか東京で行われた彼女の代表作の上映会には多くの若い女性客がつめかけたという。同じころに催されたグレース・ケリーやキム・ノヴァクの方は、さっぱりだったというから、ヘプバーンの輝くような非肉感的で清楚な美しさは、現代の若者にも強くアピールしているわけだ。

この映画は、彼女が人妻役を演じてもいい年齢に達したころの作品で、ここでも八十着にもおよぶファッショナブルな服を着こなし、珍しくも水着姿も見せている。もっとも彼女の水着姿など見たくないとおっしゃるファンもおられるだろうが。

「黙って座っている二人は、何者かしら」「夫婦さ」という会話が三度出てくる。このセリフは、後半、主人公夫婦が黙って食事をするシーンの伏線にもなっているのだが、このセリフがすごく印象に残っている。

冒頭、結婚後十年ほどたった夫婦ジョアンナ（ヘプバーン）とマーク（アルバート・フィニー）がフランスの田舎道を友人宅へ向かいながらお互いに昔のことを思い出している。回想場面に入って同じ道で女学生のジョアンナとマークが知り合って恋仲になる過程が描かれるが、さらに回想になって、新婚時代の二人が友人夫婦と同じ道を旅行するくだりが出てくる。そして現代の倦怠期に入ってケンカの絶えない二人の姿が出てくるわけで、この三つ、もしくは四つのエピソードが交互にというより同時的に出てくるところが、この映画の面白いところ。

時代が進むにつれて夫が建築家として成功し、二人の生活が変化していくあたりの描き方も絶妙で、夫が浮気をしたり、子供が生まれ、妻の方も若い男にいい寄られたりする。同じ道を使って、夫婦の変化を軽いコメディタッチで描く洒脱な脚本構成が光る。ご夫婦でごらんになることをおすすめしたい。

（「南日本新聞」一九八八年九月十八日、南日本新聞社）

いとこ同志（クロード・シャブロル監督、一九五八）
ヌーヴェル・ヴァーグの台頭期に出現した傑作

フランスのヌーヴェル・ヴァーグを代表する『勝手にしやがれ』（一九五九）は、脚本フランソワ・トリュフォー、監督ジャン＝リュック・ゴダール、監修クロード・シャブロルという三人の名で知られている。この三人は、いずれもカイエ・デュ・シネマ誌の同人で、批評家から映画作家に転進するのだが、いずれも映画と共にあることを夢みる映画狂であった。

以後、この三人は、ヌーヴェル・ヴァーグの三銃士というべき活動を開始する。先陣を切ったのはシャブロルで、彼もヒッチコックの大ファンで、同人のエリック・ロメールと共著で「ヒッチコック論」（邦訳二〇一五年刊）を出版している。その一九五〇年代中頃、妻の伯母の遺産三千万フランが手に入るとシャブロルは念願の映画製作に着手する。それが『美しきセルジュ』（一九五七）で、これはジャン・ヴィゴ賞を受賞し、シャブロルは大いに注目されるところとなった。つづいて『いとこ同志』（一九五八）を発表し、これも好評を博し、ベルリン映画祭グランプリを得る。

ヌーヴェル・ヴァーグ派は、映画の流れにゆすぶりをかけ、悲しい見世物と化しつつあった、従来の映画にノン！と否定の声をあびせながら、新しい世代の映画狂たちが互いに協調し、映画を蘇生することで「新しい波」を起こしたわけだが、シャブロルの二作が興行的にもヒットしたことは、以後映画を撮ることになるゴダール、トリュフォーたちに大きな勇気を与えたにちがいない。

ゴダールの『勝手にしやがれ』とトリュフォーの『大人は判ってくれない』（共に長篇第一作）は、翌一九五九年に製作され、いずれも極めて個人的でありながら斬新で大胆な作風は、多くのファンの心を魅了することになった。この三人の作品の成功がヌーヴェル・ヴァーグを世界的映画運動として推進させる原動力になったことは確かである。

『いとこ同志』は、日本ではアラン・レネの『二十四時間の情事』（一九五九）と同じく、一九五九年に封切られ、その年のキネマ旬報ベスト・テンの四位にランクされている。

今、二十五年ぶりにビデオで『いとこ同志』を再見したが、ゴダール、トリュフォーの映画に比べると『いとこ同志』はかなり保守的に見えないこともない。しかし『いとこ同志』は、今見ても抜群に面白い。シャブロルの映画的才能は、特に室内描写における、人物の行動と心理のパン・フォーカス撮影やゆるやかなパノラマ移動の鋭さに発揮されている。

物語は単純で、ジェラール・ブラン扮する田舎から受験に出てきた純情な青年と、彼のいとこにあたる都会育ちの青年（ジャン＝クロード・ブリアリ）を主人公にジュリエット・メニュエル扮する女子学生をからませた学生たちの、かなり虚無的な行動を描いたものだが、特に前半、ブリアリのアパートでのワグナーを使ったワイルド・パーティの描き方など、これまでの青春ドラマにない映画感覚を出しているし、ロシアン・ルーレットを使った幕切れのあざやかさもすばらしい。学生風俗の描写は、今日では、やや陳腐に見えるかもしれないが、シャブロルの熱っぽい、才気あふれる映画感覚は、今もって見るに値するものだ。

以後、シャブロルは、次第に商業映画を専門的に作るようになったことから、批評家から批判されたが、『ジャガーの眼』（一九六五）や『女鹿』（一九六八）など、ヒッチコックばりの才気あふれる作品は、単なる商業映画に終わっていなかった。シャブロルは、自ら進んでアクション映画を撮り続けたのかもしれない。
何故なら、ヒッチコックとて、すべて商業映画として成功させるために努力した映画作家であったからだ。七〇年代に入ってから作られたシャブロルの作品も見たい欲求にかられるファンも、日本にたくさんいると思う。

（「文化ジャーナル鹿児島」一九八七年創刊号、文化ジャーナル鹿児島社）

やくざ絶唱（増村保造監督、一九七〇）
兄と妹の愛憎をダイナミックに描いた代表作

一九八七年になって鶴田浩二、石原裕次郎というビッグ・スターが相次いで亡くなったが、私にとって一番ショックだった映画人の死は、昨年十一月に急逝した増村保造であった。映画ファンは、それぞれの時代に同世代的な感性と論理をもった映画作家を発見する。私の場合は、増村がそうであった。

今でも増村保造の処女作『くちづけ』（一九五七）を見た時の感動を、あざやかに思い出す。川口浩と野添ひとみが、拘置所前で出会って、自らの欲望を直線的に行動に移す清新な青春映画であり、このボーイ・ミーツ・ガールの単純な青春映画は、これまでの日本映画が描かなかったものであった。以来、増村の作品は、全五十七本（うち二本がオムニバス）のうち五十五本を封切時に見てきた。『親不孝通り』（一九五八）、『妻は告白する』（一九六一）、『「女の小箱」より・夫が見た』（一九六四）、『兵隊やくざ』（一九六五）、『セックス・チェック／第二の性』（一九六八）、『積木の箱』（一九六八）、『清作の妻』（一九六五）、『遊び』（一九七一）、『大地の子守唄』（一九七六）、『曽根崎心中』（一九七八）など、私は、増村の映画に強烈に魅せられてきた。

彼の映画は、あまりにストレートで、泥臭くもあり、平気で幼稚なスクリーン・プロセスは使うし、セットがひどく貧弱だったり、俳優のセリフまわしがエキセントリックだったりしたので、批評家の受けが悪く、以上の傑作のほとんどがベスト・テンからもれている。

『やくざ絶唱』（一九七〇）は、大映が倒産した直後のダイニチでの作品で、これも増村らしいダイナミックな傑作だ。

勝新太郎のヤクザとその異母妹の大谷直子の近親相姦的な愛の変化を描いたもので、勝が暴力的な現代ヤクザをみごとに演じきっている。勝は妹の大谷に純粋な愛情をそそいでいるが、彼女にとってすべてを束縛する兄の存在が時にうとましい。この兄妹の愛憎の対立のうちに、しだいに兄の愛情が兄妹愛を超えたものであることを知ってからの大谷直子の挑発的な演技がみごとで、教師の川津祐介に身をまかせたりするが、二人共、自分たちが深く愛し合っていることを知るようになる。勝は、新興ヤクザのボスを殺し、自らも撃たれて死ぬが、そこには妹への愛を断ち切って、彼女を自立した女に解放させたいという願いがこめられている。やや畸形的ではあるが、愛と憎しみの壮絶な日本的なドラマがスクリーンに爆発する。そのエネルギッシュなスタイルこそ増村独自のものであった。

増村の描く人間たちは、過不足なく欲望を表現するものではなく、恥も外聞もなく欲望を表現する狂人でもある。特に増村の描く女性たちは、湿った日本的情緒に反逆し、すべての束縛から脱出し、自分の肉体と感情をまるごと肯定して、自立していく。時として、彼女等は、愛する男を殺す。増村の場合、真に愛することは殺すことでもあるのだ。特に六〇年代、若尾文子と組んだ『妻は告白する』『「女の小箱」より・夫が見た』『清作の妻』らは、これまで自然主義的な、きびしい描写で女を描きつづけてきた溝口健二の女性像を現代的な論理とカメラ・ワークで引き継いだ、実にすばらしい作品であった。

増村の映画は、自由にはばたこうとする女性を肯定的に描くが、彼女らをとりまく保守的な体制は、彼女らの解放を許さない。こういった対立が、増村の映画をダイナミックにしていった。『やくざ絶唱』も、増村の代表作であると同様に大谷直子の代表作としても記憶にとどめたい。

七〇年代、八〇年代のよりクールで平和になった状況と増村のゴテゴテして動的な映画は、まったく水と油のように対立するようにも思う。今夏は、大分の湯布院映画祭でも増村保造の特集が行われるというが、私にとっても、増村以後、正面とむかって対決する日本映画の監督と出会っていない。増村の代表作が、ビデオ化され、若いファンに見つづけられることを願っている。

（「文化ジャーナル鹿児島」一九八七年九・十月号）

我等の仲間（ジュリアン・デュヴィヴィエ監督、一九三六）
自由を求める人間の苦悩を描いた傑作

現在、私は、南日本新聞の毎週日曜日〈ビデオ名作散歩〉というコラムに、私の好きな作品を選んで紹介しているので、本誌の読者の方で目を通している方もいらっしゃると思う。

八月に昭和十一年に製作され、その翌年に日本で公開されたジュリアン・デュヴィヴィエの『我等の仲間』（一九三六）を取り上げたのだが、レンタル店で借りた、この作品のラスト・シーンが私の記憶したものとまったくちがっていたので驚いてしまった。正直にいって、その夜は落着かなく、翌日になってフランス映画にくわしい山田宏一さんに電話してその辺の事情をきいてみた。山田さんはラストが改作された『我等の仲間』は見ていらっしゃらないのだが、どうやらフランス本国では、当時、このビデオのバージョンが上映されたらしい。どうしてそういうことが起ったのだろうか。さらに、どうしてビデオでは、このバージョンが採用されたのだろうか。

『我等の仲間』は、十万フランの富くじに当った仲の良い五人の失業者が、パリ郊外にレストランを共同経営しようとするが、その夢が実現一歩手前で破綻していくさまを、デュヴィヴィエらしい絶妙の語り口（脚本はシャルル・スパークのオリジナルで彼の脚色力も映画を成功させている大きな要因）で描いたもので、主演はジャン・ギャバン、それに戦後も名バイプレイヤーとして活躍したシャルル・ヴァネルがギャバンの親しい相棒に扮し、この二人にからむ妖婦をヴィヴィアーヌ・ロマンスが演じている。映画のラストは、レストラン開店の日にギャバンがロマンスを殺し、警察に引かれていくところが緩やかな移動カメラでとらえられていたと記憶するが、こういったペシミスティックな結末とムードこそが、この時代特有のもので、そこには理想とする共同体がもろくも崩壊してゆく、後の第二次大戦につながる時代を暗示した作品とも評価された、極めつきのフランス映画の名作である。

ところが、ビデオの『我等の仲間』はギャバンとヴァネルがロマンスを追い出して、お客とにこやかにダンスを踊るというハッピーエンドで終っているのである！　山田さんの話によると当時人民戦線を結成して意気上るフランスの労働者に暗いイメージを与えるというので、ラストシーンを作り変え、フランス国内のみ、このハッピーエンド版が上映されたらしい。その頃、ドイツ・ナチズムの台頭をせき止めるため、フランス共産党が中心になって労働者統一戦線を打ち出したのが人民戦線で、ジャン・ルノワールも人民戦線のプロパガンダ映画『人生はわれらのもの』（一九三六）、『ラ・マルセイエーズ』（一九三八）を撮り、この時期日本には検閲で入荷しなかった『大いなる幻影』（一九三七）も当時の不穏な空気の中から生れたヒューマニズム映画の傑作である。

私たちよりひと回り上の世代の映画ファンにとって、昭和十年前後に封切られたフランス映画の数々の名作は、おそらく映画そのものを超えて、大きな影響を与えたはずである。今日、デュヴィヴィエやジャック・フェデーの写実映画は、映画史的な評価が低くなっているが、デュヴィヴィエの『商船テナシチー』（一九三四）、『にんじん』（一九三二）、『地の果てを行く』（一九三五）、『望郷』（一九三七）といった作品は、日本のインテリ層ファンの心をしっかりつかんだ作品であり、それらのペシミズムや暗いトーンは、時代としての有効性を持っていたと思う。だから、『我等の仲間』のハッピーエンド改作篇は、この映画に感動したオールド・ファンにとってしごく迷惑な作品であるばかりでなく、この作品が評価された歴史的な地盤まで否定されることになりかねない。

私の場合は、見る必要のないものを見てしまった驚きに終ったものの、ビデオ映画では、今後、こういったバージョンの異なる作品に出会うことも起ってくることだろう。

（「文化ジャーナル鹿児島」一九八七年十一・十二月号）

黄金（ジョン・ヒューストン監督、一九四八）
ヒューストン＝ボガートの名コンビによる伝説的アメリカ映画の傑作

一九八七年の八月末にジョン・ヒューストン監督は、八一歳で亡くなった。多くの優れた映画作家も年をとると自らのキャリアに泥をぬるような凡作を作るものだが、ルイス・ブニュエルと同じくらい、ヒューストンの晩年の作品は、輝いていた。『王になろうとした男』（一九七五）、『アニー』（一九八二）、『女と男の名誉』（一九八五）、『火山のもとで』（一九八四）、さらに今年の東京国際映画祭で上映された遺作の『ザ・デッド／「ダブリン市民」より』（一九八七）も好評を博しているように、とても七〇歳を越えた人の作品とは思えぬ充実した作品が続いた。ヒューストンのスランプ時期は、最良の仲間であったハンフリー・ボガートを失ってからの五〇年代後半から六〇年代『荒馬と女』（一九六一）、『イグアナの夜』（一九六四）、『天地創造』（一九六六）などヒューストンらしからぬ凡作を作っている。

私たちと同世代の映画ファンにとってヒューストンの映画は、ボガートとの『マルタの鷹』（一九四一）、『黄金』（一九四八）、『キー・ラーゴ』（一九四八）、『悪魔をやっつけろ』（一九五三）、『アフリカの女王』（一九五一）の五本の作品が忘れがたい。それに『アスファルト・ジャングル』（一九五〇）、『赤い風車』（一九五二）、『白鯨』（一九五六）など中学時代から大学初年にかけてそれぞれ封切り時に見ているが、この期のヒューストンは、明らかに何かを追いかける男たちの情熱と行動、そして挫折をテーマにしていた。ヒューストンの全作品の中で忘れてはならないのは『勇者の赤いバッヂ』（一九五一）というオーディ・マーフィ主演の反戦映画の傑作で、これはズタズタにカットされた短縮版（約五〇分）を見ているのだが、ハリウッドの商業主義とマッカーシズムに抵抗した、この作品の完全版がビデオでも発売されることを切に願うものだ〔二〇二〇年現在、DVDで発売中〕。

今日、ヒューストンを論じる時に、私がいつもひっかかるのは、フランソワ・トリュフォーの「ハワード・ホークスの最低の映画すら、ヒューストンの最高の映画より興味深い」という評である。これは、トリュフォーのホークスへの異常な肩入れから生れたものであったが、ヒューストンのフィルモグラフィーを見ていくと、確かにホークスやフォードのような大きな映画世界は見えてこない。処女作『マルタの鷹』は一九四一年に作られているが、これは当時としては驚くほどリアリスティックな作品であって、スピード感あふれるカッティングとセリフ回しなど斬新なもので、ヒューストンの力量を充分に発揮した作品ながら同じ年にウェルズの『市民ケーン』が生れているので分が悪い。大天才ウェルズとの比較はともかく、ヒューストンの映画は、意外に小粒であったことは否めない。それに彼の知的な映画術は、その背後にドス・パソス、ヘミングウェイ、ハメットらのアメリカ行動主義の影響によって形成されているように思う。犯罪映画やギャング映画の傑作は何本もそれまでに作られていたにしても、真の意味でのハードボイルド・タッチは、ヒューストンによって生れた。

『黄金』は、この作品でアカデミー監督賞、脚本賞、それにウォルター・ヒューストン（ジョンの父）が助演男優賞を得た作品で、一躍ヒューストンの名を高らしめた。メキシコのタンピコで落ちぶれて観光客に金をたかっていたハンフリー・ボガートと相棒（ティム・ホルト扮）の二人は、黄金探しに夢を賭けたウォルター・ヒューストン扮する老人に会い、三人で砂金を探しに行く。さんざん苦労して、シエラ・マドレ山の奥深い地で砂金を探し当てるが、ボガートは、しだいに猜疑心にかられて、ついには相棒まで銃で撃ってしまう。一人で山を降りたボガートも山賊に殺される。物欲にかられた人間をハードでユーモラスなタッチで描きあげている。特にボガートが、池水のところで山賊に襲われるシークエンスとウォルター・ヒューストンの最後の高笑いのシーンなど、ヒューストンらしい端正な映画技法が見られよう。私が、この作品を最初に見たのは、中学三年の時であった。

（「文化ジャーナル鹿児島」一九八八年一・二月号）

捕えられた伍長（ジャン・ルノワール監督、一九六一）

世界最大の映画作家ジャン・ルノワールの遺作

フランソワ・トリュフォーに言わせれば、世界最高の映画作家は、ジャン・ルノワールということになるが、トリュフォーの師たるアンドレ・バザンも、わが国の山田宏一、蓮實重彦という最も信頼すべき批評家も、ルノワールこそ最高の映画監督ということでは論が一致している。ジャン＝リュック・ゴダール、エリック・ロメール、ジャック・リヴェットも最良にして最高の映画作家としてルノワールを絶賛している。ヌーヴェル・ヴァーグは、ルノワールを師として、彼の映画を研究することで、新しい波を起こしたといえるだろう。

アメリカのアンダーグラウンド映画の雄、ジョナス・メカスは、ルノワールについて次のように書いている。「……すべてが若さと新鮮さにあふれている。ルノワールは、映画に対しても芸術に対しても、けっして大げさな誇張をしたことがなかった。（中略）草むらの中でも、森の中でも、彼はただ生き、歌い、冗談を言い、踊り、酔っぱらいのケラワックのようにはしゃぎまわる。彼は、初めて映画用のカメラを手にして以来、もう四十年もそんなふうにして過ごしてきた。彼自身、永久に〈新しい波〉である。彼の語ることはすべて美しい。彼の語り方も美しい。映画のテーマ、映画のストーリーなど何の意味があろう？　愛、太陽、木、美しい女、夏の日、草の上のピクニックの映画で充分だ。筋書きなど、芸術や人生において、何の意味があろう？　問題なのは細部、微妙さ、ニュアンスである……」（「メカスの映画日記」）。わが国では、ルノワールといえば『大いなる幻影』（一九三七）のヒューマニズム映画の監督としてのみ有名である。というのも彼の全三十六本のうち日本で公開されたのは十本くらいのもので、私自身、わずか八本のルノワール映画しか見ていない。ジュリアン・デュヴィヴィエやジャック・フェデーの代表作のほとんどが公開されているというのに、何故ルノワールのみが冷遇されてきたのか不思議だが、思うにルノワールの映画は、あまりに単純すぎて、メカスのいう細部の面白さが理解されにくかったのかもしれない。ルノワールは、観念的で難解なテーマの映画なんか一本だって作ってはいない。私は、一映画ファンとしてルノワールの未見の『トニ』（一九三四）、『素晴らしき放浪者』（一九三二）、『ランジュ氏の犯罪』（一九三六）、『ピクニック』（一九三六）、『南部の人』（一九四五）、『スワンプ・ウォーター』（一九四一）、『河』（一九五一）、『黄金の馬車』（一九五二）といった映画をいつか見ようと夢見てきた。幸いにもビデオ時代に入ってルノワール映画も見る可能性が生まれてきたことは、まさに映画ファンのこの上もない歓びであろう〔後年筆者はビデオや衛星放送で、先に列記された作品のほとんどすべてを鑑賞した〕。

『捕えられた伍長』（一九六一）は、ルノワールの劇映画としての遺作である。これは、『大いなる幻影』と同じく捕虜になった男たちを描いたものだ。ラストの、言葉をも失う、何ともすがすがしいパリのシーンを見て、一瞬、ジャック・ベッケル（彼はルノワールの助監督であった）の遺作『穴』を連想したが、これまで戦争で捕虜になった男たちの映画は、たくさん作られてきたものの、この映画は、どんな映画とも異なっている。

主人公の伍長（ジャン＝ピエール・カッセル）やパテール（クロード・ブラッスール）は、ちょっとしたスキを見つけて、何と六回も脱走を試みる。いずれも計画的な脱走ではない。この映画の人間たちは、単純にナチスの秩序に反逆する。彼らは、食べたり、眠ったり、恋をしたり、排泄したりするという人間の生理的欲求にそって生きようとせんがために、何度も脱走しようとしているようだ。その脱走の、突発的で、デタラメなやり方には、あぜんとする。二回目の脱走の時には、一人は女装して国境を越えようとして失敗する。彼等は、死を恐れているとも思えない程だが、現実的には、戦友たちは次々に死に、脱走の度に強制収容所に入れられたり、懲罰を受けたりするにもかかわらず、彼等は、ごく自然に自由を封じこめようとする体制に反抗する。ここには、ルノワールが尊敬していたチャップリンと同じテーマが見られ、「人間は、それぞれ自分なりの言い分を持っているのだ」という彼の代表作『ゲームの規則』（一九三九）のテーマが引き継がれていると思われる。トリュフォーは、ルノワール映画の特徴を「深刻であると同時に天真爛漫、ドラマティックであると同時にコミカルである」と書いているが、この遺作もルノワールらしき輝きに充ちた、美しく、懐の深い作品である。

（「文化ジャーナル鹿児島」一九八八年五・六月号）

若者のすべて（ルキノ・ヴィスコンティ監督、一九六〇）

イタリアン・ネオ・レアリズモの傑作

ルキノ・ヴィスコンティは、貴族（公爵）の子として生まれ、父親が劇場を所有していたこともあって、少年時代からあらゆる芸術思潮に親しみながら、先天的な反逆精神をも有し、青年時代にマルキシズムに深く傾倒し、戦争中は、レジスタンス活動も行っている。三〇歳の時にジャン・ルノワールの『どん底』（一九三六）の撮影に協力することによって映画芸術の素晴らしさを発見、ルノワールの助言によって戦争中『郵便配達は二度ベルを鳴らす』（一九四二）〈ジェームズ・ケイン原作〉を発表、早くも卓抜な才能を見せている。戦後発表した『揺れる大地』（一九四八）は、台本なしの現場主義に徹した作品で、ネオ・レアリズモの最も重要な映画と評されている。

ヴィスコンティの活動は、映画にとどまらず、チェーホフからテネシー・ウィリアムズに至る演劇、オペラなどの演出家として第一級の仕事を残している。では、彼は、映画作家として超一流の演出家であったかどうか。これは、今後の評価によって決められようが、私の考えでは、天性のシネアストたるフォードやルノワール、あるいは小津安二郎、オーソン・ウェルズらの映画を超える映画を作ったとは思えない。だが、ヴィスコンティが、二〇世紀の生んだ最大の演出家であったことは間違いのないことであろう。彼の成功した映画は、全てヴィスコンティの完全にして精密な写実主義によって、力強い画面が生まれ、その画面が、見る者を圧倒する。

ヴィスコンティの晩年の作品として名高い『ベニスに死す』（一九七一）から『ルートヴィヒ』（一九七二）、『家族の肖像』（一九七四）、『イノセント』（一九七六）に至る作品を、私は、素直に賞賛する気になれなかった。これらの七〇年以降の作品は、病める芸術家の病める作品である。病的な作品であったが故に、人々は、これらのデカダンな人間滅亡の映画世界に涙したのではなかろうか。もっとも、これらの晩年の作品も、ヴィスコンティの複雑な芸術観、自己史が反映されたもので、自らホモセクシャルであることを隠さず、堂々と正直に、芸術家としての自分の世界を貫いた点でも、偉大な人であったといえよう。

ヴィスコンティ映画の頂点は、『山猫』（一九六三）にあると確信する。映画に詩的映画と散文的映画があるとすれば、『山猫』は、散文映画の最高峰であり、歴史の中の人間が、この映画ほど雄大なスケールで描かれた例はない。しかも、ここには、すこぶる健康で、映画を創ることを楽しんでいるヴィスコンティが感じられた。むろん、『夏の嵐』（一九五四）、『地獄に堕ちた勇者ども』（一九六九）といった魅力的な作品もあるが、『白夜』（一九五七）と『若者のすべて』（一九六〇）こそヴィスコンティの演出が冴えわたった傑作であろう。

『若者のすべて』（原作「ロッコとその兄弟」）はイタリアの南部ルカニアから職を求めて北部のミラノに移住してきた一家の物語である。この映画では、次兄のシモーネ（レナート・サルヴァトーリ）と三男ロッコ（アラン・ドロン）の兄弟がドラマの中心に置かれ、この二人の生き方を描きながら、映画はギリシア悲劇にも似た悲痛な展開を見せる。シモーネが、しだいに都会の悪の世界に転落していくのに反し、ロッコは、「白痴」のムイシュキンに近い性格の青年で、一家を救うためにプロ・ボクサーとして苛酷な条件の契約を行い、すべての兄弟をかばいながら、ラストで〝この家族の者は、一人でもかならず故郷に帰るべきだ〟と説く。

この作品でもヴィスコンティの環境描写は精密をきわめ、ミラノ（彼の出身地）の裏街やボクシング・ジム、雑居家族のアパートなど、臭いが伝わってくるような、スキのないリアリズム描写が見られる。特に圧巻は、精神のバランスをなくしたシモーネが、ロッコの眼前で、かつての愛人ナディア（アニー・ジラルド）を犯すシーン、さらにシモーネがナディアを殺す壮絶なシーンで、特にこの殺しのシーンは、映画に表現された、最も哀切にして美しい殺人シーンといえよう。イタリア人にとって、愛するとは、殺すことであり、愛する人間のどうにもならない生々しい姿が素晴らしい表現で描かれている。

このシモーネ役のレナート・サルヴァトーリが、この（一九八八年）四月に亡くなったという訃報がとどいた（五十五歳）。イタリア映画で何本か彼が出演した作品を目にしているが、『若者のすべて』を観た者は、このサルヴァトーリの演技を永遠に忘れることは出来ないだろう。

（「文化ジャーナル鹿児島」一九八八年七・八月号）

麦秋（小津安二郎監督、一九五一）
「家族の崩壊」を描いた小津充実期の名作

『麦秋』（一九五一）〈かつて『麥秋』であった〉は、小津作品の中で『早春』（一九五六）と共に私の一番好きな作品である。完成度からいえば『晩春』『東京物語』が上であろうが、『麦秋』と『早春』には、映画としての特殊な豊かさがつまっているように思う。

小津映画の代表作は、戦前のも含めてほとんどビデオ化されているにもかかわらず、レンタル店にはまったく置いてない。小津とフォードの映画なら全部揃えてありますと宣伝するようなレンタル店の出現が望ましいが、ビデオ時代においても商人と無邪気なファンによって映画は、踏みにじられているのだ。さて、『麦秋』の最初のショットは、渚で犬が遊んでいる海岸から始まっている。北鎌倉の山が窓ごしに朝の光をあびて写されるショットが次のものである。ここから映画の主人公原節子の家族が朝食をしたり出勤の準備をしたりしているシークエンスとなる。笠智衆の兄は病院へ、妹の原節子は丸の内のオフィス街へ、長男の小学生の子は学校へと出かけるまでが三十数カットある。むろん、家には笠智衆の親夫婦の菅井一郎と東山千栄子、それに笠の妻三宅邦子が残っている。この三十数カットは、ローポジションであったり、同じ場面を後にひいた位置でとられたりしているが、この最初の、ごくありふれた家族を描くワン・ショット、ワン・ショットの画面の素晴らしさに息を呑む。

すでに『麦秋』の日本的家屋は、今日もうまったく存在しなくなったものだ。しかし、昭和二十五年前後にはこのような中流家庭はどこにでもあったのだ（当時としてはこの間宮一家は、かなりめぐまれた家庭であったろう）。私の目は、小津が積みかさねる平凡とも思える出勤時のワン・シーン、ワン・シーンを見ながら、その時代の空気を強く感じてしまう。だが、実際には、ここに見られるのは映画としての固有の画面の面白さであり、カットとカットによって促される映画的運動の魅力であろう。ただ、五〇代以上の人々にとって、この最初のシークエンスの家族の風景は、何かしら郷愁にも似た不思議な驚きをもたらさないだろうか。小津映画は、見る度に新しい映画体験を呼び起こしてしまうのだ。

『麦秋』は、婚期を逸しかけた原節子が周辺の心配をよそに兄妹のようにつきあってきた近所の子持ちの男（二本柳寛）に嫁ぐまでを描いたものである。当然原節子の三代にわたる家族の種々な人間関係も描かれているが、小津自身がストーリーよりももっと深い〈輪廻〉とか〈無常〉とかいったものを描きたかったと述べていることよりも、ここに見られるのは、映画としての輝きであり、各ショットの豊かさであろう。

従来の小津映画論を全て覆した画期的著作に蓮實重彥の「監督小津安二郎」（筑摩書房）がある。これを読むと小津映画に関しては私の出番などまったくないことを思い知らされるが、父と娘の離別とか、老夫婦の心境とか、年頃の娘を持つ父親の悲哀といった小津的テーマへの興味よりも、小津が作り出す個々の画面の面白さ、輝きに小津映画の本質があることは明らかであろう。蓮實重彥は、その著作の中で杉村春子が原節子の息子との結婚の意志があることを知った直後「いきなり相好を崩してアンパンを食べないかと誘うとき、人はアンパンの一語に深く感動する。それは、思いもかけぬ喜びにいくぶんかとり乱した杉村の内面を直截に伝える言葉だからでもあろうが、それ以上に小津における食べることの主題的な拡がりの豊かさにわれわれは不意撃ちされるからである」と述べている。このシークエンスの出てくる前に原節子と三宅邦子がショート・ケーキを食べようとしている所に、原が嫁ぐ相手となる二本柳寛が入ってくるシーンがあり、このショート・ケーキを食べるシークエンスも原と二本柳をつなぐ挿話としてこの映画の拡がりを豊かに形成しているといえよう。

それにしても小津映画における杉村春子の素晴らしさは絶品という外ない。あの『晩春』（一九四九）のラスト近く、原が笠に最後の挨拶をして階下に下りて行った後、誰も残っていない部屋をクルリとひとまわりする杉村の感動的振舞いを思い出すが、『東京物語』（一九五三）や『早春』の杉村の出て来る生き生きとしたシーンは、どのシーンをとっても彼女が熱演する文学座の「女の一生」や「欲望という名の電車」では絶対に見ることが出来ない、映画のみが表現出来る奇蹟的な美しさといえるだろう。

（「文化ジャーナル鹿児島」一九八九年一・二月号）

ヒズ・ガール・フライデー（ハワード・ホークス監督、一九四〇）

アメリカ映画、最良にして最大のコメディ

年末に東京の友人から二本のハワード・ホークスのコメディ『赤ちゃん教育』（一九三八）と『ヒズ・ガール・フライデー』（一九四〇）が送られてきた。さらに私が高校時代に見た『ヒット・パレード』（一九四八）〈ダニー・ケイ主演〉を再見することが出来た。三本のホークス・コメディを見て、そのあまりの面白さに仰天した。三〇年代後半から四〇年代のハリウッド映画には、かくも素晴らしい喜劇映画が作られていたのか、という発見の興奮が未だに続いている。

『ヒズ・ガール・フライデー』は、一九三一年にルイス・マイルストンによって映画化された『犯罪都市』〈原題「フロント・ページ」〉のリメイクである。御存知のように『フロント・ページ』は、ビリー・ワイルダーによって映画化されており（一九七四）、これは、まぎれもなくワイルダー監督後期の傑作であった。現在、四度目の映画化も進行中とのことだが、このベン・ヘクトとチャールズ・マッカーサーによる『フロント・ページ』は、元は舞台のヒット作であった。オリジナルの戯曲そのものが大変秀れたものであったと思うが、その後、ヘクト＝マッカーサーのコンビは、ハリウッドに進出し、監督としても『情熱なき犯罪』（一九三四）、『生きてゐるモレア』（一九三五）といったアメリカ映画史に残る傑作をものにしている。このコンビの脚本による映画として、ホークスの『特急二十世紀』（一九三四）、エルンスト・ルビッチの『生活の設計』（一九三三）、ジュリアン・デュヴィヴィエの『運命の饗宴』（一九四二）、ウィリアム・ワイラーの『嵐ケ丘』（一九三九）などが有名だし、ヘクトの方は、ホークスのトーキー初期のギャング映画『暗里街の顔役』（一九三二）やアルフレッド・ヒッチコックの『白い恐怖』（一九四五）などの脚本家としても知られているように、彼等は、トーキーと共に出現した最も傑出したシナリオ・ライターであったといえよう。

ワイルダーの『フロント・ページ』は、ウォルター・マッソー

とジャック・レモンが機関銃のように早口でしゃべりまくるセリフの面白さと、ベテランの事件記者としてのプロフェッショナルな男たちの世界を、おかしく描いたシチュエーション・コメディとしての構成の面白さをたっぷり見せてくれたが、ホークスの映画は、さらに過激である。ホークスとワイルダーの間には映画史的な血脈関係があり、ワイルダーは、ホークスの『教授と美女』（一九四一）〈このリメイクが『ヒット・パレード』〉の脚本を担っている。さらに『お熱いのがお好き』（一九五九）でトニー・カーティスが船中において、ド近眼の厚いメガネをかけ、帽子を被ったスタイルで不能者をよそおいながら、マリリン・モンローを口説くシーンがあったが、あのカーティスのオドオドした演技は、明らかに『赤ちゃん教育』のケーリー・グラントのパロディなのである。

このホークス版では、オリジナルの男二人の事件記者の役を男と女に変えてある。つまり、ワイルダー版のマッソーの役をケーリー・グラントが、レモンの役をロザリンド・ラッセルが演じていて、彼女は、グラントの元女房という大胆な転換が行われているが、これが見事に成功していて、二人の息つく間もないセリフの応答が何ともすさまじく、おかしい。冒頭、グラントの新聞社へラッセルが婚約者を連れて挨拶にやってくる。グラントは、二人に嫉妬したというより、ラッセルを何とか元の事件記者にもどそうと企む。そこに明日処刑されるという警官殺しの犯人にインタヴューするのに女性記者のラッセルが必要であるということになり、新婚旅行へ出る前に一つだけ仕事を頼むというグラントの説得で、ラッセルは、早々とこの事件に首を突っこむことになる。ここから急テンポで話は展開していくが、特に当時の女優としてのラッセルの演技は、恐ろしく肉体的なアクションの演技であり、二人が電話をとって同時にしゃべりまくるあたりのタイミングなど絶妙である。いろんな人物が出入りして、二重、三重にギャグがとび交い、しだいにクレイジーに喜劇シチュエーションがエスカレートし、収拾のつかない世界に突入していく。この荒唐無稽な展開を、あたかも老練な手品師のごとくみごとにさばき、一カットとして無駄なく仕上げたホークスの映画は、まさに天才のものであり、愛と友情の共闘というホークス的テーマもくっきりと出ている。かつて坂口安吾は、「ファルスこそ最高の芸術形式であり、ファルスは、人間の全てを全的に一つ残さずに肯定しようとするものである」と書いたが、映画史上、最も豊かなコメディに接した後は、安吾の文章など思いうかべ、あとは絶句するより外ない。次は、ホークスの航空映画に接しうるチャンスを待つことにしよう。

（「文化ジャーナル鹿児島」一九八九年三・四月号）

モード家の一夜（エリック・ロメール監督、一九六九）

日記体による簡潔にして力強いスタイルの作品

すでに三十五年も前にフランソワ・トリュフォーは次のように書いている。「明日の映画は私小説や自伝よりもいっそう個人的なものになるだろう。告白のようなもの、あるいは日記のようなもの……そうしたすべてが真実であり、これまで映画で語られることがなかったからだ……」

三年前に初めてロメールの『緑の光線』（一九八六）を見た時、すぐさまトリュフォーの一文を思い出したが、この作品は、ごく平凡な女性の生活断片（といっても女性の生理的な感情もたっぷり描かれているのだが）を、何月何日、といった日記体でつづった作品であった。まったく地味な作品ながら、見る者に不思議なエモーションを与えるのだ。

ロメールは、ヌーヴェル・ヴァーグを先導して映画を撮りつづけてきた作家で、二十本前後の作品がありながら、日本では、ほとんど公開されることがなかった。鹿児島では、昨年『友だちの恋人』（一九八七）が一本封切られただけである（一九九〇年当時）。こうなるとビデオで彼の作品に接するより他ない。私は、ビデオで『海辺のポーリーヌ』（一九八三）、『満月の夜』（一九八四）に接し、今年に入って彼の代表作ともいえる『クレールの膝』（一九七〇）と『モード家の一夜』（一九六九）を見るに及んで、まさしくフランス映画ならではの哲学的風流譚というべきか、コント風恋愛劇ともいうべきロメールの作風にすっかり魅了された。彼の映画は、今日の映画の風潮に反する、実にしたたかで力強く、真実味にあふれていて、大げさな表現などどこにもない。山田宏一氏が書いているように「ロメールの映画は、物語というよりも、対話であり、その対話のなかで人間たちの関係や性格をとらえようとする。キャメラは、ロメールが見ている人物たちの風貌、身振り、姿態、話しかたなどの表現の正確さつまり特徴をえぐりだすようにとらえ、信じがたいほどの明晰さで浮き彫りにしてみせる」（『わがフランス映画誌』）。

『モード家の一夜』は、〈六つの教訓話シリーズ〉の第四作目にあたるもので、第五話が『クレールの膝』である。あと数日でクリスマスという日曜日に、主人公（ジャン＝ルイ・トランティニャン）は、ミサに出かけるが、そこで見かけた清純な女性の美しい横顔に心を奪われ、彼女こそ自分の妻になる女性だと信じる。その後に主人公は、何年ぶりかでかつての同級生に再会し、彼に誘われて、モード（フランソワーズ・ファビアン）の家を訪れる。この映画の大半は、このモード家で展開される。モードは、開放的な離婚女性で、今は子供と一緒に生活している。三人は、哲学、キリスト教、結婚、あるいは過去の女性体験などについて語り合う。ロメールの映画では、いつも登場人物がえんえんと語り合うのだ。議論するといってもいいのだが、『海辺のポーリーヌ』の三人の男女とそれを聴いているポーリーヌの四人による恋愛談議、『クレールの膝』では、主人公とかつての愛人だった女流作家との会話など、こういったディスカッションのシークエンスが、実にウィットに富んでいて、人間の豊かな感情を的確に描出してみせる。『モード家の一夜』では、この議論のあと、友人の誘惑にもかかわらず、主人公は、モードとセックスするといった風には、むろんドラマは進んでゆかない。映画は、数年後に結婚した主人公が、海岸でモードと会うところで終わるのだが、この前後のシークエンスも謎めいていて、すがすがしい感触を残す。

ロメールの映画に接するだけで、フランスの洗練された恋愛映画は、今なお、生きていると思う。ロメールのスタイルは、どれも日記体でありながら、どこか小津安二郎の魅力的なマンネリズムと通じるところもあるし、やや知的で禁欲的なジャン・ルノワールといった感じもする。（山田評）

（「文化ジャーナル鹿児島」一九九〇年九・十月号）

丹下左膳餘話　百萬兩の壺（山中貞雄監督、一九三五）

天才監督がコミカルなタッチで描く、丹下左膳番外編

今日では、どんな歴史的な名作をも見るチャンスが生れてきた。サイレント時代のセルゲイ・M・エイゼンシュテインの『戦艦ポチョムキン』（一九二五）、『イワン雷帝』（一九四四）、D・W・グリフィスの『イントレランス』（一九一六）、『散り行く花』（一九一九）、シュトロハイムの『グリード』（一九二四）等がビデオになっているし、今後、目にふれることがないと思っていた幻の傑作に出会うチャンスも生れ、まさしく、映画は〝ポケットの中に入れて持ち歩ける時代〟（ルネ・クレール）に突入したといっていいだろう。その上、衛星放送の発達によって、色々な過去の名作とも気軽に接触出来るようになり、映画の飽食時代ともいうべき現象が出現しつつある。当然、そこから映画への蔑視も生れ、一方、ノスタルジアでかつての名作を賞揚するブームもあり、映画ファンたちは、わが青春の名画について臆面もなく論じ合っている。

これから紹介する山中貞雄のビデオは、当地のどのレンタル店にも置いてないし、BSでも放映される可能性はない〔後年BSで放映された〕。しかし、わずか一万円で山中貞雄のビデオを買うことが出来る。今日、ピカソやゴッホの絵が数十億円で購入される時代に、靴やズボンを買う値段で山中貞雄の映画が入手出来るとは、何とも理不尽な気がする。山中貞雄の一万円は、途方もなく安い。

彼の代表作といわれる『盤嶽の一生』（一九三三）、『風流活人剣』（一九三四）、『國定忠次』（一九三五）、『街の入墨者』（一九三五）といった主だった作品は、戦災で焼けてしまって、この世にない。残っているのは『丹下左膳餘話　百萬兩の壺』（一九三五）、『河内山宗俊』（一九三六）それに遺作の『人情紙

風船』（一九三七）の三本だけである。山中貞雄は、昭和一二（一九三七）年に出征し、翌年、わずか二九歳で、中国大陸で病死しているから、彼の映画監督としての活動期間は、せいぜい六、七年である。

『丹下左膳』は、百万両のありかを示す地図の入ったコケ猿の壺をめぐって対立する活劇で、伊藤大輔の脚色・監督、大河内伝次郎主演で大ヒットした作品であったが、山中貞雄は、この大活劇をまったく自己流に料理してしまったために、原作者林不忘の怒りを買ったといわれるが、ここに見られるヒーローの左膳は、ごく庶民的なアウトローで、矢場を経営するお藤（新橋喜代三、鹿児島出身で〝おはら節〟が彼女の歌で昭和九年にレコード発売され大ヒット）の亭主というより用心棒を兼ねたヒモである。この二人が孤児のチョビ安を育てることになり、この児の教育について左膳とお藤がことごとく対立するユーモラスな描き方がうまく、あたかも、アメリカ映画の軽快なスクリューボール・コメディを見ているような気がしてくる。むろん映画は、百万両の壺をめぐってのストーリーも展開されるのだが、壺を探す柳生の殿様（沢村国太郎）にしても「江戸は広いから、一年や二年で壺は見つかるまい」といいながら家を出て、矢場の女と浮気を楽しんでいるといった、とてつもなくのんびりした描き方が楽しい。

山中の映画を見ていると、映画をあくまで映画的に自在に活性化していく柔軟な活動屋精神といったものの天才を感じさせるのだが、蓮實重彦は、山中作品の質が持っている面白さは、ほぼ想像出来る画面からなっていながらもその構図とリズムは、我々の想像力をいつでも裏切るような形できまっていて、絶えず私たちの映画的想像力は通俗的だということを教えていると論じているが（「山中貞雄が嫌いだ、という声があがるまで闘いは継続される」『シネクラブ時代』フィルムアート社）、いずれにしろ、見る者を幸福にしてしまう山中貞雄の映画は、この楽しみを、自分で独占したいような欲望を植えつけている。したがって、わずか一万円くらいで、山中貞雄のビデオは発売してはいけないのである。ついでに言わしてもらえば、わが家の『百萬兩の壺』は、昨年亡くなった作家の色川武大さんにコピーしてもらったもので、彼の直筆による私の家宝である。

（「文化ジャーナル鹿児島」一九九一年一・二月号）

M（フリッツ・ラング監督、一九三一）
不安の映像で描く殺人者の肖像

一九三三年、ナチ宣伝相のゲッベルスから映画製作の依頼を受けたフリッツ・ラングは、すぐさまパリに逃れ、パリで『リリオム』（一九三四）を監督した後、三四年にハリウッドに招かれ、五六年までに約二五本のアメリカ映画を撮ることになる。ラングの名は、ドイツ表現主義の不朽の名作とされている

『ニーベルンゲン』（一九二四）、『メトロポリス』（一九二六）といったサイレント時代の大作の監督として高名だが、私にとって忘れがたいラング作品は、ハリウッド時代の『飾窓の女』（一九四四）という犯罪映画であった。

この映画との出会いは、私が高校一年の頃で、ラングの名さえ知っていたわけでもなかったのだが、この映画の悪夢を思わせる暗いトーンで進行するモノクロの映像は、今もって、いくつかのシーンを鮮明に覚えているくらい、スリリングなものであった。

巻頭、家族が休暇で出発した後、主人公の教授（エドワード・G・ロビンソン）が、ある画廊のウィンドウに飾られた女の肖像画を見ていると、画面がオーバーラップされ、絵から抜け出してきたように、絵の中の女（ジョーン・ベネット）がロビンソンの横に立っている。教授は、その女に魅せられ、彼女のアパートについてゆくが、そこでついに殺人まで犯してしまうという、いわゆる悪女もののスリラーであったと記憶する。この映画が醸し出すサスペンスと官能的なベネットの描写は、その頃、性的な妄想にかられていた私に強烈な印象を与えた。

近年になってラングのアメリカ時代の『暗黒街の弾痕』（一九三七）、『死刑執行人もまた死す』（一九四三）に接しただけでも、ラングという天性のシネアストは、たとえ、ドイツ時代のサイレント映画を知らなくても、私にとっては忘れてはならない一人である。

『M』（一九三一）は、ラングのドイツ時代最後の作品であり、トーキー第一作にあたる。寓話に基づいてシナリオ化されたといわれるもので、この連続殺人を描いた『M』は、当時の失業者があふれていたナチズム抬頭期の不安と恐怖が色濃く出た映画と評された歴史的作品である。ラングにはサイレント時代に『ドクトル・マブゼ』（一九二二）〈後に自らリメイクしている〉、『スピオーネ』（一九二八）といった犯罪映画が残されているものの、おそらく殺人者を描く作品は、ナチが政権を取った後には作られることはなかっただろう。

小学校の女生徒が相次いで殺される事件で街全体が恐怖につつまれている中、警察の必死の捜査にもかかわらず、犯人はあがらず、警察は犯人は暗黒街の人間に違いないと目星をつけたため、それをいやがった暗黒街の犯罪者や浮浪者たちも犯人捜しに乗り出す。盲目の風船売りが、聞き覚えのある犯人の口笛を聞く。その口笛は、かつて殺された少女とその少女に風船を買ってあげた客が吹いていたもので、風船売りの老人が、通りがかりの青年にそのことを伝え、とっさに青年はチョークで手にMと書き、コートを着た犯人の肩をつく。犯人の肩にMがつけられ、浮浪者や暗黒街の者たちがこの殺人犯を追いつめていく。犯人は、近代ビルからビール工場の倉庫へと逃れていくのだが、追いつめられた犯人をリンチするシークエンスが何とも不気味で、この殺人者を演じるピーター・ローレの妖しく不安におののく演技も見る者を魅了する。ローレも、その後、ハリウッドに亡命し、『マルタの鷹』（ジョン・ヒューストン監督、一九四一）、『カサブランカ』（マイケル・カーティス監督、一九四二）等で絶妙の個性を見せているが、球体を思わせるローレの風貌は、忘れがたい印象を残していて、中でも『悪魔をやっつけろ』（ヒューストン監督、一九五三）のヌーボーとした演技が忘れがたい。

『M』は、かならずしも完成度の高い作品とはいえないにしろ、あくまで光と影をどのように画面に処置していくかを熟知していたラングならではの技法が随所に見られる一作である。この不安の映像は、他の亡命作家たち（ワイルダー、プレミンジャー）のみならず、以後のアメリカ映画に多大の影響を与えているように思われる。

（「文化ジャーナル鹿児島」一九九一年五・六月号）

シナラ（キング・ヴィダー監督、一九三二）

流麗な語り口を見せるトーキー初期のメロドラマ

トーキー初期のアメリカ映画は、昭和一〇年前後にかなりの名作が何本も公開されているのだが、その辺の時代のアメリカ映画をビデオ時代に入って堪能出来るようになったことは、ファンにとって実にうれしい。特にサミュエル・ゴールドウィン製作の三〇年代の作品が、三〇本近くビデオ化されていて、どれもこれも面白いのに驚いている。

私たちが、ゴールドウィンの名を知ったのは戦後のことで、五〇年代には、この製作者の威光は、もう失われてしまって、わずかにダニー・ケイの喜劇が光っていたような存在であった。とりわけ、ハワード・ホークスの何本かのコメディとメロドラマ、さらにウィリアム・ワイラーの『デッド・エンド』（一九三七）、『孔雀夫人』（一九三六）から『西部の男』（一九四〇）に至る作品、さらにキング・ヴィダーの『結婚の夜』（一九三五）〈ゲーリー・クーパーと伝説的ソ連出身の女優アンナ・ステンの出演〉、最近リメイクされた『ステラ・ダラス』（一九三七）〈このヴィダー作品も二回目の映画化で、第一作は、ヘンリー・キング監督の無声映画、ここではバーバラ・スタンウィック出演の母もの〉やこの『シナラ』（一九三二）に泣かされた。いずれもメロドラマでどこといって鋭い描写があるわけではないが、どの作品もまったく無駄のないストーリー展開が見事で、こんなにも綺麗な映画が、当時のアメリカ映画の主流であったことを知る上でも興味深い作品である。

この辺のビデオが、レンタル店にあまり置いてないのだ。若いファンたちに推奨しておくが、ホークスの『大自然の凱歌』（一九三六）、『バーバリ・コースト』（一九三五）、『教授と美女』（一九四一）といった映画は、近年のどんなアメリカ映画より面白いのだ。

ヴィダー作品を含めて、三〇年代のアメリカ映画は、ヨーロッパ映画の文学的ニヒリズムをうたった名作の影にかくれて、戦後のファンには、あまり語りつがれていない。淀川長治さんが「映画千夜一夜」の中で、ヴィダー映画の美しさ、楽しさについて語っておられるので、読者よ、是非一読を！

『シナラ』は、昭和八（一九三三）年に封切られ、当時の「キネマ旬報」の第八位にランクされている。

イギリスの高名な弁護士（ロナルド・コールマン）は、妻が実家に帰っている時、ふとしたことから若い娘と不倫の仲になる。妻を愛しきっている主人公は、何とか娘を説得して別れようとするが、その間、妻が帰国し、二人の仲むつまじい夫婦関係を知って、絶望した娘は自殺する。主人公は、スキャンダラスなうわさの中で法廷に立つことになる。その後、名声を失い、南アフリカへ去ろうと決意し船に乗るが、妻（ケイ・フランシスの好演）は、彼の誠実さを知り彼と共に船に乗る。淀川さんも語っておられるように、このラスト・シーンが素晴らしく、孤独な夫の背後から〝わたしは、あなたといっしょです〟という声がするあたりのハッピー・エンドの幕切れがとても素晴らしい効果をあげている。

監督のキング・ヴィダーの名を、私たち世代のファンは、反逆的な建築家をドラマティックに描いたゲーリー・クーパーとパトリシア・ニール主演の『摩天楼』（一九四九）で知ったが、『白昼の決闘』（一九四六）もなかなかの作品であった。ヴィダーは、無声映画時代から活躍してきたアメリカ映画の巨匠で、特に『ビッグ・パレード』（一九二五）、『ハレルヤ』（一九二九）が有名だ。トーキーに入ってからは、『シナラ』と同じ年に封切られた『街の風景』（一九三一）〈キネマ旬報ベスト・テン第五位〉、昭和九（一九三四）年に四位にランクされた『南風』（一九三三）、あるいは『麦秋』（一九三四）といった作品があり、これらは、まだビデオになっていないだけに今後が楽しみだ（『街の風景』『麦秋』は後年ソフト化され、著者も鑑賞した）。

これらのアメリカ映画は、日本の映画作家（小津安二郎、山中貞雄、稲垣浩）には、ヨーロッパ映画以上に強い影響を残していて、通俗メロドラマを超えて、ピュアな人間描写やセリフを自然にしゃべらせる技法などトーキー初期の作品とは思えぬ端正な展開が見られるだけに映画史的にも貴重な作品といえよう。

（「文化ジャーナル鹿児島」一九九一年七・八月号）

パンドラの箱（G・W・パプスト監督、一九二九）
ファム・ファタール伝説のルイズ・ブルックス主演のサイレント映画

映画史を辿っていくと、きらびやかにスクリーンを飾った女優による〈ファム・ファタール〉伝説というのがある。一般には宿命の女とか妖婦とか訳されているが、かつてフランソワ・トリュフォーが言ったように「映画は女の芸術、女を美しく見せる芸術」であるからには、そこから男を迷わせ、ある時は男を絶望の淵に立たせるファム・ファタール伝説が生れるのも当然といえるだろう。

〈ファム・ファタール〉伝説は、おそらく一九一〇年代のグロリア・スワンソン、あるいはセダ・バラあたりの登場から始まったと思われるが、宿命の女として一世を風靡したのは、二〇年代に出現してきたマレーネ・ディートリッヒとグレタ・ガルボの映画においてであっただろう。二人とも美女であると同時に恋多き女であり、彼女たちがスクリーンに登場するだけでその姿態が、涙にくれた悲しみと吐息が、身も心もズタズタになるような狂気の恋が、全世界のファンに身を引き裂くような感動をもたらしたのだ。なかでも二〇年代末、わずか二本のドイツ映画に出演したのみで、今日でも語り継がれるアメリカの女優ルイズ・ブルックスの伝説は、かなり謎めいていて作品に接するより他なかったのだが、ようやく彼女の代表作『パンドラの箱』を見ることが出来た。この映画のブルックスこそ〈ファム・ファタール〉そのものである。

彼女は、サイレント時代のパラマウント社が売り出した女優で、アメリカ映画として有名なのは『港々に女あり』（ハワード・ホークス監督、一九二八）と『人生の乞食』（ウィリアム・A・ウェルマン監督、一九二八）であったが、その他、モダンで都会的な娘役で、人気女優となった。そして、ドイツの高名な演出家であり、すでに『喜びなき街』（一九二五）という傑作を出していたG・W・パプストから声がかかり、パプストの手によってブルックス主演の『パンドラの箱』と『淪落の女の日記』〈共に一九二九年、日本公開は昭和五（一九三〇）年〉の二本が生れ、彼女の伝説が残った。

最初は、おそらくフランスのシネマテークによる五〇年代の公開あたりから異常なリバイバル・ブームが起こることになった。このブルックス神話は、わが国でも大岡昇平が「ルイズ・ブルックスと『ルル』」（中央公論社）を出していることからも解るように、この昭和五年に大学生だった彼等インテリにある種の衝撃を与えたのである。

サイレント映画『パンドラの箱』の原作は『春の目ざめ』で有名なフランク・ヴェデキントの「地霊」と「パンドラの箱」という二つの戯曲の中から後にアルバン・ベルクが「ルル」としてオペラ化したものを基本にして脚色されている。そのルルを演じるのがブルックスで、この女は出生不明で養父に育てられ、この男に操られている。プロローグでは、かなり老いたルルの愛人（博士）と結婚するが、博士はルルの男出入りに耐えかね彼女を激しく咎めるものの、逆にルルが彼を殺してしまう。養父（この老人とも性的関係があることが暗示される）は、ルルと共に脱出し港町に隠れ賭博と男出入りの生活を送っているうちに、仲間割れし二人とも警官に追われる。ロンドンに逃れるものの、貧苦のどん底にあって彼女は夜の女となる。彼女が最初に拾った客が、何と娼婦殺しで有名なジャック・ザ・リッパーであるというのが結幕。パプストは、この作品の後にブレヒト原作で『三文オペラ』（一九三一）や、『炭坑』（一九三一）といった社会劇を撮って世界的な名声を得ることになる。

『パンドラの箱』でブルックスが見せた鋭角断髪のスタイルは、ファッションとしても残り、今日でも生きている。以後、ショート・カットのミレーユ・ダルク、ジーン・セバーグといった女優に彼女の影がつきまとっているし、明らかにジャン＝リュック・ゴダールは『女と男のいる舗道』（一九六二）のアンナ・カリーナにブルックスを演じさせている。

大岡昇平の本からの引用だが、ブルックスについてアド・キルーは次のように書いている。「彼女が登場するや、スクリーンは引き裂け、白いシーツも絶望的な風景、危険な太陽、果てのない奥行きと化す。彼女を見ると目がくらんでしまうのだ。蛇女《メリユジーヌ》、牝の野獣、子供のような女、恋する女、これはガルボのような曲線ではなく、直線のまっすぐな美なのだ」。

（「文化ジャーナル鹿児島」一九九二年一・二月号）

天国は待ってくれる（エルンスト・ルビッチ監督、一九四三）

平凡な男の一生を絶妙な語り口で見せる
四〇年代ハリウッド映画の傑作

わが生涯のベストテンとか、わが青春の一本といった催しや企画がひと頃、あちこちの雑誌などであったが、映画の黄金時代をノスタルジックに回想するのは、そろそろ止めようじゃないかと、私は地元誌のあるコラムに書いたことがある。というのは、ビデオ時代に入って、例えば、ハワード・ホークスの『ヒズ・ガール・フライデー』（一九四〇）やエルンスト・ルビッチの『生きるべきか死ぬべきか』（一九四二）を見てしまったからだ。この二本は、何故か日本では公開されなかった（『生きるべきか死ぬべきか』は一九八九年になって公開）。

映画ファンは、まず映画を見なければならない。この二本を見てしまったファンは、まだこれくらいの傑作が埋もれているのではないかと、ハリウッドの歴史を振り返ってみることになるだろう。もしコメディ映画のトーキー以後のベストテンを挙げろといわれれば、文句なくこの二本は上位に入るだろう。このような傑作との出会いが可能になった今日、わが生涯のベストテンなど誰が選出できるだろうか。

幸いにして、ルビッチの出世作といわれるサイレント映画『結婚哲学』（一九二四）をつい先日、ビデオで見たところだが、二組の夫婦が繰り広げる恋模様の語り口の見事さに思わずうなってしまう。

ルビッチは、名前の通りドイツ人（父はロシア系ユダヤ人）で、マックス・ラインハルト劇団に参加することから映画界に入った人だが、早くも一九二三年にハリウッドに招かれて以来、ハリウッドで映画を撮りつづけた。彼は、一貫して艶笑コメディというジャンルにこだわり、男女の機微を洒脱なタッチで描いたといわれているが、おそらくルビッチは、男と女のセックスをドラマの中心に置いたと思われる。ヘイズ規約といった検閲の手をくぐりぬけて、婉曲にして軽妙な手法でセックス描写にある種の成熟をもたらしたといえよう。

私が、ルビッチに関心を抱いたのは、トリュフォーのルビッチ論「ルビッチは映画の王者であった」(『映画の夢　夢の批評』)を読んでからである。トリュフォーは、ルビッチをヒッチコックと比較しながら、ルビッチ・タッチとは何であるかを指摘している。「(……彼は、)それ以前にだれも使ったことのない、度はずれの、目をくらませるような、えも言われぬすばらしい手をあみだしてみせるのだ。そう――ひとつひとつのシチュエーションがこうして張りつめていって爆発する。それが観客の爆笑になる」「あいまいさ、不明確、いいかげんな雑書き、解読不可能といった種類のものとは正反対の概念がルビッチの映画だからだ」と讃美している。

ルビッチの映画を初めて見たのはガルボ主演の『ニノチカ』(一九三九)であったが、この一本では、ルビッチ映画の面白さはわからないだろう。『生きるべきか死ぬべきか』と『天国は待ってくれる』(一九四三)の二本に接して、初めてルビッチの幸福な映画スタイル――トリュフォーは「場末のうらさびれた裏部屋で泣くよりは、豪奢な屋敷で笑うほうがましだと、つねに固く信じていた」といっているが――をたっぷりと楽しむという至福の時を観客は持つことになるだろう。

『天国は待ってくれる』は、今日の目で見るとまことに地味な映画である。この作品も日本未公開なのだが(一九九〇年に正式公開)、おそらく興行者は、この作品があまりにも平凡でとりたてて特徴のない一人の男の出生から死ぬまでを、シンプルなスタイルで描いたものであったために、日本公開を見送ったのかもしれないが、その語り口とキャスティングの妙は見事なもので、映画を見終ると誰もが、人間の一生は、案外に捨てたものではないという幸福感に充たされることになろう。この映画には人生への限りない包容力といったものが感じられる。

主人公(ドン・アメチー)は、地獄へ行くつもりでエンマ大王のところを訪れるシーンから始まる。男は、自分のいとこの婚約者であった女(ジーン・ティアニー)に恋して、駆け落ち結婚する。男は、彼に合った幸福な家庭をつくるが、その間、ふいに妻は夫を捨てて実家に帰ってしまうエピソードが語られる。男は、伯父と共謀して再び妻をさらって帰る。妻を演じるジーン・ティアニーが驚くほど美しい。彼女の主演映画は、少年時代、何本か見ているが、ルビッチ映画の彼女には、格別のエレガンスが宿っている。

ラストは、美人の看護婦が死を間近にした主人公の部屋に入っていくとカメラが邸内をゆっくりと後退し、オーバー・ラップで主人公の物語が終るが、その時、昔、男と女が踊った古いワルツがゆったりと流れる。こういった間接的な描き方こそルビッチ特有のものであったろうが、私たちはまだルビッチの映画の多くを知らない。『陽気な中尉さん』（一九三二）、『私の殺した男』（一九三二）、『極楽特急』（一九三二）、『生活の設計』（一九三三）といったトーキー以後の傑作に早く接したい。

（「文化ジャーナル鹿児島」一九九二年五・六月号）

一人息子（小津安二郎監督、一九三六）
東京の息子を訪ねる母親を描く、小津初のトーキー映画

一九九一年の夏あたりから松竹ホームビデオ（ＳＨＶ）が往年の名作を次々に出している。それも、わずか三八〇〇円だから、月一本くらいは誰でも購入出来るだろう。その中には、日本初のトーキー映画『マダムと女房』（五所平之助監督、一九三一）、ごく普通の市民の生活をリアルなタッチで描き、後の松竹映画の伝統をつくったとされる『隣の八重ちゃん』（島津保次郎監督、一九三四）、長谷川一夫（当時林長二郎）を有名にした剣戟映画『雪之丞変化』（衣笠貞之助監督、一九三五）、定期バスの運転手（上原謙）を主人公にしてさまざまな乗客をスケッチした『有りがたうさん』（清水宏監督、一九三六）、木下恵介の処女作『花咲く港』（一九四三）といった作品が含まれている。いずれもフィルムライブラリーでしか見ることの出来ない歴史的な映画なので貴重な発売といえよう。

このシリーズの目玉は、戦前の小津安二郎の作品でフィルムとして残っている作品は、全部ビデオ化されるということだが、すでにサイレント時代の代表作『落第はしたけれど』（一九三〇）、『東京の合唱』（一九三一）、『出来ごころ』（一九三三）、『浮草物語』（一九三四）〈後年、カラーでリメイクしている〉といった作品が市販されている。

私が興味を持ったのは、『淑女は何を忘れたか』（一九三七）、『戸田家の兄妹』（一九四一）、『父ありき』（一九四二）、そして小津が初めてトーキーに手をそめた『一人息子』（一九三六）の四本である。この四本の映画は、戦後の代表作『麦秋』（一九五一）、『晩春』（一九四九）、『東京物語』（一九五三）につながる興味深い作品で、随所に小津固有のスタイルとテーマを発見することが出来る。

初のトーキー映画『マダムと女房』が昭和六（一九三一）年に作られ、すでにトーキー時代に突入していながらこの『一人息子』を作るまで、小津は、約五年間、トーキーに手をそめなかったことになる。

『一人息子』のプロローグの進行などは、サイレント映画の手法を使っていて、一九二三年、信州という字幕が出て、古い街道の道沿いのランプが映り、道を歩く人々の姿に続いて、紡績工場の画面が出て、主人公の母親（飯田蝶子）が紹介されるまでのカットつなぎは、何故か『麦秋』の鎌倉の家に入るまでのそれを連想させる。

『一人息子』は、母と息子の物語で、このテーマは、『父あり

き』につながっている。母親は、早く夫に死に別れ、一人息子の成長を唯一の生きがいにして必死に生活を支えてきた。優秀な息子が中学に進学したいというので、無理を承知で中学校に出すことにする。このシークエンスが十分で終ると、一九三六年東京という字幕が入って、舞台は東京に変る。大学を出て就職した息子に会うために母親が上京する。母の方は、息子が会社に入って出世していると思い込んでいるが、息子に案内された借家も、工場地帯の裏手にあって、しかも息子は、すでに結婚していて子供までいる。しかも、しがない夜学の教師で、母親が訪ねてきたので借金して母を東京案内する。母親は、そんな息子に会ってひどく失望する。

当然、ここにある世相は、失職が多かった昭和十年頃の暗い時代が反映されていて、当時の母と子供という日本人には重苦しくつきまとう家のテーマが、東京で細々と生を営む息子夫婦を通して描かれているともいえよう。特に母と息子がきまずい会話を交わしているところに、夜鳴きそばを買いに出かけた息子の日守新一が、母にすすめて、一家で中華そばを食べるシークエンスなどは、ちぐはぐな母と息子の心が初めて交流する美しい場面である。トーキー初の演出ながら、セリフを少なくして、現実音を巧みに使った画面は、小津映画らしい端正なもので、いわゆる暗い時代のドラマとはいえ、息苦しいリアリズム映画の印象から逃れている。

なぜ今、小津映画なのか。『一人息子』で描かれた母と息子のドラマや家のテーマは、今日ではすでに見失われている。現代には存在しないドラマが、私たちの心に訴えてくるのは、あくまで小津の画面創りの素晴らしさゆえであろう。それに一九三六年という年は、私の生れた年であり、それだけにこの作品は愛着をもっているのだが、同じ年に作られたチャールズ・チャップリンの『モダン・タイムス』、ジャン・ルノワールの『どん底』、ウィリアム・ワイラーの『孔雀夫人』と比較しても、小津の映画は第一級のものであろう。

（「文化ジャーナル鹿児島」一九九二年九・十月号）

『パンドラの箱』ルイズ・ブルックス

第三章

評論・随筆

『沙羅の花の峠』野口一雄、田口計、芦川いづみ、南田洋子、中西清三、宍戸錠

セミ・ディレクターの功績

非職業監督たちによる五〇年代後期の映画作品をめぐって

新しい映画群の登場、五〇年代後半の日本映画

一九五〇年代後半の日本映画を論じるにあたって、頭に入れておきたいことは、恒常化されつつあった週替りの二本立興行とそれに伴い年間五百本を超える作品が量産されていたこと、五八年には観客動員数が十一億を超えるという、空前の数字が残されていることだろう。もう一つ加えれば、ワイド・スクリーン時代に突入したことだ。

当時、私は、田舎から上京してきた学生（五六年入学）で、ひと通り外国映画の名作を見終って、少しずつ日本映画へと関心を移していた。それまでに小津安二郎、溝口健二、黒澤明、今井正らの昭和二〇年代の傑作は見ていたし、『晩春』（小津安二郎監督、一九四九）、『東京物語』（小津監督、一九五三）、『稲妻』（成瀬巳喜男監督、一九五二）、『生きる』（黒澤明監督、一九五二）、『野良犬』（黒澤監督、一九四九）、『ここに泉あり』（今井正監督、一九五五）、『近松物語』（溝口健二監督、一九五四）、『女の園』（木下惠介監督、一九五四）といった作品に深い感動を覚えた。これらを含む、この期の代表的な日本映画に流れていたのは、リアリズム手法による現実の把握、そしてそこから発する社会的テーマの追求であった。イタリアン・リアリズムに始まる、現実をありのままに捉えようとする表現方法を日本の風土と生活の中に生かそうとするもので、実際、デ・シーカやロッセリーニが追求した戦後の社会問題は、日本にも至るところにころがっていたのである。ネオ・レアリズモの作品やヨーロッパの戦後の作品と並行して、日本映画を見ることが可能であった時代に私たちはいたわけだが、怒りのこもった、熱っぽいメッセージをもつ作品や、家庭のトラブルを自然主義リアリズム風な描写で重厚に描く日本映画に感動しながらも、一方では、何故に、日本映画とは、かくも暗く、悲惨で、息苦しい映画のみ多いのだろうか、という素朴な疑問を捨て去ることが出来なかった。

今となれば、フランソワ・トリュフォーが、フランス映画の心理的リアリズム映画に共通する脚本段階での欺瞞を批判したように、当時の日本映画に多く見られた、リアリズム調の文芸映画や社会問題を追求する映画の構造を批判出来るかもしれない。一九五〇年代の日本映画は、八住利雄、新藤兼人、水木洋子、橋本忍、菊島隆三といった脚本家によるベスト・テン入りの作品が実に多い。これらの脚本家によって作られた日本映画は、一様に日本の貧困、家族制度、社会矛盾の告発、戦争の傷痕といった暗いテーマによる人間追求のドラマであり、現実感を出すために、俳優に限界を超えたオーバーな演技を強制し、ライティングやセットづくりの凝りに凝った技法の末に生まれた、異様な雰囲気の作品が少なくない。いってみれば、作りつけのリアリズムが頂点に達した時期である。おそらく、黒澤明

や豊田四郎の作品は、スタンダード・スクリーン・サイズの映画技法の上でのみ可能な映画作法であったろう。

一方、五百本を超えるプログラム・ピクチャーは、保守的な撮影所のシステムによる、相も変らぬメロドラマとアクション・ドラマ、お粗末な喜劇として、送り出されていた。われわれ映画ファンから見た時、日本映画のエリート的なベスト・テン級の作品とプログラム・ピクチャーとの落差の大きさが気になった。その差を埋めるべき作品はないのか。われわれの世代の感性と倫理にマッチした、新鮮で自由な息吹きを感じさせる映画は生れないのか。そういう期待に応える作品も出現しはじめたのが、この五〇年代後期であった。

戦後すぐに映画を撮るようになった市川崑は、『ビルマの竪琴』（一九五六）で巨匠入りするが、前後に発表した『青色革命』（一九五三）、『プーサン』（一九五三）、『青春怪談』（一九五五）、『日本橋』（一九五六）、『満員電車』（一九五七）など、日本的な陰湿なムードを断ち切った、知的でドライな作風の作品を出しているし、『あした来る人』（一九五五）、『銀座二十四帖』（一九五五）、『風船』（一九五六）、『洲崎パラダイス　赤信号』（一九五六）といった文芸映画の枠をはみ出した新鮮な映像を見せた川島雄三は、スピード感あふれる話術とカッティングの『幕末太陽傳』（一九五七）でベスト・テン入りする。松竹の小林正樹も『美わしき歳月』（一九五五）、『泉』（一九五六）の後にハード・ボイルド・タッチの社会ドラマ『あなた買います』（一九五六）、『黒い河』（一九五七）を出し、家城巳代治も『異母兄弟』（一九五七）や『裸の太陽』（一九五八）らの佳作を作っている。

プログラム・ピクチャーの中にも、後の日本ヌーヴェル・ヴァーグ派の作品に共通する、新鮮でエネルギッシュな作品が生れつつあった。

日活では、文芸路線と並行してアクション・ドラマを製作していたが、古川卓巳のセミ・ドキュメンタリー・タッチを生かしたギャング映画『顔役《ボス》』（一九五五）や石原慎太郎原作『太陽の季節』（一九五六）、野口博志の『地底の歌』（一九五六）、シネマスコープを大胆なカメラ・ワークで生かした鈴木清順の『踏みはずした春』（一九五八）などは注目すべき作品であったし、井上梅次は『死の十字路』（一九五六）、『月蝕』（一九五六）の後、『勝利者』（一九五七）、『嵐を呼ぶ男』（一九五七）の二本の石原裕次郎主演の作品を作り、この大ヒットによって、日活のアクション路線が決定される。

中平康の第一作『狂った果実』（一九五六）は、ドライなタッチとゆれ動くカメラ・ワークによる、アンチ・ヒューマニズムの青春映画で、この作品の登場は、後の日本ヌーヴェル・ヴァーグ派に大きな影響を与える。同じ年の『牛乳屋フランキー』も痛快で不敵な笑いとアクションにみちたスラップスティック・コメディの傑作である。裕次郎映画の大ヒットと時を同じくして、舛田利雄、蔵原惟繕、松尾昭典、牛原陽一といった新人監督がデビューする。スタート時点での彼等の映画も、ユニークで面白いものであった。

今村昌平の第一作『「テント劇場」より　盗まれた欲情』は、一九五八年に発表されている。この作品の、とてつもない猥雑なユーモアと旅役者一座の狂的な行動は、これまでの日本映画になかった笑いを生んでいた。今村は、同じ年に『西銀座駅前』と『果てしなき欲望』を発表するが、後者は、図太いスケールの喜劇映画の大傑作として記憶されるべきものだ。

東映に目を転じれば、村山新治の『警視庁物語』シリーズがあった。これは、小沢茂弘の『逃亡五分前』（一九五六）に発し、同監督の『魔の最終列車』（一九五六）を経て、関川秀雄の『追跡七十三時間』（一九五六）、『白昼魔』（一九五七）の後に村山新治に引き継がれたシリーズで、村山新治は『上野発五時三五分』（一九五七）から『顔のない女』（一九五九）、『一〇八号車』（一九五九）らの傑作を含む七本の作品を撮っている。六〇年代に入って飯塚増一による『深夜便一三〇列車』（一九六〇）、『血液型の秘密　聞き込み』（一九六〇）、『全国縦断捜査』（一九六〇）、（一九六三）が作られている。このシリーズは、事件の発端から捜査側の地味で実証的な活動よりスタートし、犯人の割り出しまでの過程をセミ・ドキュメンタリー・タッチで描くもので、サスペンスの盛り上げ方がみごとであった。それらの犯罪は、高度成長政策が打ち出されつつあった五〇年代後半の底辺社会によどむ貧困から生れた、やむをえざる犯行としてのリアリティがあり、社会の断面を重層的に描くことで娯楽性と社会性を取入れたプログラム・ピクチャーの傑作シリーズであった。

東映の時代劇も変化を見せ、沢島忠の『一心太助　天下の一大事』（一九五八）のような景気のいいテンポをもった作品も生れている。

東宝では、岡本喜八が『結婚のすべて』（一九五八）でデビューした後、これも異色のテンポとカッティングをもつ『独立愚連隊』（一九五九）を作る。

大映の増村保造の『くちづけ』（一九五七）の出現も衝撃を与えた。この映画の躍動美こそ新しい日本映画の夜明けを告げるものであった。

松竹の大島渚の『愛と希望の街』が発表されたのは、一九五九年。ここには、これまでの日本映画をすべて否定しようとする、反逆の論理がこめられていた。

こうした新しい作家達による、新しい感性と論理を持った映画は、俳優やシナリオ・ライターらの非職業監督の演出によるものからも生れている。彼等は、それぞれ何本かの作品を一九五〇年代後半から六〇年代にかけて発表し、映画産業が斜陽化しはじめた六〇年代中期には姿を消している。では、彼等はアマチュアであったかといえば、そうともいえないのである。何本か重要な作品も残されているが、いずれも地味なテーマによる正統派の作品であり、それぞれ手堅い作風を見せていた、というのが全体の印象である。われわれ（註）は、彼等をセミ・ディレクターと呼んだが、ここから彼等の作品を検討してみることにしよう。

佐分利信ら俳優出身の映画作家としての作品

戦前の松竹映画で人気俳優となり、戦後も小津安二郎の作品などで渋い演技を見せていた佐分利信は、一九五〇年『女性対男性』という石川達三原作の夫婦間の機微を描いたホーム・ドラマ風の作品で監督としてデビューしている。次の弁護士の苦悩を描いた『執行猶予』（一九五〇）で重厚な映像表現を見せて注目を浴び、これは、その年のキネマ旬報ベスト・テン四位にランクされる。一九五一年には『あゝ青春』と『風雪二十年』を発表。後者は、岡田英次主演の、戦争突発時から敗戦に至る昭和史の断面を描いた作品として高い評価を得る。次の『慟哭』（一九五二）もベスト・テン内にランクされているが、私は、この最盛期の佐分利信の作品を一本も見ていない。尾崎士郎原作の『人生劇場』は、第一部（一九五二）と第二部（一九五三）に分れて発表された大作で、かなり面白いものであったが、主人公瓢吉を演じた舟橋元のぎこちない演技のため、強い印象は残っていない。むしろ次作の『叛乱』（一九五四）の相沢中佐が永田少将を斬り殺すプロローグの場面など大胆なカメラ・ワークが強烈な印象を残した。この二・二六事件を描く作品は、後半に映画の流れが雑になっていたが、佐分利信が病気で倒れ、三分の二は阿部豊が撮ったものである。大映＝文学座提携作品『心に花の咲く日まで』（一九五五）は、田中澄江原作・脚色の、失業者を主人公にした小市民映画風の小品ながら、芥川比呂志と淡島千景の二人が、ラストで音楽会に行くシーンなど爽やかな印象を残した佳作であった。東宝で撮った『愛情の決算』（一九五六）は、今日出海原作「この十年」を井手俊郎が脚色したもので、復員兵が戦後をどう生きるかを主人公の離婚問題をからませて描いた風俗映画で、原節子扮するヒロインの生き方に新鮮なタッチを見せている。以後の作品は、まったく批評家から黙殺されているものの、チェホフの「可愛い女」を田中澄江が自由に脚色した『夜の鴎』（一九五七）〈新珠三千代主演〉も、次々に男に死なれながら、新しい男につくすタイプの女性像をドライな感覚で描いた、かなり面白い映画であったし、大映反乱派が創立した日映作品『悪徳』（一九五八）も温厚な紳士を装いながら非合法な商法を平気で行う佐分利信の主人公が、木村功扮するアプレゲールの社員と組んだ手形のパクリに失敗して全てを失うという、戦後派的な人間の生き方を描いた、図太い骨格の作品という印象が残る。松竹で製作された『乙女の祈り』（一九五九）は、一時間十分程の小品ながら、冒頭の野外ハイキングのコーラス・シーンが素晴らしく、鰐淵晴子主演の催涙映画を装っていながら、音楽家の生き方や生活環境をのびやかなタッチで描いている。この作品を最後に佐分利信は、再びメガホンを取ることなく、以後テレビ界に転進する。佐分利信の才能は、おそらく彼が俳優としてつかえた島津保次郎や小津安二郎の映画術から学んで生れたともいえようが、一貫して戦後の社会状況と人間を描こうとしているし、そこに苦労人佐分利信なりの視線があったといえるだろう。

山村聰は、戦前、井上正夫を主宰とする演劇活動でスタートした俳優である。戦後は、東宝争議の組合派の山田典吾、森雅之、柳永二郎と独立プロ「現代ぷろだくしょん」を創立し（一九五二年）、自ら社長を引き受ける。ここで小林多喜二原作の『蟹工船』（一九五三）を発表する。この映画の熾烈なリアリズム描写が注目される。翌一九五四年には井上靖原作の『黒い潮』を日活で撮る。戦後次々に起った政治事件を通して会社側と事件の渦中で苦闘する、良心的な新聞記者の行動を描いたもので、事件の再現にむけられたリアリスティックな描写や新聞社内のドキュメンタルな風景や人間たちの描き方など、どのショットもゆるがせにしない、熱気あふれる作品であったが、敗北する主人公の心情的で文学的な描き方にやや甘さが残っていた。次の『沙羅の花の峠』（一九五五）〈日活〉は、三好十郎の原案を山村自ら脚色したもので、キャンプ中の男女六人の学生が腹痛で苦しむ村の子供を救援するという、一風変った物語をキビキビしたテンポで描いた佳作。次の東映作品『鹿島灘の女』（一九五九）も、かなり面白い作品であった。特に前半に展開される、沿岸漁業の生態（地引網のシーン）や出かせぎ先の米の収穫期の描出など移動カメラによるダイナミックな映像は、自然主義リアリズムの『米』（今井正監督、一九五七）などとまったく異った、解放感あふれるもので、若い俳優達による集団の描き方が素晴らしいものであった。『風流深川唄』（一九六〇）を最後に山村聰もテレビ俳優として茶の間に転出するようになる。彼の作品は、左翼的な題材をあくまで映画的に解放されたスタイルで描こうとしている。こういった山村聰の功績は充分に評価されてよいものであろう。

戦前からの大スターである田中絹代は、木下惠介脚本による『恋文』（一九五三）〈新東宝〉で監督としてデビューする。次作は、小津安二郎が自ら撮る予定であった『月は上りぬ』（一九五四）〈日活〉であった。この作品は、小津をはじめとする監督協会が支援したもので、きわめて小津的雰囲気の濃い作品であった。奈良を舞台に万葉集の恋歌のやりとりをする物語の展開は、現代離れした、洒脱なもので、安井昌二や北原三枝などの演技も、日頃の日活作品では見なれぬもので、小津的な動きを見せていた。翌年に作られた『乳房よ永遠なれ』（一九五五）〈日活〉は、ガンに冒された女流歌人を恋人のジャーナリストの目で描いたもので、ここでは田中の端正な映画づくりを見ることが出来る。その後四年ぶりに演出した大映作品『流転の王妃』（一九六〇）〈和田夏十脚本〉は、日本政府の満州政策の一環として国際結婚を強いられた、悲劇的な運命をたどる主人公を描いたメロドラマながら、絶望や悲劇を強調することなく、生命に対する肯定を気高い映像で描いた佳作であった。一九六〇年代に入って、田中絹代は、『女ばかりの夜』（一九六一）と『お吟さま』

（一九六二）を撮っている。

宇野重吉も上林暁の「聖ヨハネ病院にて」を映画化した『あやに愛しき』（一九五六）でデビューしている。同じ民藝作品『われは海の子』（一九五六）の後、日活で菊村到原作の『硫黄島』（一九五九）を演出している。硫黄島の生き残り兵が、六年を経て島に渡り自殺した事件を新聞記者が追求していく。主人公の原罪意識や戦後生活の描き方が平板であったが、この種の心理的リアリズム作品としては、一応の成果を出した一篇であろう。

脚本家出身の映画作家など……

脚本家として戦後の多くの傑作に携ってきた新藤兼人は、すでに『愛妻物語』（一九五一）で監督としてデビューし、『原爆の子』（一九五二）、『縮図』（一九五三）、『狼』（一九五五）、『銀心中』（一九五六）などの異色作を発表してきているし、以後もプロの映画作家として第一線で活動を続けているので、ここでは個々の作品への論及は避けるが、この時代、『悲しみは女だけに』（一九五八）、『第五福竜丸』（一九五九）など近代映協の問題作の合い間に、東京映画で『花嫁さんは世界一』（一九五九）という喜劇を作っている。フランキー堺扮する二世が、ブラジルから嫁さん探しに日本にやってくるという設定の中に、日本人の伝統的なモラルと家庭制度が崩壊しつつあった一九五〇年代末の風俗をからませながら、日本女性の様々な生活状況を描出したもので、従来の新藤映画の暗澹たるドラマツルギーにない、新鮮な作風を見せた一篇として好印象を残している。

猪俣勝人は、佐分利信と組んで『執行猶予』や『風雪二十年』、さらにオリジナル脚本による渋谷実監督の『現代人』（一九五二）などで知られているが、一九五八年『荒城の月』で映画監督として進出している。翌一九五九年の『殺されたスチュワーデス・白か黒か』は、実際に起ったスチュワーデス殺人にからむキリスト教修道士の事件を描く、キワモノ的題材の作品である。ただ、ここで猪俣勝人がとった手法は、客観的描写によるセミ・ドキュメンタリーではなく、あくまで修道士を黒とする断定の上に立ったもので、宗教と人間の恋愛、キリスト教が必然的に内包する偽善的な体制を、ぶっきらぼうなルポルタージュ風のカメラ・ワークで暴露した作品で、殺人容疑者である修道士が易々と日本から脱出出来るわが国の政治上の弱さまでを追求する、これまでの左翼公式主義的イデオロギーにとらわれない観点から描きこまれた、そのダイナミックな映画構成に魅力を感じさせた作品であった。

『真昼の暗黒』（今井正監督、一九五六）、『どたんば』（内田吐夢監督、一九五七）、『張込み』（野村芳太郎監督、一九五八）など当時最も油の乗りきった仕事をしていた橋本忍は、一九五八年にテレビ・ドラマとして芸術祭賞を受けた「私は貝になりたい」を自ら映画化する。『私は貝になりたい』（一九五九）

〈東宝〉は、戦争十五年を経て作られた、戦争責任を追求するドラマであったが、テレビでの作品（岡本愛彦演出）の方が、一庶民が戦争にまきこまれた悲劇を冷静に描いていたように思う。映画作品の方は、絶叫ドラマの変形としかいいようのない平板なもので、切実に訴えるものがなかった。ただ、次作の『南の風と波』（一九六一）〈東宝〉では、四国の漁村に展開される叙事詩風の、力強い映像を見せて、成功した作品としての印象が残っている。

カメラマンとして黒澤明の『姿三四郎』（一九四三）や山本嘉次郎の『馬』（一九四一）、山中貞雄の『人情紙風船』（一九三七）などを担当した、ハリウッドで学んだことのある三村明には、ただ一本撮った『消えた中隊』（一九五五）〈日活〉が残されている。井手雅人の小説から黒澤明と菊島隆三が脚色したもので、ソ連・満州国境で起きた陰謀に巻きこまれて、ある中隊が抹殺されるという戦争秘話をスリリングに描いた小傑作である。

石原慎太郎が、東宝で『若い獣』（一九五八）を監督するが、これは、アマチュアがいきなり映画を撮った稀な例で、この論の枠を超えるので省略するが、五社協定という厳しい制約のある映画界に入って映画を撮ることは不可能であった。以上挙げたセミ・ディレクターの作品群にしても、彼等が俳優や脚本家として撮影所の中で仕事を持っていたから、映画監督に進出することが可能であったことを記しておかねばならない。

これらセミ・ディレクターの作家による作品を見ると、撮影所という狭い枠を超えて、何とか社会的で、現実的なテーマに近づこうとする志向が見られると思う。彼等の作品に表れた社会意識は、多少なりとも、前時代の日本映画作家が描いてきたテーマとスタイルを継承しているものの、観念的なテーマ主義を排し末端の映画技巧に溺れることなく、俳優や脚本家としての実践的な生活者としての思考や感性を着実に作品の中に反映させている。その点、彼等の作品は、当時の荘重深刻なリアリズム映画派と量産されるプログラム・ピクチャーの中間地点にありながら、それなりに柔軟で誠実な作風を示すことによって、五〇年代後半の、日本映画のある断面を形成し、いくつかの成果を残したといえるだろう。

戦後の代表的な日本映画は、極言すれば、すべてヨーロッパ映画であった。われわれが、これらの映画に不満を持ったのは、これらの作品を作った監督の教養基盤が、ヨーロッパの思想・思潮に依存していたからではなく、彼等は、アメリカ映画の大きな影響を受けながら、それを隠し、ひたすらヨーロッパ映画であろうとした、その精神構造の混乱の中にあったのではないかと考えるからだ。映画を単に映画的に解放しようとするアメリカ映画が生れるには、当時の日本映画の環境は、実に窮屈であったともいえるだろう。しかし、この時代に若い映画ファンが待望したのは、日本のアメリカ映画であった。中平康や増村保造の映画は、まさにアメリカ映画であったし、東映や日活の新しいプログラム・ピクチャーもアメリカ映画である。われわれが、セミ・ディレクターの作品に期待したのも、ヨーロッパ的映画構造の中に、アメリカ映画を発見して、嬉々としていたようにも思われる。

それでは、本物の日本映画とは何か、という問いが残る。本物の日本映画とは、六〇年代に作られた今村昌平や大島渚や勅使河原宏の映画ではなかった。ましてや、篠田正浩や山田洋次や深作欣二の七〇年代映画でもなかった。彼等の映画も、ヨーロッパ映画かアメリカ映画であった。今日に続く日本映画の課題とは、この一点に収斂されているのではないか。

註
われわれと書いたのは、当時私も参加していた「第三映画」（一九五七年～六四年）という映画同人誌の仲間のことを指しています。この論述は、「第三映画」の活動をまとめた「もう一つの戦後論」（那須書店・六六年刊）の同人諸氏の映画論を参考にして生れたものです。

（「季刊リュミエール　4」一九八六年、筑摩書房）

「弁護士プレストン」論
〈ワン・ステップ踏み出すための迷い〉

映像芸術の正統ドラマ

映画でもテレビでも映像の作家たちは、描くべき事件なり語るべき対象をもっているはずである。ここから出発しその事件なり対象なりがモンタージュとかフォトジェニーとかいった技法によって分析され、その分析されたものの意味を解明してゆくのが映像の作り手たちの正統な方法であろう。分析されたものをショットとかシークエンスといってもいい。ショットもしくはそのショットが累積されたシークエンスに作家の思想が語られる。ルイス・ブニュエルでもアラン・レネでも描こうとするものがあってそれをキャメラで分析し解明してゆくというあたりまえのことをやっているのである。

体系のない日本の映画論壇においては、政治的分析力や社会状況の解釈力ばかりが横行し、作品はいつも素材でしかない。作品がどういう構成をもったものであるのか、またその構成を支えている作家の視点が何であるかを追求し対決した批評がみあたらず、批評はダシにされている作品とは無関係なことが多い。

しかし映画はそんなにむつかしい芸術ではない。もっともらしい現代の解釈と政治的感覚がなければ語れないような難解な芸術ではない。それなのに映画は、形而上学的な芸術になりつつある。このことは、映画にとって幸福であろうか。

別段、映画が形而上的になったところでかまわないが、一九二〇年から三〇年にかけて文学の分野で、ジェームス・ジョイス、マルセル・プルースト、ウィリアム・フォークナー、ロベルト・ムジル等がより人間の深層意識、象徴主義、自己観念の世界を探究してきたように、世界の代表的映画作家達はより内部世界に分け入ってきたことはたしかである。文学の危機が二〇〜三〇年代にかけて論じられたように映画も又、近代芸術としての末期的地点に達しつつあるのかも知れない。文学者たちの〈意識の流れ〉派の抬頭は、映画のぼう大な影響力とかならずしも無関係ではなかった。

映画作家たちの絶対的な神を感じさせる完璧な作品は、ぼくと対話を呼びおこさせてくれない。むしろ最初から対話を拒否した芸術至上主義の作品については、いくらかの感動はあっても静かに鑑賞させてもらえばそれでいいとぼくは思っている。

批評のベイスメントは、何が面白いか何がつまらないかということだ。無関心なドラマや映像について語っても仕方がないだろう。

映画は、ますます形而下的なものと形而上的なものとに分離してゆくであろう。今世紀〔20世紀〕、映画が果した使命を考えるとき、今日の映画が退潮しつつあることはたしかである。映画というものは、形而上的なものをきわめて形而下的に、形而下的なものを形而上的に分析し語れるものであった。

映画にくらべるとやはりテレビドラマの方が面白いのである。それは芸術以前の面白さがあるためであるとぼくは考える。ぼくは、熱心なテレビドラマの視聴者じゃないが、つまらないテレビドラマはすべて映画的（映像的）なのである。これは何故なのだろう。

ここ四、五回「弁護士プレストン」をみて感じたことを今から書いてみる。プレストン・ドラマは依然として非常に面白い。

「弁護士プレストン」の対話精神

まずここには、リアリスティックな人間性を追求し、リアリスティックな状況を描こうとする目がある。鮮烈な市井の人間達の斗いのドラマがあり、アメリカ社会の断面が抽出されている。

主人公たちは、強い信念をもって生きている。彼等は、多くの場合、偏見といってもいいほどの強固な信念をもっており、むろんこのドラマの主人公ローレンス・プレストンもそうである。にもかかわらず彼等は、自己の信念だけで生きてゆけないことを最後に知る。プレストンも同様であって、彼はしばしば苦戦するのみならず敗北もする。人間たちは、不幸だが自由に呼吸をしており、作家の頭の中でねじこまれ、つくられていない。

テレビ・ドラマは、一つのショットの中でしゃべる人間のセリフを重視するものである。このドラマには、ズーム・ショットやクレーン、移動等の映画的技巧をほとんど使っていない。

その上、FO、FIや、回想シーンに無駄な技巧を使わない。必要ではないからだ。キャメラの位置は、作者たちが描こうとするものを正確に写しとる。ドラマの核心が提示され、的確なアングルのショットの積みかさねによって状況が分析されている。

なによりこのドラマの作者たちは、何が現代の物語であるかを問いかける。五〇分の時間の中に、ぼくらの考え方や生活に強く語りかけるドラマ構成をつくり上げる。むろん、一つのドラマ内で展開される対話は、レジナルド・ローズを中心にして充分に検討され自己追求されてきたものにちがいない。それは、作者たちが、現代文明に生きる人間たちは、何を求め、何を考え、何のために不幸であるのか、あるいは何が現実的で何が非現実的なのかを、ドラマの人間たちのように、何回も検証し、ディスカッションを重ねて生れてきたものであると思われる。五〇分間の枠の中に、ドラマを解釈させるのではなく、ほとんど記録に近い形で、ドラマを提示する。

ストーリーは、いずれも単純であり大胆な省略法が随所で用いられているから不可解なところも出てくる。が単純で不可解であることが、ここでは逆に、ドラマの内容を豊かにさせている。

「つくられた英雄」と「老将」

最近みた「プレストン」について語ろう。十月十日・オリンピック開幕日に放映された「つくられた英雄」（八七話）と十月三日の「老将」は、いずれも政治的な事件を扱ったものである。最近のプレストンが政治的になったわけではなく、十月十七日の「盗癖」、十月二十四日の「霊媒」は、むしろ特殊な、ニューロティックな事件のお話であるが、前者の「つくられた英雄」「老将」のドラマが、かなりアクチュアルなドラマであっただけに、何らかの政治的通達が作者の口を封じたのではないかと勘ぐってみたくなった。

「つくられた英雄」は、一人の田舎者が偶発殺人によって、アメリカ右翼のジャーナリズムの洗脳によって自己批判の出来ぬ英雄にまつりあげられる話である。

テキサスから出てきた男がニューヨークの安ホテルで昼寝をしようとしているが、向いの部屋のラジオがうるさいので音を小さくするようにたのみにゆくとドアからナイフをもった男がとび出してきて乱斗となり偶発殺人がおこる。プレストンは、正当防衛の線でこのテキサス男を弁護しようとするが、殺された男は、変名だがキューバのカストロ政府の幹部（テロリスト）であることが判明し、FBIは、被告の殺しは政治的暗殺ではないかとにらむ。

これが事件のプロローグだが、ここまでを一〇分足らずの時間でたたき込むドラマ手法にはいつものことながら敬服させられる。さて、このテキサス男は、田舎を出て職を転々と変えてきている下層労働者だが、政治的感覚はゼロである。ところが、裁判になる前にアメリカのジャーナリズムがこの男に保釈金をつんで留置場から出してしまう。この男が、右翼ジャーナリストの老婦人記者とディスカッションしながら、しだいに洗脳されてゆくところが圧巻だ。〈アメリカの対カストロ政策は正しいか〉〈あなたの支持する政党は〉にはじまって〈誰かがアメリカをすくわねばならないと思うでしょう〉〈あなたはキューバ・コミュニストの暗殺者を殺すことによってアメリカの危機をすくった〉〈あなたは、今後も重大な使命をになったアメリカ人になるでしょう〉といったところまでディスカッションは進行し、まったく無意味な日常生活を送っていたこの男は、突然重大な任務を背おったヒーローに変っている。

このジャーナリストにとってテキサス男の殺人は、とっておきのセンセーショナリズムとなる。かくして彼は、共産主義者を殺した英雄にされる。プレストンはあわてる。予期せぬ事件に発展していったために、彼は、被告に再三念をおし、事件のスタートをよく考え、まず裁判に勝つことを考えるようにと忠告する。が、すでにこの男は〈おれの後には大衆がついている から、簡単にあなたのいうようにはできない。大衆の望む人間におれはなりたいのだ〉といったようなことをしゃべる。

こうして裁判が行われるが、被告を証人として証言させるのは危険だという息子ケンの意見をしりぞけ、彼を正当防衛で助ける道は、彼自身の発言しかないとみた父プレストンは、事件当日のいきさつを自由にしゃべるようにと被告を証言台に立たせる。はたしてこの男は〈そもそもの発端は、一年前、テキサスにあの共産主義者がやってきてから〉などとやりはじめ、あわてたプレストンは、被告を証言台からひきずりおろそうとするが、最初に自由に話せといっている以上、裁判長はこれをうけつけない。かくして、この英雄は〈私が彼を殺そうと決心したのは〉にはじまり、この事件がまったくの計画殺人であると し、さらにアジ演説をつづける。〈今や、アメリカは赤の脅威からのがれるときであり、決断をもってキューバに攻撃を加えるべく……〉。彼は、右翼に洗脳されたデクノボウであり、しかも、彼は喜んでこの役割をひきうけた。彼の堂々たる演説には、さすがの婦人記者もおそれを抱く。

それにしても、このドラマの謎は、「無罪」の判決にある。ぼくもあぜんとしたが、ドラマのプレストンもギョッとする。プレストンにとって正当防衛の線でゆけば簡単に勝てた裁判だったが、被告が計画殺人であることを明言している以上、彼は有罪である。ぼくには、今でも何故「無罪」になったのかわからない。プレストンが「共産主義者を殺したものがすべて無罪になったらどうなる」といったようなことを老婦人記者にいったシーンもあったと思うが、どうやらこのドラマの作者たちは、右翼ジャーナリストを攻撃しているのかも知れない。アメリカの場合、過度な右翼ジャーナリズムが存在するのもたしかだろう。例えば、かつてマッカーシーが登場してきたときのマスコミのあり方が、日本などにくらべると異常なのだ。アメリカ・マスコミのセンセーショナルな過程はエリア・カザンの

『群集の中の一つの顔』（一九五七）でもかなり面白く出ていたと思う。

ニュースに飢えたジャーナリスト達にとってマッカーシーは、実に大きな魅力をもっていた。なにより、彼のおかげで新聞記者たちは、記事が豊富に書けた。又、マッカーシーは、ニュース作りのおそるべき才能をもっていたらしい。多くのジャーナリストは、マッカーシーを憎み、彼の発言に反感をもっていたが、しかしすべてのものが彼を助けた。かくして、ジャーナリズムは、彼の強力な味方となり、マッカーシーは、いつのまにかアメリカの英雄となっていった。

だから、いちがいに「つくられた英雄」のジャーナリストを右翼ともいえない。しかし、レジナルド・ローズをはじめとするこのドラマの作者たちは、このジャーナリズムそしてこれによっておこされた右翼的言行を批判している。ここには〈中共によって洗脳された者をおそれている間に、アメリカ右翼によって洗脳されてゆく者は、今後このドラマのように簡単に産出されてゆかないか。しかも彼等は、喜んでその役割をひきうけるだろう〉という作者たちのメッセージがある。

もうひとつこのドラマでは、マスコミのつくりあげる英雄とは何かについての批判もある。現代の大衆状況下におけるマスコミが、英雄のイメージを拡大して政治に介入してきたときの危機感がここにはあった。

このドラマのつくられた英雄は〈今や、アメリカは一九四〇年と同じ時点に立っている。あのとき日本に先手をうたれたが、今やわれわれはキューバに……〉というセリフをはくが、これは、先週放映された「老将」とかさなるものである。

「老将」のもと海軍提督の右翼も〈アメリカの自由が平等などという思想は一九世紀のものだ。あの頃は、ソ連も中共もなければ、核兵器も原子力潜水艦もなかったではないか〉と言及し〈今のうちに中国を核爆弾で攻撃しなければアメリカは朝鮮動乱以上の犠牲を将来かならず支払わねばならぬ〉と信じている人物で、彼は、政府のなまぬるい方針に反対し、同志をあつめ武力で政権をとろうとする。

ところが、息子の密告によりこの老将軍はスミス法（つまり反政府運動を計画したり実行しようとするもの）違反で逮捕され、プレストン父子が彼の弁護をひきうけることになる。

不幸なことにこの将軍は有名人であり、又、その発言は注目される。検事にとってすら〈彼がブロードウェイを通るとき、彼はぼくの英雄だった〉人物なのである。このカイリーという提督は明らかにマッカーサーがモデルである。彼は、戦争中、単なる指揮官にとどまらず、いわば神であったことを自覚した人間であり、事実、このドラマの中では、この老人のディグニティが実によく描出されている。

老将にとって裁判上の無罪を勝ちとるなどどうでもよく、裁判を利用しておのれの思想を最大限にアメリカ国民につげようとする。アメリカにとって、自分が今や必要であることを彼は力説する。たとえ自分が有罪になっても彼の発言が裁判記録に残されれば、彼の思想に関心をもつものが、彼のあとをつぐであろうと考えている。

裁判が進行するにしたがってもはやプレストンは、彼を無罪にする力を喪失し、むしろ彼の思想に敵意を感じはじめている。この老将軍が証言台でしゃべる思想は、典型的な右翼思想だが、つい二週前に、中国が核爆弾の実験に成功した事実があれば、アメリカ人にとって、この男の思想は鮮烈なリアリティがあるともいえる。作者たちは、ゴールドウォーターが大統領選挙に出馬するアメリカの右翼化を頭に入れて、この男を少々悪玉的存在にしすぎていやしないかと思ってみていたが、歴史は、刻々変化する。

プレストンは〈私は、今裁判に立たされているが五年後にはの考えが正しいことがわかる〉と確信をもって予見するこの男のことばじりをとらえて彼を有罪にする。

考えてみれば、おかしなドラマである。弁護をひきうけた弁護士が、証言台に立った被告と論争し、彼を有罪にする。「つくられた英雄」では、弁護士からはなれた被告が、全然別個の理由で無罪になる。プレストンにとっては、いずれもそうであった方がのぞましいものであった。が、彼の職務は、そうであってはならぬためのものであったはずである。いったい、彼の本当の役割は何なのであろうか。

政治事件を扱ったこの二つのドラマにおいて、作者たちは、あくまでアメリカのリベラルな立場からドラマを製作している。しかしリベラルであることが、実に、力をもたなくなったことを訴えているようである。

「老将」では、被告の有罪が決せられるとこの提督はプレストンにむかっていう。〈今、ようやく君の正体がわかった。君は赤だ!〉E・G・マーシャルの顔がピクッとゆがむ。そうしたシーンがラストに据えられていた。

〈迷う〉ことの意味

映像になったものはみていないが「テレビドラマ8月号」にのった「銃こそわが命」も現在のアメリカ軍隊生活の内部をえぐったもので面白い。主人公は、訓練教官で、訓練中にあやまって人を殺す。この男は、朝鮮動乱で戦争のいかなるものであるかを身をもって熟知した人物であり、しかも軍隊社会にしか生きられぬ人間である。〈生き残るのだ、死んだ英雄になるな〉と部下には教え、徹底した軍事教練を行っている。証人として呼ばれたかつての彼の部下も、この教官の方法がいかに正しいものであったかを述べる。牧師まで〈殺戮のさ中でも生きながらえる方法を教えることは……それは慈悲にちがいありません〉と苦しげに結論する。ところがこの男は、こういった牧師にむかって〈ばかな……生き残るために戦いを習うんじゃない、相手を殺すために生き残るのだ〉といい、宗教のまきおこした多くの戦争とどこがちがうとくってかかる。この牧師とのディスカッションは、実にすごい。

結局、プレストンは〈この軍人がとった行動が、戦時においては正しいが、平時においては間違っているのか？ 戦時では英雄で、平時では悪役なのか。何が変っているのだろうか？この男は、文明社会が戦争に用いる武器にすぎない。もし罪があるとすれば、その罪はこのような武器を使って同胞を殺すものにこそ帰すべきだ〉と述べ、検事側の〈この軍曹がとった野蛮な行為を将来、戦《いくさ》にそなえての必要な訓練の一部として我々が黙認することができるだろうか〉に勝って、無罪の判決を得る。

裁判が終ったとき、弁護側訓練将校は、プレストンに〈彼のような歴戦の勇士が有罪ではまずいですよ、私も複雑な気持ですが〉と言い残して立ちさる。残ったケンとローレンスは次のような会話をかわす。

ケン　本心ではどう思っているんです？

ローレンス　もう弁護人ではないから迷ってもいいだろう。

ケン　迷う？

ローレンス　そうだ、民主主義の自由が非情で規律に縛られた軍人の保護を必要とすることが心配だ。戦うことが何より好きな連中にね。

ケン　でも彼らの存在に感謝する時が再びやってくるかも知れませんよ。

ローレンス　だから迷うのだといったろう。

このようにプレストンにはいつも〈民主主義の自由が、非情で規律にしばられた何者かの保護をも必要とする〉事件がころがってくるのである。そして、プレストンもぼくらも〈迷う〉のである。二段階にわたって〈迷う〉のである。〈感謝する時が再びやってきて〉われわれが感謝することによってそれがまちがっていることがわかった時、プレストンは三度〈迷う〉だろう。

〈迷う〉ことが、アメリカにおけるリベラルの思想なのかも知れない。しかし、ぼくらの周囲には〈迷う〉ことから離れてゆくインテリも多いだろう。

「弁護士プレストン」の視聴者層は、インテリたちであろう。レジナルド・ローズも観客の層は頭に入れて製作している。このドラマは「ベン・ケーシー」などにくらべると相当にかたい。ケーシー医師もドラマの中では悩み多き人物である。しかし観客は〈迷う〉必要がない。大抵の場合ケーシーが解決してくれる。しかし、「プレストン」は、彼同様、ぼくらも〈迷う〉必要のあることをアッピールする。

今、ここにとりあげた三つの「プレストン」は、いずれも政治的性格をもつものだが、五〇分のドラマが、これだけの疑問や問題を提出するそのエネルギーにぼくは感動する。

「プレストン」の性格と思想

弁護士プレストンはヒューマニストではなく事務家だと荒正人はいう（「テレビドラマ10月号」）。彼の決断、機略、応酬など、すべては最も優秀な事務家の能力であって、アメリカ的ビジネス・マンの能力に通じるという論は面白い。

なるほど、ビジネス・マンはヒューマニストであってはやってゆけない。プレストン・ドラマも一般的には、硬質のものだがどちらかといえば、形而上的であるより形而下的なものであろう。そしてテレビ・ドラマは形而下的なものであった方が面白いのである。

荒正人は、さらにプレストンがヒューマニストになってはいけないとして次のように書いている。「彼は、永久にビジネス・マンであろうか。決してそうではない。彼は、政治的、社会的事件と正面から取り組まなくてはならぬ場合が生じる。その時、ビジネス・マンからヒューマニストにならねばならなくなる」。が、はたしてそうなるであろうか。先にぼくがとりあげた三つのドラマは、いずれも政治的、社会的な性格の強いドラマであったが、プレストンは、最後まで実務家的であった。この二人の弁護士父子は、ドラマの中心にはならない。いつもワキ役なのだ。被告を救うためにプレストンは全能力を投入するが、ドラマの中心はいつも被告、もしくは被告が背おっている状況である。しばしば、E・G・マーシャルのプレストンは〈もうオレの手におえない〉といった表情をする。事務家としての能力をこえる問題に彼がぶつかった時、彼は非常に苦しそうである。そこには、全能の神が存在しない。法律も保護できないどころか、法律が人間をいためつける。プレストンは、自分の限界をこえた事件に出くわした時、自己の職務と能力の範囲内でそれを処理する。事件そのものは解決されない。E・G・マーシャルのにがりきった顔をみているとプレストンは〈なるほど事件はきっぱり解決できなかった。さらに被告も私を裏ぎってしまった。しかし私が次の事件で斗わねばならぬことがわかったのだ。私の努力によって、誰かが一人、この文明の無気味な世界の中で（生きることの意味）それこそ社会人であることが何であるかを知ってもらえたらそれでいい。私は私の国家に対する抗議をつづけてゆけばそれでいいのだ〉と考えているようだ。事務家にとっては、極端な楽天主義も厭世観も危険なものである。実に、この一定の枠からはみ出さない事務家としてのプレストンに、きちんと出来上った人間性の味気なさも感じないわけではない。それでも、彼がぶちあたる多様な事件の性格によって、プレストン・ドラマは、決してあきないのである。

すでに九〇話をかぞえているこのシリーズ・ドラマに登場した人間は、被告九〇人、検事九〇人である。ブロードウェイ演劇界のすぐれた陰影に富む役者は、あとをたたない。検事は一回、一回変る。十月二十四日の「霊媒」には黒人検事まで登場した。プレストン・ドラマの作者たちにとってネタがきれることはないだろう。彼等は、物語をつくることを必要としない。生きているドラマはなんぼでも身辺にころがっている。何がわれわれのドラマになるのかさがせばいいのだ。

ぼくは、レジナルド・ローズの方法に若干疑問をもっていた。ローズの作品に接したのはシドニー・ルメットの作った映画『十二人の怒れる男』（一九五七）、NHKTVで邦訳演出された「ある町のある出来事」だった。前者のいかにもヒューマニスト然といったヘンリー・フォンダが、一人シロを投票したとき勝負はきまっていた。あとは十二人の感情の対立した整然たるドラマの構成だけが残った。ファースト・シーンの少年のイメージからして、アメリカン・デモクラシーの宣伝だぞと感じさせるものがあり、勝負がついたラストから逆にドラマがはじまってもこれは可能なドラマだと疑った。後者の「ある町のある出来事」にしても発想がトリヴィアルであった。が、実はこの二作品も、レジナルド・ローズが監修する全作品の一部にすぎなかったのだ。膨大な「プレストン」シリーズの一篇にすぎなかったとみれば逆にリアリティをもってくる。『十二人の怒れる男』の正反対のドラマも「プレストン」では平然とやってのけている。

「人間の恐るべき無責任、それから人間の基本的必要悪と権利の無視に対して激しい怒りを覚えて、私はこの作品を書いた。漠然とではあるが、私は、大量虐殺、リンチ、戦争――人間が、愚かさ、無関心、放任、全くの怠惰から、他の人間に及ぼしている悲劇の集り、というようなものを考えていた」これは、ローズが「ある町のある出来事」のテーマについて語った言葉である。ヒューマニストの言葉であるが、テレビ作家としてのメッセージを端的に発言したすぐれた一文だ。ローズのいう〈他の人間に及ぼしている悲劇〉は、法廷という場において、それに国家が犯しているはずの犯罪をとりあげることによってみごとに表現されつつあるといえよう。彼が「プレストン」にいかに打込んでいるかが右の一文によってわかる。

テレビ・ドラマの一方向

「テレビは朝から晩まで流れているのであって、一発大作主義など何の効果もないのみかむしろ、その直後にはもう問題を解消してしまう枠意識しか育てないのだ」この一文は和田勉のものである。この一文は、ここでは一発大作主義のもつ仰々しい観念ドラマを批判したものとして受取る。芸術祭参加作品とか非常に芸術的作家達のテレビ・ドラマをみていると、もっぱら映画の技巧を導入しすぎているように思われる。まず、ひんぱんに使用されるズーム・アップだが、これによってとらえられた人や物の表情は、大変説明的なものになる。せっかくの効果が台無しになって、全体のドラマ構成が見えなくなってくる。

「映画のフレームは選択の結果存在するが、テレビのフレームはむしろ選択しないために存在しさえするのだ」（和田義正「第三映画5号」）であるのに、とくに日本の前衛的な一発大作主義のテレビ・ドラマは、みな映画的であるために面白くない。これは、一つには、彼等が、非常に形而上的なテーマを追求しているためでもある。クローズ・アップは、状況におしつぶされた人間の悲劇の表現であり、ロング・ショットは、状況の矛盾の告発の表現である。そして、映画的方法による深層心理の解明や意識の流れといった文学的なテーマのつかみ方などみていると枠意識すら消滅してしまいそうだ。

すでに映画は「プレストン」の五十分のドラマがもつ迫力の半分の力をも持っていない。映画を五本みるより、プレストンを一本みた方がいい。しかし、プレストンの面白さは、毎週これが放映されるというテレビの連続性にある。しばしば、テレビ・ドラマは、一本みただけでは面白くない。二本目、三本目と進むにしたがって面白さが倍化される。これも、〈決定された映画のフレーム〉ではない〈絶えず他の空間と連続して〉ととらえられているからだ。〈切り取られた空間〉はここでは、リアリティをもたないのである。

さらにまた、「プレストン」は、一人の演出家によって生れたものではない。このシリーズを演出するディレクターは数人いる。その誰がやってもたいした変化は起るまい。すでに、ドラマの構成がガッシリ出来ているからだ。誰が作っても、ドラマの内容さえ把握していたら同じであるという強みがある。ひところのハリウッド映画がそうであって、ハリウッドの撮影所システムが強力に確立されていたためにかなり凡庸な監督でも傑作がつくれるというようなことが可能だった。

これは「プレストン」シリーズが集団的な組織力をもっていることを意味する。そしてこのドラマは幕を閉じることがない。解決されず結末がきちんとしていない。連続した現実の中で生活しているプレストンは、まさにテレビというメディアの連続性の故にどこを切っても定着できない思想と性格をもつにいたった。すでに「プレストン」は、半永久的である。

〝わが快楽主義〟空中に投げ出された男

林達夫クラスにはほど遠いが、ボクも一介のエピキュリアンでありたいと願ってきた。ボクは、一度だって創造者になろうと思ったことはない。いつ頃からかボクの身体にしみついた享楽的傾向は、年と共に増してきた。「オレは、常に享楽者、受け手の側であって、何かを創ることなどは、はじめから放棄している。オレにいわせれば、人間は創るだけが能ではない。決して創造しない者の意思を尊重されるべきだと考えるが、周辺の連中は、生意気にも、そのうち小説を書きますとか、映画監督になるといった連中がのさばっている」といったようなことを、二〇年前に書き、以来、ボクは創造の側に足を踏み入れることはなかった。あくまでも芸術芸能の受手、つまりファンであることに徹しようと決意したのである。これは、自らが宣言した、ボクの唯一のマニフェストであったが、考えてみれば、ただ単に楽をしようと思っていたにすぎない。

ボクのささやかな快楽の時間とは、本を読むこと、映画を見ることで、それを自由に鑑賞する時間を持つことであった。ジャズ好きだから、ジャズに没入した時間も、快楽な時間ではあったが、ジャズに魅かれる前から、ボクの中には、自由に本を読むことと映画を見る時間さえあれば、すべてを犠牲にしてもよいという、ほとんど子供じみた願望があったように思う。人間であるからには、その間、性的な快楽とか女性との幸福な営み、会社経営への情熱といった欲望もなかったわけではない。しかし、いずれも二〇代の時に挫折しているのである。

本を読むとか映画を見るといったことは、一般の人々にとって単なるレジャーにすぎない。だから、実生活は、キチンとやっていくのが普通の人々のやり方であろうし、いい映画や本との出会いは、現実の生活を照らし、そこに生きる人間に勇気や情熱を与えるものであろう。いずれにしろ、自分が生きている現実、自分が立っている社会的な実体が重要であろう。そこを無視すると、現実的な生活にヒビが入るのである。同時に、読書や映画は、人を現実から逃避させる催淫的な魅力を根本的に持っているのである。年と共に、ボクは、逃避として本や映画に熱中している自分に気付かないわけにはゆかなくなった。

会社を廃業し、妻子と別居するようになった時、ようやく自由な時間を持てたと思った。真の自由を獲得したのである。そして、ゆっくりと本を読む時間と昼間から映画を見るというぜいたくを味わった。

当然のことながら、そんなことは、いつまでも続きはしない。三年くらい前から本が読めなくなったのだ。目が悪くなったのではない。本が買えなくなったのである。つまり、十円をかせぐことをしなければならなくなったのだ。何というオメデタイ奴だと笑えば笑うがいい。ほとんど経済的に不自由をしたことのないボクは、当然のことながら経済的に追われることになったのだ。

思うに、ボクは、生れて初めて、まったく自分一人になり、この過酷な現実の中に、何の支えもなく、空中に放り出されてしまったのである。どんな社会的人間関係からも解放されたわけだが、まったくの無一文になった。それは、それで自分が望んだことだから、悪いことでもない。だが、人間は、未来に向って何らかの幻想を生み出して生きてゆかねばならず、そのゼロ地帯に立った時、自分を奮い立たせるような将来へのヴィジョンというものが何もないことに気付いた。ほとんどやりたいことはやってきたのである。一方では、人間は、映画や本に自由に接する時間があるという幻想によっては生きてゆけないことも知らされた。経済上の逼迫は、ゆっくり本を読むという精神的余裕をなくしたのである。経理から掃除、洗濯から食事まで一人でやるということ、一日一五〇〇円以上使うと借金になるという不安によって、しだいにあせりが生じて、とてもゆっくり本など読めなくなった。もっともビデオは便利なもので、そのように追いつめられた五〇歳すぎの男にも、ひっくりかえってボンヤリ映画（ビデオ）を見るという楽しみを残してくれてはいる。しかし、ボクのエピキュリアン的側面に、現実がじわじわと反撃してきたのである。その恐怖から逃れる為には、もはや自分は自由だなどと威張ってみても始まらないのだ。

それでも、ボクは、忙しい人間になりたくない。やはり、ヒマな人こそ望ましい。だが、どうもこの世の中で一介のエピキュリアンであることを持続することはむずかしいのだ。遊び人の背後には財力も必要である。ただ、忙しいこと、収入が多いことを美徳とし、今日ではかせぐことが美徳となった。彼等は、ボクのような夢想者を敵視しているのである。世の中に善なるものがあり、自分が善なる生き方をしていると信じている人間くらいつまらないものはない。いや、不気味でさえある。彼等の誠実、真面目、忠実、キチンと生活を持続していく美徳こそ、ファシズムへの道である。

いやはや、ボクは、ファシズムの正体を暴露しようとしているわけでも、ワイルドがいった「人間を善いのと悪いのに分けるなんて馬鹿げている。人間は魅力があるか退屈かだ」といったアフォリズムに新しい照明をあてようとしているわけでもない。

父母が残してくれた全財産を失くした中で、ただ一軒のジャズ・クラブが残った。ボクの気持の中には、それも売りはらってしまった方がいいという考えがあった。何しろそんな店でボクは生計を立てる自信がなかった。だが、自分の足下にその店しかないとなると、その空間から考え、そこから一歩を踏み出すより外はないのだ。ただ、自分にとって素晴らしいと思えることは、どんな共同体にも加担することはないし、かなり自由な空間がそこにあるということだ。それは、ジャズと共に生きる場所である。必死にこの空間をまもる（このまもるということがむつかしい）ことが、とりあえずボクの責務である。

当然のことながら、本や映画やジャズに興味を持ちつづけるのは、そこに存在する諸々の関係のみずみずしさと出会うことである。その快楽は、自分の好奇心をあらんかぎり刺激してくれることもあり、途方もない未知の領域にひっぱりこんでくれるスリルもある。これがあるかぎり、この快楽だけは、死ぬまで手離してはならず、これこそが、唯一の自分の領域なのである。その領域からとり残された時は、そこにボクの死があるだけである。もっとも、こういった所感めいたものを書くと、どうも奴は、楽な方向へ楽な方向へと逃げるだけではないかという、友人・先輩のおしかりを受けることもある。といって、ボクは、自由気ままに生きているわけでもないつもりだが（どんな人にも商売をしている以上、世俗的な苦労はつきまとうのだ）、わが荒涼たる空間の中には絶好のプレイグランドはあるのだ。どうも結論が、すでに六年前〔一九八四年〕浅田彰が発表したスキゾ的逃走論に近くなったので、この辺で筆を置くことにしよう。

（ジャズ・映画通信④「ジーワンG—1」一九九〇年十一月、ジーワンブックス）

バザンとトリュフォー

学生時代にスポーツをした人、あるいは何らかのクラブ活動を行った人なら、先輩・後輩に友人をもつことになるだろう。ボクは、決して交際上手な人間ではなく、中高時代を通して先輩・後輩といえる人物で親しい友人はいなかった。大学に入って映画研究部の活動を始めてから友人をもつことになる。当時の早大映研には、たしかに面白い先輩、ラディカルな論客がいた。中でも白井佳夫氏は、ボクの映画論の師といえる人物で、彼と出会うことがなかったら、今日、映画とつき合っているボクは、いなかっただろう。白井佳夫氏については、何度か文章も書いたのでここでは省略するが、映研に入って驚いたのは、ボクには親分肌的な資質があったことで、いつも何人かの後輩をひきつれて映画を論じ合った。何人もの後輩とは、いまだにつきあいがあるし、同人雑誌の仲間もいる。みんな五〇歳を超えたのに、会えば、昔と同じ口調で語り合う。

先輩・後輩という関係から思い出されるのは、アンドレ・バザンとフランソワ・トリュフォーの師弟関係であろう。山田宏一氏の「トリュフォー　ある映画的人生」（平凡社）の底流にあるのは、バザンとトリュフォーの友愛であり、この二人の関係は、フランス映画史を飾る最も美しいものであったといえるだろう。

トリュフォーとバザンが出会ったのは、戦後まもなくの頃、若い映画狂たちが、あちこちでシネクラブを結成していたのだが、バザンの方は、「暗闇の部屋」（ラ・シャンブル・ノワール）というクラブの主幹で映画史上の古典を上映し討議をみちびいていた。ある夜、十六歳のトリュフォーは、同じ時間に同じ界隈でシネクラブをやられては困るので、日時を変更して欲しいとバザンに文句をつけるつもりでやってきたのだが、その夜、トリュフォーは、バザンと何時間も映画論をたたかわすことになる。バザンが驚いたのは、トリュフォーのアメリカ映画に対する見識と賞揚であったらしい。「映画の話をしているうちに意気投合して、次の日曜日の映画中毒集会（トリュフォーたちの主催するクラブ）の例会にバザンを招くことになった」わけだが、それにしても当時三〇歳であった新鋭のバザンが、ほとんど不良少年でなまいきであったトリュフォーを、一晩、映画論をたたかわしただけで、彼を一人前の論客として認識した、その見識にボクは感動する。つまり、バザンは、トリュフォーの才能を即座に見抜いたのだ。以後、バザンは、トリュフォーを徹底的に助けるのである。感化院に入れられては保証人になるし、兵隊に入って脱走する度にトリュフォーを助ける。一九五一年、トリュフォーは、軍の刑務所に入れられるが、バザンが彼をひきとり、バザン家に住まわせるが、以後二年間、読書と映画にあけくれ、トリュフォーは映画ひとすじに生きることを決意する。当時の二人は、バザン夫人の回想によれば、親子とか師弟というより親友同志だったということだが、バザンは、トリュフォーに映画論を書かせるためにジャーナリズムに紹介してやるのだ。
　このエピソードと出会って、ボクは、白井佳夫氏と初めて映画論をたたかわした、新宿のうらぶれた喫茶店内での、ふるえるような感動を思い出したりしているが、とにかく、バザンとトリュフォーの師弟関係は、わずか十年で終わる。一九五八年、トリュフォーは、最初の長篇映画『大人は判ってくれない』にとりかかった日に、バザンは、肺結核で死亡する。「……バザンはあまりにすばらしく、あまりに心のあたたかい人だったので、わたしは〈バザンはわたしたちの思い出の中に生きつづける〉などといった類の空疎な追悼の文句をならべ立てることができない。アンドレ・バザンは死んだ。これほど深い悲しみ、これほど、おそろしく、残酷な仕打ちはない。どうしても涙がとまらない……」と追悼文で述べている。ともかく、過激であったトリュフォーをむしろ助長し、常に刺激を与えたバザンは、トリュフォーにとって父や兄といった関係を超えたものであったろうし、トリュフォーはバザンに導かれ、自信をもって、映画の世界に入る。そして、自分の人生のすべてを映画に捧げる決意をする。バザンの死と共にヌーヴェル・ヴァーグは怒濤のごとく起り全世界を制覇することになる。

（ジャズ・映画通信⑧「ジーワンG—1」一九九四年七月）

第四章　ジャズ

実践的名盤ガイド

ジャズと映画の見事な融合作品

まずハリウッド映画の中からジャズ及びジャズメンをテーマにした作品のことから書いてみることにしよう。例えば、渡辺貞夫、八木正生、清水閏、金井英人といった昭和ヒトケタ世代のジャズ演奏家達は、戦後の貧しい風土の中で輝くばかりのハリウッド映画を見ることによってジャズメンを志した。少し遅れてきた僕の世代にとっても、どんな安っぽい映画の中にも夢を見ることができたのが、この時代のアメリカ映画であった。もっともジャズ音楽の本当の素晴らしさを知ったファンにとってハリウッドが行なってきたジャズ音楽の安易な使い方は、かなりひどいものであった。その辺の事情は野口久光氏が「レコード・コレクターズ」誌（「ハリウッド製作のジャズが登場する映画」）でくわしく論じておられるので参考にしてもらうことにするが、僕が高校時代に見た映画の中では『グレン・ミラー物語』（アンソニー・マン監督、一九五三）と『ベニイ・グッドマン物語』（ヴァレンタイン・デイヴィス監督、一九五五）がウェルメイドなハリウッド製ジャズメン伝記映画として大いに楽しく見た作品であった。さりとてこの映画によってジャズ・ファンになったわけではない。ジャズは、ある日突然、ジャズ喫茶でその面白さを知った。ジャズの映画ではほかに、ほとんど記憶の断片しかない『情熱の狂想曲』（マイケル・カーティス監督、一九四九）があって、これもハリウッド式伝記映画の一本くらいにしか思っていなかった。この『情熱の狂想曲』を三十五年ぶりに友人宅のビデオで再見し、これぞハリウッドの生んだ最高のジャズメン物語ではないかと、あたかも中学時代の恋人（相手はそのままの姿なのだ）に再会したような感動にひたっている。この映画がビックス・バイダーベックの伝記映画であることを、ジャズを聴くようになってから知ったのだが、ジャズに生きる青年の一途な半生を『カサブランカ』（一九四二）のマイケル・カーティスが手堅い演出でまとめた佳作で、主人公を演じるのはカーク・ダグラス。ローレン・バコールの印象が薄かったのは当時としては主人公を破滅させる悪女役で損な役のせいだったろうが、ドリス・デイの清楚な準主演が楽しく彼女は「ザ・ベリー・ソウト・オブ・ユー」「ウィズ・ア・ソング・イン・マイ・ハート」「ツー・マーベラス・フォー・ワーズ」などを歌っているし、ビックスの信奉者にとってユダヤ系ミュージシャンであるハリー・ジェームスのトランペットには不満であったようだが、ジェームスのペットも素晴らしいものである。「スターダスト」の作曲者ホーギー・カーマイケルは、ビックスの友人であっただけに狂言まわし役はピッタシで出色の助演ぶりだし、全体のカメラ・ワークもよく、上質のメロドラマに仕上がっている。

ハリウッド製のメロドラマとしてもう一本忘れがたい作品がある。『皆殺しのトランペット』（ジャック・ウェッブ監督、一九五五）で、これは六三年に封切られた。僕が初めてビックス・バイダーベックの十インチ盤（日本コロムビア）を買った頃で、主人公及び監督は連続テレビ「ドラグネット」で有名になったジャック・ウェッブで、この人は他に主演作はあまりないと思うが、原タイトルを「PETE KERRY'S BLUES」という、カンザス・シティを舞台にした一種のギャング映画であった。カンザス・シティといえば、ジャズ・ファンならカウント・ベイシー、ジェイ・マクシャン、チャーリー・パーカーという風に連想するが、ビデオ映画『KCジャズの侍たち』（ブルース・リッカー監督、一九七九）にもあるように、二〇年代この街は悪徳市長によって繁栄した街でもあるから、ジャズとギャングという組み合わせは充分にリアリティをもつストーリーの展開であった。この街を支配するボスにエドモンド・オブライエン、彼の情婦でアル中の歌手がペギー・リーで、彼女が「シュガー」なんか歌っているとオブライエンがいきなり殴るといったシーンがあった。もう一人、声に色艶のあった頃のエラ・フィッツジェラルドも出演していて、主人公が失意の時は決まってエラの歌っているクラブで彼女の歌を聴くシーンが何か所かあって泣かせた。お話としてはジャズメンでもある主人公が自分のクラブをつぶされて、ギャングに敢然と一人で立ち向かうといったものであったが、いつも殺し屋役のリー・マーヴィンが主人公の楽団のトランペッター役で出ていたのが印象に残っている。いよいよその楽団が解散することになった時、リー・マーヴィンが「オレは今からシカゴに行ってビックスにコルネットを習うのだ」というセリフを今もって覚えている。このセリフなどハリウッド製ジャズ映画が生んだ最高の名セリフといっていいのではないか。B級映画のメロドラマでありながら、この作品でペギー・リーはアカデミー助演賞にノミネイトされている。

さて、本題に入ろう。モダン・ジャズと映画の結合は、一九五〇年代後半、フランス・ヌーヴェル・ヴァーグ派の作品によって大きな成果をあげることになる。『大運河』（ロジェ・ヴァディム監督、一九五六）のMJQ、『死刑台のエレベーター』（ルイ・マル監督、一九五七）のマイルス・デイヴィス、『殺られる』（エドゥアール・モリナロ監督、一九五九）のアート・ブレイキーとジャズ・メッセンジャーズ、『危険な関係』（ヴァディム監督、一九五九）のジャズ・メッセンジャーズ及びセロニアス・モンクなどハード・バップ成熟期のジャズメンに目をつけたフランス映画の新人達の登場は、その頃からジャズを聴くようになった僕にとっても輝かしい存在であった。この辺の映画とモダン・ジャズのことについては植草甚一の著作にくわしいので読んでもらいたいし、若いファンにとってこれらの作品はビデオでも出ているので実際の映画を見ていただくといいと思う。

一方、戦後のハリウッド映画の方もモダン・ジャズを使った作品が一九六〇年前後かなり製作されている。思い出すままにあげてみると、ショーティ・ロジャースやシェリー・マンの姿を見ることもできるフランク・シナトラ、キム・ノヴァク出演『黄金の腕』（オットー・プレミンジャー監督、一九五五）、主人公（ジェームス・スチュアート）がデューク・エリントンのファンでエリントンがオリジナル・スコアで音楽を担当した『或る殺人』（プレミンジャー監督、一九五九）、ジョニー・マンデルが音楽を担当しジェリー・マリガン七重奏団がトップ・シーンに出てくるスーザン・ヘイワード出演（彼女はこの作品でアカデミー賞を獲得）の『私は死にたくない』（ロバート・ワイズ監督、一九五八）、全篇MJQだけを使ったロバート・ライアン、ハリー・ベラフォンテの『拳銃の報酬』（ワイズ監督、一九五九）、デューク・エリントン音楽担当のポール・ニューマン主演の『パリの旅愁』（マーティン・リット監督、一九六一）、僕は未見だがマリガンなど出演しているアンドレ・プレビン音楽による『地下街の住人』（ラナルド・マクドゥーガル監督、一九六〇）といった作品があって、いずれも底辺の人間を描いたリアリズム映画であった。モダン・ジャズがかなりの効果をもたらしていた。

中でも今もって僕が五〇年代リアリズム映画の中でもベスト級の出来映えの作品として学生時代に注目した、忘れられない傑作がある。イギリス人監督、アレクサンダー・マッケンドリックによる『成功の甘き香り』（一九五七）である。この作品はキネマ旬報の辞典にも漏れているのだが、チコ・ハミルトン・クインテットを巧みに使ったスリリングな異色の一作であった。このマッケンドリックの名は、アレック・ギネス主演の喜劇『マダムと泥棒』（一九五五）で高まっていたのだが、多分、今もって熱狂的ファンがいるこの前作とガラリと作風を変えた『成功の甘き香り』は、ニューヨークのジャーナリズムのボス的存在であるバート・ランカスター扮するコラムニストがすべての世論を操作するだけの力を持った男で、暗黒街に生きるインテリの生態をきわめてハードにアクチュアルに活写している。当時のチコ・ハミルトンのメンバーであったジム・ホール、フレッド・カッツ、バディ・コレットなどもドラマに登場するという設定であったが、当時の批評家からまったく無視された作品であった。ランカスターの子分であるトニー・カーティスがバーバラ・ニコルス扮する情婦をボスの指令を受けて議員とベッドを一つにさせるシーンなど今でも鮮やかに覚えているが、それにしても今は亡きこの女優がまぶたに浮んでくるくらい、よかったなあ。その後『サミー南へ行く』（一九六三）、『海賊大将』（一九六五）、『サンタモニカの週末』（一九六七）をもって作家生命を閉じたマッケンドリックの大傑作として『成功の甘き香り』はハリウッドがジャズを使って最も成功した作品として永遠に記憶にとどめておきたい。実際この作品の横にワイズやプレミンジャーの作品を並べてみたら、その素晴らしさが明らかになるだろう。

一寸横道に入るが、ジャズ・ファンであることによって映画をより楽しく豊かに見ることができる。ジャズのレコード演奏を映画の中に使って効果をあげた作品はたくさんあると思われるが、『グリニッチ・ヴィレッジの青春』（ポール・マザースキー監督、一九七六）では、デイブ・ブルーベック及びJ・J・ジョンソンとスタン・ゲッツの「イエスタデイズ」、『レニー・ブルース』（ボブ・フォッシー監督、一九七四）ではマイルスの「イット・ネバー・エンタード・マイ・マインド」、クルーゾーの有名なリメイク映画『恐怖の報酬』（ウィリアム・フリードキン監督、一九七七）では、パーカーのストリングス・プレイ「ローラ」「アイ・リメンバー・エイプリル」、『結婚しない女』（マザースキー監督、一九七八）ではビリー・ホリデイの「アイム・ユアーズ」などが使われていて、ジャズ・ファンならハッとするのだが、ビリー・ホリデイといえば昨年亡くなった亡命作家ジョセフ・ロージーの『エヴァの匂い』（一九六二）がジャンヌ・モロー扮する娼婦がホリデイのファンという設定で「ウィロー・ウィープ・フォー・ミー」と「ラブレス・ラブ」を実に鮮烈に使っていた。またニコラス・ローグの『地球に落ちて来た男』（一九七六）のラスト・シーンではアーティ・ショウの「スターダスト」が素晴らしい効果をあげていたし、ジャズ好きのウディ・アレンの『スターダスト・メモリー』（一九八〇）にもサッチモのレコードが使われていた。こうしたジャズの使い方を映画の中に発見することは、映画をもう一つちがった角度から見る楽しみである。ジャズメン出身であるクインシー・ジョーンズやラロ・シフリンなどの映画作品には、当然ながらバック音楽としてジャズがたっぷり使われている。クインシーの『ホット・ロック』（一九七二）〈特にラストのロバート・レッドフォードの軽やかな足どりに合わせてディキシー風に変化していく音楽の使い方など圧巻〉やシフリンの『ブリット』（一九六八）はジャズのアレンジを使って最も成功した映画音楽といえるだろう。どちらもピーター・イエーツ監督作品であるというのも興味深い。近年ではクリント・イーストウッドの映画が楽しく、『ガントレット』（一九七七）にはジョン・ファディスやアート・ペッパーのソロが生かされていたし、イーストウッドの処女作『恐怖のメロディ』（一九七一）は、エロール・ガーナーの「ミスティ」を巧みに使った一種の恐怖映画として忘れがたい一作であった。昨年封切られたカントリー・シンガーを主人公にした『センチメンタル・アドベンチャー』（一九八二）〈何たるタイトル、原題はホンキートンク・マンなのだ〉は僕のベスト・スリーに入る作品である。

かくして独断と偏見による〝ジャズを発見する十本の作品〟あるいは〝映画音楽の中にジャズを発見した十本の作品〟は以下の通り。

『情熱の狂想曲』『皆殺しのトランペット』『成功の甘き香り』『或る殺人』『エヴァの匂い』『夜の終りに』『ブリット』『ホット・ロック』『グロリア』『ガントレット』

若干注をつけておけば、『夜の終りに』（一九六一）は『灰とダイヤモンド』（一九五八）のアンジェイ・ワイダの抒情的な小品なのだが、僕にいわせればこういった作品にこそワイダはいい味を出す人で、このあとポランスキーの映画音楽を担当することになるクシシュトフ・コメダのジャズ音楽の使い方は実に素晴らしいものであった。『グロリア』（ジョン・カサヴェテス監督、一九八〇）は、ガトー・バルビエリ風のフリーキーなテナー・サックスによる現代的なサウンドがハードボイルド・タッチの映画にグルーミーな効果を与えて抜群であった。最近では『48時間』（ウォルター・ヒル監督、一九八二）のニック・ノルティとエディ・マーフィのセリフのやりとりにジャズを感じたし、この二人のアクションはバックの音楽とは関係なくすこぶるジャズ的であった。ハワード・ホークス映画におけるジャズ的人間関係の豊かな描き方やビリー・ワイルダーの映画についても書きたいことがあったが次の機会に。

帰ってきた記録映画の傑作
『真夏の夜のジャズ』への追想

船着き場の水面にうつってゆれる影がリズミカルな模様をつくる。柔らかいサックスのサウンドがきこえてくる。望遠レンズでとらえたジミー・ジフリーのグループ。ジム・ホールのギターが美しい牧歌的な音をきざむ。この演奏の間にクレジット・タイトルが出る。遠くからきこえる船の汽笛、ジャズ祭に車でやってくる人々、すでに公園の会場で練習しているグループのショット、サングラスをかけてピアノを弾いているジェリー・マリガン。閑散とした街を車にのったディキシー・バンドがかけめぐってゆく。いよいよ昼のコンサートが始まる。司会者がセロニアス・モンクを紹介する。そして息がつまるような〈ブルー・モンク〉が演奏され、カメラは、海面を走るヨットとモンタージュさせる。

一九五八年のニューポートでのジャズ祭のドキュメンタリー・フィルム『真夏の夜のジャズ』（一九六〇）を私が最初に見たのは安保で騒然とした東京での六〇年初夏のころであった。それから三回見た。私の場合、ちょうどモダン・ジャズの魅力にとりつかれた時である。ジャズの巨人が次々に出てくるので、そのすばらしい演奏にまず酔いしれ、次にこの映画のモダンな映像美にうなった。この映画は、逆光線、ズーム・クローズアップとロング・ショット、今でいうシネマ・ヴェリテ風の手持ちカメラ、演奏者とファンのみごとなモンタージュといった、いわゆるスタンダード・スクリーン時代における映画技法のすべてが、みごとな効果をあげている。当時も革命的な撮影手法のドキュメンタリーとして称賛されたのだが、この映画の製作・監督のバート・スターン（当時二十八歳）は、広告界ファッション界で活躍し、また「ライフ」などの特派カメラマンでもあった。それと同時にジャズの形態をよく熟知したファンであったことが、この映画を成功させたと思う。

数多くのジャズのスターが登場するが、昼の部では、羽根のついたつばのながい帽子に白手袋、黒のドレスを着たアニタ・オデイが、〈スイート・ジョージア・ブラウン〉を歌うシーンが圧巻だ。

昼の部が終わって夜の部が始まる。その間の何気ない風景、遊んでいる子供たち、ひとり部屋で無心にチェロでクラシックを弾いている演奏家、そしてしだいに夜に入って会場に客がつめかけてくるホットなムード、そしてカメラがいきなりジョージ・シアリング・クインテットを映す。こういった一つ一つのショットがジャズのように流れているのだ。夜の部で、私が興奮したのは、ダイナ・ワシントンが歌う〈オール・オブ・ミー〉であった。黒人のジャズ・ヴォーカルとは、かくもダイナミックでブルージィなのか。むろん、映画のハイ・ライトは、故ルイ・アームストロングのオール・スターズで、これも今は亡きジャック・ティーガーデンとの掛け合いのシーンは、今となっては貴重であり哀感をさそう名演だ。ラストは、世界最高のゴスペル・シンガー、マヘリア・ジャクソンが熱唱〈雨ぞ降る〉で感動的な声をきかせ〈主の祈り〉でしめくくる。

当時のロックン・ロールのビッグスター、チャック・ベリーも出る。エリック・ドリフィー、マリガン・グループ、ソニー・スティットのすばらしいブルース演奏と、ジャズ・ファンにとっては、魅力この上もない映画だ。ジャズと映画のよき蜜月時代の生んだ名篇として、この再上映を機に、ジャズ、映画の両方のファンの若い人たちにぜひ見てもらいたいと思う。併映は『黄金時代のジャズ・メッセンジャーズ』（約二十五分）で、これは、六一年に来日したアート・ブレイキーを撮った日本製のドキュメント・フィルムである。

チャールス・ミンガス・コンボ
センチメンタル・ミンガスの不幸と幸運

チャールス・ミンガス……ミンガスの演奏の中で、いつも僕の耳に鳴り響いているレコードのことから書いてみよう。

ミンガスのレコードといえば、むろん「直立猿人」で、アトランティック・レーベルだけは僕が本格的にジャズを聴き始めた五九年にはすでに日本盤が出ていたから、この作品によってミンガス・サウンドの強烈な洗礼を受けることになったが、やはり当時のジャズのシンパに決定的なパンチを投げつけたのは「ミンガス・プレゼンツ・ミンガス」であったろう。キャンディド盤が最初に日本で発売されたのは六三年頃であったろうか。六一年には僕は原盤で「プレゼンツ」を持っていた。それからしばらくして「ニューポート・レベルス」というレコードを、これも原盤で入手したが、僕が愛聴したのは、B面一曲目に入っている「ラップ・ユアー・トラベルス・イン・ドリーム」であった。この曲は、フランク・シナトラのベスト・アルバムとアーネスティン・アンダーソンの「ホット・カーゴ」に入っていて、いい曲だなと知った直後に、このミンガスのプレイを聴いたのだが、何という、たくましく、すばらしいミンガスのソロであろう！　実際、「ニューポートの反逆者たち」というタイトルの割にこんなメインストリームな演奏をしているミンガスを不思議に思ったし、A面はドルフィーやアビー・リンカーン等のボーカルの入ったプロテスト風の演奏が収められているにもかかわらず、この「トラベル」のミンガスのソロに続くロイ・エルドリッジ、トミー・フラナガンのソロに酔い、ジョー・ジョーンズの、キラリと光る安定したリズムに脱帽したものだ。

もう一曲、「トゥナイト・アット・ヌーン～真夜中の十二時」（アトランティック）に入っている「ペギーズ・ブルー・スカイライト」だ。これは後年、何回も演奏しているが、ここではミンガスがピアノを弾いていて、このセンチメンタルなピアノが断然いいのだ。ミンガスのソロの後に出てくるローランド・カークのテナー・サックスのソロが泣かせる。ラスト・コーラスで「ボディ・アンド・ソウル」を挿入してテーマに入る瞬間の何ともいえないミンガス・サウンド！　そういえば、ミンガスのピアノ・ソロ集（インパルス）もよく聴いたものだ。エリントンのピアノ・ソロに比べ、ミンガスのピアノは、あまりにもセンチメンタルなのだ。

僕は、ミンガスは心やさしい孤独な詩人のような人ではなかったかと思っている。先の二つの演奏が浮かんでくるのもそのせいだろう。ミンガスが死ぬ前年であったか、当時のカーター大統領夫妻のジャズ・パーティに招待されたミンガスが、感激のあまり落涙したという記事があって、僕等ファンは、そのミンガスについて論じたのであったが、怒れるミンガスも、ついに栄光の席上で涙するほど老人になったか、と僕も無念に思った。しかし、その翌年に死んだミンガスにしてみれば、それも健康をそこねて車椅子に座ったミンガスにしてみれば、約五十人のミュージシャンが集い、ちょうどミンガスを中心にして輪ができた時、ミンガスは、多くの仲間たち――つまり今日までジャズに命を賭けてきた男たち――の友情に涙したのだと思う。ミンガスは、怒りっぽいと同時に涙もろい人であったことは、彼の演奏のいくつかを聴けば理解できるだろう。

ミンガスの経歴を見ればわかるように、彼は、キッド・オリー、ルイ・アームストロング、ライオネル・ハンプトンといった、最も伝統的なグループに在団しているのだが、四〇年代には当然のことながらビ・バップの渦中にあってパーカー、パウエル、ナバロ等と親交を結ぶが、五〇年にはタル・ファーロー、レッド・ノーボとトリオを結成するなど他のバッパーと異なった活動をしている。五二年は、自らデビュー・レコードを設立するが、営業不振で閉鎖する。が、それにもめげず、五三年には自らリーダーとなるジャズ・ワークショップを発足させる。五三年前後は、テオ・マゼロ、ジョン・ラポーター、テディ・チャールスといった白人進歩派との協同作業が続くが、その間、マックス・ローチやケニー・クラークとのレコードなど出した後に生れたのが、五六年の「直立猿人」である。このレコードによって僕等は、ミンガスが表現しようとするジャズ・サウンドにむかい合うことになる。いろんな人が指摘するように、ミンガスの音楽は絵画的である。具象と抽象が大きなカンバスの上に交差していて、色彩はあくまで原色で、ドロドロとした感覚の現代絵画を思わせる。ミンガスが意図したのもジャズのリアリズム化である。むろん、パーカーらの影響も大きいが、バップの大物たちが麻薬と酒におぼれ、その才能を蝕ばんでいく姿を内側で目撃している彼の心中には、当然黒人芸術家としての誇りと反抗が激しくうずまいていたであろう。その時、ミンガス三十四歳である。

五七年に「メキシコの想い出」（RCA）、「道化師」（アトランティック）、「イースト・コースティング」（ベツレヘム）、五九年には「ブルース・アンド・ルーツ」「ミンガス・ア・ウム」（アトランティック）、「ミンガス・ダイナスティ」（CBS）といったミンガスの原色豊かな作品が次々に吹き込まれる。

そして六〇年に至って、テッド・カーソン、エリック・ドルフィーを含むピアノレスのカルテットを結成する。その間、後年『グロリア』（一九八〇）という傑作を撮るジョン・カサヴェテスのアンダーグラウンド・シネマ『アメリカの影』（一九五八）のサントラを担当するが、この映画もミンガス特有のサウンドによって、映画のトーンを高めていた。

こうしてミンガスは、六〇年代の最も戦闘的なジャズメンとして、オーネット・コールマンの突出と共にジャズ界の脚光を浴びることになる。むろん、その間、マイルスもコルトレーンもブレイキーもそれぞれレギュラーのメンバーを擁して、ハード・バップ・ジャズのマンネリズムを打破し、さらに新しい世界に向かって歩みつつあった。

ミンガスは、他のミュージシャンと異なり、念願のジャズ・オーケストラに立ち向かっていた。レコードとしては六二年の「タウン・ホール」（ミンガス）、六三年の「黒い聖者と罪多き女」「ミンガス、ミンガス、ミンガス」（インパルス）らが残されているが、これらの試みは、おそらくニューヨークでも最も活気あるジャズ・イベントであったろう。メンバーも、白人、黒人、新鋭、ベテランとニューヨークはえぬきのミュージシャンが結集している。

これらのレコードは、当時の僕には、あまりにもエネルギーにみちた、手ごわいもので何回も聴いたわけではないが、スパニッシュ・メロディーもさかんに使われているものの、全体を貫いているのは悲痛なブルース感覚であり、このジャズ・オーケストラにこそミンガスの燃えあがるような野心があったと思われる。ミンガスの音楽は、小さな支流がしだいに大河に合流するかのように、大きなうねりとなって宙に舞うのである。即興演奏を生命とするジャズには、クラシック音楽にあるような、クライマックスに至って陶然とさせるようなうねりといったものがない。ミンガスにはそれがあったし、こういう音楽を創ったジャズ演奏家は、他にエリントンあるのみであろう。

もちろんミンガス・グループでエリック・ドルフィーが果した役割は大きいものであった。後年、ミンガスがヨーロッパに渡ったレコードが何枚もリリースされたが、ファンからすればミンガスというよりドルフィーのソロが入っていればこそで、このヨーロッパ旅行の直前までは、ドルフィーはコルトレーンのグループにあって前人未踏のコンボ表現に命を賭けていた。この辺から、フリー・ジャズの台頭が始まるのだが、ミンガスの方は、持病の心臓病のためか六五年頃からレギュラー・グループを持つこともなく、たまにクラブ演奏があるだけでレコードの吹込みも行なっていない。六〇年代後半のミンガスは、ナット・ヘントフの次のような文章で理解するより外ない。「最低をきわめたのは、一九六〇年代末だった。ミンガスはほとんど公の場に顔を出さず、顔を出すと彼の音楽はほとんど情熱なしの回顧であった。昼間、ときにイースト・サイドの南寄りをぶらついているのを見たものだが、ひどく沈んだ、放心した様子であった。かつて聴衆が無頓着で礼を知らないと嘲けるように叱り、それから彼の音楽的雷雨のあわただしい中心へ聴衆を投げ出したミンガスは、自分の内側に退場してしまった」(「ジャズ・イズ」白水社)

七一年初来日した時のミンガスはまさにプアー・ミンガスであった。僕は福岡で見聞したのだが、前座をつとめた日野晧正クインテットが、あたかも新幹線のようなスピードある、きらびやかで力まかせの演奏を披露した後にミンガス・グループは、ピアノレスでしょぼしょぼとした演奏を二流メンバーで続けるのみで、こちらは、五〇年前の蒸気機関車が何とか走っているといった具合であった。その夜は悲しい夜であった。僕は自らを慰めて、ジャズというのは、力がおちたとはいえミンガスのように、わびしく、ひなびたものもあるわけで、メンバーさえよかったら、もっとましなジャズを聴かせてくれただろうと、帰路についた。

そのミンガスが七二年にすばらしいコンサートを行なっていて、それがレコード化されている。タイトル「ミンガス・アンド・フレンズ・イン・コンサート」(CBS)である。このレコードは何故か、当時のスイングジャーナル誌のベスト・テン候補のリストにもあげられなかった。しかし、僕はこのレコードを限りなく愛している。むろん聴いた瞬間からだ。これは、多分、多くのミュージシャンやテオ・マゼロなどがミンガスのカムバックをうながすために計画したであろう、ミンガス・ナイトで、ニューヨーク・フィルハーモニック・ホールでの演奏を集めた二枚組だ。したがって、ここには怒りのミンガスがいない。しかし全体に流れているのは、ミンガスの音楽であり、何よりも会場の雰囲気がいいのだ。ミンガス・ファンがみんなここに集まっているような気さえしてくる。出来れば、僕もこの会場の末席に居たかった。これは、タイム・マシンものの素晴らしいコンサートだ。とりわけ、ジーン・アモンズ、リー・コニッツ、ジェリー・マリガンなどのソロは、彼等の生涯の代表的ソロといっていいくらい素晴らしいプレイを聴かせている。ランディ・ウエストン、ディジー・ガレスピー、ジェームス・ムーディもいる。そして、このレコードでは大体、ミルト・ヒントンがベースを弾いているのだが、「ミンガス・ブルース」では御大自らベースで、ジーン・アモンズと例のごとく例のかけ合いが聴かれる。この後に起こった拍手は異常なものだ。ニューヨークにはこれだけのミンガス・ファンがいたのだ。僕も聴衆の一人になって拍手を送る。ここには病身だが幸福なミンガスがいる。ロイ・エルドリッジやジョー・ジョーンズとジャムる時の楽しそうなミンガスに近いミンガスがいる。七一年の無残な演奏を聴いた後だっただけにホッとした気持と、このようなコンサートを持てたことでミンガスは、すばらしいジャズ人生を送ることのできた人ではないかとも思った。その時に僕のミンガス音楽への関心は終っていたともいえよう。

七五年、スイス・モントルーのジャズ祭で、ステージの上で大きな葉巻をくわえたまま演奏する、比較的元気なミンガスも聴いている。その時は後半、ペニー・ベイリーやジェリー・マリガンを入れたジャム・セッションも聴くことができた。

ミンガスが死ぬ直前「クンビア・アンド・ジャズ・フュージョン」と「ミー・マイセルフ・アンド・アイ」（ともにアトランティック）という傑作を残したのは奇蹟に近い。

僕のミンガスについてのおしゃべりはこれで終る。本誌32号の「ミンガス特集」の軒口隆策、雨宮拓、両氏のミンガスについて書かれた論は、とてもいいものだから参考にして欲しい。

（「ジャズ批評」50号、一九八五年、ジャズ批評社）

カリブ海ジャズ論

今日、ジャズは、あらゆる国の都会の中にあって、その表現力の鋭さを増し、奥行きを深めている。もっと正確に言えば、資本主義社会のあらゆる文明都市においてといっていいだろう。このめまぐるしい二〇世紀において、他の芸術や芸能が次第に衰退期に入ろうとしつつある時、ジャズは、決してコマーシャリズムにおいて陽の目をみることはないにしても、力強く前進を続けている。ジャズは、あくまで大都市の中で育ち、それぞれの街において新しい内容を生む。ジャズの世界地図は、アメリカに発し、いろいろな方向をたどりながら、あらゆる都市の片隅の中にそのエネルギーを注入している。例えば、セシル・テイラーやビル・ディクソン等の過激ジャズは、ヨーロッパにおいてもう一つの前衛的な流派を生み出している。それは、ドイツ系アメリカ人のカーラ・ブレイや、ドイツのマイク・マントラー、スティーブ・レイシーと組んだイタリア人のエンリコ・ラヴァ（tp）やアルド・ロマノ（ds）、ジョルジュ・ガスリーニ（p）などの奏するジャズの抬頭である。現在、カーラとマイクは結婚してニューヨークで注目のJCOAというジャズ・アヴァンギャルドの組織まで結成するに至ったが、僕の予見では、彼らのジャズ創造はアメリカではあまり期待できないのではないか。ヨーロッパにおいてこそ彼等のジャズは、より豊かな表現力を持つことができたのではないかと思う。ドン・チェリーと組んだガトー・バルビエリはアルゼンチン出身のテナー奏者であり、《森と動物園》で驚くべきリズムを創出したジョニー・ダイアン（b）、ルイス・T・モホロ（ds）は共に、アメリカの音楽市場ではほとんどジャズ体験を積んでいない南アフリカ出身の黒人ジャズメンである。フランスには、パリ生まれの黒人ピアニスト、ミッシェル・サルダビーのような名手もいる。わが国の山下洋輔や富樫雅彦などは、新宿派とでも称すべきジャズメンである。彼らは、日夜、大都市の片隅で戦闘的なジャズ・シーンを展開している。アメリカは、なお、今日、ジャズの中心地ではあるにしても、ジャズは、今後あらゆる大都市に移動し、それぞれで生まれ、もしくは漂流しつづけるであろう。だが、彼等のジャズはどこに向かって歩みつつあるのか。ナット・ヘントフのいう〈ごくわずかな道標しかない未知の路上〉を進んでいるのか。おそらくそうであろう。だが、ぼくは、一つの仮説を立ててみることにする。ジャズは、おそらく、ラテン・アメリカへ接近しつつあるのではないかという考えが今僕の中に生まれつつあるのだ。そのことを書いてみることにしよう。

ラテンアメリカの目と鼻の先、西インド諸島をもう一つのジャズの拠点地とする考え方は、実際存在するのであって、まず日本の批評家で、ぼくの敬愛する驚くべき革命文筆家、平岡正明のジャズ論を紹介しておこう。平岡は次のような予言を発している。「ファノン、カーマイケルともにマルチニック諸島の出身であるが、カリブ海出身のジャズメンのリストを作ってみると意外なことがわかるかも知れない。ジェームス・ボンド氏が背中をやいたり、観光客用ブードゥ教がとてもスイートなカリブの自然も近々蒸発することになるだろう」（ジャズ批評4号「囚人の歌へ」）。また油井正一は、直接ジャズの拠点地に触れた文章ではないが、ジャズとラテン音楽との接点と血縁を論じながら「ラテン・ジャズがジャズ・ファンにそっぽを向かれたのは、どこかにコマーシャル臭ふんぷんの観光みやげ的俗物精神を宿しているからであって、ジャズの先祖としてのラテン音楽自体の責任ではない。だがいつまでもラテンを放ってはおけない。ジャズが〈先祖がえり〉の現象を顕著にしつつある今こそ、ルートをさかのぼって新しいジャズメンが抱懐している衝動を冷静に見つめるべきである」（ジャズ批評1号「ジャズのルート」）と、いずれも予見的批評を発表している。マーシャル・スターンズの著作には西インド諸島の黒人音楽とジャズとの関連が論じられているというが翻訳がないのは残念だ。したがって、ぼくのジャズ論も先の二人の批評家の発想を若干補足するにとどまることになる。

ぼくは、三年前、スイングジャーナル誌にアンドリュー・ヒル論を書いたことがある。現在アンドリューの支持者が増大していることを考えると、お粗末なエッセイで冷や汗ものだが、ともかく、彼のピアノ・ジャズの底流にある不思議なリリシズムに心をうたれあのエッセイをまとめたのであった。あのエッセイを書いて一年程経って、アンドリュー・ヒルの作曲によるGHETTO LIGHTSという曲を聴くに及んで、今ここで書いているエッセイの発想が、漠然と生まれたのだ。

さて、この曲は、ボビー・ハッチャーソンのリーダー・アルバムDIALOGUE（BN84198）に入っている。ここでヒルは三つの作品を発表しているが、いずれも秀作に値する作品であって、ハッチャーソンの初リーダーのアルバムであっても、ヒルの参加によって紛れもなく第一級のジャズ演奏になっている。特に、このGHETTO LIGHTSは四分の六拍子のブルースであってテーマは三十六小節だが、しめくくりは十二小節で終わる。ヒルは、このアルバムではピアノのソロをとっていない。ただバックに回っているだけなのだが、彼の体質と方法が全体にゆきわたっている。この作品のハーモニーには今までのモダン・ブルームにない音階が含まれているようであって、特に七小節から八小節にきかれるヴァイブ・ミュート・トランペット（F・ハバード）、ソプラノ・サックス（サム・リヴァース）によって生み出されるメロディには思わずうなってしまうような鋭い美しさがある。すべてにすき間がなく、ジャズの新しいサウンドと素晴らしいリズム・ワーク（J・チャンバースのds、R・デヴィスのb）によって密度が高まっている。テーマのアンサンブル・メロディと、リヴァースのソプラノ・サックスのソロは、明らかに僕たちの国の民謡（というよりあるいくつかの小学唱歌）のもつやるせないやさしさに通じている。あたかも、ぼく達と遠く離れた異国の芸術家が、坂口安吾のあの《透明なふるさと》について音楽で語っているかのような、いとおしい情感がこの作品演奏にあるのではないか。

ぼくは、この曲に接してから彼が西インド諸島にあるハイチ生まれのジャズメンであることが頭から離れなくなった。かつて三年前に書いたヒル論には、たった一行、彼は、ハイチ生まれのピアニストであるとしか言っていない。なぜハイチにこだわるかと言えば、GHETTOとはハイチ島のゲットーに違いないと直感したからだ。つまり、この作品を生み出したものの中に、アメリカ・ジャズメンの生活的思想的発想でない何ものかを感じとったからだ。DIALOGUEのライナー・ノーツは、A・B・スペルマンによって書かれており、この曲については「アンドリューは、ブラジルのサンパウロ市の丘陵地帯を上へ上へと伸びていく想像を絶した貧民街の軒端からもれるあかりを読書を通じて心に描いたものだが、彼自身はブラジルを知らず、故郷ハイチのポルトープランスのそれを身をもって知っていたというわけだ」（油井正一訳）とある。この曲を油井正一は《ユダヤ人街のあかり》と訳しているが、これは《ゲットー街のあかり》でいいと思う。ゲットーという言葉は、現在ではユダヤ人のそれを指すより黒人街をすぐさま連想しないではいられないからだ。

ぼくは、このアルバムを聴いて、直ちにハイチについて研究すればよかったのだ。ヒルについては、彼の新作The Music Of Andrew Hill（BN８４２０３）のディスク評（ぼく達の創っているモダンパルズ十号）に、いいかげんな批評を書いている。「彼の作品には黒人の生活をテーマにしたものが多く、彼の思想の中にはブラック・パワーの影がある。ヒルは西インド諸島ハイチの生まれだがハイチは黒人奴隷の多い植民地であったし、今なおキューバのそばにあって黒人ゲットーを有する国だ」と。無論間違ってはいないが、ハイチとはいかなる歴史と政治、文化を有する国であるかについては何一つ知っちゃいなかったのである。だが、キューバの歴史はすぐ知ることができるにしても他の西インド諸島の国々については意外と文献がなく、このエッセイも、今のところ百科事典的知識にすぎないのだが、地図を広げながら、カリブ海諸島の国々に想いを馳せてみることにしよう。

まずハイチは、れっきとした黒人共和国である。スペインからフランス植民地となり、すでに一八二〇年に独立国となったが、フランスあるいは二〇世紀に入ってからはアメリカの軍政下に置かれること数回、幾多の動乱を経て現在も隣国ドミニカと同様アメリカ経済に依存しており、デュヴァリエ大統領下の独裁体制の国である。五九年のキューバ革命の際、黒人達の革命蜂起もあり今後どのような政治変動が起こるか予断を許さない状況にある。ハイチ人口の95％はアフリカ系であって、彼らがどのような経過を経てアメリカに運ばれてきたかをみてみると、黒人奴隷のもう一つの歴史背景が浮かび上がってくる。

奴隷貿易に手を染めたのは最初はポルトガルの商人だったが、一八世紀末以来、スペイン、イギリス、フランスなどの商人が奴隷をアメリカに売買している。奴隷貿易商船はアフリカのギニア出航後、あるいは帰途、この西インド諸島を通過しなければならなかった。カリブ海に位置するこの諸島は、熱帯地に適した砂糖、コーヒー、麻、煙草、果実、蜂蜜などの豊富な原産地でもある。相倉久人も「アメリカが奴隷を必要としたのは開拓事業のためではなかったということだ。彼らを必要としたのは、最初は西インドや南部植民地の煙草畑であり、後に南部最大の財源となった綿畑だったのである」（相倉久人「現代ジャズの視点」）と鋭くその歴史にふれている。

カリブ海は、西はメキシコのユカタン半島からパナマに至る中米諸国、東は小アンティル諸島と、北はプエルト・リコを含む海域を示しているが、三六〇〇からなるバミューダ諸島、三〇〇〇の島からなるバハマ諸島に見られるように、いったいどれだけの島が点在しているかわからない。しかも、それぞれの国が、ヨーロッパ列強国の犠牲となり、幾度も国籍を変えてきた。ハイチはフランスの、この島を二分しているドミニカはイギリスの植民地であったし、プエルト・リコは共和国でなく、アメリカ合衆国内に入っている。したがって、独裁政府とクーデタ、暴動と圧制がくりかえされてきた。いわゆる低開発諸国で貧民街が立ち並び教育施設も遅れていて識字率が低い。いずれの国も大多数が黒人である。今や、「奇蹟」の革命を成しとげたキューバが完全独立国となり、この海域は、ラテン・アメリカの関連において政治的にも重要な地点となりつつある。

ジャズ論にふたたびもどろう。アンドリュー・ヒルは、五才の時ハイチからシカゴに移住しているが、幼少時代のかすかな記憶が、今日アメリカで苦闘する黒人芸術家としての彼自身の状況によって呼び起こされ、故郷の悲惨さに向けての強い連帯が《ゲットー街のあかり》という名品を生んだのである。DIALOGUEには《CATTA》という曲もあり、これはハイチの首都ポルトープランスの貧民街で使われている俗語だというが、スペルマンはその意味については言及していない。また同アルバムの《黒人たちの行進 LE NOIRS MARCHANT》という作品はフランス語が使ってあり、彼の初リーダーアルバム《ブラック・ファイア》のMCNEIL ISLANDという曲名は西インド諸島の島の名ではないかと考えてみたくなる。

平岡正明の指摘に従って、カリブ海出身のジャズメンのリストをあげてみたいが、時間的な余裕がなかったのでぽつぽつ調べてみることにしよう。油井正一は、さきのエッセイの中で、チコ・ハミルトンの《ブルー・サウンド》は、土の香りがなくカリブ海に浮かぶ漁火を思わせヒルのピアノにもカリブの潮風が感じられると述べているが、実際、現代ジャズメンの中でヒルのように西インド諸島の出身者は、強いてあげれば、ウィントン・ケリー（ジャマイカ出身）位のものである。ハミルトンの場合は、父か母の出身地がカリブ海諸島なのであろう。ホレス・シルヴァーの父はポルトガル人であり、彼のラテン的ジャズは有名だ。周知の通り、ソニー・ロリンズは、母親が、ヴァージン島の出身である。アイラ・ギトリーは《サキソフォン・コロッサス》のライナー・ノーツに、西インド諸島の血を引くジャズメンとして、ウォルドロン、アーサー・テイラー、ケニー・ドリュー、セシル・ペイン、アーニー・ヘンリー等をあげているが、彼等はニューヨークなりシカゴなりの都会生まれのプレイヤーであって彼らの演奏の中にカリブ海サウンドを聴く事は滅多にない。だから、ぼくはここで、カリブ海音楽と黒人プレイヤーの血縁を単純に結合させようとしているわけではない。ただ、ラテン・アメリカは、今や第三世界としてアメリカ合衆国と抜きさしならぬ政治的な関連があり、僕は、ヒルやロリンズが消滅したかに見えたアメリカ人の中のラテンへの音楽的傾倒を、ケリーやシルヴァーのようなエキゾティシズムにおいてではなく、意識的に掘り下げようとしているところに、注目しておくべき何ものかがあると思うのである。

ロリンズには古くは《マンボー・バウンス》《セント・トーマス》、近くは《ドント・ストップ・カーニバル》などがあり、これらの作品には明らかにカリプソ・サウンドが入っている。昨年来日の時に聴いた《セント・トーマス》は、オリジナル・レコーディングのそれとくらべるとはるかにカリブ海的フレーズの連続であった。《ドント・ストップ・カーニバル》は、ビクターとしてはボサ・ノヴァ演奏をロリンズに強制したようだが、ボサ・ノヴァといえるものは比較的平凡な演奏に終始した《夜は千の目を持つ》位のもので、あとはさんさんたる陽の下にくりひろげられる歓喜のラテン・ジャズであった。

ぼく達は、チャノ・ボゾという、キューバ、ハバナ出身のコンガ奏者が、ガレスピー＝パーカーのビッグ・バンドで活躍したことを知っている。彼の強烈なパーカッションは、ラテンの熱い血をジャズの中に注入した。モダン・ジャズは、パーカー＝ガレスピーによって生まれた音楽でもあり後にガレスピーはラロ・シフリンというアルゼンチン出身のピアニストの起用によって見事なカムバックをとげたのをみてもわかるとおり、今日の彼のジャズを蘇生させるには、チャノ、ラロに続く三人目が必要であろうと思わせる程、ラテン・サウンドが彼のジャズにはぴったりである。チャノ・ボゾは、一九四八年ハーレムのバーで不明の死をとげたが、キューバ独立まで生きていて欲しかったドラマーであった。パーカーのバップ・ブルース・チューンに《バルバドス》がありバルバドス島は、実に一九六六年イギリス連邦内の独立国になっている。この原演奏は、僕は未聴なのだが、最近、日本の異色ピアニスト菅野邦彦が演奏しているので一聴してもらいたい（《フィンガー・ホッピン》タクト・コロムビア）。

マリオン・ブラウンの《カプリコーン・ムーン》《ウエスト・インディド》にはロリンズと同様のカリプソ・サウンドが聴かれ、アルバート・アイラーにもラテン的メロディーのものがある。ハイチと言えば、ミンガスの《ハイチ人の戦闘の歌》が思い出されるが、ミンガスとしてはハイチ人の歴史を考えながら作曲したにしても、ここではラテン的サウンドはなく、むしろフォーク・ソングと教会音楽の要素が強い。

カリブ海サウンドとしては、パチャンガ、ルンバのリズム、カリプソ、そしてベラフォンテの歌に代表される音楽を僕たちは楽しんできたが、ここで論じたものは、アメリカ黒人としての知識人ジャズメンのラテンへのアプローチの仕方と、彼等の内部にある血である。今日、黒人の政治的な鉾先が、アフロ・アメリカよりラテン・アメリカへと方向を転じつつあり、ぼく等にとっても、ラテン・アメリカでの激しい革命運動を無視出来なくなった。フランツ・ファノンやストークリー・カーマイケルが共にカリブ海出身者であるのは偶然の暗合にしても、僕たちが大都市のジャズの中からラテン・アメリカへと関心を持つのは、ボサ・ノヴァなどの観光的楽天主義の音楽に対してではなく、そこに展開されている彼等の運動こそ、最も純粋な人間的行動、人間の尊厳を示していると考えるからである。彼等の孤独な日々の戦闘生活、彼等のゲリラ戦術は、ジャズメンの生活、ジャズメンのグループ・サウンドの重視に通じるものがないか。

ゲバラは、昨年、ボリヴィアの山腹で惨死したが、彼を追ってフランスからボリヴィアに潜入したフランスの若きレジス・ドブレはここで逮捕され三十年の禁固刑を現在も服役中だ。ボリヴィア軍事法廷における彼の最初にして最後の発言を聞いてみよう。この美しい言葉はそのままにしておきたいが、地方都市の、意気上らぬ、うらぶれた街の片隅でジャズと対決しているぼくにとって、彼のいう《死》を《ジャズが好きになること》におきかえて、今一度読んでみたいのである。「解放のために命をも犠牲にせよとは、ある人間が他の人間に言えることではない。何故なら人には安逸があり、子供があり、太陽の光があってそれを放棄しないいし、人は他人の命令に従って死ぬと言うより、むしろ自らの確信の内面の選択を通して、必然的に個人的な選択によって死ぬのである」。

（未発表）

ウィントン・ケリー
クリーンなタッチ、おおらかなスイング感ときとしてウムをいわさず陽気に乗りまくる快感ファンキー・ピアノの名人芸を味わおう

僕もジャズを聴きはじめた頃、ソニー・クラークと共にウィントン・ケリーに狂っていた。忘れもしない、一九五九年の秋も深くなった頃、新宿「汀」にて、ケリーの新譜「ケリー・ブルー」が入るというニュースが伝わり、各人がその新作を待っていた。九時頃になって「ケリー・ブルー」が店内に鳴り響くと、それぞれ単身で来店していたファンたちが、レコードと一緒にそのファンキーなテーマを歌いはじめたのである！　六〇年前後の都内のジャズ喫茶は、ほとんどハード・バップ一本槍で、ホレス・シルヴァーと共にケリーの新作も大変な熱気をもって迎えられていたのである。だから、ケリーのジャズは、僕の青春時代とかさなっていて、ある種のノスタルジックな思い出なくして論じられないのだ。

ウィントン・ケリーは、一回だけ来日している。一九六四年の第一回世界ジャズ祭、日比谷の野外音楽堂で、大きな期待をもって聴いたのだが、どうも気の抜けたようなプレイぶりでいったいどんな曲を演奏したのかも覚えていない。というのは、彼等の前に演奏したマイルス・クインテットのハンコック＝

カーター＝ウィリアムスの鮮烈なジャズの後では、気の抜けたビールみたいなものでがっかりしたからだが、当時ならば、ケリーのヴァーヴ盤で聴かれる「イッツ・オールライト！」、あるいは「アンディルーテッド」あたりからのレパートリーが入っていたと思われる。

レコードではなく、ケリーのピアノ・パフォーマンスの素晴らしさは、一九五九年、マイルス・コンボに入った頃の映像（ギル・エバンス・オーケストラとの共演）が残っていて、このケリーは、実にゴキゲンである。レコードではビル・エバンスが「ソー・ホワット」に参加しているものの、このケリーのピアノは、彼特有のおおらかなスイング感と、こみあげてくるようなフレーズの連続で、まさしく当代最高のピアニストであったことを証明している。それに気品があった。

ケリーの最高傑作とは

ひるがえって、ケリーの残したレコードを今日論じるとすれば、彼の最高作は、「ケリー・アット・ミッドナイト」、「ケリー・グレイト」、あるいは「ケリー・ブルー」ではなく、「枯葉」（ヴィージェイ）にあると思う。というのも、「ミッドナイト」は、ハイ状態のフィリー・ジョー・ジョーンズのドラムが少々オーバーだし、「ケリー・ブルー」の各人のアドリブも今となっては色褪せている。だが、「枯葉」は、今もって新鮮なのだ。これは、どうしたことだろうか。おそらく、マイルス・デイヴィスの音楽が、このトリオに大きな影響を与えていたと思う。チェンバース＆コブのリズムが、ケリーの最上の資質を豊かに浮上させたもので、ピアノ・トリオの名盤として誰にでも推奨出来る傑作であり、「降っても晴れても」や「ゴーン・ウィズ・ザ・ウィンド」に聴かれる小気味のいいフレーズと、はねかえるようなスイング感、「サッシー」の軽やかなブルース・フィーリングなど本当に楽しいプレイだ。

もうひとつ、『真夏の夜のジャズ』（バート・スターン監督、一九六〇）で、ダイナ・ワシントンのバックを担当しているのもケリーだが、残念なことにワン・ショットも彼の姿は出てこない。しかし、レコードとして「ニューポート58」（マーキュリー）が残っていて、特に「バック・ウォーター・ブルース」のバッキングにおけるケリーのピアノも、心ときめくスインギーな演奏である。実際、ケリーは、ディジー・ガレスピーのビッグバンドに参加した後、三年間、ダイナの歌伴奏者として働いている。六〇年中期の作品である「イッツ・オールライト！」や「アンディルーテッド」らは、ラムゼイ・ルイスの線をねらったロック・ジャズで、ハッピー・スタイルのものながら、どこか間のびしたピアノ・プレイで、かつてのひきしまったジャズが聴かれないが、それでも後年の「フル・ヴュウ」（マイルストーン）の「ホワット・ア・ディファレンス・ア・デイ・メイド」（これはむろんダイナの十八番）などは、ケリーらしい味のあるバラード・プレイが聴けるし、「オン・パワー・ツリー」（デルマーク）のケリーのオリジナル「キャステリアン・ワルツ」は、彼が西インド諸島出身の血をひくピアニストであることを示したカリビアン・ムードのプレイで、これなどケリーらしい快演に入ると思うが、ただし、エルトン・ジョンの曲やドアーズのヒット曲などは、感心出来るものではないし、ハンク・モブレーの入ったカルテットの二枚組（「インタープリテイションズ」Vee Jay）も往年のケリーたるパーソナリティがとどかない。

サイドメン参加作の絶品

サイドメンとしても、数々の名演を残している。やはり、五八年～六一年あたりまでのケリーのピアノは、何を聴いても素晴らしいのだが、ベスト・レコードをあげるとすれば、スタジオ録音ものでは、ブルー・ミッチェルの「ブルース・ムーズ」、ハンク・モブレーの「ソウル・ステーション」、キャノンボール・アダレイ名義の「イン・シカゴ」あたりが素晴らしく、この頃のケリーは、まさしく中堅ピアニストとしてナンバー・1ともいえるピアノ・ジャズを聴かせている。特に「イン・シカゴ」における「アラバマに降る星」と「ユー・アー・ア・ウィバー・オブ・ドリームス」におけるバラード・プレイのケリーの中に、最良にして心憎いまでのケリーのうたごころを聴くことが出来よう。ライブものとしてのきわめつけは、むろん、ウェス・モンゴメリーの「ハーフ・ノート」と「フル・ハウス」におけるケリーであろう。さらにマイルス・コンボにおける「ブラック・ホーク」のケリーも快調そのものだが、中でも心惹かれるのは、二枚目の「バイ・バイ・ブラックバード」が終り、店内の客が帰り仕たくをしている中で、一人ポツネンとケリーがピアノを弾いている、曲は「ラブ・アイ・ファウンド・ユー」。このワン・コーラスがたまらなくいい。ケリーのピアノ・タッチの美しさが出た、何か、いとしくなるようなピアノ・プレイで、このワン・コーラスを入れたレコード・プロデューサーに感謝したい。

いずれにしろ、ケリーは、わが国のファンに、ソニー・クラークと共に最も愛されたピアニストであったと思う。彼のクリーンなタッチによる明解なアドリブ、時としてウムをいわさず陽気にのりまくるケリーのピアノには、モダン・ジャズならではの魅力がいっぱいつまっていた。

ベスト・アルバムとしては、先にあげた「枯葉」「アット・ミッドナイト」、リバーサイド盤の「ウィスパー・ノット」を挙げておきたい。「ウィスパー・ノット」は、B面のドラムレスのトリオが素晴らしく、特に、オスカー・ブラウンJrの「ストロング・マン」は、ケリーの抒情的うたごころの出た佳演であろう。後年のものでは「フル・ヴュウ」がいいが、ケリーの場合、むしろ、サイドメンとして名をつらねたブルー・ミッチェル、ハンク・モブレー、キャノンボール・アダレイ、ウェス・モンゴメリーの作品の中に僕は、かぎりない愛着をもっているし、いずれも、それぞれの代表作にケリーのピアノが寄与したことも見逃せない。
ケリーは、一九七一年四月十二日、カナダのトロントで亡くなっている。わずか三十九歳の若さであった。

(「ジャズ批評」68号、一九九〇年)

エリス・ラーキンス
選びぬかれた一つ一つの音が創り出す豊かなピアノ・ジャズの世界

僕が最初に入手したヴォーカル・アルバムは、クリス・コナーの「バードランドの子守唄」であった。小さなモノラルの装置で毎晩、このアルバムを聴いていた貧しい学生時代を思い出すが、しだいにA面五曲目に入っているエリス・ラーキンスの歌伴の素晴らしさに魅せられていった。クリスのハスキーでモダンな唱法もよかったが、それにもましてエリス・ラーキンスのバッキングが、実にいいフィーリングを出している。それは歌伴の手本ともいうべき、完全にしてハイ・センスの技法に彩られた名伴奏である。

後にエラ・フィッツジェラルドの、ラーキンスとのデュオ・アルバム「シングス・イン・ア・メロー・ムード」(Decca／一九五四年)という名作があるのを知ることになるのだが、おそらくクリスは、エラのアルバムを聴いて、このラーキンスを起用したのであろう。スキャット・シンガー、大きくスイングするエラ・フィッツジェラルドに、しっとりした情感のこもったバラード・アルバムを製作した「メロー・ムード」のプロデューサーの着眼がこのアルバムを大成功にみちびいている。聴く度にエラのヴォーカリーズの豊かさが伝わってくるが、同時にエラの歌にぴったり寄り添って軽やかにピアノを弾くラーキンスの見事な伴奏にうなってしまう。まるで長年コンビを組んできたかのように、このデュオは、素晴らしい。

ラーキンスは、一九二三年、ボルティモアに生まれ、ジュリアード音楽院でクラシックを勉強している。四〇年代、自己のトリオでナイト・スポットに出演し、しだいに人気を得るようになり、エドモンド・ホールのグループでも働いている。ラーキンスは、クラシックの素養を身につけたピアニストながら、出てくる音は、きわめてジャジィで、彼のスタイルは、明らかにテディ・ウィルソン、あるいはエディ・ヘイウッドあたりの影響を受けていようが、その見事なタッチといい、カラフルな技法といい、ハンク・ジョーンズに通じるソフィスティケイテッドな味を持っているし、あるいは、彼のピアノ奏法は、白人のジミー・ロウルズ、デイヴ・マッケンナあたりと共通するセンスがあり、ラーキンスの歌伴におけるスタイルは、ジミー・ジョーンズやノーマン・シモンズあたりに受け継がれている。

近年では、一九八〇年に吹き込まれた男性ヴォーカリストのトニー・ミドルトンとのアルバム「スインギン・フォー・ハンプ」（Concord）にラーキンスがフィーチュアされていて、その健在ぶりを示している。ここではライオネル・ハンプトンのレパートリーを取り上げているのだが、われわれファンにはなじみのない曲ばかりで、親しみを欠いているものの、ラーキンスは、トリオでの演奏も行っていて、あのクリーンで、選び抜かれた一つ一つの音が豊かなピアノ・ジャズの世界を伝えている。

ラーキンスの代表作となれば、コルネットの名手ルビー・ブラフと組んだ「グランド・リユニオン」（Chiaroscuro）がある。これもスインギーな名演集といえようが、ラーキンスのアルバムで忘れがたいのは、おそらく五〇年代の吹き込みと思われる「マンハッタン・アット・ミッドナイト」（Decca）である。実は、このアルバムを二十年前に友人宅で聴かせてもらって以来、僕は二十年間探し求めているのである。どなたか僕に譲ってくれる人はいませんか。僕の記憶に間違いがなければ、「マンハッタン・セレナーデ」から始まり「マンハッタン」に終る、ややカクテル風のピアノ・アルバムで、「ストンピン・アット・ザ・サヴォイ」「ブルー・ルーム」といった名曲が入っていた。多分、バックに軽いブラス隊が入っていたように思う。まさにラーキンスならではの、シャれたシティ感覚あふれたアルバムであった。

ともあれ、ラーキンスのような名手が、この変動著しいジャズ界に生き残っていることは、われわれファンの心をなごませる。ラーキンスは、幸福なフィーリングで一貫したスタイルを持続してきた、ハッピー・ピアニストである。

ジョン・ルイス
貴族的な優雅さとたたえられるスタイル
独自のブルース・センス

ジョン・ルイスは、ニュー・メキシコ大学で人類学を専攻していたのはよく知られている。彼が育った町も、ほとんど黒人がいない町で、彼は学生時代、クラシックを学び、まったく人種的な差別のない環境で優雅に育ったといわれている。大学卒業後に軍隊でケニー・クラークと知り合い、ジャズの世界に入ったわけだが、思うに、ジョン・ルイスのその後の楽歴や音楽観に接してみても、黒人芸術に対する彼なりの主張とか思想といったものが感じられない。ルイスがジャズ史に登場するのは、ディジー・ガレスピーにアレンジを提供することから始まったようだが、ともかく当時のビ・バップ運動の抬頭期の中にあって——チャーリー・パーカーとの共演やガレスピー・バンドのピアニストをつとめていながら——ルイスの存在は、かなり特異なものであったろう。確かにルイスのジャズには、黒人らしいエモーションが希薄である。だが、それは、彼の育った環境が反映されているのではなく、彼自身が、最初から身につけていた、貴族的な優雅さだったのではなかろうか。それ故に、あのハードバップ全盛期に、極めてクールで室内楽的なＭＪＱを結成出来たのではなかろうか。

ルイスのピアノ・スタイルも、まさにアレンジャー・ピアニストとしての特徴を持つもので、饒舌でホリゾンタルなピアノ・スタイルが幅をきかしている時代に、ひどく簡潔でエコノミックなスタイルをつくりあげた。そして、このルイスの個性がわれわれファンの耳にこころよく響いたのである。ルイスの最良のピアノ・ソロも、MJQの五〇年代の作品の中にあると思う。

他方、彼がリーダーとなって制作されたレコードも、いうなればアナザーMJQともいうべき世界が展開されている。僕にとっても一番、親しいレコードは、「グランド・エンカウンター」(Pacific Jazz)である。このレコードが吹き込まれた一九五六年という年は、ハードバップ・ジャズの隆盛期であった。今となれば、この作品のデリケートで女性的な感覚は、反時代的な個性の美しさを輝かせている。ルイスは、レスター・ヤングと共演したこともあり、レスターが好きだったらしいが、このレコードにおけるビル・パーキンスのプレイは、まさしくレスターの魂が乗りうつったとしか思えない程、素晴らしいものである。

さらに「ジョン・ルイス・ピアノ」(Atlantic)が、ルイスのピアニストとしての最良の資質を浮上させた名作といえるだろう。このアルバム全体に流れる、貴族的な優雅さは、ルイスならではのもので、ジム・ホールとの呼吸も抜群である。その間、パリのジャズメンと組んだ「アフタヌーン・イン・パリス」(Atlantic)でのリラックスしたセッションも印象に残るし、「瞑想と逸脱の世界」(同)もトリオによる、正統派のアルバムとして代表作に挙げられよう。どのアルバムでも、彼のブルース演奏が、素晴らしい。ポツポツと雨だれのようにうたいあげるルイスのブルース・プレイは、たまらない情感を残す。

MJQを解散してからも、ソロ・ピアノ集やクラシック音楽をベースにした作品集などかなりのリーダー作を出しているが、中でもトリオによる「情景」(CBS)やフランク・ウェスやバイオリンのジョー・ケネディを入れた「カンサス・シティ・ブレイク」(Finesse)などが好ましい作品として記憶に残っている。

ただ、ルイスという個性的なピアニストのスタイルは、誰にも模倣されることがなかった。バド・パウエルやビル・エバンスのスタイルが、あれほど全世界のピアニストに影響を与えたことを考えると、まことに不思議な気もする。

ハンク・ジョーンズ

長く多彩なキャリアをもつ主流派ベテラン
軽快でしなやかなプレイが今映える

ハンク・ジョーンズは、七〇年代に入ってからにわかに脚光を浴びたピアニストで、それまでは(わが国において)、サヴォイ・レーベルのリーダー作、ドナルド・バードとジジ・グライスの双頭コンボでのピアニスト、あるいは弟サド・ジョーンズ=メル・ルイス・オーケストラの初代ピアニストといったレコードでしか紹介されていなかった。いうまでもなく、ハンク・ジョーンズは、四〇年代中期から後半の五二番街を中心とするバップ抬頭期にピアノの名手としての名をとどろかせていたし、チャーリー・パーカーのコンボでも働いていた。また、コールマン・ホーキンスやJATP、五〇年代はエラ・フィッツジェラルド、ベニー・グッドマン楽団のピアニストといった風にサイドメンとしては多彩なキャリアを誇りながら、一度としてモダン・エイジの主流ピアニストとして話題になったことがなかった。

七〇年代に入って、彼のモダニストとしての実力が一〇〇％開花したのは、グレイト・ジャズ・トリオ（以下GJT）、つまりトニー・ウィリアムスとロン・カーターと組んだ二枚のヴィレッジ・ヴァンガードの実況盤（イースト・ウインド）においてであった。その前に同じレーベルで「ハンキー・パンキー」という佳作を出した後、「ラブ・フォー・セール」の印象が強烈で、これは彼の代表作たる快演が収められている。特に「シークレット・ラブ」のトニー・ウィリアムスの驚嘆すべきシャープなドラム・ソロから始まるスイング感あふれるハンクのソロは、まさに心ときめく、胸おどる名演といえよう。ヴィレッジ・ヴァンガードの二作も、パーカーのバップ・ナンバーよりもクラウス・オガーマンの「フェイバース」、サラ・キャシーの「ウインド・フラワー」といったより現代的な旋律をもつ、ミディアム・テンポに乗ったハンクのアドリブ・ラインは、ため息をつきたくなるほど素晴らしい。

以後、サイドメンは変ってもGJTの名で何枚かのアルバムが作られ、七〇年代後半には、ハンク・ブームともいうべき現象が生れることになった。フュージョン・サウンドに食傷、あるいはタイナーやジャレットらの行きつくところまで行きついたピアノ技法の息苦しいスタイルに疑問を感じはじめていたファンに、ハンクのピアノこそジャズの本流であることを知らしめた点で、以上の三作は、ピアノ・トリオのアルバムとして最良のものである。

ハンクのレコードがなかった頃、日本で発売されたアルバムの中に「タレンテッド・タッチ」（Capitol）があった。一聴してカクテル・ピアノ風の軽い小品集である。だが、このレコードにこそハンクならではのピアノ・スタイルの美が記録されていると思う。ここに聴かれるように、ハンクのピアノは、あくまで軽い。重厚荘重であることを徹底してきらっているかのように、彼のピアノは軽快でしなやかである。そこにハンクの天才がある。また、僕の住む鹿児島での実況を収めた「ライブ・イン・ジャパン　一九七九年」（トリオ）がある。録音がよくないので多くのファンに推奨するのは避けたいが、ここではシェリー・マン、ジョージ・デュヴィヴィエというベテランとのトリオで「ブルー・ルー」「コットン・テイル」「クレイジー・リズム」といったスイング時代の曲が取り上げられている。彼の略歴をみると四〇年代中期は、アンディ・カークやビリー・エクスタインといったビッグバンドでも働いているわけで、ハンクのピアノの中には、どこかテディ・ウィルソンとエディ・

ヘイウッドのモダン化といったスタイルもうかがえる。つまり、バド・パウエルに発する他のバッパー・ピアニストと一味違うスタイルの名手である。

ＧＪＴ以後、ハンクの吹き込みは、ミューズ、ギャラクシー、コンコードとたて続けに行われ、ちょっと乱作気味ともいえるが、八〇年代に作られた中では「ザ・クラブ・ニューヨーカー」が素晴らしい。ウディ・アレンの『マンハッタン』（一九七九）〈音楽監督ディック・ハイマン〉にフィーチュアされているクラシック出身のルイス・エリーのバイオリンがいい味を出していて、ガーシュインの名曲が洒脱なセンスで料理されている。ハンクは、現存するピアニストの中でも長老格で、その輝かしい楽歴を見ても、彼のプレイの中に彼自身のジャズ歴が反映されていて、その〈古くて新しいジャズ〉は、大人のファンに豊かなフィーリングを伝える、滋味深い、貴重なものである。こういった名手は二度と出てこないであろうから、今後のハンクの活動に注目したい。

エロール・ガーナー

人気曲「ミスティ」の作者にして、豊饒かつハッピネスに彩られた無二のスタイル

エロール・ガーナーは、バップ最盛期にポピュラーな人気を得たピアニストで、四〇年代後半にはチャーリー・パーカーやワーデル・グレイのレコードにもフィーチュアされているように五二番街で育った人だが、まったくバド・パウエルの影響を受けず、独自のスタイルを一貫させ、そのハッピー・フィーリングで多くのファンを魅了して生涯を終えたピアニストであった。

彼の残したアルバムは、おそらく五十枚を超えるだろう。ガーナーの場合は、かならず代表作となれば「コンサート・バイ・ザ・シー」（Columbia）が挙げられる。むろん、この実況盤は、より多くのファンにジャズ界にガーナーありを知らしめた快演集であるが、彼の本当のピアノの真髄は晩年にあったと思う。彼は、長くコロムビアの専属であったし、自己レーベルでのレコードも出しているし、マーキュリー・レーベルには、ガーナーが作曲した「ミスティ」の入った好アルバムもなかったわけではない。また「キャンパス・コンサート」（ＭＧＭ　Ｅ―５３６／一九六四年）も彼の奔放なライブ・パフォーマンスを収めた傑作だった。だが、五〇年代の作品を今日の耳で聴くと、やや色褪せて聴こえる。というのも、彼のスタイルは、一貫しているので、マンネリズムとされ、大衆に迎合したとされるポピュラリティが、硬派のファンや批評家にソッポをむかれたきらいがあった。しかし、彼のスタイルこそ、ファッツ・ウォーラーとアール・ハインズの流れをくむ、おおらかにして豪快なハッピー・フィーリングに彩られた、大変に貴重な存在のものであったことは、後期のアルバムによって証明されよう。

日本でも発売された「フィーリング・イズ・ビリービング」（MPS）に入っている、ポップ・チューンの「スピニング・ホイール」を一聴されよ。まったく他のピアニストは足もとにも及ばぬ、ダイナミックなピアノが聴かれるし、スタンダード曲の「フォー・ワンス・イン・マイ・ライフ」の流麗なピアノ世界には陶然とさせられよう。「ジェミニ」（MPS／一九七二年）に入っている「ホエン・ア・ジプシー・メイクス・ヒズ・ヴァイオリン・クライ」における幻想的な旋律によるガーナー特有のピアノ世界は、映画なら、さしずめジョン・フォードの西部劇のワン・ショットに匹敵するような、何とも表現のしようのない豊饒なジャズが聴ける。この曲の後半は、ハープシコードで奏されるが、それが実にゴキゲンなのだ。

この二枚を聴けば、その辺のモダン派の凡百のピアニストたちの顔色を青くさせるだけのパワーを持つアルバムであることは明らかだ。さらにボブ・クランショウとグラディ・テイトと組んだ「マジシャン」、あるいは、ブラス隊のリフだけをバックにして豪快に弾きまくる「アップ・イン・エロールズ・ルーム」もなかなかの傑作である。

ワン&オンリーと謳われたガーナーのスタイルは、大らかな歌ごころをなくしつつあった時代に咲いた、奇蹟ともいえる大きな花であった。あの〝ビハインド・ザ・ビート〟に乗ってワン・コーラスごとに変化していくガーナー・スタイルは、大抵のピアニストなら、よくまねて、ガーナーに敬意を表したものであったが、模倣されるスタイリストは、いうまでもなく真のオリジナリティを備えている偉大な芸術家である。たしかに、わが国では、芥川賞的な、きまじめで、シリアスであるだけの才能が高く評価されているが、今、直木賞作家の方が、より豊かな作品を書いているように、ガーナーのピアノは、もっと聴かれるべきであろう。

わが国の菅野邦彦は、特に七〇年代、ガーナーに心酔していた。彼の影響をモロに受けながら、ガーナーのハッピー・フィーリングを受け継いで、スガチンのジャズは、今日なお健在である。おそらく、現存するピアニストの中で、スガチンこそ、ガーナーの息子といえる血を持つピアニストであろう。

タッド・ダメロン
バップ・エイジの傑出した作・編曲家
バーティカルなピアノ演奏も味わい深い

いうまでもなくタッド・ダメロンは、ビ・バップ・エイジに生きた最も傑出したアレンジャー並びにコンポーザーであった。彼のグループに去来した演奏家を挙げると、フレディ・ウェブスター、ファッツ・ナヴァロ、ハワード・マギー、ケニー・ドーハム、マイルス・デイヴィス、クリフォード・ブラウン、アレン・イーガー、ワーデル・グレイ、ジェームス・ムーディ、アーニー・

ヘンリー、ジジ・グライス、ベニー・ゴルソン、カイ・ウィンディング、あるいはケニー・クラーク、フィリー・ジョー・ジョーンズ、パーシー・ヒース、カーリー・ラッセルといったそうそうたる逸材を並べれば、ダメロンが、まさにバップ・エイジの中心人物であったことが理解されよう。つまり、若いバッパーたちは、彼のまわりに集まり、彼の意見や音楽観に耳を傾けていた。

　四〇年代初期、ダメロンは、バンド・アレンジの形態を学び、独自の研究を行った。変化和音、特に不愉快な音符を引張って魅力をつくり出す変化和音を用いる本道を外れた手法の価値を見出したとバリー・ウラノフは書いている。彼は、ジミー・ランスフォード、カウント・ベイシー、ビリー・エクスタインにスコアを書き、四〇年代後半のガレスピーのビッグバンドのアレンジを担っている。ダメロンの代表的な名曲といえる「イフ・ユー・クッド・シー・ミー・ナウ」を聴いても、美しいメロディラインと共に、一種表現出来ないようなグルーミーな翳りがあり、その翳りが曲全体をカラフルにしている。例えば「グッド・ベイト」「アワ・デライト」といったバップ色の強い曲の中にも、ある優しいフィーリングが流れている。

　さて、ここでは、あくまでピアニストとしてのダメロンの力倆についてということになるが、これまた、独自のスタイルのもので、アレンジャーらしい、バーティカル（垂直的トッ弁）で、ポッ、ポッと音をさぐるような、それでいて一瞬に変化するピアノ技法は、当時のバド・パウエルを中心とするめくるめく激情的なスタイルに反して、大変味がある。おそらく、ダメロンのピアノは、各人の最良のソロを引き出すべく、曲全体をイメージ化した、あくまでハーモニックなものであった。そういったダメロンのピアノ・ソロは、レコードとしては、若きコルトレーンと組んだ「メイティング・コール」（プレスティッジ）と、一九四九年、マイルスと共にパリに同行したセッション「パリ・フェスティバル・インターナショナル」（CBS）で聴くことが出来る。後者におけるダメロンのソロは、貴重な記録といえよう。

　個人的な好みをいえば、ダメロンのソロで親しんだのは、クリフォード・ブラウンを入れた五三年のアルバム「クリフォード・ブラウン・メモリアル」である。特に「ダイアル・B・フォー・ビューティ」に聴けるハーモニックで変化に富むダメロンのピアノは、息を呑むほど美しい。また、ロイアル・ルーストにおける実況盤「クラシック・オブ・モダン・ジャズ〜ファッツ・ナバロ」ではダメロンが通常弾いていた味のあるピアノ・スタイルが随所に聴ける。この二枚を代表作に推すことにする。

渋谷毅

澄みきった美しさをもつ

現在、渋谷毅は、八人編成のコンボをひきいて都内のライヴ店でプレイしている。メンバーは、峰厚介（ss、ts）、林栄一（as）、松風鉱一（各種リード）、松本治（tb）、石渡明広（g）、川端民生（b）、古澤良治郎（ds）で、今日のメンバーとはちがうが昨年自主レーベルによる「渋谷毅オーケストラ・ライヴ一九八九年」を出してかなりの注目を集めた（くしくもこのアルバムは、武田和命のラスト・プレイをとらえたものになった）。

渋谷毅に関心のあるファンは、このオーケストラを持続して聴くべきだろう。彼自身の作曲したものはなく、ほとんどサイドメンのオリジナル曲で渋谷のソロも少ないのだが、ここには渋谷毅という作編曲にも優れた才能をもつ音楽家が、自己主張をあまりせずに、いつも自分と距離をおいたある種の〝ズレ〟を楽しみながら、サウンド全体に目くばせしている姿を目にすることが出来よう。その〝ズレ〟が、渋谷の〝ワザ〟でもあるのだが、このバンドを楽しむには、ファンの資質が問われることになる。また近く、酒井俊とのレコーディング（東芝ＥＭＩ）も決定したようなので、これも渋谷毅とのコラボレーションぶりが楽しみだ。

あちこちで周辺のファンに断言しているので、あらためて声高にいいたくはないが、今日の渋やんのジャズは、怠惰で単に饒舌なジャズが氾濫している中にあって、澄みきった美しさをもつ、最も光った存在なのだ。

私と渋やんの交流も二十五年に及んでいる。彼のジャズと出会い、その貴族的ともいうべきピアノ美に感動を受けた後、幸いにも彼の処女作「ドリーム」（トリオ・レコード／廃盤）をプロデュースするチャンスにめぐまれた。さらに第二作「クックノート」（こちらはＣＤ化されている）も私の手による作品だが、少なくとも七五年当時は、彼自身、プロのジャズ・ミュージシャンになろうとは思っていなかったようだ。だが、第二作を出した頃からポツポツ仕事をするようになった。そして、かつてのモンクのようにゆっくり歩みながら、自分の音楽を開花させようとしているのが、今日の渋やんだ。アケタズ・ディスクから出たソロ・ピアノ集「渋やん！」も彼のピアニストとしての最良の資質をひき出した傑作だ。

菊地雅章

七〇年前後の傑出した活動の後、重要な論文を残して日本を去った

菊地雅章について書こうとすると、気が重くなる。七〇年前後の菊地の活動は、実に輝くべきもので、当時のジャズ・ファンなら、誰でも彼の作曲した「ダンシング・ミスト」や「イエ

ロー・カーカス・イン・ザ・ブルー」といった曲を知っていることだろう。実際、この時の2ドラムス、2ピアノという特異な編成によるグループを、私たちファン・クラブは二回も招演しているのである。プーさんの愛称で親しまれる彼は、最も親しいジャズ仲間であり、彼のグループは、渡辺貞夫、日野皓正に匹敵する人気を誇っていた。

彼のピアノ・プレイは、何回も目撃している。うなり声をあげながら、スイングする菊地のピアノは、とても抒情的で美しいものであった。菊地＝日野クインテットが結成されて、半年もしないうちに、私たちは九州五か所でこのグループの公演を行なっている。その時のスリリングなプレイは忘れがたいが、いずれの作も当時のマイルス・グループ以上に変化に富んだ難曲であった。ゲイリー・ピーコックとの「イーストワード」というアルバムもあった。ところが、菊地セクステットによる「再確認そして発展」及び「POO-SUN」というアルバムを出したあたりから、彼は、単にジャズ・ピアニストであることを止め、七二年には日本を捨ててアメリカに渡った。その「再確認そして発展」の中には菊地自身の大論文が附録として付いている。そこには、何故、音楽を演奏するのか、延々とたぶん二百枚を超える文章がのり、その扉には〝……音楽することの悲愴感などすてるべきだ。音楽するのに本当の意味での歓びをみいだすべきだ。そして己の為した音楽の自己弁護的な分析又はそれを基盤として思考を発展させることによって音楽から逃避することはやめよう……〟といったマニフェストめいた宣言がなされている。おそらく、何故自分が表現者であるかを問いつめた、ジャズ側の生んだ、とてつもなく重要な論文であろう。その後、ニューヨークにあってスタジオを創り、そこでエレクトロニクスを導入した、さまざまな実験を行なっているとも聞いたし、八〇年代に入って「ススト」、「ワン・ウェイ・トラヴェラー」といった異色作も出ているが、私のごとき凡庸の徒には理解出来る作品ではなかった。昨年、何枚かのアルバムを出し、久しぶりに日本で演奏しているが、それは聴いていない。結局、ピアノ・ソロ集（パン・ミュージック／NEC）を聴いたが、ここには音楽家としての歓びが全的に表現されているのかどうか、美しいアルバムだが、今ひとつ私の心を響かせてくれない。

菊地の沈黙と長い演奏停止には、何かしら近よりがたいある種の不安を覚える。ただ、私は、単に地方に住む一ファンとして菊地にいえることは、お願いだから、単に一人のピアニストとして、至るところで自由にピアノを弾いて下さいということ、そして天空から地上におりてきて下さいということだけだ。

彼は、渋谷毅と同じ東京芸大附属高校で学び、同時にジャズを発見して、ジャズをプレイするようになった。この二人のジャズ歴を追ってみるだけでも、二人の運命の不思議さに、私は、何となくうろたえるのだ。

本田竹広

日本人には稀れなファンキー・センス
オーソドックス、フュージョン共に快演

本田竹広（曠）の最近作「バック・オン・マイ・フィンガーズ」は、オーソドックスなピアノ・トリオで、おそらく今年最高のアルバムとなるだろう。世界的レベルからいってもズバ抜けた一作で、本田のピアノは、相変わらず、大きくスイングしている。彼は、日本人にはまれにみるファンキーなフィーリングを身につけたピアニストであり、ピアノを弾きはじめた時からスターになるパワー、要素を備えた人物である。

一九七五年、私は、当時、渡辺貞夫カルテットのメンバーであった彼とスイスのモントルー・ジャズ祭に同行した。ナベさんのグループが出演したのは、四日目だったと思うが、その夜は、ちょうど土曜日で観客の中にはイタリアの労働者らしい若者が多く入場していた。ナベさんのプレイが始まると、近くにいた団体の中の一人が〝あのピアニストは何という名前か〟とききにきた。その男は、次の瞬間、〝ホンダ！〟と大声で声援を送っているではないか。ともかく、彼のプレイは、初めてのファンを魅了するパワーを持っている。私が彼のプレイを初めて聴いたのは、地元のジャズ喫茶店で、一九六九年のことである。当時、本田はトリオ・レコードと専属契約を結び、七枚のアルバムを出したと思うが、中でも処女作の「本田竹広の魅力」〔「竹彦」は以前の芸名〕と「ジス・イズ・ホンダ」が印象に残っているし、いずれも、わが国のピアノ史上に残る傑作といえるだろう。レジー・ワークマンが参加した「浄土」の中に「セカンド・カントリー」というナンバーが入っているが、これは当時、本田にイカれ、彼を二十六回も別府に招演した得丸泰蔵君に捧げられた曲でもある。フュージョン時代に入ってネイティヴ・サンを結成するが、彼は、本来、ソウルやブルースも大好きで、ネイティヴ・サンは好評をもって迎えられた。中でもニューヨーク録音の「イッツ・グレイト・アウトサイド」が実に素晴らしく、このタイトル曲におけるコーネル・デュプリーと増尾好秋のギター・ソロが光っている。このナンバーそのものがファンタスティックなのだ。このアルバムは、七〇年代フュージョン・レコードではピカ一の傑作といえるだろう。

JAZZ ESSAY
西村昭夫のカムバック

当地における八三年度の幕開きセッションは、現在四国松山に住む西村昭夫のカルテットであった（一月十五日）。西村昭夫は、六〇年代中期から後半、不遇な時代の中にあって、かなりの活動を行ったテナー奏者であったが、スイングジャーナル誌の人名辞典にももれているように七〇年代中期にはポツリ

と消息をたってしまった。しかし、私達にとって六〇年代後半、沖至と鹿児島で行なったセッションとか、七〇年であったか別府のキャバレーで一年間働いたその帰りか何かで鹿児島でプレイしてくれた演奏などいまだに強い印象が残っているし、その後シャープス・アンド・フラッツで二年間働いている。

当時（六六～六九年）、コルトレーンの影響をモロに受けたテナー奏者として彼は西村コルトレーンと呼ばれていたし、武田和命も武田コルトレーンといわれていたが、西村昭夫の場合は、モロ・コルトレーンといったところがあり、あのシーツ・オブ・サウンドのコルトレーン奏法をそのままコピーといっていいくらい自分のものにしてすべてをコルトレーンにささげているという感じであった。

約十年ぶりの西村昭夫は、第一部で〝インプレッション〟〝夜は千の目を持つ〟等のコルトレーン・ナンバーを演奏した。いまだに西村コルトレーンである。第二部では〝ボディ・アンド・ソウル〟でややイリノイ・ジャケー風のバラードを聴かせたが、ラストの〝ビリーズ・バウンス〟ではテナー・サックス・ジャズの真髄というべきブローにつぐブローで迫り三〇名の聴衆にホットなジャズ・スピリットをたっぷり堪能させた。リズム・セクションの吉岡英雄（b）岡田純二（ds）栗田敬子（p）は、リズムの張りと粘りという点で今一歩であったが、地方都市というハンデを考えれば水準の高いもので、とりわけジャズを始めて二年という栗田敬子のピアノは大きくスイングしていただけにこれからも期待出来るだろう。あの過激な六〇年代を生き抜いたジャズ・プレイヤーには抗しがたい魅力がある。西村昭夫は信じられぬくらいのやさしさを持つテナー奏者である。彼自身二年くらい前からポツポツ吹きはじめ今少し自信を取り戻しつつありますと言葉少なに語ってくれた。

日々の実践活動こそ重視すべきだ
日本ジャズ賞の選定に疑問

毎年一月末から二月にかけて発表される「スイングジャーナル」と「キネマ旬報」のベスト・テン特集を読むのが楽しみである。もっとも、ジャズの方は新作を聴かなくなったので、ほう、こんな作品がベストに入ったのかという感想を持つだけになったが、ただ日本のベスト・ワンが、またも富樫雅彦の「スピリチュアル・モーメント」に決まったことについては少し異議ありだ。

富樫は、このような一発勝負のセッションには天才的なインスピレーションを見せる人だし、作品も悪くないと思うが、日本ジャズ賞の対象にする必要はないのではないか。私なら、菊地雅章、高瀬アキ、今田勝の作品も除外したい。外国人との共演がよくないというのではなくて、このような特別セッションが、いつも上位に入るのであれば、日本ジャズ賞を設置した意味がない。これらの作品は、綜合のものに入れてよい。いい作品がなかったとなれば、それまでのことだが、日本の各々のジャズ・グループが日々演奏しているステージ、ライブ・スポットを記録した作品を重視すべきではないか。個人の力量というよりは、その演奏家のグループ表現と実践活動のみが作品に反映されるべきであろう。要するに、絵画などでも展覧会用に構成された大作は、人目につきやすいし、華やかに見えるものだが、その人の個性が自然に表現されていないから時の話題作にしかならない場合が多い。地味であってもその年のレギュラー・グループによるジャズ活動を見るべきだと思う。私のベスト・スリーは、森山威男「マイ・ディア」、中村誠一「ふれんちDANCER」、伊藤君子「バードランド」ということになった。

さて、映画の方も、日本映画は未見のものが多く、外国映画も岩波ホールなどでやっている芸術作品はこちらでは見ることが出来ないのだが『カリフォルニア・ドールズ』(ロバート・アルドリッチ監督、一九八一)、『愛と青春の旅だち』(テイラー・ハックフォード監督、一九八二)、『ファイヤーフォックス』(クリント・イーストウッド監督、一九八二)に『フランス軍中尉の女』(カレル・ライス監督、一九八一)、『炎のランナー』(ヒュー・ハドソン監督、一九八一)、『告白』(ウール・グロスバード監督、一九八一)、『白いドレスの女』(ローレンス・カスダン監督、一九八一)など楽しめる作品が多かった。

マキシン・サリヴァンのヴォーカルを……

大分の城島ジャズ祭のプランナーである得丸泰蔵君より久々に電話があった。今年の城島国際ジャズ・フェスティバルは、日本ジャズメンを七、海外を三の割合で、土、日の二日間行うとのことである。昨年のジャズ祭は、実に豪華なものであったが、日本のジャズ・グループを優先することで当初の基本路線に帰って準備を進めているわけで、それでいいと思う。

僕としては、来年でもいいから何とかして来日して欲しいヴォーカリストが一人いるのでその旨を得丸君に伝えた。そのヴォーカリストとは、マキシン・サリヴァンである。彼女は一九一一年の生れであるから当年七十二歳。とすれば、ここ二、三年のうちにこそ来日を可能にして欲しい。むろんバックはワールド・グレイテスト・ジャズ・バンドで。マキシン・サリヴァンこそモダン・エイジ以前の、現存する最高の歌手ではあるまいか。現在、廃盤になっているがボブ・ウィルバーとの「クローズ・アズ・ペイジス・イン・ア・ブック」などはいつ聴いてもホレボレする最高のアルバムであったし、古いところでは昨年出たRCAのシンガー・コレクションの「セントルイス・ブルース」、レナード・フェザー監修によるアンディ・ラザフの作詞による曲だけを歌ったレコードやファット・キャット・レーベルの「クィーン・オブ・ソング」にホーギー・カーマイケルの作品集(マンモス・エバーグリーン)など、七〇年代に入ってからの快唱もあるので、充分に期待出来る。「ワン・ハンドレッド・イヤーズ・フロム・トゥデイ」「スカイラーク」「スポージン」といった曲を目前で聴けることは、ヴォーカル・ファンの夢ではないだろうか。大ヒットの「ロッホ・ローモンド」にも期待しよう。

レスター・ヤングのレコードが売れている⁉

東京でも五月七日、六本木のクラブで拙著「土曜日のジャズ日曜日のシネマ」の出版パーティをかつての早大映研の仲間たち、高校時代の同級生在京組が世話人になって催してくれた。油井正一さんをはじめとするジャズ評論家の皆さん、ナベさん（渡辺貞夫）、八城一夫さん、宮沢昭さんなどのミュージシャンも参加して下さったし、二〇年ぶりに再会出来た映研時代の後輩たちとの二次会、三次会が楽しかった。鹿児島から出てきたからということで祝いにかけつけて下さった、心やさしきシネマとジャズの仲間たちに厚くお礼を！

鹿児島に帰ってきて、若干の反省をこめて考えると、どうもこの一ケ月ピエロを演じているような気もしないでもない。東京の方々は、純粋に本のことを話題にしてくれるが、こちらのジャーナリストは、あくまでも実業家でありながら、このような本を出した人としか評価してくれないわけで具体的な批判なり、内容については今のところ何の反響もない。それにしても、東京では、八城さんが開口一番「中山君、あの本、オレにはむつかしいところが多いんだけど、考えるにミュージシャンもファンも馬鹿なこと言っている割に、本当のところジーマ（真面目）なんだよな」には笑ったな。小川俊彦さんは「本を一冊出すことでこんなパーティが出来るというのは、中山さんの本当の財産だよ」と言って下さった。

帰ってきて私が関係しているレコード屋に顔を出すと、アラジンのレスター・ヤングを各十枚取寄せたら一週間で売れたという。同時発売のソニー・クリスも売れているとのこと。十年前には考えられない現象で、単純に当地のジャズ・ファンの成熟だと大評価したいのだが、どうも心の底にひっかかるものがある。今日、レスター・ヤングのレコードを聴いているファンは、現代のジャズをどう受取っているのだろうか。今日のジャズに不感症になってしまうのも困るという気がしないでもない。というのも私自身の中に今日のレコードに対してサジを投げたい気持があるからだ。

ジャズの文献をめぐって

ジョン・ハモンドの自伝（スイングジャーナル社）を読み終ったところだ。ベイシー、ホリデイ、クリスチャンを発掘するエピソードは、すでによく知られているが、ハモンドは、多彩な活動をしてきたプロデューサーだけに意外な人物との交流もあった。例えば、一九四〇年代後半、マッカーシズムにまきこまれて（ハモンド自身も査問を受けている）イギリスに渡った映画監督のジョゼフ・ロージーとも演劇を通しての友人であった。

ロージーは、特に六〇年代、イギリスで何本も傑作を創った異色の作家で、ジャズ・ファンにとっては忘れがたい『エヴァの匂い』（一九六二）でビリー・ホリデイをバックに使ってすばらしい映像を見せてくれた。彼自身、何かのインタヴューでジャズメンを主人公にした映画を撮りたいと語っていたと記憶するが、ロージーがジャズに関心を持っているのもハモンドとの交流があったからかも知れない。

マックス・ゴードンの自伝にも四〇年代のグリニッチ・ヴィレッジでの若き芸人たちの興味深いエピソードが出てくるが、中でも五〇年代、ハリウッドのシネ・ミュージカルの傑作に参加しているアドルフ・グリーンとベティ・コムデンのコンビもゴードンの店でデビューしているし、映画監督のニコラス・レイも常連であったらしい。

近年、わが国でもジャズの文献が紹介されるようになったが、翻訳するには難しいといわれているメズ・メズロウやエディ・コンドン、アーティ・ショウ、ディジー・ガレスピーなどの自伝も出版して欲しいものだ。十年くらい前に油井正一さんが紹介しているが、マーシャル・スターンズやユーグ・パナシェ、さらにヘントフとマッカーシーの共編による十二人の批評家の評論集やガンサーシュラーのトラッド・ジャズの研究書、ロス・ラッセルのカンサス・シティ・ジャズの著作なども翻訳されることに期待したい。ラッセルの本などはスタンリー・ダンスの「カウント・ベイシー」と併用して読めば、より興味深いジャズの様相が浮上してくるだろう。

色川武大さんとの楽しき三日間

作家の色川武大さんがこちらにお見えになった（七月七日）。鹿児島は十五年ぶりとのこと。色川さんとは六本木や四谷のジャズ・クラブで数度お目にかかって話をかわした程度の知り合いなのだが、どうやら週刊現代連載の取材を兼ねての来鹿であったらしい。三日間、私の店に遊びに来られたので仲間とつるんで遊び、その間、枕崎の坊津町に出掛けられたのみで、東京と変らないジャズ仲間との気安い雑談に参加してもらった。こういった魅力ある作家と気軽に出会えるというのもジャズがあればこそで、その上、色川さんは映画の方もくわしいので戦後の映画のことなど話が出来てとてもうれしい三日間であった。私は、現在「レコード・コレクターズ」に連載中の〈命から二番目に好きな歌〉を愛読している。ここにはアメリカのエンタテイナー芸をかぎりなく愛する色川さん独自のジャズ観が出ているので話の飛躍ぶりを大いに楽しんでいるのだが、私の店では西代宗良のレコードなど聴かれたりした。

色川さんには「怪しい来客簿」という短篇集があって、その中にも芸人の話が実に巧みに書かれていて感銘を受けたが、阿佐田哲也名義の「麻雀放浪記」は、まぎれもなく戦後の生んだ最高の大衆小説で、ロー・アングルでとらえられたアウトローたちの百鬼夜行の描写は抜群のものであった。もし私に筆力があれば、この小説をなぞって一九四〇年前後のニューヨークを中心とするビ・バップ物語を書くのだが。というのも、この小説には自分以外の何ものをも信ぜずどんな身代りも許されない人間達の世界が絶妙の筆致で書かれていて、そこに一種のブルース感覚があるからだ。レスター・ヤングが出目徳であったり、ドサ健がチャーリー・パーカーであるような物語を私は夢みているのである。

色川さんの文学にはジャズ・ファンでなければ書けないフレーズがあると思う。

さて、これから夏本番、今年は下関と宮崎に参加する。次号はその報告でも……。

ジャズを主題にした大衆小説が生れつつある

最近のアメリカ・ハードボイルド派の小説にはジャズがうまく使われている。ロジャー・L・サイモンの「大いなる賭け」は、探偵モウゼス・ワインの、かつての学生時代の恋人の死からスタートするが、彼女はチャーリー・パーカーのファンで〝コンファメーション〟のアドリブ・パートを空んじていたといった六〇年代の風潮が描きこまれていたし、ピート・ハミルの「マンハッタン・ブルース」の探偵もパーカー・ファンである。ロバート・B・パーカーのスペンサー探偵もカーメン・マクレーやジョニー・ハートマンのファンで、ラジオからロリンズなど流れてくると喜んだりする。

栗本薫という女性作家のものは、テレビ界を舞台にした処女作らしいミステリーを読んだ記憶があるが、その後、いろんなジャンルの小説に挑戦している。近作の「キャバレー」（角川書店）は、十九歳のサックス吹きとヤクザの幹部との交流をジャズ音楽を通して描いた興味深い作品である。

現在のキャバレーでリアルなジャズ演奏をすることの出来るところがあるかどうかは別にしても、ジャズと対決する青年の心情はうまく描かれている。この小説では、何の教養もない人殺しのヤクザがジャズに魅かれていく過程で、ジャズとは何かを著者なりの知識と感覚で問いながら描いてゆくのだが、シマをめぐるヤクザ同士の抗争に青年の恋愛がからむクライマックスにはもう一工夫欲しかったように思う。出来としては五木寛之のものには若干おとるにしても、ジャズ音楽を小説の中心（テーマ）にした久々の快作といえるだろう。一方、「ジャズ水滸伝」というSFジャズ小説でスタートした今野敏も書き下し「海神の戦士」（徳間書店）を発表している。今野は栗本以上にジャズの世界を知っていると思うが、マイアミのジャズ祭におけるクライマックスは、それこそスピルバーグの映画にも出てきそうにない荒唐無稽なもので、劇画風のストーリーには、ついてゆけなかったけれども、大衆小説の中にジャズ音楽がこのように取上げられるようになったことは、ジャズ側にとっては興味深い現象といえるだろう。

あくまでも日本のジャズと日本の風土の上に立ってジャズのことを考えたい

日本のジャーナリズムというのは、いつもメインになる大きな選択基準を作っておいて、それを中心にして取上げる傾向があるように思う。ジャズ・スタイルも多様化し、価値観も変化しつつある今日、相も変わらぬ、安易な標準でくくられるジャズというものに対して疑問を拭いきれない。今、マイルス・デイヴィスがどんな発言をしようとウェザー・リポートのスタイルがどんなに変化しようと僕には何の関心も起らない。関心があれば近作のレコードを一回聴けばそれですむ。僕が言いたいのは、今、何故ジャズなのかを自分達の生活環境や日本の風土精神の上に立って考えてみようじゃないかということである。一方では、海外のレコード会社の倉庫を荒し、新発掘といって別テイクのレコードを出して嬉々としている批評家もいるが、彼の好奇心、情熱というより彼自身の商売の為にやっているとしか思えない。

僕がジャズを聴きはじめた一九六〇年代には、東京都内といえどもライブの店は少なかった。その頃に比べると驚くほど多くのライブの店が生れプレイヤーも増え、スタイルも多様になってきたが、日本のジャズメンの行動や日々の活動はほとんど無視されている。アメリカのジャズメンの話題や大物ジャズメンの動向に対しては無関心であっても、日本のジャズメンがどんな環境で、どんな音楽的要求を持ち、どんな不満を持っているのか、といったことの方が僕には重要なことのように思える。少なくとも日本のジャズが好きになり、今日に至るまでジャズが生活の一部になっているファンにとってそうであるのがあたりまえではないかとも思う。彼等の演奏が、海外のジャズメンに比べて貧しかろうと、注目されるレコードがなかろうと、ピット・インならピット・インで何が起っているのかを特に地方のファンは知りたいのだ。

本誌に勝手気ままなエッセイを何回か書いてきたけれども、まずは自分の足下で演奏されているジャズを取上げてもらって、日本のジャズが、僕等の生活環境の中で、どんな風に楽しまれ、日々の演奏活動が、どんな風になされているのか、具体的なドキュメントが本誌をふくめてジャズ・ジャーナリズムには今一番必要ではないのか、ということを提案してこのコラムを閉じることにする。

（「JAZZworld」一九八五年一月、株式会社ジャズワールド）

二〇〇一年CDによる再発「ドリーム」渋谷毅

ライナーノーツ

処女作「ドリーム」が制作された七〇年代中頃を回想して渋谷毅は〝まるで夢のような時代だった〟と語る。

渋谷毅のピアノに接したのは、今から三十四年も前のことだが、今でも驚くくらいその時の演奏を覚えている。当時、私の家には、アップライトのピアノがあって、そこで地元のドラマーとベーシストに来てもらい、八人ほどのファンが渋谷を囲んだ。手さぐるようにポツポツとピアノを弾く彼のかぼそい音、それに指も思うように動かない。だけれどもそこに展開された音は純然たる美しさをもつもので、まさにその時に私は、渋谷毅という才能豊かなピアニストを発見したのだ。当時は、地方に住むファンにとって生の演奏に接する機会があまりなかったのだが、それでも私は、八木正生、八城一夫、世良譲らのピアノを直接聴いていた。渋谷のピアノは、不安定でプロ意識に欠けるものであっても、誰のスタイルにもない最良の才能があると私は、直感した。

特にいつまでも耳に残っていたのが、エリントンが演奏しているという〝ジプシー・ラブ・ソング〟とワルツ・ナンバー〝ソルジャー・イン・ザ・レイン〟でその美しさに淘然となった。くしくも前者は、ソロ集「渋やん！」（アケタズ・ディスク）、後者は「クックノート」に収録されることになった。一九六七年の秋の頃である。

それから渋谷との交流が始まるが、六〇年代後半は、いづみたくの主宰する〈オールスタッフ〉で歌謡曲を書いたり、コマーシャルなどの仕事をこなしていたが、七〇年代始め頃は、独立していたと思う。私と渋谷というより、彼と私たち鹿児島のファンとの交流は、七〇年代に入ってより密接なものになったが、この辺のことは最初のライナーノートにくわしく書いているので省略する。渋谷が、シリアスにジャズを追求していたのは、芸大に入った年、六三年〜六六年までのことで、ジョージ川口、沢田駿吾あるいはウエストライナーズというトップ・グループでも働いていたから、彼の才能は、ジャズメン仲間の間では、けっこう認められていたということになる。

私の方もジャズ狂いがこうじて一九七四年の十一月に「パノニカ」をスタートさせることになった。店を発足させると同時にチャンスがあれば渋谷のジャズをレコード化したいと考えていたが、幸いにも菅野邦彦の九州でのライヴを収録した「LIVE!」（トリオ・レコード）が海賊版に近い録音ながら予想以上の売れ行きを示した（七四年）。当時のトリオの制作部長であった大熊隆文氏が〝ボーナスとして中山さんがつくりたいレコードを作ってください〟という声がかかって七五年の六月に渋谷毅の処女作が、私の店「パノニカ」で録音されることになった。

ところが当時、渋谷はジャズのプロになることをあきらめていてジャズは遊びでやるのがベストと考えていたようだ。選曲は、あらかじめ決めていたにもかかわらず、それも五〇分ずつ三ステージ録音したにもかかわらず、テープを聴いてみると一枚のレコードにならない。〝これではダメだ〟と、さらに十二月十四日にドラマーを変えて再録音することになった。

私の方は、渋谷毅というピアニストの才能の片鱗を記録すればいいと考えていたし、少々の不満が残ったにしても、これは私たちと渋谷を結ぶ友情が生んだ、ごくプライベートな一枚で、世に問うべき何のメッセージもないアルバムであっていいと思っていた。

私と渋谷は、二人で相談して、トリオ・レコードからいただいたお金は、全部使ってしまいましょうというわけで、レコード発売パーティは、西新宿にあった品川亭という小料理店に仲間を集めて昼すぎからの宴会を行った。三上寛、行田よしお、中平穂積、中村とうようなどが顔を出し、後半は、無名時代のタモリが宴会を大いに盛り上げた。

中村とうようが週刊誌に書いたディスク評を引用しておこう。「わが飲み友達であるピアニスト渋谷毅がやっとLPを出した。『ドリーム』。芸術家ぶらず無欲恬淡、心のおくままに弾いている。近来まれなレコードだ。江戸っ子なのに録音から解説やジャケットまで鹿児島制作というのも変っている」

渋谷は、当時、麻布十番のアパートを借りていて、ライブ活動と言えば、青山にあった「ロブロイ」に週一回出演していたくらいだったが、この店にはほとんど毎晩顔を出していたと思う。まさしく、当時の渋谷は、恬淡、しごくあっさりしていて、無欲であり、私たちは自由な時間を楽しんでいた。二人であの時代のことに話がおよぶと〝まるで夢のようだった〟ということになる。

ともかくも、〝プレリュード・トゥ・ア・キス〟一曲だけでも、このレコードは、作るに値したと信じてきたが、以後、渋谷は、少しずつジャズの世界に歩を踏み出していくことになる。そして、やがて、八人編成のオーケストラを結成し、一昨年「エセンシャル・エリントン」によって日本ジャズ賞を獲得することになる。そして私は、昨年、「パノニカ」を閉店させた。むろん、ラストライブには、渋谷が参加してくれた。二五年の間に渋谷はパノニカに四〇回くらい出演している。

収録曲でプレイしているドラマーの植松良高（四九年東京生れ）は、当時、菅野邦彦、藤家虹二のグループなどで活躍していて、渋谷の事務所の近くに住んでいたこともあってレコーディングに参加した。八〇年代はアメリカのレストラン・バンドのリーダーとして働いていたが、最近日本に帰ってきてライブ活動を行っている。

ドラムスを担っているもう一人の浜島純昭（一九四四年鹿児島生れ）は、生粋の薩摩隼人で、このレコーディングの後、長崎の〝思案橋ブルース〟で有名なコロラティーノに在団していたが、その後鹿児島市のダンスホールで働きながら、私達のジャズ・セッションにはよく参加して、熱いドラミングを聴かせてくれた。十年ほど前に肺ガンで亡くなったが、忘れがたい好漢であった。

ベースの松元龍宏（一九四六年生れ）は、六〇年代後半、上京して杉浦良三、豊住芳三郎、渡辺辰郎といった名手のサイドメンとして働いていたし、渋谷とは二〇才の時出会いジャズのことを教えてもらったという。渋谷も、一目おく実力を有するベーシストで鹿児島へやってくるジャズ人たちは、異口同音、彼のプレイを絶賛する。最近は、当地のクラブで活動を続けている。

表紙は、私の友人である岩下壮一の手によるもの。録音も当時アマチュア録音会のリーダー格であった川原哲郎が行っている。

二〇〇一年八月記

森剣治というリード奏者の独創性

今回のテディ金城さんの全国ツアーには、森剣治というマルチ・リード奏者をフィーチャーすることになったわけだが、この企画はタイムリーで、われわれファンにとってもこの上なくうれしいことだ。少数のファンの耳には森剣治が、昨年二月から三月、当地に四〇日間も滞在し、毎週金曜日パノニカで、テディさんと素晴らしいライブを繰りひろげたことは、記憶に生々しく残っておられることだろう。

私が彼に出会ったのは、もう二十七、八年も前のことで彼が二十二、三歳の頃であった。彼は、金井英人とキングス・ロアーというビッグ・バンドのメンバーで来鹿し、アフターアワーズのセッションを聴いたのだが、その時から、ズバ抜けたプレイを聴かせていて、数か月後に来鹿した渡辺貞夫も〝彼はいいプレイヤーになる〟と注目しているくらいの実力を持っていた。以後、名古屋で何回も会っているものの、彼のプレイを目前でたくさん聴いたわけではない。ただ、いつも気になるジャズメンで、私たちの主催した第一回の正月ジャズ祭（一九八五年）に来鹿してもらっている。

森剣治は、人間的にも実に面白く、いろんな分野に首をつっこみ、その上に知識も豊かな人だが、次の二つのことにおいて独創的なジャズメンである。

まず、楽器を完全にマスターしている演奏家であるということ。彼のクラリネットをじかに聴いてみて下さい。多分、ジャズだけでなくモーツァルトも軽々と弾いてしまうだけの実力の持ち主である。その音色の素晴らしさは、比類のないものだ。もうひとつは、一昨年亡くなった高柳昌行という、日本ジャズ界にあって最もラジカルでヒューマンなギタリストと十二年間にわたってプレイを共にしていることで、この二人のコラボレーションは、日本のジャズ史に燦然と輝くものである。同時に彼は、ジャズの地獄をも見てきているのである。

今回は、稲葉国光と守新治という強力なリズム隊をバックにテディ金城との息の合ったプレイがたっぷり聴けると思うと、それだけで胸がたかなってくると同時に彼のプレイが全国のファンの前で聴かれ、彼の実力が再認識されることが何よりもうれしいことだ。

ケイコ・リー（李敬子）

李敬子さんのピアノに初めて接した時、この人の不思議なスタイルに魅せられた。というのも若いピアニストと聞くと、どこかにビル・エバンスやハービー・ハンコックを研究した痕跡がうかがえるからだ。李さんは、とてもユニークなピアノを弾く。どこかとらえどころがないが、そのゆったりとした即興の進行に、私は何となくタッド・ダメロンかジミー・ジョーンズのスタイルを連想したりしたのだが、彼女自身、誰のマネでもない独自のスタイルを持っているのだ。

李敬子さんは、三年位前に私たちの鹿児島に来てくださり、何回かのライブを行っている。今年〔一九九四年〕の六月には、私の映画論集「ぼくのシネローグ」の出版パーティにもゲスト出演していただき、渋谷毅と共演してもらったが、ほんの少しの打合せだけで、楽しいヴォーカルを聴かせてもらった。今では昔からの親しい友人として交際させてもらっているが、こうして名古屋から才能豊かな女性ジャズ・プレイヤーが生れたことに祝杯をあげたい気持ちだ。近年、私はアメリカのジャズに失望しているのだが、日本のジャズの方は、これから面白くなると考えている。李さんは、その中でも最も傑出したプレイヤーである。

さて、ミュージシャンの夢は、ストリング入りのコンサート（もしくはレコーディング）である。誰もが夢みる究極のコンサートを若くして実現してしまう李さんは、とても恵まれた演奏家だ。編曲も地元のミュージシャンがやるということで、これはどうしても名古屋までかけつけて聴いておきたいと今からソワソワしているところだが、この場合、彼女はどんな曲を披露するのだろうか。心ときめくコンサートになることだろう。

日本ジャズは、あらゆる可能性を持っている

今、アメリカのジャズより、日本のジャズが、断然面白い、とごく親しい仲間には言っているけど、世の中には、日本のジャズはプアーだと信じ、評価の高い外国の一流のジャズメンのコンサートだけを聴いているファン層というのもあって、僕が日本のジャズを聞くべきだと進言しても、エッといった顔をされることがある。こういうファンというのが一番困るのだ。それは趣味の問題というよりも、例えば、映画についても、今もって、スピルバーグとコッポラこそ世界最大の映画作家と信じ、日本の森﨑東や神代辰巳の映画など一本も見たことのないファンといくら映画の話をしても通じない。そういったファンというのが、案外に多いのは、僕らよりも大体ふた回りくらい若い世代である。

七〇年代から八〇年代初めにかけては、僕も一介の日本ジャズ通であった。もし、今日、仮に東京に遊びに行ってジャズを聴くとすれば、まず外国のジャズは、遠慮するだろう。かつては仲間とつるんで博多あたりにジャズを聴きに行ったものだが、この十年そういうこともなくなった。というのも、本当に聞きたいジャズメンがほとんど死んでしまったからだ。実際、五〇年代に活躍したジャズメンで健在なのは、ロリンズ、ローチ、シルヴァーだけになったのだ。

アメリカのジャズがダメになったわけではない。ウィントン・マルサリスが出現して、彼の生の演奏を聞いても、さしたる興味も抱かなかったが、彼の後に出てきた若手のジャズメンの演奏は、さすがにアメリカのジャズは奥が深いと感嘆させるだけの多様にして多彩なジャズ表現があり、技法的にも音楽的にも彼等のオーソドックスな新作アルバムを、僕は結構楽しんでいる。ジョシュア・レッドマン、ニコラス・ペイトン、ロイ・ハーグローヴ、サイラス・チェスナット、ジャッキー・テラソン、チャールズ・モフェット、ジョン・パティトゥッチ、クリスチャン・マクブライド（特にこのベーシストに注目！）、ルイス・ナッシュなどの新世代の新作は、こちらのハートをゆすぶるようなスリリングなサウンドがつまっている。だからといって、彼らの演奏を県外まで出かけて聴きに行くかとなれば、それほどの興味は持てないということになる。

彼等、アメリカの若手のジャズメンの演奏は、意外に軽やかでスマートである。彼らのプレイは、実は五〇年代のジャズの遺産を彼等なりに消化したもので、五〇年代のジャズをたっぷり聴いてきたファンにとってとりたてて革新的なものはない。大いに親近感は持てるものの、ウォーレス・ルーニーやニコラス・ペイトンを聴いても、クリフォード・ブラウンの輝くばかりのソロの前では、いかんせん勝負にならないのだ。

だからといってとりたてて日本のジャズを、というわけではなく、また自分がジャズ・クラブのオーナーで日本のジャズメンと交流しているから日本のジャズを支援しているわけでもな

く、日本のジャズメンの、ごく限られた活動をみわたしてみると、実に多彩であり、どのグループを聞いても興味深いジャズに出会えるのだ。もともと日本のジャズメンもアメリカのジャズの模倣から始まっているのだが、ここにきて彼等なりの歴史と個性が浮上してきたと思う。

若手のミュージシャンの活動も目覚ましい。特に大西順子の出現から、二〇代の輝かしい才能のジャズメンが現れ、新しいファンを獲得している。とりわけ松島啓之、五十嵐一生、原朋直の三人のトランペッター及び彼等の下に集まったサイドメンたちのフレッシュなプレイは、大いに楽しめるし、日野皓正以来、数少なかったトランペット界に三人もの特出したトランペッターが出現したのがうれしい。特に松島啓之を聴いていると、こちらのジャズ魂が再生されるような官能的なフレーズの一斉射撃に心がはずんでくる。彼はリー・モーガンのファンらしいが、モーガンより音色は松島のほうがいいし、かつての日野皓正のプレイより音楽性も豊かだ。山田譲（as）、臼庭潤（ts）、川島哲郎（ts）、本田珠也（ds）と言った人々（他にも何人か注目すべきヤング・ミュージシャンがいる）も面白い存在だ。

さらに年齢的に四〇代から五〇代にさしかかったベテランのジャズメンも、九〇年代に入ってからオーソドックスなジャズをめざしてがんばっている。峰厚介、本田竹広、向井滋春、富樫雅彦、菊地雅章、渋谷毅、土岐英史、渡辺文男などジャズ活動をスタートさせた時から付き合ってきた彼らの演奏は、それぞれのグループで活気あるプレイを展開しているし、人気投票ではほとんど名前も出てこないが、大口純一郎などは、強烈なスイング感でいぶし銀に近い好プレイを聴かせるし、三〇代の吉岡英晃や太田寛二なども スリリングなプレイを聴かせている。注目すべきは渋谷毅を中心とするジャズメンたちの活動で彼の傘下から林栄一、片山広明、松風鉱一、板谷博、松本治などがユニークなコンボをつくり持続した活動をしていることである。僕のほうも東京が遠くなったファンであるから、まだ聴いたことのないジャズ・グループもあるだろうし、特に中央線沿線の〈アケタの店〉を中心とするマイナーなジャズ・グループにも大いに注目すべきものがあると思う。それぞれ固有の才能があって、ブルーノートなどで手なれたアメリカのジャズ・グループを聞くより、はるかにスリリングな演奏を楽しめるはずである。

村上春樹が、二年前に「結局のところ、残念ながらジャズというのはだんだん、今という時代を生きるコンテンポラリーな音楽ではなくなってきたのだろうと思う。残酷な表現かもしれないけど、僕はそう感じるし、そう思う」（「やがて哀しき外国語」）と述べているが、この感想は、三〇年以上ジャズを聴いてきたファンにとって、かなり正当な感想であろう。だが、残念ながら、外国にいた村上春樹は、その間に日本のジャズがアプローチしてきた数々のジャズを聴いていないのだ。

日本のジャズに目を移すと、様々な可能性を持ったグループがあり、ことさら創造性とか反逆的なサウンドといったものとは別にどのグループを聴いても熱気が伝わり、彼らにアプローチすることで新しい発見を体験することになるだろう。また、確実にファンも定着しつつあるので今後が楽しみだが、むしろ、松島啓之らの若手が、この五年位の間にどれだけがんばれるか、その辺もみとどけたいし、経済的にも決して恵まれていない五〇歳前後のベテランの活動にも注目したい。

（ジャズ・映画通信⑨「ジーワン　G―1」、一九九五年七月）

BLUE NOTE　私の10枚

①ジ・アメイジング・バド・パウエル　Vol.1　BLP―1503
②ハービー・ニコルス・トリオ　BLP―1519
③バードランドの夜　Vol.1，2／A・ブレイキー　BLP―1521、1522
④ザ・ファビュラス・ファッツ・ナヴァロ　Vol.1，2　BLP―1531、1532
⑤ルー・ドナルドソン・カルテット／クインテット／セクステット　BLP―1537
⑥6ピーシズ・オブ・シルヴァー／ホレス・シルヴァー　BLP―1539
⑦ソニー・ロリンズ　Vol.2　BLP―1558
⑧ソニー・クラーク・トリオ　BLP―1579
⑨ヒア・カムズ・ルイ・スミス　BLP―1584
⑩キャンディ／リー・モーガン　BLP―1590〈順不同〉

ブルーノート・レコードは僕の青春時代とかさなっている。ブルーノート・レコードの音にノスタルジアがこもっている。かつてジャズ・ファンがノスタルジアに生きるようになったらおしまいだと思っていた。そういった自省もブルーノートの前では吹きとんでしまうのだ。

僕が初めて買った直輸入盤はホレス・シルヴァーの「6ピーシズ・オブ・シルヴァー」であった。父の病気で故郷に帰らなければならなくなったのだが、その一九六〇年の二月の頃である。新宿の「マルミ」で買った、そのブルーノートのずっしり重い外盤をかかえて僕は一週間程、装置のある友人宅や喫茶店を回り歩いたものだ。直輸入盤を買うことが、当時のファンにとって一番ぜいたくなことだった。このシルヴァーの〝セニョール・ブルース〟は何回聴いても不思議なときめきを与えてくれた。アドリブというよりリズムのもつ不思議なエモーションにとらえられた。あらゆる友人たちに「モダン・ジャズっていいだろ！」と吹聴して歩いた。

次に買ったのがソニー・クラークの「クール・ストラッティ

ン」（ＢＬＰ―１５８８）であった。僕が「スイングジャーナル」などの専門誌を買うようになったのは一九五八年の秋くらいからだろう。モダン・ジャズに心酔したのは翌年の夏くらいからで五九年（昭和三四年）の秋にはラジオを通してアート・ブレイキーのサン・ジェルマン・デ・プレの実況がさかんに流れていた。僕もファンキー・ジャズのオトシゴなのだ。その年にはジャズ喫茶で三時間くらいすごすようになっていたのだが、ジャズ喫茶のレコードは全部外盤だったのである。僕にモダン・ジャズの魅力を教えてくれたのは、同級の演劇青年で、彼はシドニー・キングズリーの「デッド・エンド」に主役で出演したが、バック音楽にブルーノートの「モーニン」（ＢＬＰ―４００３）の中の〝アロング・ケイム・ベティ〟を使っていたのである。

ブルーノート・レコードにはそんな僕の甘い青春時代の想い出がたくさんつまっている。例えば、映画にしてもＭＪＱの『大運河』（ロジェ・ヴァディム監督、一九五六）、マイルスの『死刑台のエレベーター』（ルイ・マル監督、一九五七）、ブレイキーの『殺られる』（エドゥアール・モリナロ監督、一九五九）、ニューポートの『真夏の夜のジャズ』（バート・スターン監督、一九六〇）など一九五八～六〇年の間に全部封切り館で見ているのである。ジャズを聴くことが一番幸せな時間でありスリリングな経験であった。ジャズの中にエロティックなイマジネーションがあり、あのリズムの中に独自の感覚があって、映画青年であった僕は、すべてをジャズに捧げていいのではないかとモダン・ジャズの中に他の芸術からは感知出来ない熱狂と孤独とアナーキズムを感じとっていた。

パウエルとナヴァロは共にバップ臭が強く最初はあまりなじめなかったレコードであったし、ニコルスも断片的にしか聴いてなくて後年自分で入手してからしっかり聴いたものだが、今もって聴くに値するブルーノートならではの古典だ。バードランド・セッションは、僕はタイム・マシンものと名付けている。もしタイム・スリップが可能ならあのバードランドの片隅にでも身をおきたいレコードであり、クリフォード・ブラウンの「メモリアル」（ＢＬＰ―１５２６）の〝マイナー・ムード〟も忘れがたい演奏である。ルー・ドナルドソンもジャズ喫茶でのみ聴いていたもので、ハード・バップ・エイジを飾る傑作だし、クラークの〝朝日のようにさわやかに〟と〝タッズ・デライト〟モーガンの〝キャンディ〟にはジャズそのものの青春がある。

ロリンズの「Ｖｏｌ．２」は、恐るべきレコードである。これは単なるジャム・セッションである。でありながら何故にかくもすばらしいレコードが生まれたのか。ここにはハード・バップの絶頂期の名演が収められていると同時にハード・バップの終焉が記録されているが、要するにこの六人は、当時のジャズの横綱であった。六人の横綱ががっぷり四つに組んだレコードであって、それ故にすさまじい迫力をもつ作品集であり、ブルーノート最高の名作である。

フェイバリット・ベストテン　全国ジャズ喫茶アンケート

①ザ・ミュージック・オブ・エリントン／デューク・エリントン――（CBS）
②ビリー・ホリデイの肖像／ビリー・ホリデイ――（CBS）
③オン・ダイアル／チャーリー・パーカー――（Dial）
④アート・テイタム＆ベン・ウエブスター――（Verve）
⑤カインド・オブ・ブルー／マイルス・デイヴィス――（CBS）
⑥イン・サンフランシスコ／セロニアス・モンク――（Riverside）
⑦ブルース・ムーズ／ブルー・ミッチェル――（Riverside）
⑧シング・ア・ソング・ウィズ・マリガン／アニー・ロス――（World Pacific）
⑨エッセンシャル・オブ・レスター・ヤング／レスター・ヤング――（CBS）
⑩アーティストリー・オブ・ソニー・ロリンズ／ソニー・ロリンズ――（Prestige）

（『ジャズ喫茶マスター、こだわりの名盤』講談社＋α文庫、一九九五年七月）

第五章

過激なシネマコラム

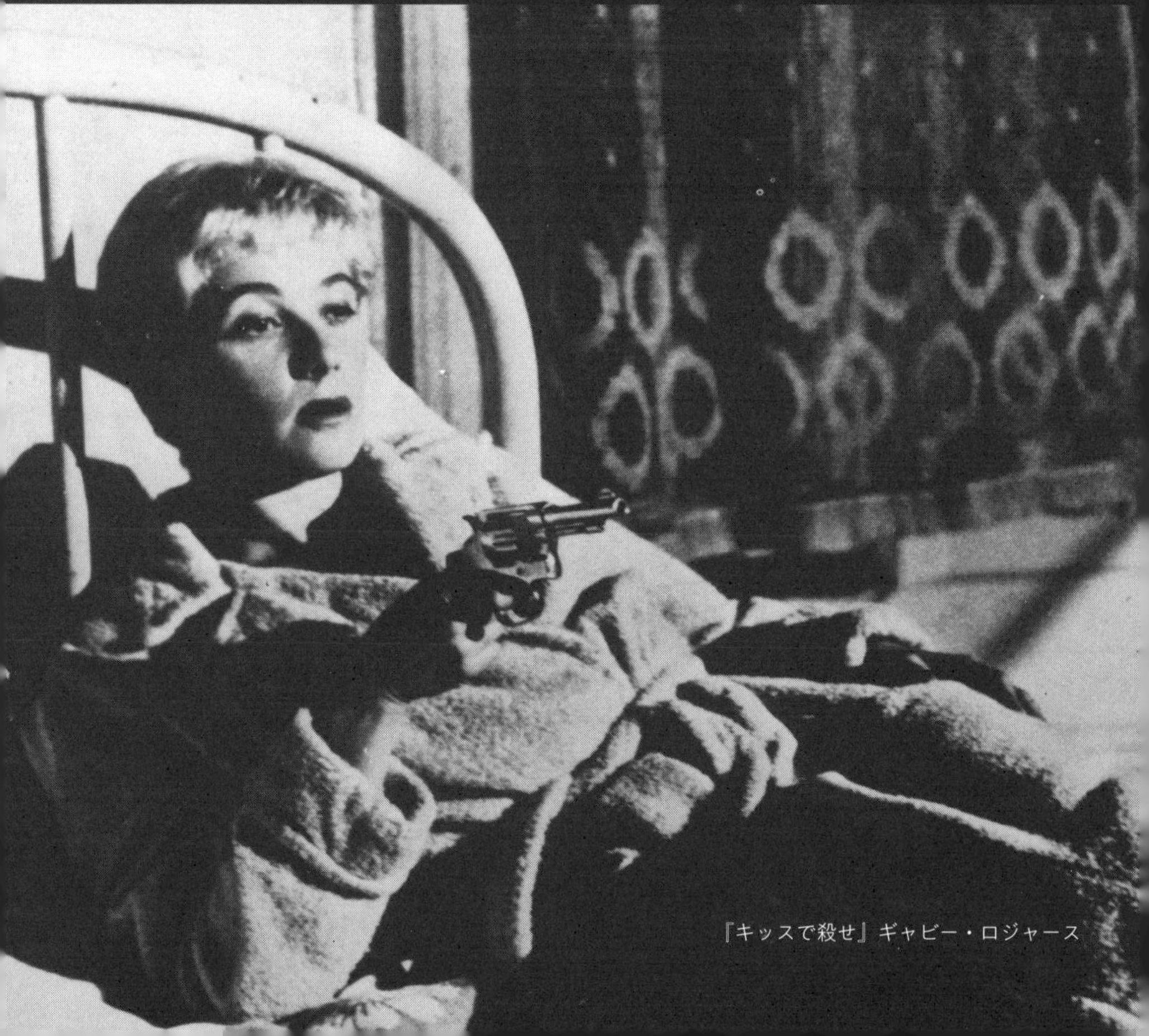

『キッスで殺せ』ギャビー・ロジャース

映画は傍役スターの存在によってその面白さを倍増させる
――エドワード・G・ロビンソンの映画的記憶に――

秋に入ると、いい映画が封切られる。九月は映画見学に忙しい日々を送った。とりわけ、ヴィム・ヴェンダースの『パリ、テキサス』（一九八四）とヴィクトル・エリセの『ミツバチのささやき』（一九七三）は、共に当地に御目見得作家の作品であっただけに、大いに批評意欲をそそられる内容の作品であったし、ドイツとスペインからこのような新しい作家が出現したことも興味深い。デヴィッド・リーン監督の『インドへの道』（一九八四）、近年珍しい中世の伝説を映画にした『レディホーク』（リチャード・ドナー監督、一九八五）、ベトナム戦争の終焉を東洋人との友好をからめて描いた『キリング・フィールド』（ローランド・ジョフィ監督、一九八四）といった外国映画に、日本映画も降旗康男の『夜叉』（一九八五）、根岸吉太郎の『ひとひらの雪』（一九八五）といった佳作に、澤井信一郎の第三作『早春物語』（一九八五）がキラリと光る、さわやかな手応えを感じさせる映画に仕上っていた。

『パリ、テキサス』で失踪した妻を探し歩く中年男、ハリー・ディーン・スタントンの容貌がとてもよかったが、この役者は、多くのアメリカ映画に出演している。いわゆるチョイ役の、かなりしょぼくれた傍役スターの一人で、僕の記憶では『デリンジャー』（ジョン・ミリアス監督、一九七三）のチンピラギャング、『さらば愛しき女よ』（ディック・リチャーズ監督、一九七五）の悪徳警官を覚えているし、『ゴッドファーザー　PARTⅡ』（フランシス・F・コッポラ監督、一九七四）でFBIの一員で出演しているらしい。そんなことから、今回は映画の傍役の面白さについて論じてみることにする。というのも三〇年ぶりに再見した『キー・ラーゴ』（ジョン・ヒューストン監督、一九四八）のエドワード・G・ロビンソンの演技がたまらなくよかったからなのだが、ロビンソンのような高名な性格俳優はともかく、映画ファンなら誰でも主演スターだけでなく、チョイと出演した傍役スターの面白さ、すばらしさを御存知のことであろう。映画は、映画の人間関係を彩どる地味な傍役スターの存在によって、その面白さを倍増させるのである。かつてのハワード・ホークスやジョン・フォード作品の楽しさは、主役のジョン・ウェインのまわりに集うキラ星の如き傍役陣の生き生きとした演技でさらに豊かな映画空間が生れていた。

最近の映画では『ランボー』（テッド・コッチェフ監督、一九八二）のスタローンの上司にあたるリチャード・クレンナとか『暴力脱獄』（スチュアート・ローゼンバーグ監督、一九六七）、『飛べ！フェニックス』（ロバート・アルドリッチ監督、一九六五）あたりから『ブラス・ターゲット』（ジョン・ハフ監督、一九七九）のパットン将軍役まで多くの映画に出ているジョージ・ケネディや『ゴッドファーザー』（コッポラ監督、一九七二）、『地獄の黙示録』（コッポラ監督、一九七九）、『告白』（ウール・グロスバード監督、一九八一）のロバート・デュヴァル、『ガルシアの首』（サム・ペキンパー監督、一九七四）や『殺しのテクニック』（フランク・シャノン監督、一九六六）でキザでクールな役をこなすロバート・ウェバーなどあげていくとファンの方は、それぞれひいきの傍役スターを想い出して下さるだろう。

エドワード・G・ロビンソンは、僕が映画に熱中した昭和二〇年代のアメリカ映画には何本か準主演し忘れがたい印象を残しているが『キー・ラーゴ』では、彼が出てくるバス・ルームのシーンから、いかにも禁酒法時代を生き抜いてきたギャングのボスとして、いわゆるおしだしが貫禄充分でボガートとの対立をスリリングにしている。ギャング役はロビンソンのあたり役で彼の名を知らしめたのは『犯罪王リコ』（マーヴィン・ルロイ監督、一九三一）であったが、とりわけ僕が高一の頃見た『飾窓の女』（フリッツ・ラング監督、一九四四）が犯罪映画の傑作で生涯忘れ得ぬ作品で、ここでは彼が主役であった。家族を休暇に出発させたロビンソン扮する大学教授が、路上の画廊のウィンドーに飾られた女の肖像画に魅せられてしまう。ふと気付くと絵から抜け出したように肖像画のモデルの女が彼の横に立っているというプロローグから、その女の妖しい魅力にひきずられるまま殺人まで犯すに至るロビンソンの演技が素晴らしかった。彼の太った球体を思わせる肉体が不思議に見る者の内側まで入りこんでしまうのだが、そういったロビンソンの映画的な演技の魅力はスティーブ・マックィーンのギャンブラーを翻弄する『シンシナティ・キッド』（ノーマン・ジュイソン監督、一九六五）でも生きていた。

エドワード・G・ロビンソンの遺作は『ソイレント・グリーン』（リチャード・フライシャー監督、一九七三）である。この作品は近未来の世界を描いたもので核戦争のため自然食をまったくなくしてしまった地球では、ソイレント・グリーンなるあやしげな食糧が配給されているのだが、主演のチャールトン・ヘストンが持ち帰った一個のりんごをおいしそうに食べるロビンソンが実によかった。ここでは安楽死が制度化されていて、死を決意したロビンソンが〝ホーム〟といわれる施設に入る。そして好きなチャイコフスキーを聴きながら、密室の中の立体スクリーンに映る、かつての地球に存在していた大自然の動物や谷や川を眺めながら死にゆくロビンソンの姿は、まさにロビンソンが演じたから圧倒的に素晴らしい映画の一シーンとして僕の脳裡から離れることはないだろう。


（「ぴっくあっぷ」一九八五年十一月号、オフィスピュア）

ミュージカル映画の楽しさについて

昨年〔一九八五年〕から正月、当地でジャズ・フェスティバルが行われるようになり、僕は、このジャズ祭りのプロデューサー的な役を引受けていたので、年末から正月にかけては、あちこちとび回っていたわけだが、大雪の中、ジャズ祭も無事終って、今、快い疲れで虚脱状態にある。それにしても、戦争中、昭和十七年に海軍軍楽隊に入ってクラシックを演奏しはじめた五十九歳の尾田悟と昭和十七年に生まれた山下洋輔が何故か当夜、意気投合して延々深夜までアフター・アワーズのジャム・セッションを展開、何ともこの二人の熱いジャズ魂に心打たれているところだから、映画の方に気分がのりうつらないところだが、尾田悟はさておき、かつて渡辺貞夫が初めて来鹿した時には終戦直後見た映画の中で特に印象に残ったのは何ですかときいたことがあった。渡辺貞夫は、『姉妹と水兵』（リチャード・ソープ監督、一九四四）というミュージカルを見て、はじめてジャズらしきものをやろうという気になったという話をしてくれたのだが、その後も昭和ヒトケタ代に生まれた金井英人とか稲葉国光なども戦後見た映画の中では『姉妹と水兵』に強い印象を受けたと語っていたから、僕にとっては『姉妹と水兵』は幻の映画の一本であった。

昨年、新しくできた映画館「文化プラザ80」でかつてのミュージカル映画の名作を再映して何本かを再見した中で、初めて見る『姉妹と水兵』は、戦後四〇年をへて、さすがに古ボケていた。しかし、腹をすかせていた戦後の少年たち（渡辺貞夫は中学一年くらいだったろう）に『姉妹と水兵』がどんなにすばらしい夢を与えてくれたかを想像することは出来るし、そう考えるとこの映画も捨てたものではない。それにジューン・アリスンの方はともかく、グロリア・デ・ヘヴンの美しさはどうだろう。ハリー・ジェームスがトランペット・ソロを吹くと彼のペットがピカッと光るシーンには思わず笑ってしまったが、この作品などは、芸人が海軍兵などの慰問をする物語からして、戦意高揚の一篇として作られたのかもしれない。

僕が高校時代に見たミュージカルの中では、ズバ抜けて『バンド・ワゴン』（ヴィンセント・ミネリ監督、一九五三）が面白かった。しかしこの作品に接するまではミュージカルは嫌いな方で、あくまで硬派のアクション・ドラマを好んでいたわけだが、『バンド・ワゴン』の後に『雨に唄えば』（スタンリー・ドーネン／ジーン・ケリー監督、一九五二）を見て、まさに踊り出したくなるような映画的興奮を覚えたわけだ。

誰が名付けたのか、いわゆるシネ・ミュージカルといわれる一九五〇年代のミュージカル映画（主にＭＧＭ）は、ジーン・ケリーとスタンリー・ドーネンによる『踊る大紐育』（一九四九）から始まったといわれている。それまでもフレッド・アステアとジンジャー・ロジャースのコンビによるミュージカル・コメディやレヴュウ映画といわれるショウ中心の作品は何本も作られてきているのだが、『踊る大紐育』は、ブロードウェイでその後ロングランを続けた。当時としては革新的なもので、ブロードウェイの新進振付師であったジェローム・ロビンスがアイディアを出し、それにレナード・バーンスタインのメカニックな響きをもつ音楽をつけた。かなり実験的な創作モダン・バレエであった。『オン・ザ・タウン』（これが原タイトル）といわれるオリジナル作品は、一昨年だったか、ＮＨＫ教育テレビで放映されたものを見ているのだが、映画化に際しては娯楽的な要素を加味するためにアドルフ・グリーンとベティ・コムデンのコンビが新曲を書き、役者にフランク・シナトラやアン・ミラーを配してよりリラックスしたミュージカルに仕上ったわけである。今までの古めかしいセットや舞台風の甘いダンスシーンを排して、リアルでダイナミックなモダンダンスを創出したのが『踊る大紐育』であったわけだ。こうしたミュージカルは後年の『ウエスト・サイド物語』（ロバート・ワイズ／ジェローム・ロビンス監督、一九六一）へと引き継がれるわけである。

おそらく、ミュージカル映画の楽しさは、平凡な会話が歌になり、踊りになるというい わば、リアリズムに反することの面白さであり、メロドラマ的な部分やサロン風の甘いラブ・シーンですらダイナミックで豊かなシークエンスに変化することの映画的楽しさであろう。

ボブ・フォッシーの『スイート・チャリティ』（一九六八）や『キャバレー』（一九七二）なども、現代映画としてはかなりスリリングな部分もあるし、ダンスシーンも洗練された、第一級のものであろうが、この二作品に見られるフォッシーの作家主義が余計なものであるような気がする。実際、『オール・ザット・ジャズ』（一九七九）に至ると、ニューヨークのトップ・ダンサーを配しているのにミュージカル・シーンを徹底的に見せてくれるところはわずかしかなく、ミュージカルの演出家の苦悩がテーマであるかのようなドラマとして展開されるのだが、僕は、ミュージカルの演出者の人間的苦悩なんか知りたくもない！

今回は、僕のミュージカル・シネマ・ベスト・テンをあげてお茶をにごすことにする。（二重丸がベスト・スリー）

○『踊る大紐育』（スタンリー・ドーネン／ジーン・ケリー監督、一九四九）
◎『雨に唄えば』（ドーネン／ケリー監督、一九五二）
◎『バンド・ワゴン』（ヴィンセント・ミネリ監督、一九五三）
○『掠奪された七人の花嫁』（ドーネン監督、一九五四）
○『足ながおじさん』（ジーン・ネグレスコ監督、一九五五）
◎『パジャマ・ゲーム』（ジョージ・アボット／ドーネン監督、一九五七）
○『くたばれ！ヤンキース』（アボット／ドーネン監督、一九五八）
○『シェルブールの雨傘』（ジャック・ドゥミ監督、一九六四）
○『サウンド・オブ・ミュージック』（ロバート・ワイズ監督、一九六五）
○『アニー』（ジョン・ヒューストン監督、一九八二）

（「ぴっくあっぷ」一九八六年四月号）

フランソワ・トリュフォーの撮影日記
「ある映画の物語」をめぐって

「一九六六年の初め、わたしは、『華氏４５１』の撮影のため、パリを離れ、数か月にわたり、ロンドンに滞在した。だれかに何かを打ち明けずにはいられないほどつらく、孤独だった。いつものわたしの映画の撮影とちがって、『華氏４５１』の撮影現場は仲間意識や仕事の歓びで活気づくようなことがまったくなかった。苦しい撮影だった。当時のわたしは英語を全然話せず、しかも英語しか話さないスタッフのなかで一日じゅうすごさなければならなかったので、夜はひとりでホテルの部屋に閉じこもり、親しい友人たちに何もかもぶちまけるような気持ちで日記を書きつづけたのである……」

レイ・ブラッドベリ原作『華氏４５１』（一九六六）は、トリュフォーの長篇劇映画第五作目にあたる、初のカラー映画である。ジュリー・クリスティとオスカー・ウェルナーの主演、撮影はニコラス・ローグ〈ローグは、その後映画作家となり『地球に落ちて来た男』（一九七六）や『ジェラシー』（一九八〇）を撮る〉、バーナード・ハーマン音楽。右の一文にあるように、トリュフォーは早くから『華氏451』を作りたいと考えていたが、資本を出してくれる会社がみつからず、ようやくMCA系のアメリカ資本による独立プロの第一作としてロンドンで撮影をスタートさせるのだが、その製作日記である「ある映画の物語」（山田宏一訳、草思社刊）は、一本の映画以上に映画的な書物であり、映画ファンを無類の面白さの中にひきこむ稀有な創作日記である。もともと、トリュフォーは、少年時代から批評を書くことで映画を学び、より映画に近づくために映画作家になった。そして生涯を映画のために捧げて夭折した人物である。そのような作家であり批評家であるトリュフォーの撮影日記が面白くないわけがないが、それにしても、異国の孤立した状況の中で、一映画監督がフィルムに生命を吹きこむために、どのような努力をしたのか、どのようなトラブルにまきこまれたか、実にスリリングにして興味のつきない書物である。

　では、出来上った『華氏451』は、どのような作品であったか。『華氏451』は明らかに失敗作となった。今まで『大人は判ってくれない』（一九五九）、『ピアニストを撃て』（一九六〇）、『突然炎のごとく』（一九六一）、『柔らかい肌』（一九六四）といった、きわめてフランス的な傑作を作ってきたトリュフォーの作品としては、妙にぎこちなく、ふくらみを持たぬ作品ではあったが、それでもいくつかのシーンが頭に残っていて、「ある映画の物語」を読み終ると、もう一度見たい気分におそわれる。失敗作といっても、トリュフォーの作品をずっと見つづけてきたファンにとって、この作品は貴重なのだ。それに、この日記が『華氏451』を救っているともいえよう。

　『華氏451』は、本を読むことが禁じられた未来社会を描いたSFで、華氏451とは、本に火がつき、燃え上る時の温度である。トリュフォーは、「書物が禁じられたら書物を暗記してしまえばいいという方法を考え出したブラッドベリの発想がすばらしい」と書いているが、この映画は、書物そのものになりきってしまう人間たちの物語といえよう。ここで、トリュフォーが愛した本がいっぱい焼かれるシーンが出てくる。

　この撮影過程におけるトラブルは、男優オスカー・ウェルナーとの確執であった。ウェルナーは、トリュフォーの『突然炎のごとく』

で国際的な大スターになり、当時『愚か者の船』（一九六五）によってアカデミー男優賞にノミネートされていた。ウェルナーとは日々険悪になっていく。それに対しトリュフォーは「男優特有の嫉妬にはまったく閉口させられます。撮影中に面倒を起すのはいつも男優のほうです」（「リュミエール」誌〝最後のインタビュー〟）と述べているが、『華氏451』の場合、クリスティが二役でウェルナーは自分の役よりずっといい役だと考えクリスティに嫉妬したというわけだが、この本を読むと、むしろ、トリュフォーとクリスティは、恋愛関係になったのではないかと疑ってみたくなる。トリュフォーは、女優とはいつもうまくいったと語っているが、実際どの作品もトリュフォー映画の女優はすばらしい。

さらに面白いのは、普通、撮影が終るとスタッフの連中と酒を飲んだりして、フラストレーションを解消させるのが映画グループと思うが、トリュフォーは、撮影に入っても、休みをみつけて、ひたすら映画を見る。あるシーンを撮るために『チャップリンの消防夫』（一九一六）を撮影所内で上映する。ロンドン滞在中にジョセフ・フォン・スタンバーグの映画特集が催されていると、彼の『恋のページェント』（一九三四）や『西班牙狂想曲』（一九三五）を見て感動する。トリュフォーが敬愛してやまぬジャン・ルノワールの『小間使いの日記』（一九四六）、『黄金の馬車』（一九五二）、『コルドリエ博士の遺言』（一九五九）を見る。ウェルズの『市民ケーン』（一九四一）、『偉大なるアンバーソン家の人々』（一九四二）を見るといった具合だ。

バーナード・ハーマンを起用したのも、ハーマンが『市民ケーン』やアルフレッド・ヒッチコックの『めまい』（一九五八）、『サイコ』（一九六〇）などトリュフォーが大好きな作品の音楽スコアを書いた音楽家であったからだ。ハーマンとの交流もすこぶる興味深い。

この書物を手にして、何だか、十本くらいの映画を手中に収めたような気分になっている。今秋、ファン必読の一冊として推しておく［一九八八年刊行の「アメリカの夜　ある映画の物語2」と二部作］。

（「ぴっくあっぷ」一九八六年九月号）

ジョン・フォードの映画

今年の夏は、寝苦しくて困るということがなかった。七月末の幾晩か、台風前の二日くらい、むし暑い夜があったくらいで、比較的涼しい夏であった。海にも行かず、ただひたすらテレビの前で高校野球を観戦するという、実に怠惰な夏を送った。金を使わないで夏を過すには、家の中でじっとしている外ない。わずかに宮崎ジャズ祭に行き、いぶし銀にも似たルー・ドナルドソンのブルース・プレイを堪能したものの、本当は湯布院映画祭に行く予定であったのだが……。

さて、八月は二館が『子猫物語』（畑正憲監督、一九八六）に占領され、『コブラ』（ジョージ・P・コスマトス監督、一九八六）や『ラビリンス　魔王の迷宮』（ジム・ヘンソン監督、一九八六）あたりを子供らに混って見るのも悪くないと思ったものの足がむかず『キネマの天地』（山田洋次監督、一九八六）

を見たが、あまりに円満なドラマの展開に、いくらなんでもこれでは困るではないかと誰れに語るともなく腹を立て、とりあえず、この原稿を書き終ったら、森田芳光の『そろばんずく』（一九八六）と『おニャン子・ザ・ムービー　危機イッパツ！』（原田眞人監督、一九八六）でも見に行って、少しは映画的刺激を受けたいという気分だ。

レンタル・ビデオ店に行くと、何とジョン・フォードの映画が五本ばかし並べられている。アメリカの映画監督で、最も偉大な人は誰れか。チャップリンもヒッチコックもアメリカで多くの傑作を撮っているが、この二人の映画には、イギリス的な匂いが残っていたし、二人共、晩年はイギリスでも撮っている。真に偉大なアメリカ映画の監督といえば、ジョン・フォードとハワード・ホークスということになろう。三〇年代後半のフランク・キャプラ、キング・ヴィダー、ラオール・ウォルシュといった監督も、いかにもアメリカ的な作風を持つ個性的な作家でいい作品が残っている。むろん偉大といえば、オーソン・ウェルズがいたが、彼のフィルモグラフィーの半分は、海外でのものである。そのウェルズが〝あなたの尊敬する監督は？〟の問いに〝ジョン・フォード、ジョン・フォード、ジョン・フォード〟とこたえたエピソードは有名だ。ウェルズは、フォードの『怒りの葡萄』（一九四〇）、『果てなき船路』（一九四〇）のカメラを担当したグレッグ・トーランドを使って映画史上不滅の『市民ケーン』（一九四一）を作っているのだ。

若いファンの方も、近年ＮＨＫで『わが谷は緑なりき』（一九四一）と『怒りの葡萄』が放映されているのでフォードの映画を見ておられると思うが、僕の中学時代から大学時代にかけては実に多くのフォード映画が上映されている。その大半はジョン・ウェイン主演の西部劇である。最初、『駅馬車』（一九三九）も『荒野の決闘』（一九四六）も僕にとってさほど面白い西部劇ではなかった。同じ、この二名作に心うたれたのは、二〇代になってからであろうが、高校時代までに『コレヒドール戦記』（一九四五）、『アパッチ砦』（一九四八）、『三人の名付親』（一九四八）、『黄色いリボン』（一九四九）、『幌馬車』（一九五〇）、『リオ・グランデの砦』（一九五〇）、『栄光何するものぞ』（一九五二）、『静かなる男』（一九五二）、『モガンボ』（一九五三）といった作品を見ているし、大学に入ってから『長い灰色の線』（一九五五）、『ミスタア・ロバーツ』（一九五五）、『捜索者』（一九五六）、『荒鷲の翼』（一九五七）、『最後の歓呼』（一九五八）〈スペンサー・トレーシーが演ずる選挙戦を描いたもの〉、『騎兵隊』（一九五九）があり、六〇年代に入ってから『バファロー大隊』（一九六〇）、『馬上の二人』（一九六一）、『リバティ・バランスを射った男』（一九六二）、『ドノバン珊瑚礁』（一九六三）、『シャイアン』（一九六四）、遺作となった『荒野の女たち』（一九六六）まで、一本としてつまらない作品はなかった。ヒッチコック以上にフォードの映画には親しんできた。ジョン・フォードに匹敵する映画監督は、小津安二郎唯一人であろう。この二人に共通することは、何回見ても面白いのであり、作品が古くならないことだ。

『わが谷は緑なりき』は、ウェールズ炭鉱町に展開される家族の物語だ。モーリン・オハラが嫁ぐ日にヒラヒラと揺れる白いウェディング・ドレス、それを丘の上から見ているウォルター・ピジョンの牧師の姿、すべてが何と豊かなタッチで描かれていたことだろう。後期の作品も素晴らしい。特に『捜索者』は、映画作家としてフォードが最高の境地を見せたものだ。コマンチ族に妻と息子を殺されたジョン・ウェインが、コマンチにさらわれた身内の娘を十年にわたってさがす。果てしない追跡の末に、コマンチ族の一員として成長した娘（ナタリー・ウッド）を殺そうとするが、最後に彼女をスクッと抱きあげるシーンは、映画のみが可能にした、最も美しいシーンである。このあとに作られた『バファロー大隊』も『馬上の二人』も好きな作品だし、五〇年代、MGMで作られた、アフリカを舞台にした『モガンボ』も傑作であった。主演はクラーク・ゲーブルで、この男に酒場女エヴァ・ガードナーと貞淑な人妻グレース・ケリーがからむ。当時、批評家からフォードは女が描けないと酷評された『モガンボ』で、グレース・ケリーが欲情するシーンを描いたフォードはすごい。グレース・ケリーは、ヒッチコック映画では、常に男をハントする役を演じたが、フォード映画では、彼女は欲情するし、ジョン・フォードの映画は、映画と共に生きることの豊かさと歓びを多くのファンに与えた。映画が、今悲しい見世物に代りつつある時、僕はどの映画でもいい、ワン・ショットでもフォードの映画に接したいと切に願うことがある。

（「ぴっくあっぷ」一九八六年十月号）

女優をスクリーンの中に発見することが映画に近づく最良の方法である

去る九月二十二日、市民文化ホールで行われたローズマリー・クルーニーとマキシン・サリヴァンのコンサートは、予想をうわまわる、実に素晴らしいものだった。あまり期待しなかったクルーニーもエリントン・ナンバーや〝追憶のテーマ〟など、実に豊かなヴォーカルを披露したが、僕の目当ては、あくまで七十五歳のマキシン・サリヴァンであった。僕はマキシンの歌を十五年前に発見し、レコードも十二枚集めた程、彼女に狂っていたわけだが、リクエストした〝ワン・ハンドレッド・イヤーズ・フロム・トゥデイ〟は本当に泣かせたなあ。マキシンのような奇跡的ヴォーカルが当地で聴けたように、この貧しい映画環境の中で、こいつは信じられないという映画が封切られないものか。今回は新作も見ていないので、僕の好きな女優さんについておしゃべりすることにしよう。とりあえず、十人の女優を挙げてみる。

キャサリン・ヘプバーン、ヴィヴィアン・リー、エヴァ・ガードナー、イングリッド・バーグマン、オードリー・ヘプバーン、マリリン・モンロー、グレース・ケリー、ブリジット・バルドー、ジェーン・フォンダ、カトリーヌ・ドヌーヴ

といったところか。マルレーネ・ディートリッヒ、グレタ・ガルボの映画はあまり見ていないので除外する。エリザベス・テイラー、ソフィア・ローレンといった息の長い大女優が抜けてしまったが、この二人は好きになれない。品評会をやってる

わけではないが、フェイ・ダナウェイも妙に生々しいところが嫌いだ。もっともキャサリン・ヘプバーンだって、上手いのはわかっていても熱中したわけではない。一般女性に対してと同様、年と共に女優さんへの好みも変るもので、つい最近キャサリンが一九三七年に出演した『ステージ・ドア』（グレゴリー・ラ・カーヴァ監督）を見て、そのモダン・ガールぶりのみごとさに陶然としているところだ。今月、『アフリカの女王』（ジョン・ヒューストン監督、一九五一）、『旅情』（デヴィッド・リーン監督、一九五五）など再見しても、彼女の映画的魅力は増すばかり。おそらく、彼女が四〇年代前後に主演した『赤ちゃん教育』（ハワード・ホークス監督、一九三八）、『フィラデルフィア物語』（ジョージ・キューカー監督、一九四〇）、『女性No.1』（ジョージ・スティーヴンス監督、一九四二）あたりに接するならば、彼女こそ、トーキー以後のハリウッドを代表する最高の映画女優であることが歴然とするのではなかろうか。『ステージ・ドア』を見て、ローレン・バコールがキャサリンをお手本にしてデビューした女優であることがよくわかるのだ。『脱出』（ハワード・ホークス監督、一九四四）、『三つ数えろ』（ホークス監督、一九四六）のバコールの知的で官能的な美しさも永遠不滅のものだ。

僕の十代の憧れの女優は、モーリン・オハラに始まっている。彼女にセックス・アピールを感じたからではなく、彼女の出る映画は堂々と男たちとわたり合う躍動感にあふれたもので、『西部の王者』（ウィリアム・A・ウェルマン監督、一九四四）、『海賊バラクーダ』（フランク・ボザーギ監督、一九四五）といった活劇があるかと思うと、ジョン・フォードの『静かなる男』（一九五二）、『長い灰色の線』（一九五五）といった名作があり、それに永遠に忘れられない『わが谷は緑なりき』（一九四一）がある。

見てはならぬものを見てしまったと、胸ときめかせた最初の官能的女優は、『パンドラ』（アルバート・リューイン監督、一九五〇）のエヴァ・ガードナーであったろうか。『拾った女』（サミュエル・フラー監督、一九五三）のジーン・ピータースのはちきれんばかりの肢体もひどくエロティックであった。

僕は大人になってから、悪女ものの映画に魅かれるようになった。映画の中で悪女にダマされ、翻弄される喜びは、映画ファンの特権である。それらの作品を想い出すままに挙げてみると――『飾窓の女』（フリッツ・ラング監督、一九四四）のジョーン・ベネット、『魔天楼』（キング・ヴィダー監督、一九四九）のパトリシア・ニール、『上海から来た女』（オーソン・ウェルズ監督、一九四七）のリタ・ヘイワース、『殺人者たち』（ドン・シーゲル監督、一九六四）のアンジー・ディキンスン、『モア』（バーベット・シュローダー監督、一九七〇）のミムジー・ファーマー、『幸福の行方』（セルジオ・ゴビ監督、一九六八）で色情狂を演じたマリー＝フランス・ボワイエ、ゴダール映画での彼女も素晴らしかったが、男を地獄におとしめる『悪魔のような恋人』（トニー・リチャードソン監督、一九六九）のアンナ・カリーナ、最近の『白いドレスの女』（ローレンス・カスダン監督、一九八一）、『女と男の名誉』（ジョン・ヒューストン監督、一九八五）のキャスリン・ターナー、『カリブの熱い夜』（テイラー・ハックフォード監督、一九八四）のレイチェル・ウォードなどが浮んでくる。たった一本だが決して忘れることが出来ないであろう女優たち……『冒険者たち』（ロベール・アンリコ監督、一九六七）のジョアンナ・シムカス、『ハタリ！』（ハワード・ホークス監督、一九六二）のエルサ・マルティネリ、『埋れた青春』（ジュリアン・デュヴィヴィエ監督、一九五四）のエレオノラ・ロッシ・ドラゴ、『真夜中の愛情』（ロジェ・リシュベ監督、一九五三）のダニー・ロバン、『金色の眼の女』（ジャン・ガブリエル・アルビコッコ監督、一九六一）のマリー・ラフォレ、イタリアのフランチェスコ・ロージ監督の社会派ドラマ『挑戦』（一九五八）のロザンナ・スキャフィーノ、アンジェイ・ワイダ監督の最も愛すべき『夜の終りに』（一九六〇）のクリスティナ・スティプウコフスカ、『抱擁』（チャールズ・ヴィダー監督、一九五七）のミッチー・ゲイナー、『雨に唄えば』（スタンリー・ドーネン／ジーン・ケリー監督、一九五二）のデビー・レイノルズとキリがないね。

おっとジャクリーン・ビセット、それにシャーリー・マクレーンも大好きな女優だし、ジュリー・クリスティも抜かせない。このところ出演作がないが、最近の女優で僕が狂っているのは、モデル出身のローレン・ハットン。『アメリカン・ジゴロ』（ポール・シュレーダー監督、一九八〇）もよかったが、ダニエル・シュミット監督『ヘカテ』（一九八二）のハットンは、何回見てもため息が出る。

メリル・ストリープとダイアン・キートンは嫌いだが、映画そのものには魅力のある作品が多い。期待は、ハイティーン女優、モリー・リングウォルドだ！

映画の面白さの大半は、女優の占める存在感にあり、スクリーンの上に女優を発見し、ひたすら彼女に憧れることによって、映画ファンは、より深く映画に近づくことになるだろう。

（「ぴっくあっぷ」一九八六年十一月号）

僕の映画日記（八六年十月）
――ジョン・セイルズ映画の発見など――

十月に入ってから、やたら忙しい日々を送ることになった。黒テント〝赤いキャバレー〟の公演、山下洋輔刑務所レクイエム・コンサート、モンキー小林&ジャズ・メッセンジャーズの来鹿、十一月一日に行われる天本英世ガルシア・ロルカ朗読会の準備など秋にふさわしいイベントの連続で、来鹿した演劇人やジャズメンとのアフター・アワーズの楽しいつき合いが続いたが、少々バテて三日前から風邪気味だ。そんなわけで、今回は忙しい日々を縫って見た映画日記をつづることにする。

十月某日、有楽座にて『めぞん一刻』（一九八六）の試写会。この映画の監督澤井信一郎は、彼のデビュー作『野菊の墓』（一九八一）以来、ひいきにしている。今どき、実にていねいにワン・ショットを積みあげて、情感あふれる作品を撮ってきた人だが、『めぞん一刻』は、原作が漫画のせいか、前半のコミックな俳優の動きなどに異質のタッチが見られるが、この一刻館の家屋の映画空間のとらえ方に魅力があり、住人たちの描き方もしだいに不思議な情感を感じさせる。石原真理子は特別好きな女優ではないが、一人でつぶやくセリフまわしなどチャーミング。ただ宮崎美子の使い方にもうひと工夫欲しかった。

十月某日、レンタル・ビデオ店からジョン・フォードの『逃亡者』（一九四七）と『静かなる男』（一九五二）を借りてくる。前者は未見のもので、ヘンリー・フォンダが神父に扮し、すばらしい演技（というより姿）を見せる。主人公の神父が、カトリック追放の新体制の政府から迫害され、逃亡する行動を描いているが、ビデオで見ても、この映画のカメラ・ワークの美しさには息を飲む。『逃亡者』のカメラを担当したのは、ガブリエル・フィゲロァで、彼はメキシコ映画のエミリオ・フェルナンデス監督と組んで数本の映画を撮っているが、僕も『真珠』（一九四七）、『熱情のしぶき』（一九五三）といった映画を見ている。僕の映画観を一変せしめた、衝撃的なルイス・ブニュエルの『忘れられた人々』（一九五〇）もフィゲロアのカメラによるものである。『逃亡者』はメキシコ・ロケが素晴らしい効果を与えている。この作品のような崇高なまでに美しいカメラ・ワークの作品（むろん白黒）は、再び作られることはないだろう。

『静かなる男』は、誰れでも楽しめるフォードの代表作。フォードの場合、代表作は十本くらいある。これを最初に見たのは中学時代、その後二回ほど見ていたので、二〇年ぶりに再見しても細部をよく記憶している。ジョン・ウェインとモーリン・オハラもさることながら、傍をかためる人間たちの描き方がうまく、無類の楽しさにあふれた作品。こういった映画を見ると、おおジョン・フォードよ、映画の神様よと合掌したくなる。

十月某日、ビデオ店で『白いドレスの女』（一九八一）を撮ったローレンス・カスダン監督の『シルバラード』（一九八五）を借りる。これが正統西部劇の傑作で、ありとあらゆる西部劇の要素が盛り込まれていて一気に見る。こんなにも面白い娯楽作品ですら当地では未封切なのだ。

十月某日、かつてジャズ・シンガーとして七〇年代後半活躍していた酒井俊からジョン・セイルズ監督の『セコーカス・セブン』（一九八〇）と『ブラザー・フロム・アナザー・プラネット』（一九八四）のビデオがとどく。ジョン・セイルズの映画がどんなものかを短く説明するのはむつかしい。

『ブラザー・フロム……』は、黒人の姿をした異星人がハーレムに迷い込む。ハーレムの黒人を中心とする住人と宇宙人との交流の描き方がユニークで、これまでのニューヨーク派のリアリズム映画にもなかったタッチとフィーリングがあり、それにとても軽い。軽いが深い。その軽さと少ない会話を生かしたユーモアにセイルズ監督の並人ならぬ才能を感じさせる。『セコーカス・セブン』の方は、記録映画風なもので、七〇年前後、ベトナム反戦運動など反権力闘争に参加した七人の仲間が、十年後に再会し、週末を一緒にすごすだけだが、アマチュアを含めた俳優が演じた、ちゃんとしたフィクションである。多くの人間をシャープに描き込んでいるし、しかもあたたかいフィーリングを感じさせている。まさに新映画の登場である。セイルズは小説家として修業を積んだ人らしいが、小説のように映画を撮ることの出来る作家である。どちらも低コストで撮られたもので、アメリカで大ヒットした。この鹿児島まではやってこないと思うが、こういった作品を見ることができるのが、ビデオの利点である。タイプの異なる作品ながら、リアルな人間の息づかいまで感じさせるセイルズの映画は、今、映画が悲しい見せ物に化しつつある時、実に貴重であろう。すべての映画ファンは、『ストレンジャー・ザン・パラダイス』(一九八四)のジム・ジャームッシュ監督の名と共にジョン・セイルズの名を記憶せよ。彼等の登場は、映画ファンに新しい興奮をまきおこしつつある。

十月某日、東映にて『化身』(一九八六)を見る。僕の目当ても大型新人黒木瞳にあったが期待を裏切った。ラブ・シーンは、まあまあにしても、藤竜也もまるでアマチュアのごとくで、黒木とのひどく拙劣で醜悪な会話は何だ、といいたい。やはり、東陽一監督には増村保造監督に匹敵するような才能のかけらもなかったのか。

(「ぴっくあっぷ」一九八六年十二月号)

ラスト・シーンで泣かされる『ゴングなき戦い』を中心に近年の未公開アメリカ映画をビデオで見る

今回は、アメリカ映画の劇場未公開作品のビデオを紹介することにしよう。もっともこの一月に入って、クロード・ミレールの『なまいきシャルロット』(一九八五)という、いかにもフランス映画らしいひねりのきいた佳作を見ることが出来た。思春期の少女の生態を明るいシャンソンに乗せて描く、かなりトリュフォー的な(ミレールはトリュフォーと一緒に仕事をしている)軽快な小品である。さらに書き忘れてしまったが、ルイ・マルがアメリカ時代に撮った『アトランティック・シティ』(一九八〇)もビデオになっている。この作品は、マルの全作品中、私にとっては、最も愛すべき作品で、地味だが、マル特有の衒気《げんき》がなく、淡々とした簡潔な描写が見事だ。ここでは、バート・ランカスターが、いかがわしい老ギャング役で出演しているが、孤独な老人の彼が、カジノで働きながらディーラーになる勉強をしているスーザン・サランドンのトラブルを仲介したことから発する犯罪が、賭博の街アトランティック・シティを舞台に描かれる。サランドンの好演も見ものだ。

さて、アメリカ映画だが、何とジョン・ヒューストンの日本未公開作品『ゴングなき戦い』(一九七二)〈何ともチンプな日本題だ。原題はFAT CITY〉がレンタル店に置いてあるではないか。ヒューストンといえばハンフリー・ボガートとの『マルタの鷹』(一九四一)、『アフリカの女王』(一九五二)、『キー・ラーゴ』(一九四八)といった傑作の外に、オードリー・ヘプバーンがインディアンとの混血娘に扮した、『許されざる者』(一九六〇)もつい最近ビデオ化されている。後年の『王になろうとした男』(一九七五)、『女と男の名誉』(一九八五)といった佳作もあり、遺作の『ザ・デッド「ダブリン市民」より』(一九八七)〈ジェームズ・ジョイス原作〉も当地未公開ながらビデオで見ることが出来る。この『ファット・シティ』は、あまりに地味で、非ドラマティックな作品故に公開されなかったのであろう。

この映画は、メキシコ近くの中都市を舞台にしたボクシング映画でありながら、まったく勇壮なシーンのない映画である。主演はステーシー・キーチで、彼は、二年前にボクシングを止めて、今では日雇い労働者に身をおとしているという設定。そこでジェフ・ブリッジス扮する若者と出会い、再びグローブを手にして、後半、凄惨なボクシング・シーンが見られるものの、いささかもドラマティックな展開にならない。まるで文明の廃墟を思わせる街の人々の生活や表情が、『明日に向って撃て!』（ジョージ・ロイ・ヒル監督、一九六九）で名声を得たコンラッド・ホールの、色彩をおさえた、地味なカメラ・ワークで描出されていく。キーチが、バーでアルコール中毒の中年女と知り合うが、この中年女を演じているのが、まったく知られていないスーザン・ティレルという女優さんで、米アカデミー賞の助演賞候補になったというが、このクレイジーなキーチとの会話が、ユーモラスで笑わせる。二人は同棲するようになり、一方ではブリッジスと若い娘との交流が描かれるが、まるで疲れきった、希望なき人々の生活をスケッチしたような映画である。ラストは、血だらけになりながら勝ったキーチが、マネージャーとケンカした後、ブリッジスと安食堂でコーヒーを飲むシーンで終ってしまう。しかし、このラスト・シーンに何故だか泣かされるのだ。このシーンを見て感動するファンこそ、ボクは、本物の映画ファンだと信じたい。いずれにしろ、こういった地味な映画は、ヒューストンの作品といえども、目先の利益だけを狙う業界人によって抹殺されるのであろう。単に観客の目をあざむくために、あの手この手で刺激的なシーンのみを狙った映画が氾濫する中にあって、このような映画人としての節度ある、そしてあくまでも真実をめざした映画に出会うと心が洗われたような気になる。マルにしてもヒューストンにしても映画史に残るような傑作を残している監督ではない。だが、こういったベテランというか老境に入って作られた作品には、それなりの味わいがある。

　昨年の『モダーンズ』（一九八八）が好評だったアラン・ルドルフには『チューズ・ミー』（一九八四）という小傑作があり、ほかにも『メイド・イン・ヘブン』（一九八七）という、作品としての完成度はないが、女性のファンには、ちょっとロマンティックでルドルフらしい映像感覚も見られるシャレた佳作がある。事故で死んだ青年（ティモシー・ハットン）が、天国で美しい女性（ケリー・マクギリス）と出会い、愛し合うようになるという、いわゆるゴーストもので、ラストの描き方など『天国から来たチャンピオン』（ウォーレン・ベイティ／バック・ヘンリー監督、一九七八）にも似た余韻を残す心暖まる一篇。

　インディーズ（独立プロ）出身のジョン・セイルズがメジャーに進出して撮った『エイト・メン・アウト』（一九八八）は、実際に一九二〇年に起った野球賭博に巻き込まれた選手を描く作品ながら、かつて『ブラザー・フロム・アナザー・プラネット』（一九八四）などの異色作のあるセイルズにしては、力を出しきれなかった作品。

　やはり独立プロ出身のアレックス・コックス監督の『ウォーカー』（一九八七）は、一九世紀中頃、中米ニカラグアを支配した歴史上の人物の波瀾万丈の生涯を描いたもので、かなり幻想的なシーンも含まれた異色作。原色を使ったカメラが面白い効果を出している。『プラトーン』（一九八六）や『ウォール街』（一九八七）で注目されたオリバー・ストーン監督の『トーク・レディオ』（一九八八）も鋭く社会問題に迫った一篇で、ボクの好きな作品ではないが、一応見ておいていい作品であろう。ミロス・フォアマン監督の『ラグタイム』（一九八一）がビデオ化されていて、これは『アマデウス』（一九八四）以上の傑作。

以上のようにアメリカ映画でもなかなか劇場で見られない作品がかなりビデオ化されていて、いわゆるメジャー系映画にない、独立したスタイルの面白さを見せている。

（「ぴっくあっぷ」一九九〇年三月号）

僕が選出した一九八〇年代、外国映画ベスト二〇

原稿のしめ切りが迫ったので、昨年、各誌のベスト・テンに入った『ニュー・シネマ・パラダイス』（ジュゼッペ・トルナトーレ監督、一九八九）でも見て、その評でも書こうと思っていたのだが、雑用に追われてまだ見ていない。かなり感動的な『フィールド・オブ・ドリームス』（フィル・アルデン・ロビンソン監督、一九八九）や意外な拾い物的面白さに充ちた『テキーラ・サンライズ』（ロバート・タウン監督、一九八八）といった佳作もないわけではないが、今回は、一九八〇年代の僕のベスト二〇本を選出して紙面を埋めさせてもらうことにしよう。選出というより捏造して楽しんでみようという試みである。

もっとも今終ったばかりの八〇年代を回想するには早すぎるだろうし、実際のところ、僕自身も波乱に充ちた十年間を、まさしく光陰矢のごとく疾走してきたという気持が強く、いったいこの十年間はどんな年代だったのか回想する精神的余裕はまったくない。映画にしたところで、かつて僕が熱中したフランソワ・トリュフォー、ルキノ・ヴィスコンティ、ロバート・アルドリッチは世を去り、ドン・シーゲルやサミュエル・フラーの新作も見られなくなったし、たしかにフェリーニは世を去り、ゴダール、ベルイマンは映画を撮ってはいるが〔一九九〇年当時〕、かつての作品と比較すると、やはり衰えたとしか思えない。

もともといい映画とは何かを問うとすれば、一冊の本を書いても追いつかないだろう。感動といっても、それぞれ個人差があるのだし、今日では、単に平均してバランスのとれた完全主義的な芸術映画が賞揚されるか、目に刺激的なメリハリのきいた作品が喜ばれる時代でもあるのだが、僕は、常にフランソワ・トリュフォーが言った以下のことばを座右の銘にしている。

「……見事な作品だと感心させられるものの、だからどうなんだろうと意気消沈させられてしまう映画がある。最もすばらしい映画は、扉がひらかれるような印象をあたえる映画であり、そこから映画が始まるような、もしくは、いまあらためてまた映画が生れるような感じをいだかせてくれるものだ」

「観客が映画館から出てきたときに、まえよりもずっといい気分に、もしくはずっと頭がよくなったような気分になるように、ただひたすら観客の心を快くくすぐるだけが目的の、いいかげんなホラ吹き映画があり、他方には、観客を安心させることよりも、むしろ不安にさせることを選び、眠らせることより

も、目ざめさせることに力をそそぐ誠実で聡明な作家たちが妥協なしに作る映画もある」（トリュフォー著「わが人生　わが映画」）

その上につけくわえるならば、もう一回、あるいは、あと三回は見てもいいと思う映画、それに僕自身が、その映画がどんな映画であったかを他人に語ることが出来る映画こそ、僕にとってのベスト・フィルムということになろう。ただ、本当に感動した作品は、そう何本もあるわけではないが、とりあえず、ヨーロッパ映画を十本挙げると、

『隣の女』（フランソワ・トリュフォー監督、一九八一）
『ラルジャン』（ロベール・ブレッソン監督、一九八三）
『汚れた血』（レオス・カラックス監督、一九八六）
『緑の光線』（エリック・ロメール監督、一九八六）
『ラストエンペラー』（ベルナルド・ベルトルッチ監督、一九八七）
『ある女の存在証明』（ミケランジェロ・アントニオーニ監督、一九八二）
『エル・スール』（ヴィクトル・エリセ監督、一九八三）
『フィッカラルド』（ヴェルナー・ヘルツォーク監督、一九八二）
『ライトシップ』（イエジー・スコリモフスキ監督、一九八五）
『バベットの晩餐会』（ガブリエル・アクセル監督、一九八七）

むろん、ここにもれた作品では、ヴィム・ヴェンダースの『ベルリン・天使の詩』（一九八七）、『パリ、テキサス』（一九八四）がある。さらに、テオ・アンゲロプロスの『シテール島への船出』（一九八四）もタヴィアーニ兄弟の『グッドモーニング・バビロン！』（一九八七）も傑作だろうが、ヴェンダース作品としては八〇年代の作品より七〇年代の『都会のアリス』（一九七四）、『まわり道』（一九七五）の方が僕にはずっと魅力的な作品に思える。もっともそんなことをいえば、『ラルジャン』より『白夜』（一九七一）の方が、『フィッツカラルド』より圧倒的に『アギーレ・神の怒り』（一九七二）が、『エル・スール』より『ミツバチのささやき』（一九七三）の方が素晴らしいことになるのだが、他にもアンドレイ・タルコフスキーの『ノスタルジア』（一九八三）やフェデリコ・フェリーニの『ジンジャーとフレッド』（一九八五）、『カサノバ』（一九七六）、イングマール・ベルイマンの『ファニーとアレクサンデル』（一九八二）、あるいは、イギリス映画『眺めのいい部屋』（ジェームズ・アイヴォリー監督、一九八六）、『マイ・ビューティフル・ランドレット』（スティーヴン・フリアーズ監督、一九八五）、ユーゴの『パパは、出張中！』（エミール・クストリッツァ監督、一九八五）、トルコの『路』（ユルマズ・ギュネイ／シェリフ・ギョレン監督、一九八二）といった魅力的な作品もなかったわけではないのだが、今ひとつ、ヨーロッパ映画は魅力に欠けていたように思う。中でも突出した作家はレオス・カラックスだが、フランスにはクロード・ミレール、ジャック・ドワイヨン、ジャン＝ピエール・リモザンといった新鋭が出現しているので九〇年代が楽しみだ。

アメリカ映画は、もっと身近な傑作がたくさん出ている。

『グロリア』(ジョン・カサヴェテス監督、一九八〇)
『ライトスタッフ』(フィリップ・カウフマン監督、一九八三)
『ナチュラル』(バリー・レヴィンソン監督、一九八四)
『カリフォルニア・ドールズ』(ロバート・アルドリッチ監督、一九八一)
『天国の門』(マイケル・チミノ監督、一九八〇)
『白いドレスの女』(ローレンス・カスダン監督、一九八一)
『ターミネーター』(ジェームズ・キャメロン監督、一九八四)
『コクーン』(ロン・ハワード監督、一九八五)
『バード』(クリント・イーストウッド監督、一九八八)
『最前線物語』(サミュエル・フラー監督、一九八〇)

結局、『ストレンジャー・ザン・パラダイス』(ジム・ジャームッシュ監督、一九八四)、『火山のもとで』(ジョン・ヒューストン監督、一九八四)、『ハンナとその姉妹』(ウディ・アレン監督、一九八六)、『ジャグラー　ニューヨーク25時』(ロバート・バトラー監督、一九八〇)、『レイジング・ブル』(マーティン・スコセッシ監督、一九八〇)といった作品がもれてしまった。八〇年代は、まさにスピルバーグ時代ともいえる。『E.T.』(スティーヴン・スピルバーグ監督、一九八二)は嫌いな映画ではないのだが、ただ、こういったヒューマニスティックで円満なスピルバーグ映画の悪い影響が出てきそうな気がするし、実際出てきている。

(「ぴっくあっぷ」一九九〇年五月号)

わが青春のアイドル女優

「週刊文春」編集部が企画した〝青春の日々にひそかに胸を焦がした〈私だけのアイドル女優〉を公開せよ〟というアンケートのもとに映画批評家及び文化人二四九人による集計結果が今春、文庫本化された。この本をめぐりながらわが十代に見た女優さんに思いをはせるのも悪くないというわけで、今回は、少々ノスタルジックな女優論を書いてみることにしよう。

この文庫に入ったベスト女優十人を挙げておくと、①フランソワーズ・アルヌール②オードリー・ヘプバーン③コリンヌ・リュシェール④イングリッド・バーグマン⑤アナベラ⑥アヌーク・エーメ⑦マリナ・ヴラディ⑧ダニエル・ダリュー⑨ヴィヴィアン・リー⑩ゲイル・ラッセルと意外な結果が出ている。今日の若いファンの方は、コリンヌ・リュシェールとかマリナ・ヴラディとかゲイル・ラッセルといった女優さんを御存知ないであろうから、ちょっと紹介しておくと、リュシェールは、戦前ドイツの女優さんで『格子なき牢獄』(レオニード・モギー監督、一九三八)一本で人気のあった人だし、ヴラディは、先日、衛星TVで『洪水の前』(アンドレ・カイヤット監督、一九五四)が放映されたが、五〇年代に活躍したフランス女優、ゲイル・ラッセルは、現在、「小説新潮」にビデオ・コラムを連載中の批評家(演出家でもある)武市好古氏の陰謀によって10位にランクされたのではないかと思われる。彼は、ラッセルの伝記をライフ・ワークにしようと考える狂的なラッセル・ファンで、彼女について「明眸皓歯とは彼女のことをいう。彼女の大きな眼でじっと見つめられると、この女のためなら何でもしようという気になる」と書いておられるが、彼女は、どちらかというとB級映画に出演した女優さんである。

アルヌールは、おそらく『ヘッドライト』(アンリ・ヴェルヌイユ監督、一九五六)〈僕はこの映画のどこがいいのかいまだによくわからない〉一本での人気のせいで、おそらく、彼女のごく庶民的な官能美に票が集まったのであろう。彼女の主演作で僕の好きな作品が一本ある。それは、クリスマスを舞台にしたコメディ『幸福への招待』(ヴェルヌイユ監督、一九五六)で、この作品のアルヌールはとても素敵だった。本誌のファンのために人気女優のランクを記しておくと、モンロー11位、ナタリー・ウッド17位、ロミー・シュナイダー26位、カトリーヌ・ドヌーヴ29位、キム・ノヴァク43位で、わが二〇代のアイドル、ジョアンナ・シムカスは12位にランクされている。

スクリーンの魅力の半分は、女優さんによって占められているだろう。彼女らがスクリーンに出てくるだけで、画面が生きてくるのだ。特に僕と同世代のファンにとって、戦後のアメリカ映画のスターたちは、単なる思い出の女優という存在を超えて神話的な存在でもあった。

僕にとっての最初のアイドル女優は、『若草物語』(マーヴィン・ルロイ監督、一九四九)、『三銃士』(ジョージ・シドニー監督、一九四八)、『グレン・ミラー物語』(アンソニー・マン監督、一九五三)のジューン・アリスン、『打撃王』(サム・ウッド監督、一九四二)のテレサ・ライト、赤毛美人で天然色女優と謳われたモーリン・オハラ、『死の谷』(ラオール・ウォルシュ監督、一九四九)、『虹を掴む男』(ノーマン・Z・マクロード監督、一九四七)、『ヒット・パレード』(ハワード・ホークス監督、一九四八)のヴァージニア・メイヨ、『われら自身のもの』(デヴィッド・ミラー監督、一九五〇)、『世界を彼の腕に』(ウォルシュ監督、一九五二)のアン・ブライス(彼女の魅力的なおでこと大きな瞳!)、『アンリエットの巴里祭』(ジュリアン・デュヴィヴィエ監督、一九五二)、『真夜中の愛情』(ロジェ・リシュベ監督、一九五三)のダニー・ロバン、それに小柄ながらキュートな肢体のパイパー・ローリー、『珍道中』シリーズのドロシー・ラムーア、それにかなり挑発的なジーン・ピータースに心ときめかせたもので、『拾った女』(サミュエル・フラー監督、一九五三)と『革命児サパタ』(エリア・カザン監督、一九五二)の彼女は素晴らしかった。むろん、バーグマン、ヴィヴィアン・リーの美しさは地上のものとは思えなかった。その上に、例えば『キュリー夫人』(ルロイ監督、一九四三)、『心の旅路』(ルロイ監督、一九四二)のグリア・ガースン、『断崖』(アルフレッド・ヒッチコック監督、一九四一)、『旅愁』(ウィリアム・ディターレ監督、一九五〇)のジョーン・フォンテーン、『肉体の悪魔』(クロード・オータン=ララ監督、一九四七)のミシュリーヌ・プレール、『天井棧敷の人々』(マルセル・カルネ監督、一九四四)のアルレッティ、『第三の男』(キャロル・リード監督、一九四九)のアリダ・ヴァリといった知的な大人の女優さんにもこころ魅かれたものだし、あの閉ざされた十代の時に、その官能的な美しさに悩まされたのは、『パンドラ』(アルバート・リューイン監督、一九五〇)、『殺人者』(ロバート・

シオドマーク監督、一九四六）のエヴァ・ガードナー、『飾窓の女』（フリッツ・ラング監督、一九四四）のジョーン・ベネット、『夜ごとの美女』（ルネ・クレール監督、一九五二）のジーナ・ロロブリジーダなどで、『摩天楼』（キング・ヴィダー監督、一九四九）のパトリシア・ニール、『探偵物語』（ウィリアム・ワイラー監督、一九五一）のエレノア・パーカー、ミッシェル・モルガン、ローレン・バコール、グロリア・グレアム、ラナ・ターナー、リタ・ヘイワースと挙げていけばキリがない。マリリン・モンローとオードリー・ヘプバーンが出現しなくとも当時の女優陣は豊かであった。

女優の好き嫌いを挙げるだけでなく、女優を論じることによって、他に類のない映画論に山田宏一氏の「映画的なあまりに映画的な 美女と犯罪」［新編がワイズ出版より発売］がある。この一冊は、全ての映画ファンが目を通すべきだろう。この一冊によって、わが日本の映画批評は、最高の水準に達したと思う。何故なら、どんなに哲学的な思考で書かれた映画論といえども、映画のように面白い本は、ほとんどないからだ。この映画論は、映画のきらめくカッティング、めくるめくモンタージュのように女優の肌ざわりや呼吸までが描かれ、それらの文章が映画史そのものになっているからだ。

わが青春のアイドルといったノスタルジックな思い出をはるかに超えた、山田宏一氏の著作を読まれんことを。女優そのものが、いかに魅力的な存在であるかを、スクリーンを超えたところで感知させる必読の女優論だし、誰もが山田さんのように映画を語りたくなるだろう。だが、この文章に近づくことはむつかしい。

（「ぴっくあっぷ」一九九〇年六月号）

山田宏一さんの近著「わがフランス映画誌」という映画論をめぐって

すでに山田宏一さんの映画論については、しばしば本誌でも紹介してきた。ボクは、山田さんの映画論にいつも触発され、映画をより楽しく見る方法を学んできた。山田さんは、映画を自分の観念や思想でねじまげたり、映画の背後にある意味をさぐったりしない。彼は、映画をあるがままに語り、映画の息づかい、映画の肌ざわりというか画面によって喚起された自らのエモーションを、そのまま文章にすることの出来る人である。ボクも、山田さんに少しでも近づこうとして駄文を書きつづっているのだが、とても山田さんの高みには達しえない。彼の文章は、いわゆる知識や思想的な修業で生れたものではない。彼自身が語っているように、フランソワ・トリュフォーに出会うことによってより映画に近づくために映画論を書くようにしているというが、思うにトリュフォーは、中学中退、感化院に入れられ脱走し、兵隊に入ってはまた脱走し、ひたすら映画を見ることのみで、字を書くことも映画から学んだような人なのだが、それでいて彼の映画論はズバ抜けて明晰であり面白い。トリュフォーと同じように何の規範もなく、映画と出会うことで、今までになかった映画論をものにしている山田さんは『天井桟敷の人々』のセリフを全部フランス語でしゃべりたいために、学校を早大から外大仏文科に移った人でもある。
ここ数年、山田さんの映画論集が何冊か出版されている。「きょうのシネマは　シネ・スポット三百六十五夜」（平凡社）は、七〜八年前に朝日新聞に連載されたもので、テレビに放映された映画の見どころを簡潔な文体で記したものながら、実に刺激的なガイド・ブックに仕上っている。また、かつて出版された名著が、二冊、改訂版として再刊されている。「友よ映画よ　わがヌーヴェル・ヴァーグ誌」（話の特集）、「映画この心のときめき」（早川書房）、さらに後述するインタビュー集「映画とは何か」（草思社）といずれも入手可能なので、読んでいただきたい。

山田さんの処女論集「映画について私が知っている二、三の事柄」に出会ったのは、ボクがまだ地元の自主映画運動に従事していた一九七一年の夏の頃であった。この映画論は、ボクにコペルニクス的ショックを与えた。今もって、ボクは、一年に二、三回は読みかえしている。当時、スーザン・ソンタグというアメリカの女流批評家の「反解釈」という本を読んで、彼女の現代芸術にむけられた柔軟にしてみずみずしい批評精神に目をひらかれる思いであったが、山田さんの映画論は、ソンタグの〈解釈学の代わりにわれわれは芸術の官能美学を必要とする〉というマニフェストをそのまま実践したものであった。以来、ボクは、山田さんの仕事を追ってきたが、彼の映画にむけられたさまざまな仕事は、映画評論家という枠をはるかに超えている。先月号にも書いたように「映画的なあまりに映画的な　美女と犯罪」（ハヤカワ文庫）を手にして、そのはずむような文章、次から次へと出てくる女優さんの、スクリーンの中での官能的な演技（しぐさ）を書きつづった文体に魅了されない方は、残念ながら、いわゆる映画語が理解出来ない方であろう。こんな本が書ける人物など日本はおろか、世界のどこをさがしてもいない。何よりも圧倒的に面白いのだ。そう、映画のように面白い文章が書ける人が山田さんだ。

さて、この「わがフランス映画誌」（平凡社）は、山田さんの一番愛するジャン・ルノワールを中心に、前半は、いわゆる映画の創世期にむけられた記述であるが、〈シネマトグラフ年代記〉とされた映画前史論は、何よりも面白く読める点で、単なる映画史を超えている。中でも圧巻は、かつてルノワールからゴダールに至るまで非商業主義的な映画だけを製作してきたピエール・ブロンベルジェへのインタビューであろう。このインタビューが無類に面白いのは山田さんがそこにいるからだ。例えば、こんな風な質問が発される。

「ルノワールの『ピクニック』の助監督は、ジャック・ベッケル、クロード・エーマン、アンリ・カルティエ＝ブレッソン、それにルキノ・ヴィスコンティといった信じられない顔ぶれですね」

「ゴダールの『男の子の名はみなパトリック』やトリュフォーの『ピアニストを撃て』に出てくる女優のニコル・

ベルジェは、たしかブロンベルジェさんの義理の娘さんでしたね」

こんな質問を受けたブロンベルジェ氏は、実に楽しそうに次々と面白いエピソードを語っていくのである。むろん、この本の中には、エリック・ロメールやメルヴィルについての魅力的で本格的な作家論も入っているのだが、この本と同時にインタビュー集「映画とは何か」を手にしていただきたい。たちまちあなたも映画狂になるだろう。いや、むしろ、その具体的な作品や女優のことは知らなくても、あなたの映画への愛情は高まっていくであろう。もう一つ、あの『霧の波止場』(マルセル・カルネ監督、一九三八)、『天井桟敷の人々』(一九四四)から、アメリカ映画『ピラミッド』(ハワード・ホークス監督、一九五五)、『アパートの鍵貸します』(ビリー・ワイルダー監督、一九六〇)、『情婦』(一九五七)から、近年の『サブウェイ』(リュック・ベッソン監督、一九八四)、『ラウンド・ミッドナイト』(ベルトラン・タヴェルニエ監督、一九八六)など今なお現役の美術装置家、アレクサンドル・トローネルへのインタビューも次々に面白いエピソードが出てくる。山田さんの映画論の秘密は、ジャン・ルノワールのことばでいえば〝映画そのものになることであり、映画を裁くまえに愛することだ。異議申立てをする前にすべてを受入れる〟ことなのだ。

(「ぴっくあっぷ」一九九〇年八月号)

フランソワ・トリュフォーが描いた女性像

今回は、ボクがずっと関心を持ちつづけてきたフランソワ・トリュフォーの、特に女性を描いた作品について書いてみる。

彼は、一九八四年十月二十一日、悪性脳腫瘍(ガン)で、わずか五十二歳で亡くなっている。トリュフォーの映画の大半はビデオ化されていて、ボクの知る限りでは『黒衣の花嫁』(一九六七)、『野性の少年』(一九六九)、『家庭』(一九七〇)、『アデルの恋の物語』(一九七五)、『恋愛日記』(一九七七)、『緑色の部屋』(一九七八)がビデオになっていない(現在大半がDVD化。ただし廃盤もあり)が、彼の長篇第一作『大人は判ってくれない』(一九五九)から、遺作の『日曜日が待ち遠しい!』(一九八三)に至る二十二本のうち、代表作のほとんどを見ようと思えば見ることが出来るわけだ。むろん、明らかに失敗作ともいえる『華氏451』(一九六六)、『暗くなるまでこの恋を』(一九六九)、『終電車』(一九八〇)のような作品もあるものの、以上の三本もそれなりの魅力を持った作品である。

彼は、常に女性を描くことを好んだ。彼が描こうとした女性像とは何であったかを、何本かの作品の中から探ってみることにする。

中でも『ピアニストを撃て』(一九六〇)は不思議な情感を与える作品であった。この映画の主人公は、かつて将来を約束されたピアニスト(シャルル・アズナブール)で、今や場末の酒場のしがないピアノ弾きである。回想場面によって主人公の過去が描かれるが、夫を舞台に立たせるために、不貞を犯したことを夫に知らせた直後、妻は自殺する。自殺のシーンを含めて回想シーンのたたみこむような短いショットが、主人公の傷の深さを伝えている。同時に映画の中では同じ酒場につとめるウェイトレス（マリー・デュボア）との恋の進行が描かれる。この恋もラストは無残な彼女の死で終るのだが、挫折し、傷を持った弱い男の物語ながら、映画そのものは不定形でギクシャクしていて、感傷的なムードは全くなく、ふてぶてしい映像の作品である。全体が謎めいているが、男にとって女性とは何であるのか、何故男は女性の愛が必要かを問うた作品のように思われる。

トリュフォーの映画で一番ポピュラーな『突然炎のごとく』（一九六一）は、おそらく映画の好きな方はごらんになっていらっしゃるだろうから省略するが、この作品も、愛――それも女性の愛が絶えず変化していく姿を流動的で華麗なカメラワークでとらえたもので、トリュフォーのロマンティシズムが最も色濃く出た傑作だ。

『恋のエチュード』（一九七一）は、ボクが一番好きなトリュフォー映画だが、この映画はヒットしなかった。この映画の主人公（ジャン＝ピエール・レオー）は、イギリスの二人の女（姉妹）に同時に恋してしまったものの、その恋をどうして発展させていいのかわからず、何と十五年間をすごしてしまうというダメ男の物語である。主人公が、七年もたって妹を抱くのだが（彼女は処女でそのシーンが鮮烈だった）初めてのセックスが終ったとたんに二人の恋は終るのである。何とも物語そのものはジクジクしたコッケイで悲痛な話なのだが、ブニュエルの『エル』を思わせるような、様式的で散文的な映像と抜群のカメラワーク（ネストール・アルメンドロス）によって、したたかな映画に昇華している。恋愛映画としては、反時代的だが、最も人間的な高みに達した作品といえよう。

『恋愛日記』は、むしろ漁色家の日記ともいえるもので、孤独な主人公のさまざまな女性との交流を、くすんだ色調で描いている。この主人公は、女の足に見とれて事故で死んでしまうのだ。

『アデルの恋の物語』は、恋に狂った女の物語で、その鮮烈な映像とイザベル・アジャーニ（当時十七歳）の驚くべき美しさと気品によって、やはり忘れがたい名作である。アデルは、教養もあり聡明な女性でありながら、自分にまったく関心を持たない英国騎兵隊中尉に恋し、どこまでも彼を追っていく。最後は、何と中南米のバルバドス島まで追っていく。彼女は、その愛と情熱によって自ら破滅していくのである。残酷な映画だが、彼女の恋が終った時、見る者は、何故か心が安まるのだ。余計なものは全て取りさってしまった上に生まれた詩情ともいうべき硬質の映像が、ひしひしと見る者の胸をしめつける。

『隣の女』（一九八一）は、かつての恋人が近所の家に引越してきたことから、それぞれ家庭人となった二人の愛が再燃し、のっぴきならないところまでいってしまう、ごく単純な話でありながら、これもこわい話である。愛にとらわれ、純粋に愛を貫く状況などどこにもなくなった時、相手との心中を完成させるより外ない。女のせっぱつまった情念が、一つ一つのカットの中に凝縮されている。

以上のトリュフォーの愛を描いた映画は、いずれもウェルメイドにつくられ、見る者を心地よく誘う作品は一本もない。愛する者の孤独、恋する者の苦しみが、まったく虚飾のないタッチで描かれ、見る者に次に何が起るか、予測させない構成の作品だけである。トリュフォー自身、いつも傷つきやすく、愛に飢えた人だったと思う。いずれの作品も、人間は愛がなければ生きてゆけないのだというテーマがあった。

かつて、山川方夫という小説家が「〈恋〉は、だれかと共に死ぬことであり、〈愛〉はだれかと共に生きることだ」と書いていたが、トリュフォーの作品には、生きる歓びをおおらかに謳った『映画に愛をこめて　アメリカの夜』（一九七三）、『トリュフォーの思春期』（一九七六）という傑作もあるから、その辺から御覧になることをおすすめしておこう。

（「ぴっくあっぷ」一九九一年二月号）

リメイク（再映画化）作品の面白さをめぐって①

ビデオ時代の到来と共に衛星テレビによる映画放映が一般化しつつある。今年（一九九二年）に入って民放のＪＳＢ（ＷＯＷＯＷ）が四月から正式にスタートした。ボクもＪＳＢの方は、昨年十二月に入会手続きをすませたのだが、このチャンネルのプログラムは、まったく期待を裏切っている。新作中心で、どこのレンタル店にも置いている作品が中心で、今から入会される方に注言しておけば、急いで入会される必要はない。このチャンネルの出現で打撃を受けるのは、レンタル店だけだろう。ここでは、映画史上の重要な映画や戦前の日本映画など殆ど放映されたことがない。たまにフォードの西部劇をやっても、すでにＮＨＫ・ＢＳで放映されたものばかりだ（受信料を払う前には三〇年代のアステアのミュージカル映画など放映されたのだが）。

一方、ＮＨＫ・ＢＳの方は、三〇年代のアメリカ映画（キング・ヴィダーやウィリアム・ワイラーの傑作）とか、先々月だったかイングマール・ベルイマンの初期の作品や昭和二〇年代の日本映画をかなり放映してくれたし、川島雄三や増村保造の作品などファンにとっては涙ものの放映もあったので、これからも映画史上の傑作との出会いに期待が持てる。

今日では、衛星チャンネルによって日に五本も六本も映画が放映されているわけで、あまりに安々と手軽に映画は茶の間に入ってきて、映画に対する歓びや感動をなくしつつあるというファンもいらっしゃるだろうし、実際、今日ほど映画の価値が下落した時代はないともいえるだろう。

ＪＳＢのプログラムは、相当にひどいのだが、たまに日本未公開の作品は見ることがある。この十月にアメリカ映画『今ひとたび』（ジョエル・シュマッカー監督、一九八九）を見ていたら、どこかで見た映画だと三分の一くらいのところで気付いた。これは四年前に、デミ・ムーア、ロブ・ロウ主演の青春群像の佳作『セント・エルモス・ファイアー』（一九八五）を撮ったジョエル・シュマッカー監督で、郊外の町に展開される二組の夫婦をめぐっての中年を主人公としたラブ・ストーリーなの何とこれは、当地でもかつて公開されたフランス映画『さよならの微笑』(ジャン＝シャルル・タケラ監督、一九七六)のリメイク(再映画化)であった。この映画には、ボクがひいきにしているマリー＝クリスティーヌ・バローが人妻役で出ていたと記憶しているが、やはりフランスの田舎町で展開されるもので、ともに子供もいる夫と人妻が恋におちて、退屈な町にさよならするという、ちょっと風変わりな、それでいていかにもフランス映画らしいエスプリを感じさせる作品だったという印象が残っている(これもビデオ化されている)。『今ひとたび』の方は、イザベラ・ロッセリーニが、ロマンティックな人妻役を美しく演じているものの、フランス映画にあった、人を食ったようなユーモアが見られぬ、単なる風俗映画にとどまっている。

ヨーロッパ映画をアメリカ映画としてリメイクした作品は何本かあって、近年では、コリーヌ・セロー監督の『赤ちゃんに乾杯!』(一九八五)が、トム・セレック主演の『スリーメン＆ベビー』(レナード・ニモイ監督、一九八七)となり共にヒット作品になったが、ジェラール・ドパルデュー主演の『3人の逃亡者 銀行ギャングは天使を連れて』(フランシス・ヴェベール監督、一九八六)もニック・ノルティ主演でアメリカ映画化(『3人の逃亡者』〈フランシス・ヴェベール監督、一九八九〉)されていて、ボクは、どちらも見ていない。驚いたのは、日本未公開でバート・レイノルズとジュリー・アンドリュース主演の『グッバイ、デイビッド』(ブレイク・エドワーズ監督、一九八三)が、フランソワ・トリュフォー監督の『恋愛日記』(一九七七)のリメイクであることを知った時だ。トリュフォー作品を愛しているボクには、割に上出来とはいえ、このリメイクを許せない気持だ。ゴダールの『勝手にしやがれ』(一九五九)もリチャード・ギア主演の『ブレスレス』(ジム・マクブライド監督、一九八三)としてリメイクされているが、こちらのアメリカ映画は、問題作以前の駄作。

リメイク映画となれば、アメリカ映画の得意とするところで、ボクが最も成功した作品として挙げたいものに『フロント・ページ』(ビリー・ワイルダー監督、一九七四)がある。これは、二〇年代後半にブロードウェイでヒットしたベン・ヘクトとチャールズ・マッカーサーによる戯曲の映画化で、最初は『犯罪都市』(一九三一)〈原題は「フロント・ページ」〉としてルイス・マイルストンによって映画化されている。これは、新聞記者の生態をおかしく描いたもので、男二人の主人公が機関銃のように早口でしゃべるセリフまわしで評判になったらしいが、次にハワード・ホークスが『ヒズ・ガール・フライデー』(一九四〇)としてリメイク。ここでは、男(ケーリー・グラント)と女(ロザリンド・ラッセル)に変えてある。これが見事に成功して、まさしく抱腹絶倒のコメディの大傑作に仕上がっている。一般にはウォルター・マッソーとジャック・レモンによるビリー・ワイルダー監督の『フロント・ページ』が知られているが、むろん、こちらの方も素晴らしい。さらに、この作品は、バート・レイノルズとキャスリン・ターナー主演の『スイッチング・チャンネル』(テッド・コッチェフ監督、一九八八)となってリメイクされていて、前二作にはとても及ばないものの、それでもかなり面白い。

アメリカ映画史上に傑作として名高い『ステラ・ダラス』（ヘンリー・キング監督、一九二五）は、トーキーに入ってキング・ヴィダー監督（一九三七）でリメイクされていて（ビデオ化されている）、いわゆる母ものなのだが、ヴィダーらしい端正な描写が光る佳作。近年、ベット・ミドラー主演の『ステラ』（ジョン・アーマン、一九九〇）が作られている。これは、ボクは見ていない。

（「ぴっくあっぷ」一九九二年一月号）

オリジナル作品に出会える歓びと発見
――リメイク映画の楽しさをめぐって②――

前号に書いたように、リメイクはアメリカ映画の得意とするところで、現在正月映画として上映中の『ケープ・フィアー』（マーティン・スコセッシ監督、一九九一）も、六二年の『恐怖の岬』（J・リー・トンプソン監督）のリメイクである。変質者のロバート・デ・ニーロの熱演は見ものだが、恐いという点では、前作のロバート・ミッチャムの方がもっと恐かった。弁護士のニック・ノルティの役は、前作ではグレゴリー・ペックが演じている。スコセッシの演出は、ダイナミックで切れ味は良いのだが、『グッドフェローズ』（一九九〇）で、あれだけ質感のある秀作を作った彼が、何故このリメイクに挑戦したかという疑問が残る。才能の労費ではなかっただろうか。

リメイク作品は、むろん前作がヒットしたもので、時代を超えて再生されるわけだが、決定的名作といわれる『哀愁』（マーヴィン・ルロイ監督、一九四〇）、『ローマの休日』（ウィリアム・ワイラー監督、一九五三）、あるいは『逢びき』（デヴィッド・リーン監督、一九四五）、『外人部隊』（ジャック・フェデー監督、一九三三）といった名作のリメイクは、まず見ない方が無難であろう。デヴィッド・リーンの『逢びき』は、十五年くらい前にソフィア・ローレンによってリメイクされたが〈『逢いびき』（一九七四）〉、前作の哀感あふれるドラマ・トーンを裏切る凡作であったし、『必死の逃亡者』（ワイラー監督、一九五五）〈今年公開されたミッキー・ローク主演の『逃亡者』（マイケル・チミノ監督、一九九〇）〉も、『恐怖の報酬』（ウィリアム・フリードキン監督、一九七七）も前作（アンリ＝ジョルジュ・クルーゾー監督、一九五三）に遠く及ばなかった。

リメイク映画として注目すべきは、今日、古い作品がビデオ化されて、そのオリジナルを見るチャンスが生まれてきたことで、キング・ヴィダーの『ステラ・ダラス』（一九三七）が良い例なのだが、それらの作品に接することで、大きな発見と出会うことがある。特に、三〇年代、四〇年代のアメリカを代表する巨匠といえるジョン・フォード、フランク・キャプラ、ハワード・ホークス、ウィリアム・ワイラーには、それぞれ興味深いリメイク作品が残されている。

まず、昨年〔一九九一年〕亡くなったフランク・キャプラは、一年くらい前にビデオ化された『ポケット一杯の幸福』（一九六一）が、かつての同じキャプラの『一日だけの淑女』（一九三三）のリメイクとして知られているが、このオリジナルは、是非とも見たいものだ〔後年著者は鑑賞した〕。原作は、デイモン・ラニアンの短篇で、その原作の方も昔読んで、O・ヘンリーとは、また異なった粋なものと感心したものだ。これは、ニューヨークの貧しいリンゴ売りの老女の、ヨーロッパに留学中の娘が、伯爵の息子の婚約者を連れて帰って来るというので、老女の仲間である暗黒街のギャング達が、彼女を貴婦人に仕立てるという手の込んだギャグが、次々に出てくる楽しい作品であったが、何とさらに、ジャッキー・チェンが『奇蹟〈ミラクル〉』（ジャッキー・チェン監督、一九八九）としてリメイクしている。チェン作品も、一応それなりの面白さを持っていたものの、やはり舞台は、禁酒法時代のニューヨークでないと、この人情コメディの面白さは伝わってこない。もう一本、まだビデオ化されていないが、キャプラの作品に『恋は青空の下』（一九五〇）という作品があり、これは、ボクが中学生の頃見たのだが、主人公のビング・クロスビーが馬好きで、仕事をほったらかして馬の調教ばかりしていて、やがて、その馬が競馬で優勝するという、キャプラならではの田園コメディというべき楽しさにあふれた佳作であったが、これもキャプラの『其の夜の真心』（一九三四）の自らのリメイク作品であるという。

ハワード・ホークス作品となれば、前号に書いた『ヒズ・ガール・フライデー』（一九四〇）もリメイク作品だが、ジャズ音楽を導入したダニー・ケイ主演の『ヒット・パレード』（一九四八）は、七年前に自ら作った『教授と美女』（一九四一）のリメイクであった。『教授と美女』は、日本未公開作品なのでビデオで見たが、これも傑作である。ホークスの伝説的コメディの傑作『赤ちゃん教育』（一九三八）は、バーブラ・ストライサンドとライアン・オニールの主演で、『おかしなおかしな大追跡』（ピーター・ボグダノヴィッチ監督、一九七二）としてリメイクされているが、あまり良い出来でなかった。もっともボグダノヴィッチ作品では、細部をかなり変えてあったように思う。マドンナ主演の『フーズ・ザット・ガール』（ジェームズ・フォーリー監督、一九八七）も『赤ちゃん教育』のリメイクで、こちらはかなり面白い。

ジョン・フォードは、かつてサイレント時代に作った『恵みの光』（一九一九）を、後年ジョン・ウェイン主演で『三人の名付親』（一九四八）としてリメイクしているが、この作品は、トーキーに入ってからウィリアム・ワイラーが『砂漠の生霊』（一九二九）としてリメイクしていて、これは、ワイラーの出世作となった伝説的一作（ビデオ化されていない）（後年DVD発売された）。フォードの『栄光何するものぞ』（一九五二）も、かつてのラオール・ウォルシュの『栄光』（一九二六）のリメイクである。ちなみに、『駅馬車』も三度くらい再映画化されている。『ハリケーン』（一九三七）も、数年前に映画化された。

ウィリアム・ワイラーも、三〇年代、リリアン・ヘルマンの脚色を得て『この三人』（一九三六）という、ミリアム・ホプキンスとマール・オベロン主演の映画を撮っているが、これは、後年のヘプバーンとマクレーンが共演した『噂の二人』（一九六二）のオリジナル。三〇年代は、同性愛を描くことは禁じられていたので、ワイラーは、そのオリジナルのドラマをもう一度映画化したわけだが、『この三人』の方も、みずみずしい佳作。

ボクの大好きなルビッチの『生きるべきか死ぬべきか』（一九四二）も、数年前に『メル・ブルックスの大脱走』（アラン・ジョンソン監督、一九八三）としてリメイクされ、この映画は、エルンスト・ルビッチに捧ぐといった献辞が出てきたと記憶する。オリジナルを知らないでいると、そこそこ面白い作品であるのだが、オリジナルに接すると、ルビッチの流麗な展開、そのギャグの素晴らしさの前では、何よりもブルックス作品は下品であるということを知らされる。ラオール・ウォルシュやスタンバーグの作品にも何本かリメイク作品があるようだが、紙数が尽きた。

（「ぴっくあっぷ」一九九二年二月号）

ハリウッド映画における性描写はどのように変ってきたか

すでに各誌のベスト・テンも発表されたところだが、少し遅くなるけれども、ボクの昨年度のベスト・テンは、次号に発表させてもらうことにしよう。

二月一日の低料金日に『シコふんじゃった。』（周防正行監督、一九九一）を見た。

今日、アクション映画やメロドラマには面白い作品があり、特に外国映画には新しい有能な映画作家が生まれているけれども、現代の映画界に最も必要とされるのは、優れたコメディを作る才能であろう。泣かせることやハラハラさせることよりも、観客を笑わせることは、いっそう難しいことなのだ。もっとも今の若い観客たちは、こちらが少しもおかしくないところで笑ってくれる。先日、前評判の良かった『ホット・ショット』（ジム・エイブラハムズ監督、一九九一）というアメリカ映画を見たが、あまりに貧しいパロディの連続に中途で席を立ったが、このあたりのコメディがウケるようだと、優れたコメディなど生まれないだろう。この十年間、内外の映画をあれこれ思い出してみても、傑作といえる喜劇映画は、一本も作られていない。ここでかつてのハワード・ホークスやエルンスト・ルビッチ、ビリー・ワイルダー、ノーマン・タウログらのコメディを引き合いに出して、今日の貧しい喜劇映画を断罪してみる余裕は今のボクにはないものの、こうした中で『シコふんじゃった。』の周防正行は、並々ならぬコメディ・センスを見せていて、本年度の幕開けを飾るにふさわしい小傑作に仕上っている。見逃した方は、是非ともビデオででも御覧になって下さい。

周防正行のことを簡単に紹介しておけば、かつて高橋伴明や若松孝二の助監につき、ピンク映画界で働いてきた。伊丹十三のメイキングものは彼の手によるもの。八四年に『変態家族兄貴の嫁さん』でデビュー。この映画は、すでにシネ・フリークスのビデオ会で取り上げたもので、わずか四人ばかりの観客に心地良い感触を与えた。これは、小津安二郎の徹底的なパロディで、ピンク映画の貧しい予算内で作られていながら、こんな映画もあるのかというショックをファンに残して、今でもカルト的人気を持続しているらしい。次作の『ファンシイダンス』（一九八九）は、修行僧になった若者の、お寺での修行ぶりを描くという風変わりな舞台設定の青春コメディで、これも大変魅力あふれる作品であった。前作に続いてモックンこと本木雅弘が主人公の『シコふんじゃった。』は、ひょんなことから部員一人（竹中直人）しかいない大学の相撲部に入ってしまった彼が、その相撲部を強化させるという、どこにも努力奮励型の力みのない、いわゆるライブ感覚のソフトな笑いに包まれた作品である。この映画のような節度のある、そしてあくまでも端正な画面の作品に接するのは、本当に久しぶりのことだ。女優の清水美砂を、あたかも原節子のように清潔に演技させて画面を構成していくあたりの楽しさは、無類のものである。

さて、今号は映画史において、ハリウッドのセックス・シーンはどのように変化してきたかについての考察でもしようと思っていたところに、周防正行の映画のように、どこにもセックス・シーンのない端正な傑作に出会ったところだが、今日ではどんな映画の中にも赤裸々なセックス・シーンが見られるし、いわゆる性交だけを売物にするAVも氾濫している。

アメリカ映画の場合は、独立プロの、いわゆるアンダーグラウンドのポルノはともかく、メジャー映画においては、一九六〇年代の中頃まで、かなりきわどいシーンはあったにしても、スクリーンに乳房さえ映されることがなかった。というのも、ハリウッドでは一九二〇年代に作られた〈ヘイズ規制〉が映画界を支配してきたのである。二〇年代の初めの頃、ハリウッドの各社の首脳たちが作ったMPPDA（全米映画製作配給業者協会）の初代会長にウィル・H・ヘイズが選ばれたが、この人は、良質の映画を大衆に送ろうということに並々ならぬ情熱を注ぎ、エロティックな映画は、ことごとく規定侵犯の汚名が着せられ、いろんな作品に非道徳的とか、描き方が過激といったレッテルをはりつけた。この規定は、自主規定であったにもかかわらず、製作の企画の段階から作品完成に至るまで、倫理審査委員会が監視することを可能にしていたのである。

ここで一つの例を挙げよう。一九三四年に作られた、リリアン・ヘルマンの原作戯曲（彼女自ら脚色）の『この三人』（ウィリアム・ワイラー監督、一九三六）において、ヘイズ自ら製作者のゴールドウィンに、次のような条件を出した。

①「子供の時間」という題名を使わないこと

②直接的であろうと、また広告でも製作発表の段階でも、戯曲「子供の時間」とのかかわりには、いっさい触れないこと

③映画からはレズビアンはもちろん、倫理規定に反するような事柄をほのめかすことは、いっさい削除すること

このためにヘルマンは、ありふれた三角関係に書き直したというが、今日の常識からすると、馬鹿げた規制であろう。

後年、この映画の監督ウィリアム・ワイラーは、原作に基づき、完璧な「子供の時間」の再映画化『噂の二人』（一九六一）を作った。むろん、この作品は秀作としてベスト・テンにも入ったが、ボクには、この三〇年代のミリアム・ホプキンスとマール・オベロンの主演映画の方が、ずっと溌剌として魅力のある映画に思える。この辺が映画の面白いところだが、いずれにしろハリウッドの芸術家たちは、一種のファシズム的ヘイズ規定と闘うことによって、映画をよりいっそう美しいものにした。

（「ぴっくあっぷ」一九九二年三月号）

近作の映画がつまらないので今回は映画をめぐる本を紹介することにしよう

『いつかギラギラする日』(深作欣二監督、一九九二)、『裸のランチ』(デヴィッド・クローネンバーグ監督、一九九一)のあまりのひどさに憮然とさせられ、『エイリアン3』(デヴィッド・フィンチャー監督、一九九二)、『夢を生きた男～ザ・ベーブ～』(アーサー・ヒラー監督、一九九一)は、まあ見料に値する映画ではあったが、日本映画の『継承盃』(大森一樹監督、一九九二)にしても『未来の想い出 Last Christmas』(森田芳光監督、一九九二)にしても、こちらを触発するような輝きがなかった。

秋には、いい作品と出会うものだが、今回は、映画をめぐる本を何冊か紹介することにしよう。というのも、最近、若いファンの方から、映画批評集だったら何を読んだらいいでしょうかと質問されたからだ。今日、どんな雑誌の中にも映画のコラムがあって、新作の紹介なり、短評なりのガイド欄が載っているのだが、はたして、真に信頼する批評家がいるのだろうか。映画批評(あるいは映画をめぐる言説)よりも、映画ファンは、真に映画を愛するシネ・フレンドを持つべきではなかろうか。一本の映画をめぐっての、お互いの異った意見や同感が、映画をより深く、そして親しく知るきっかけをつくってくれる場合があり、ボクの場合は、大学の先輩であった白井佳夫氏に出会うことによって、新しい視線を持つようになった。その白井佳夫も何冊か本を出しているのだが、それでも彼のトークの方が、ボクには、ずっと強烈な映画論で、特に若い時代には、白井佳夫氏からの影響が大きかった。

本当のところ、映画を見るのに何の知識もいらない。まったくの白紙で映画は見るべきだと、ボクは、そう思っている。だから、いい映画と出会う為には、一種の映画へのカン(直感)が必要であろう。映画の知識よりも、情熱をもって映画そのものを愛してしまうことがより重要であり、結局、面白い映画の本とは、映画により親しく接近する方法を感知させてくれる本ということになるだろう。

まず、ボクが推賞するのは、あの長老の淀川長治さんに山田宏一と蓮實重彥の二人が徹底的に迫って、淀川さんの中に眠っていた映画論を全て吐き出させた「映画千夜一夜」(中央公論新社)である。ボク自身、淀川さんの映画論に直接触発されたことは、ほとんどないにもかかわらず、淀川さんの偉大なところは、ともかく映画を見に行くという欲望を、限りなくファンに植えつけてしまうことだろう。「映画千夜一夜」では、古い映画の作品が次々に飛び出してきて、若いファンには、なじみのない作品が大半だろうが、これくらい面白く、笑いにみちた対談集(鼎談)は、まずないだろう。

映画の面白さ、映画づくりの秘密に迫った本として「映画術 ヒッチコック/トリュフォー」(晶文社)がある。これは、トリュフォーが五〇時間以上を費して、ヒッチコックに行ったインタヴュー集なのだが、個々の作品の具体的な表現にそって創作の秘密を聞き出した本で、今日では、アメリカの大学などでテキストとして使われているというが、これくらい面白いインタヴュー集も、この世界には絶対にないというくらい、この両者の映画技術をめぐってのスリリングなやりとりは、まさに手に汗にぎるものだ。ヒッチコックの映画を見る度に、この本に何度も目を通すだけで、映画の世界が、グッと近くなる。

　この本の翻訳者である山田宏一と蓮實重彦こそ、この二〇年間にあらわれた、最も信頼にたる批評家といえよう。

　特にボクは、すでに廃刊になっている「映画について私が知っている二、三の事柄」（三一書房、七一年刊）に接し、目からウロコがおちるような刺激を受け、以後、山田宏一の著作をたんねんに読んできた。ともかく、新しい時代の感性に裏付けられた、実にみずみずしい映画論と出会ったのである。山田宏一の文体そのものが映画的なのだ。彼の本の中で手軽に入手出来るものに「友よ映画よ」（ちくま文庫）「美女と犯罪」（ハヤカワ文庫）がある。近年の「トリュフォー　ある映画的人生」（平凡社）もトリュフォーという友人に捧げられた感動的な映画論だ。

　蓮實重彦の本は、ちょっと難解かもしれない。彼の文体はクネクネ曲りながら、映画とは何かを絶えず追っているところがあって、特に「映画の神話学」（泰流社）と「映像の詩学」（筑摩書房）が圧倒的だが、最近、「映画　誘惑のエクリチュール」がちくま文庫になった。この人は、大学の先生だから、やや高踏的なのだが、講演集の「映画はいかにして死ぬか　横断的映画史の試み」（フィルムアート社）は、蓮實入門書として好著作だ。映画は、あくまで画面の輝きだとして、従来の小津論をすべてひっくりかえした名著「監督　小津安二郎」もちくま文庫となってごく最近発刊された。八〇年代に出現した批評家では、四方田犬彦と畑中佳樹あたりが注目される人だ。

　ハリウッドを知るためには「ザナック　ハリウッド最後のタイクーン」（早川書房）が面白い。また女優さんの自伝や伝記もかなり出版されているが、ローレン・バコールの「私一人」（山田宏一訳、文藝春秋）を推しておこう。

　映画人の自伝も、チャップリン、ルノワール、ブニュエルなどいずれも読むに値するものだが、入手可能な伝記として「オーソン・ウェルズ偽自伝」（文藝春秋）と加藤泰による「映画監督山中貞雄」（キネマ旬報）の二冊は必読のものであろう。

　ボク自身、かつて専門の映画批評家ではないが、斎藤龍鳳と花田清輝の映画論に大いに触発されたことがある。花田の「新編映画的思考」はごく最近、講談社から文庫本になった。

　ボクが、いつも座右の書にしているのは、フランソワ・トリュフォーの二冊の「わが人生　わが映画」「映画の夢　夢の批評」（たざわ書房）である。どちらも入手困難になったようだが、これは、あまり人に読ませたくない本である。

（「ぴっくあっぷ」一九九二年十一月号）

二十九歳で亡くなったジャン・ヴィゴの『アタラント号』を紹介しよう

「文化ジャーナル鹿児島」という郷土誌に三十三回にわたってビデオ映画を紹介してきたが、ボクの都合もあって今秋号でしばらく休載させてもらうことになった。このコラムで三十二名のボクの好きな映画監督の作品をガイドしたのだが、それでも執着を断ちがたい映画作家の名前が何人も浮んでくる。今、ボクは、朝日新聞とヘラルドから発売されるメキシコ時代のルイス・ブニュエルのビデオを待ち望んでいる。すでに『ナサリン』（一九五八）を見たが、これは傑作であった！

ジャン・ヴィゴの『アタラント号』（一九三四）は、一度は、取り上げるべき作品であろう。これは一九九〇年に仕上った復元完全版といえるものが、今年になってレーザー・ディスクで発売された。このディスクには本篇の始まる前に復元に至る事情と経過のドキュメントが付されているのがありがたい。

映画史をたどっていくと、映画の手法を変革した、歴史的革命的な作品の系譜が浮んでくる。例えば、D・W・グリフィスの『イントレランス』（一九一六）、ロベルト・ヴィーネの『カリガリ博士』（一九一九）、エイゼンシュテインの『戦艦ポチョムキン』（一九二五）、ルイス・ブニュエルがサルバドール・ダリの協力を得て撮った『アンダルシアの犬』（一九二八）、チャールズ・チャップリンの『巴里の女性』（一九二三）、オーソン・ウェルズの『市民ケーン』（一九四一）、ロベルト・ロッセリーニの『戦火のかなた』（一九四六）、ジャン＝リュック・ゴダールの『勝手にしやがれ』（一九五九）といった、それまでに存在しなかった革新的な実験作品で、それぞれの時代と結び付いて、映画表現の枠を大きく拡げたものとして映画史を飾っている。いずれの作品もスキャンダルをまきおこし、作品によっては、大衆にそっぽをむかれたものもあった。ヴィゴの『アタラント号』〈あるいは『新学期　操行ゼロ』（一九三三）〉は、そういった系譜とつながる作品といえるだろう。

ヴィゴは、まったく不幸な家庭に生れ、わずか二十九歳で夭折した。それに彼の残したフィルムは、わずか三時間である。処女作は、二十五分ほどのドキュメンタリー『ニースについて』（一九二九）であり、次作が『新学期　操行ゼロ』（四十五分）であり、こちらの方が、ヴィゴの前衛的なスタイルが突出した作品として名高いが、『アタラント号』は、ヴィゴの唯一の長篇劇映画であり、彼が心血をそそいで作った愛を描いた遺作として、今後も多くのファンにアピールするであろう作品である。この作品の編集中にヴィゴは亡くなっている。だから不完全な作品なのだが、どの映画にも見られない、痛切に美しいシーンがいくつも残されている。

この映画は、単純な物語の作品だが、ここでは、トリュフォーの批評を紹介することでその素晴しさを伝えようと思う。トリュフォーがヴィゴに捧げた「ジャン・ヴィゴは二十九歳でこの世を去った」（「映画の夢　夢の批評」山田宏一・蓮實重彦訳、たざわ書房）という批評文は、ボクが読んだ映画論の中でも最も美しいものの一つである。

トリュフォーは「ヴィゴの電光のように鋭く短いキャリアをレーモン・ラディゲの芸術的人生に比較することもできよう」と述べた後に、「『アタラント号』には、二つの大きな流れ、リアリズムと映像主義が見事に絡み合って融合されていて……ここにはゴダールの『勝手にしやがれ』とヴィスコンティの『白夜』とが共存している……すなわち、比較することが不可能な二本の作品、相互に対極にあって、しかも、各々のジャンルにおいてはこれまでになしえた最高の作品を代表する二本の映画が共存しているのである」と述べ、ヴィゴの映画的気質は、ジャン・ルノワールに近いものであったが「しかし、ヴィゴは、イメージをむきだしにするあらあらしさにかけては、そしてまたイメージそのものを追求する強烈さにかけては、ルノワールをはるかに凌駕していた」と書いている。

『アタラント号』は、先に述べたように、ごく単純な物語の作品で、船員である夫が、結婚したての新妻をともなってセーヌ川を下るオンボロ商船に乗り、そこで起る若い夫婦のいさかいから始まって、対立があり、やがて仲直りをするまで、どの夫婦にもおこる愛の変化を描いた作品である。だが、個々の描写が、驚くほど明晰であり、特に、この船にはミシェル・シモン扮するジュールおやじという老船員が乗っているのだが、このシモンの怪演ぶりを見るだけでも、ヴィゴの特異な才能を知ることが出来よう。女の裸やら何やら全身イレズミだらけの老船員の部屋には、世界中の港々で集めた奇怪な物品が雑多に並べられていて、ここにはこわれた蓄音機（これが直り、レコードで美しいメロディが流れてくるが、この映画の音楽はモーリス・ジョベールによるもの）、日本の扇子、自動人形、それに切断された人間の指のびん詰めまであるという、このエキゾティックにしてシュールなおやじのコレクションは不気味でさえある。

パリにあこがれる花嫁は、アタラント号を去っていくが、この映画の最も官能的で美しいシーンとされる、男は船室のベッドで、花嫁は安ホテルのベッドで共にもだえつつ寝返りを打つカットバックのシーンは「まさに、はなればなれのふたりがセックスをおこなう姿を描いた肉感的で情感あふれるシークエンスに真に比肩しうる映像はない」とトリュフォーが絶賛しているように何度見ても素晴らしい。花嫁に去られた夫が、錯乱して水中に飛び込むと、ウェディング・ドレスの花嫁がユラユラと現出するシーンもヴィゴならではのリアルで幻想的なシーンといえよう。この映画のカメラを担ったボリス・カウフマンは、やがて、ナチズム台頭後にハリウッドに逃れ、戦後、エリア・カザンの『波止場』（一九五四）や『草原の輝き』（一九六一）、シドニー・ルメットの『十二人の怒れる男』（一九五七）などの作品を撮ることになる。それは、またもうひとつの物語である。

（「ぴっくあっぷ」一九九二年十二月号）

ビデオで見たブニュエルの四本の作品と『おこげ　OKOGE』の喜劇的展開の面白さなど

「キネマ旬報」に〈シネマ・ア・ラ・モード〉というコラムを連載している批評家の田山力哉が、十一月下旬号で、最近の若者は、少し過去のことになると何でも〝古い〟といって軽視する風潮があるが、パリで会う若者達は、三〇年前に亡くなったジェラール・フィリップはもとより、ルイ・ジューヴェやアルレッティの名前をちゃんと知っているだけでなく、日本のミゾグチ、オズといった映画監督も知っていて（何故なら特に溝口健二の映画は、日常的に上映されている）、彼等の作品を尊敬しているが、日本の若者たちは、まったく自国の映画も知らず、そんな彼等は、海外で恥をかくことになるだろうと、日本映画の文化的遺産を無視する風潮を批判していたが、たしかに、ミゾグチやオズやクロサワは、ルキノ・ヴィスコンティやフェデリコ・フェリーニ以上に尊敬されている世界的な映画監督である。おそらく、これらの巨匠は、いってみれば、三島由紀夫や川端康成の文学以上の評価を、ヨーロッパでは受けているといえよう。今日では、オズ、ミゾグチはもとより、ナルセの映画でも、ビデオで見るより他ないのだが、それにしても自国の文化をこれほど無視している文化国家もないだろう。せめて、一年に一度は、一か月間でも、それぞれの映画館で、かつての名作を各社それぞれに五・六本上映するようなチャンスを映画館は作ってくれないものだろうか。

もっともボク自身の青春時代をふり返ってみると、いわゆる過去の名作を見ることに情熱を持っていたわけではない。『カリガリ博士』（ロベルト・ヴィーネ監督、一九一九）や『戦艦ポチョムキン』（セルゲイ・エイゼンシュテイン監督、一九二五）などの歴史的名作なども、いかにもホコリをかぶった古典といったもので、現代の映画を見る方がずっと楽しかった。

映画ファンたる者は、コンスタントに新作を映画館で見るべきである。そして、一本一本の映画を通して、スクリーンに投影された人間と事物に出会い、さらに映画の外側、つまり映画を作った人々（監督、脚本、カメラマン、音楽家）を知ることによって、映画全体の面白さを発見することになるだろう。その上で過去の映画とも接することによって、新たに映画史的な発見をする歓びを得ることになる、というのが、普通の映画ファンのたどる道程であろう。とはいえ、たいして忙しくもない仕事に追いまわされて、この一か月、まったく新作を見るチャンスを逸してしまった。『１４９２　コロンブス』（リドリー・スコット監督、一九九二）、フランス映画『サム★サフィ』（ヴィルジニー・テヴネ監督、一九九二）、『美しき諍い女』（ジャック・リヴェット監督、一九九一）、根岸吉太郎の『課長　島耕作』（一九九二）、それに大林宣彦の『青春デンデケデケデケ』（一九九二）も見逃してしまった。友人によると、大林の新作は、素晴らしいものであったらしい。この作品は、わずか一週間できりあげられたのだ。どうでもよいアクション映画が、一か月も二か月も上映され続けているというのに、大林映画は、呪われたのだろうか。今日では、数か月もするとビデオ化されるので、ビデオで見るチャンスは増えたのだが、どうしても見ておきたい映画は、封切り時に見ておかないと、永遠に見るチャンスをなくすことだってあるのだ。そんな経験を何度もしているボクにとって、無念な一か月であった。もっとも、ビデオでは、深夜に多くの作品を見ている。ＮＨＫ・ＢＳのポーランド映画特集を四本、中でも期待のイエジー・スコリモフスキの長篇第三作（『身分証明書』〈一九六四〉、『不戦勝』〈一九六五〉に続く）『障害〈バリエラ〉』（一九六六）を見ることが出来たのはうれしかった。さらにルイス・ブニュエルのメキシコ時代の『グラン・カジノ』（一九四六）、『河と死』（一九五四）、『ナサリン』（一九五八）、『幻影は市電に乗って旅をする』（一九五三）の四本。この朝日ビデオ文庫の中には『スサーナ』（一九五〇）、『愛なき女』（一九五一）、『忘れられた人々』（一九五〇）、『嵐が丘』（一九五三）、『エル』（一九五二）といった夢にまで見た作品が入っている。『ナサリン』と『幻影は市電に乗って旅をする』を見るに及んで、まさにブニュエルこそ、世界最大の最高の映画作家であることを確信した。この二本の作品に匹敵する映画が、この十年間に一本でもあっただろうか。ボクらの周辺にあるレンタル・ビデオ店にメキシコ時代のブニュエル映画など一本も置いていない。いや、オズやミゾグチの作品だってほとんど置いていない。レンタル・ビデオ店というのは、映画に尊敬の念をもたない、まったく無知な、驚くほど低文化の場所である。

映画の日に久しぶりに新作二本を見た。イギリス映画『ハワーズ・エンド』（ジェームズ・アイヴォリー監督、一九九二）と中島丈博監督の『おこげ　OKOGE』（一九九二）である。前者のいかにも文芸映画といえるムーディな展開も味わいがあったが、『おこげ　OKOGE』は、大変ユニークな喜劇映画たる成果を出した作品である。中島丈博は、脚本家として『祭りの準備』（黒木和雄監督、一九七五）、『津軽じょんがら節』（斎藤耕一監督、一九七三）、『突然、嵐のように』（山根成之監督、一九七七）といった傑作を書いている人だ。

「おこげ」とは、「おかま」にくっついている女性をさす一種の隠語で、この女性を演じるのは清水美砂。ゲイの愛人を村田雄浩と中原丈雄が演じる。清水美砂が家族と海水浴に行くが、近くにはゲイの男たちが集まっていて、愛し合う二人のゲイの男と出会い、その二人の愛し合う姿に感動する。彼女が、ゲイ・バーでこのカップルと再会し、ホテルの見つからない二人を自分のアパートに泊めてやるところから、この三人の不思議な交流が始まる。セックス描写を含めて、愛し合う男と男の情念をスクリーンに描いている。その描写が、なよなよしていないで、ダイナミックだから、表現の面白さが生々しく伝わってくる。この映画の魅力は、村田雄浩の母親役の千石規子をはじめ、ゲイ・バーの男たちなど、キャスティングの妙であろう。どの人物も、うまく描けているので退屈しない。もっとも後半、三人の友情が破綻してきてしまうあたりから、前半の生き生きとしたタッチがなくなってしまうところが惜しまれるし、風俗的な描写につっこみすぎた感もあるが、『おこげ』は、むろん、今年の日本映画の中では断然、光った一本といえるだろう。中島監督の処女作『郷愁』（一九八八）も是非見ていただきたい。

（「ぴっくあっぷ」一九九三年一月号）

正月映画と松竹ホーム・ビデオ発売の名作を紹介してみよう

『ルビー・カイロ』（グレム・クリフォード監督、一九九二）は、ちょっとひっかかる面白さを持った角川映画である。メキシコに出張中の夫が急死して、子供二人を持つ未亡人はメキシコで夫の葬儀をすませて帰ってくるが、夫の銀行口座に不審を持った女主人公は、夫が生きているかもしれないと疑問を持ちはじめ、その謎を追求して、カイロまで足をのばして行く。夫は生きていたのだが、国際的な陰謀に携わっていて、最後には射殺され、ヒロインの人妻は、二度目の夫の葬儀をして帰ってくるといったミステリ仕掛けの展開が、結構、いい味を出していたが、どうも、このストーリー展開がひっかかる。原作がどんなものかは知らないが、これは、明らかに『第三の男』（キャロル・リード監督、一九四九）を下敷にしたストーリーである。むろん、演出にキャロル・リードほどの切れ味がなく、アンディ・マクドウェルはともかく、出てくる人物（俳優）に魅力がなく、キャスティングで失敗しているのだが、ラズロ・コバックスのカメラ・ワークが冴えている為、エキゾティックなカイロの風景などが楽しめた作品であった。それにしても、〝第三の男〟が現代に生きているとは。

ケビン・コスナーが、魅力あふれるハードボイルドな役を演じる『ボディガード』（ミック・ジャクソン監督、一九九二）も面白かった。ラストは、アカデミー賞を舞台にしてのアクション・ドラマである。スーパースターであるホイットニー・ヒューストンのボディガードを引き受けたコスナーが、次々に襲ってくる脅迫者と対決するという展開の中に、黒澤明の『用心棒』（一九六一）を見に行って、日本刀を持つヒーローとヒロインがセックスする夜の描写もなかなか興味深いものであった。ただ、クライマックスに至る人間関係の進展と事件が、次々に展開されているうちに、二人の愛が育っていくという風に切れ味よく描いたら、さらに傑作になったであろうし、当代一の人気スターであるコスナーと黒人であるヒューストンのセックスシーンも、淡白に処理しているのが惜しい。もっとも『ボディガード』は正月映画の中では、一番見ごたえのある堂々たる娯楽映画であると思う。

正月二日から風邪をひいて、少し微熱もある中で、正月三日に三年ぶりに『男はつらいよ』シリーズ『男はつらいよ　寅次郎の青春』（山田洋次監督、一九九二）を見に行った。映画館は満席であった。ボクは、このシリーズの三十九作目までは、映画館でずっと見つづけてきたが、今回で四十五作目である。ともかく、第一作目が作られたのが六九年であったから、何と二十三年にわたって作られてきた。このドラマが、現代にも通じるところに、このシリーズの魅力があるともいえるだろう。『寅次郎の青春』では、宮崎の日南が舞台になっていて、油津の床屋の女主人公に寅さんが惚れる。一方では、さくらの息子が大学生になっていて、後藤久美子とのロマンスも同時に進行していく。今回は、珍しく、風吹ジュンの女主人公も寅さんに本気になるというストーリー展開だが、いつもながら、決定的なところに来ると寅さんは逃げ出すのである。

『男はつらいよ』シリーズが、お盆と正月に作られ、ずっとヒットしつづけていることは、もうそれだけで、このシリーズのファンを安心して楽しませてくれるわけで、まさに国民映画といえるだろう。今回の作品も、特に前半、極度にセリフを少なくしてスムースに物語が展開していく手法は、もうまいとしかいいようのないものである。このシリーズくらい観客を裏切らないものはないだろう。それだけに、やはりものたりないものを感じてしまう。あまりに善男善女のウェルメイドなお話で今後は初期の頃にあった、いかがわしい人物の出現も必要ではないだろうか。

　この『男はつらいよ』シリーズが揃う松竹ホームビデオ（以下SHV）から、往年の名作が、わずか三八〇〇円で発売されている。松竹は蒲田に撮影所を構えていた時代から小市民ドラマを得意とする会社で、その伝統が、『男はつらいよ』まで引き継がれているのである。中でも、伝説的な島津保次郎の戦前の名作がビデオ化されたので、その二本の作品を紹介してみよう。むろん、島津監督は、サイレント時代から活躍してきた人で、オヤジさんと呼ばれ、蒲田映画の中心にいた人である。小津安二郎、五所平之助といった才能ある作家もいたし、島津の門下生の中には、戦後の映画を担うことになる豊田四郎、吉村公三郎、木下恵介といった逸材がいた。こうした人材を育てただけでも、島津保次郎は偉い映画監督だったといえるだろう。

　彼の作品の中で最もヒットしたといえる『隣の八重ちゃん』（一九三四）、さらに『春琴抄　お琴と佐助』（一九三五）、『兄とその妹』（一九三九）の三本が発売されている。

　『隣の八重ちゃん』は、さしてドラマティックな展開のない、小市民の生活断片を描いたものだが、トーキー初期の日本映画として見ると、いかにも生活臭を持った庶民のリアルな描き方がいい。東京近郊の住宅地に住む大学生（大日方伝）と隣家の女学生（逢初夢子）との淡い交流を描いたもので、そこに姉（岡田嘉子）が出戻ってきて、彼女に同情した大日方が、姉に誘惑されそうになるという小さな波紋を描いているが、一つ一つのエピソードの積みかさねが、今日見ても自然で、俳優の動きも充分に楽しめる。

　『春琴抄　お琴と佐助』は未見だが〔のち鑑賞〕、『兄とその妹』は、兄夫婦（佐分利信と三宅邦子）とその妹（桑野通子）の三人の家族を描いている。この平和な家庭に佐分利信の兄が、ある事件にまきこまれ、会社での立場があやういものになるという典型的なサラリーマンものである。

　SHVシリーズでは、戦前の作品も含めて、残存する全ての小津安二郎の作品も発売されていて、特に戦前の作品は、いずれも興味深い作品なので機会をあらたに順次紹介してみようと思う。

（「ぴっくあっぷ」一九九三年二月号）

『マルコムX』は、もっと毒のある映画に仕上げるべきではなかったろうか

　黒人監督スパイク・リーが作った『マルコムX』（一九九二）は、宗教家というよりは過激な革命家であった、マルコムXの生涯を描いた伝記映画である。黒人監督が、自ら信奉している黒人革命家を描いているのだから、ダイナミックで過激な傑作が生まれるぞと期待したのだが、結果的には、スパイク・リーには、突出した映画的才能が欠けているのではないかと疑わざるを得ない作品になった。独立プロ出身のリー監督作品だから、ハリウッド的なメロドラマにはならなかったが、結果としてスクリーンに描き出されたのは、あれやこれやを詰め込んだメロドラマである。もっとも部分的には見るべきところがあったし、むしろ、この映画は、映画外の六〇年代中期に現れたブラック・

パワーとは何であったかを思い出させてくれる映画である。

まず、アレックス・ヘイリー（テレビドラマ『ルーツ』の原作者）がマルコムに長時間インタビューして、彼の死の直後に出版された「マルコムX自伝」（この映画の原作）は、無類に面白い伝記である。自慢ではないが、ボクは、この自伝の翻訳の初版本（一九六八年七月刊）を持っている。これより先に出版された、マルコムの演説とインタビューを収録した「黒人は武装する」（三一書房）も保有している。これもスリリングなスピーチ集である。当時ボクは、マルチニック島出身で医者であったフランツ・ファノンの著作や、チェ・ゲバラの本などを熱心に読みふけっていた。ジャズに熱中していたボクにとって、黒人がどう思考し、行動しているか知る必要があったし、六〇年代中頃から始まった前衛ジャズは、六〇年代のブラック・パワー運動と深くかかわっていたし、それらの革命論を抜きにして、ジョン・コルトレーンの変貌は論じられないような空気が、この時代にはあったのである。実際のところ「マルコムX自伝」は、通俗的な映画に仕上げられるには、すこぶる危険な思想の書であり、当時は、少なくとも日本ではあくまでマイナーな本であった。この映画を見る限りアメリカでは、当時、彼の行動と思想は、かなりジャーナリスティックな論議を巻き起したということになっているが、ボク自身、キング牧師のヒューマニズム的人種差別撤廃運動には、まったく興味を持たなかったのに、マルコムXの思想には強く魅かれるところがあった。

では今、何故マルコムXなのか。それが映画を通してボクに伝わってこないのだ。結局、自伝（もしくは伝記）に基づく映画というのは、ある時代を通過し、柔らかに受け止められるような時代にならないと作れないのかという結論に至るのだが、この映画の最大の見どころは、デンゼル・ワシントンが演説する後半のシーンのバックに、ジョン・コルトレーンのバラード（多分〝アラバマ〟）を流したことであり、このコルトレーンのジャズがこの時代の空気を見事に伝えていた。実際、コルトレーンのインパルス盤の一作、一作が次第に過激になっていくように、マルコムXも過激になっていった。

ボクが映画プロデューサーであれば、デンゼル・ワシントンの素晴らしい演説（あの畳み掛けるような早口による独自のスタイル）を中心に描き、回想場面で少年時代や家族のことなどを少し入れるに止めるだろう。ワシントンのマルコム役が素晴らしいだけに、彼のスピーチだけの映画なら、もっと現代的な映画が生まれたと思う。

マルコムXがすごいのは、黒人社会のどん底にあってポン引き、ハスラー、強盗などした男が、刑務所に入ってから一変し、そこから急速に黒人革命家として目覚めたことだ。刑務所の中で、ブラック・モスリムを信仰している人物を介して、エライジャ・モハメッドを知るシーンのくだりで、この映画が創造したと思えるその人物が、〝ブラック〟と〝ホワイト〟の頃を辞書で読んでみろ、と勧める部分がいい。マルコムは、実際には兄によってブラック・モスリムに改宗するのだが、この〝ブラック〟と〝ホワイト〟という字の中に、白人社会の欺瞞があることを、彼は直感的に身体で知るのである。

この自伝を読めば解るが、マルコムはジャズ・ファンで、ボストンでは、よくビリー・ホリデイを聴きに行った。この映画の音楽監督は、アート・ブレイキーのトランペッターであったテレンス・ブランチャードで、当然のことながら音楽は効果的に使われている。ダンス・ホールでの若き日にそっくりなライオネル・ハンプトンの〝フライング・ホーム〟、ホリデイのそっくりさんも出てくるし、エラ・フィッツジェラルド、ルイ・ジョーダン、エリントン、ジョー・ターナーといったハーレムの歴史を作った黒人音楽家のジャズ（あるいはジャイブ）を使って、ラストは、アレサ・フランクリンのゴスペルで締めており、音楽の魅力もこの映画の良い部分を引き出している。

今日の若い観客にとって、マルコムはヒーローたり得るのだろうか。ヒーローになったところで、何故、今マルコムXなのかは伝わってこない。

かつて、ドラマーのマックス・ローチは〝白人を機関銃で皆殺しにする気持でドラムをたたく〟と語ったことがあった。ボクが、もっとマルコムの熱狂的なスピーチを中心に映画で見たかったと願うのは、マルコムのスピーチは、優れたジャズ演奏家のようにスイングし、聴き手の内部に熱いメッセージを与えたからだ。もし、パーカーが、アルト・サックス奏者ではなく、マルコムのような革命家だったら、彼のアルトの即興演奏のように激しく、そしてクールに、それでいて論理的にしゃべりまくったであろう。ボクは、マルコムXのスピーチの中にパーカーを見出していたのだ。まさしく、パーカーのように饒舌に、パーカーのようにきらびやかに、誇り高く、説教したのがマルコムXであった。

ボク自身、考えることもあってマルコムを始めとする六〇年代の革命思想書を本棚の奥の方に入れてしまったので、今、久しぶりにこれらの本を手にして、ある感慨に耽っているところだ。明らかに映画『マルコムX』は、映画としては二流と思いながらも、これだけの文章を書くことになった。ともかく、もう一回、マルコムの二冊の本には目を通すことにしよう。現在、この二冊は、再刊されているので、この映画に感動された方は、是非読んでいただきたい。

実は、『ラスト・オブ・モヒカン』（マイケル・マン監督、一九九二）の方も論じるつもりであったが紙数がつきた。「最後のモヒカン族」というのは、子供用にアレンジされた本を少年時代読んでいる。ハリウッドは、既に十本もこの原作を映画化しているということだが、ドラマの主流はラブ・ストーリーになっているものの、これは、十八世紀、アメリカが独立する前のイギリス対フランスの権益争い（つまりは代理戦争）に巻き込まれた少数民族の悲劇をドラマの基本にもってきた作品といえるだろう。主人公のホークアイ役のダニエル・デイ＝ルイスが、いつも走っているような映画で、いわゆるノン・ストップ・アクション映画としての魅力をたっぷり持った作品であった。

（「ぴっくあっぷ」一九九三年五月号）

ボクが選出する恋愛映画ベスト・フィルム十本

この十年間に書き続けてきた、映画に関する文章を集めたボクの二冊目の本が、六月初旬に出版されることになった。本のタイトルは「ぼくのシネローグ〔パノニカ映画通信〕」（G1ブックス）で、表紙は写真家の浅井愼平氏の手によるもの。本誌に連載中のコラムも四〇篇近く入れたが、八五年からスタートしたものを全部入れる余裕がなかった。目下、第二次校正中で新作の映画やビデオを見るヒマがなかったが、それでも四月中に『まあだだよ』（黒澤明監督、一九九三）、クリント・イーストウッドの『許されざる者』（一九九二）、ロマン・ポランスキーの『赤い航路』（一九九二）を見た。それぞれ見応えのある力作だったが、アカデミー賞を幾つか得た『許されざる者』は、カメラ・ワークや編集は見事だったが、脚本が弱いという気がする。かなり屈折した物語で、もっと単純でストレートな西部劇にしても傑作になったのではないかと思う。

『赤い航路』は、スランプを続けていたポランスキーの、これは、大胆な現代の恋愛映画としての魅力をもつ力強い作品であった。イスタンブール航路の船の中で、イギリス人夫婦（夫役がヒュー・グラント）が、ちょっと淫らで肉感的な女性（エマニュエル・セニエ）を見かける。この女には、車椅子に乗った中年の夫（ピーター・コヨーテ）がいて、映画は、この作家志望の男がヒュー・グラントに、今では妻となった女との馴れ初めから現在に至る交流を語るという回想形式で展開される。この車椅子のコヨーテが、パリでウェイトレスをしている女を見そめ、同棲するようになり、ついには倒錯的な愛にまでのめり込んでいくプロセスが圧巻で、特にセックス・シーンは、現代の、すぐ裸が出てくる安易な描写とは違って、さすがポランスキーともいえる濃密な描写が、見る者を圧倒する。まったく自由な男と女のファースト・セックスから倦怠に至る描き方に強烈なリアリティがあり、これは『ローズマリーの赤ちゃん』（ポランスキー監督、一九六八）以来の傑作である。

『赤い航路』を見ながら、ボクは、映画で見た様々な愛の形を思い出していた。そこで今回は、ボクが推賞するラブ・ストーリーのベスト・フィルム十本を挙げて、いろんなスタイルの恋愛映画に思いをはせてみることにしよう。もっとも十本は、ちょっとむごい気もしているのだが――

①『肉体の悪魔』（クロード・オータン＝ララ監督、一九四七）
②『逢びき』（デヴィッド・リーン監督、一九四五）
③『肉体の冠』（ジャック・ベッケル監督、一九五一）
④『ジブラルタルの追想』（トニー・リチャードソン監督、一九六七）
⑤『恋のエチュード』（フランソワ・トリュフォー監督、一九七一）
⑥『忘れじの面影』（マックス・オフュルス監督、一九四八）
⑦『摩天楼』（キング・ヴィダー監督、一九四九）
⑧『ピクニック』（ジョシュア・ローガン監督、一九五五）
⑨『めまい』（アルフレッド・ヒッチコック監督、一九五八）
⑩『草原の輝き』（エリア・カザン監督、一九六一）

つまり最初の五本をヨーロッパ映画、あとの五本をアメリカ映画にしたが、いずれもボクの好きな作品で、何回も見るに値する名作である。

ボクが、映画に狂い出した昭和二〇年代のフランス映画は、殆どが恋愛映画であって、いつもベスト・ワンに選出される『天井桟敷の人々』（マルセル・カルネ監督、一九四四）だって、ジャン＝ルイ・バローとアルレッティの永遠の、そしてかなわぬ恋がドラマの中心になっていた。

『肉体の悪魔』は、最近ではイタリアのマルコ・ベロッキオによってリメイクされているが、やはりジェラール・フィリップと人妻役のミシュリーヌ・プレールによる作品が素晴らしかった。当時見たラブ・シーンの中でも、最も濃密なものであったろうが、二人の役者に気品があったから、今となっては忘れがたい作品である。未熟な青年が年上の女に恋する映画はたくさんある。ヴァレリオ・ズルリーニの『鞄を持った女』（一九六一）は、男から男へと渡り歩いているクラウディア・カルディナーレに、うぶなジャック・ペランが恋する話で、このカルディナーレが実に美しかった。ズルリーニには『激しい季節』（一九五九）という、戦時中の人妻（エレオノラ・ロッシ＝ドラゴ、彼女もまたすごく美しかったし、その裸身がまぶしかった）に恋する青年のドラマがあったし、もっと年下の思春期の少年が、美しい人妻に激しい憧れを持つ映画としては、アメリカ映画の『おもいでの夏』（ロバート・マリガン監督、一九七一）が思い出される。

『肉体の冠』は、娼婦（シモーヌ・シニョレ）と大工（セルジュ・レジアニ）の恋を描いたもので、ラスト、自分の男がギロチンにかけられるシーンをジッと見つめる、気高いシニョレの張りつめた美しい顔がいつまでも忘れ難い。ベッケルの代表作の一つである。

『忘れじの面影』は、ヨーロッパ人であるマックス・オフュルスがウィーンを舞台に作ったもので、やや屈折したラブ・ストーリーのもの。決闘におもむこうとする男が、たった一度しかデートしなかった女（ジョーン・フォンテーン）からの手紙を読むという回想形式によって、一生を賭けて恋した女の、いじらしく、つきつめた恋心が絶妙のタッチで描かれた傑作。ヒッチコックの『めまい』において、ジェームズ・スチュアートがキム・ノヴァクを見る視線の描き方の中に、この映画の、官能的なラブ・ストーリーたる秘密がある。

『ジブラルタルの追想』は、今日では忘れられた傑作である。当時、ジャンヌ・モローに恋していたイギリスのトニー・リチャードソンのスケールの大きい、謎のあるロマンである。白い豪華なヨットに乗ったモローは、かつて愛し合った愛人を捜すために、世界中を渡り歩いているというミステリアスなムードの佳品。

『逢びき』は、人妻と中年医師の、束の間の恋が絶妙のスタイルで描かれたもので、劇中に使われたラフマニノフのピアノ協奏曲は、ジョーン・フォンテーンとジョセフ・コットンの『旅愁』（ウィリアム・ディターレ監督、一九五〇）でも効果的に使われていた。デヴィッド・リーンの『旅情』（一九五五）もひと夏の恋を描いた名作といえよう。

『ピクニック』は、典型的なアメリカ映画のボーイ・ミーツ・ガールものだが、流れ者のウィリアム・ホールデンと町一番の美女キム・ノヴァクの〝ムーングロウ〟をバックにしたダンス・シーンが素晴らしかった。一晩で燃えあがる様な恋もアメリカ映画の得意とするところで、ラストで全てを捨てて男を追っていくノヴァクの晴れやかな姿がまぶしかった。

反対にダメ男のジグザグとした恋を描いた『恋のエチュード』も、忘れ難い作品だ。トリュフォー自身のナレーションによって進行する、十五年にわたるこの暗く、殆ど生きる歓びのない悲痛な恋物語は、『突然炎のごとく』（一九六二）の裏返しの恋物語であり、トリュフォーは、生涯を賭けて恋の美しさ、恋のむごさを描き続けた。『ピアニストを撃て』（一九六〇）、『アデルの恋の物語』（一九七五）、『隣の女』（一九八一）など、いずれも肺腑をえぐる様な恋愛映画の傑作である。結局、『摩天楼』『草原の輝き』に触れる紙幅がなくなった。

（「ぴっくあっぷ」一九九三年六月号）

恋愛映画ベスト・フィルム十本〈日本映画篇〉

前号で書き残したアメリカ映画、『摩天楼』（一九四九）と『草原の輝き』（一九六一）について少し述べておこう。というのも、この二作はボクにとって深く心の底に刻まれた、愛のシネマといえる印象を与えた作品であったからだ。

『摩天楼』で、ヒロインのパトリシア・ニールが、彼女の意のままにならぬ建築家（ゲーリー・クーパー）を、馬上からムチでひっぱたくシーンがあった。これが、彼女の愛の表現だったのだが、このシーンが未だに目に焼きついている。クーパー扮する建築家は、天才的な理想主義者で、自分が設計した建築物が、陰謀によって変えられてしまうと、彼はそのビルを爆破してしまう。このような主人公は、アメリカ映画には珍しい。パトリシア・ニール（彼女は、実際その時、クーパーと恋愛関係にあった）の激しい愛の行動が、クーパーの過激な生き方と対比的に描かれた一篇で、見る者に強烈な印象を残した。キング・ヴィダー晩年の秀作。

『草原の輝き』は、愛とセックスの相剋、また情熱的な愛の挫折を描いた青春映画の佳作。時は一九二九年、主人公のウォーレン・ビーティとナタリー・ウッドは激しく愛し合っているが、当時はセックスが罪悪視されていた時代でもあり、厳しい教育を受けたウッドは、彼女自身が欲しているにもかかわらず、彼にセックスを許さない。そのイライラがつのって男は、同級生の女と肉体関係を結ぶ。これを知ったウッドは、ショックで自殺を図る。こういった青春時代の肉欲と愛のジレンマに悩まされた経験は、誰もが持っているだけに切ない気持になってしまうが、この作品は『エデンの東』（一九五五）や『波止場』（一九五四）を撮っているエリア・カザンの手によるもので、この映画の裏側には、青春時代には、どうにもならない熱狂的な愛と思想に入れ込むことがあるのだという、カザンのマルクシズム転向の弁が隠されているようにも思える一作で、ウッドが、すでに一児のいるビーティを訪ねるラスト・シーンが感動的だ。カメラ・ワーク（ボリス・カウフマン）も抜群で、色彩の使い方が生々しく、カザン作品の中で最も好きな一篇。

日本映画の方に目を向けると、いわゆる映画史上の傑作といえるものの中に、恋愛映画の傑作は多くは見あたらない。しかし、秀れた映画は、いずれも人間愛をテーマにしたもので、黒澤明の『素晴らしき日曜日』（一九四七）、溝口健二の『西鶴一代女』（一九五二）、成瀬巳喜男の『浮雲』（一九五五）なども恋愛映画の秀作といえるものだが、とりあえず、ボクが選出した十本を挙げてみよう。

①『また逢う日まで』（今井正監督、一九五〇）
②『近松物語』（溝口健二監督、一九五四）
③『野菊の如き君なりき』（木下惠介監督、一九五五）
④『狂った果実』（中平康監督、一九五六）
⑤『女の小箱・より　夫が見た』（増村保造監督、一九六四）
⑥『沓掛時次郎　遊侠一匹』（加藤泰監督、一九六六）
⑦『あこがれ』（恩地日出夫監督、一九六六）
⑧『初恋・地獄篇』（羽仁進監督、一九六八）
⑨『男はつらいよ　寅次郎相合い傘』（山田洋次監督、一九七五）
⑩『突然、嵐のように』（山根成之監督、一九七七）

①は戦時下の大学生の恋を描いたもので、岡田英次と久我美子のガラス越しのキス・シーンが有名になった。原作はロマン・ロラン。戦時下の激しい恋を描いた作品としては、山口淑子と池部良がラストで手を結ぶことなく銃火に倒れる『暁の脱走』（谷口千吉監督、一九五〇）が思い出される。

②は、おさん・茂兵衛の道行きをドラマにした溝口健二の美しく厳しい作品。不義密通の逃避行を余儀なくされた長谷川一夫と香川京子が、追いつめられた末にお互いの愛を確認する。

③は、老人の回想による、美しい田園風景をバックにした初恋物語で、木下惠介には『お嬢さん乾杯』（一九四九）、『遠い雲』（一九五五）といった恋愛映画の佳作がある。

④は、フランスのヌーヴェル・ヴァーグにも影響を与えた斬新なカメラ・ワークによる太陽族映画で、石原裕次郎と北原三枝を結びつけた伝説的作品。

⑤の増村保造と若尾文子のコンビには、他に『清作の妻』（一九六五）、『刺青』（一九六六）、『赤い天使』（一九六六）、『濡れた二人』（一九六八）といった恋愛映画の傑作が残されているが、この作品のラストで、若尾文子が血だらけになった田宮二郎を人目もはばからず抱くシーンが壮絶であった。また、この作品の中で初めて愛する男に抱かれた彼女が、〝セックスってこんなに素晴らしいものだったのね〟とつぶやくシーンを見て、ボクは、日本にも初めて愛とセックスを堂々と赤裸々に描く作品が生まれたと思い、ただ深く感動した記憶がある。初期の『妻は告白する』（一九六一）でも、若い男に一方的に恋してしまう若尾の、燃えたつような情念が圧倒的で、ラスト・シーンも凄まじいものであった。

⑦は、いわゆる東宝のラブ・ストーリーものの一作で、施設で育った田村亮と内藤洋子が大人になって再会し、愛し合うようになる。傷つきやすい二人の恋の行方を、周辺の大人たちが暖かく見守るといったホームドラマ風のタッチのものだったが、忘れ難い作品。郷ひろみと秋吉久美子の若い二人が、同棲生活

を始めるものの不運にも離別し、ラストで二人が出会うシークエンスで泣かせた⑩も、ナイーブな青春の息吹を伝える佳作であった。山根成之による『パーマネント・ブルー真夏の恋』（一九七六）も、年上の女性に恋した高校生のひと夏の出来事を描いたもので、ラストで舟を燃やしてしまうシーンが強い印象を残している。

⑧は、寺山修司の脚本と羽仁進の演出が見事に結合した、恋とセックスをめぐるシネマ・エッセイ（あるいはシネマ・ヴェリテ）風の作品。

⑨における寅さんの恋は、いつも、挫折するというより寅さんが逃げ出すのだが、この作品で浅丘ルリ子が、寅さんみたいな人と一緒になりたいと迫るシーンで、寅さんがドギマギするあたりが印象に残っているし、それにとらやでの、メロンをめぐってケンカになるところなど、抱腹絶倒のシーンがあった。

最も日本的で切ない恋を描いたものとして、加藤泰監督の股旅ものの傑作⑥を挙げたい。一宿一飯の恩義のために斬った男の女房（池内淳子）に、中村錦之助が惚れてしまうのだ。中村錦之助が旅の途中、ある宿場で老婆を相手に酒を飲んでいるシーンがあった。そこで主人公は、三人称を使って、自分の恋を語るくだりの描き方が素晴らしい。その時、かすかに三味線の音が聞えてくる。主人公が宿場を飛び出すと外は雪、むこうから子供を連れた池内淳子が来るローアングルのシーンなど、これくらい哀しく美しいシーンは、日本映画のみが描き得るもので、加藤泰のもう一つの傑作『明治侠客伝　三代目襲名』（一九六五）では、夕焼けの川辺で鶴田浩二が藤純子から桃を手渡されるシーンが忘れ難い。恋する者の歓びと、絶望的なやくざ生活の悲惨な状況を描ききった、加藤泰ならではの二作品で、どちらも崇高な映像美を創出している。

（「ぴっくあっぷ」一九九三年七月号）

〈普通の映画〉と〈良質の映画〉をめぐって

ようやく「ぼくのシネローグ〔パノニカ映画通信〕」（Ｇ１ブックス）が発刊され、〔一九九三年〕六月二十日にささやかな出版パーティを行ったところだが、県外からも昔の仲間が何人もかけつけてくれて、大変にぎやかなパーティになった。ゲスト・プレイヤーの渋谷毅さんと山本敬子さんの演奏も楽しかった。こういうパーティになると、何故か騒々しく盛り上がる。現在、書店に新刊が並んでいるので、読者の方は、目を通して欲しいが、映画の本は売れないそうで、地元の書店で五冊も売れれば良い方だろう。山田宏一さんから〝前作「土曜日のジャズ　日曜日のシネマ」から十年ですが、ヴィクトル・エリセみたいですね⁉〟という嬉しいコメントをいただいたが、それにしても、エリセの十年ぶりの『マルメロの陽光』（一九九二）を早く見たいものだ。

熊本に在住する「地方映画書私誌」の著者・藤川治水さんによる最初の書評が、七月四日の南日本新聞に載った。〈映画界への嘆きと痛撃〉という本書の内容を超える評で、ボクは大いに恐縮しているのだが、見方によっては現在の映画界への警鐘を打ち鳴らしている部分もあるのかもしれない。もっとも、ボクの論は、良くも悪くもシネマ・エピキュリアンとしての体質があって、見ることの出来ない傑作への激しい憧れと、それを見てしまった者への嫉妬があるように思う。

読者は、すでに新聞のニュースで知っておられると思うが、にっかつ（日活）が倒産した。ボクは、自分の本でもしばしば映画界を批判しているが、映画ファンであるから、当然のことながら、映画会社そのものも堅実な経営によって、立派な作品が生まれる基盤があった方が良い。現代の映画会社は、映画を作ることで利益をあげている訳ではない。多角経営によって、辛うじて経営が成立っていて、映画製作そのものは、大半が赤字という状態だ。

日活は、古い会社で、戦後の日活といえば、五〇年代後半から六〇年代の石原裕次郎、小林旭、宍戸錠らのアクションものを連想するファンが多いと思うが、六〇年代には映画史に残るような傑作は、殆ど作られていない。日活映画が最も輝いていたのは、五〇年代半ばであろう。ちょうどボクが学生時代に見た『黒い潮』（山村聰監督、一九五四）、『ビルマの竪琴』（市川崑監督、一九五六）〈白黒版〉、『風船』（川島雄三監督、一九五六）、『幕末太陽傳』（川島監督、一九五七）、『女中ッ子』（田坂具隆監督、一九五五）、『警察日記』（久松静児監督、一九五五）、『狂った果実』（中平康監督、一九五六）、『果しなき欲望』（今村昌平監督、一九五八）といった作品が思い出される。むろん、六〇年代のアクション映画にも面白い作品はあったろうが、六〇年代後半の日活は、渡哲也主演の『無頼』シリーズしか見るものがなかった。七〇年代に入って一度は、日活と大映作品を配給したダイニチ映配という会社も作られたが、七一年からスタートしたロマン・ポルノこそ、日活映画の最後のアダ花といえるもので、エロティックな作品を売物にしていたが、エロを逆手にとって斬新な青春映画の佳作が何本も作られているし、シリアスにセックス表現を試みた若手の映画監督たちの冒険も、大いに評価されるべきだろう。

正直に言って、この数年すでににっかつは、死んだも同然で、注目されるような作品はなかった。ボクにとっては、かつての大映の倒産ほどショックは受けなかったものの、今こうして日活時代の映画に思いをはせると、哀惜に似た感情が湧き出してくる。

出版パーティのことなどで新作を見る時間がなかったが、六月末にようやくルイ・マルの『ダメージ』（一九九二）を見た。ボクは、最近のマルの評判の良かった『さよなら子供たち』（一九八七）、『五月のミル』（一九八九）といった作品には心を打たれることはなかったが、この作品にはショックを受けた。すでに五〇歳を超えた主人公（ジェレミー・アイアンズ）は、イギリスの高官員で、何不自由のない上級家庭の住人である。あるパーティで自分の息子の新しい恋人（ジュリエット・ビノシュ）と出会ってから、二人は、急速に接近し、突発的なセックスに没入していく。殆ど理由もなく、無言で始まる二人のセックス描写が、イギリス的な威厳をもつアイアンズと、過去に不幸な影を宿している冷たい美しさのビノシュによって演じられ、イギリス的なエスタブリッシュメントの日常生活とはアンバランスな、このセックス描写が面白い効果を出していて、イギリスのカメラマンのピーター・ビシューの緻密なカメラ・ワークが、抜群の冴えを見せる。また、アイアンズの夫人を演じているミランダ・リチャードソンの好演も素晴らしい。このドラマの悲劇は、あくまでもイギリス上流階級という壁があって、初めて成立するのかも知れない。もし日本でこのような悲劇が起こったらどうなるだろうかと、映画と関係のないことまで連想してしまったが、これから映画を見る人の為に、後半のストーリー展開は伏せておくが、ラストは身も凍るような破局で終る。ともかくも、ここにあるマルならではの知的で格調高い映像による語り口は、まさに映画的な成熟を伝えるものだが、マルの作品をずっと辿っていくと、文学的な悲劇ドラマに対する嗜好があるように思う。その辺にマルの限界があるともいえようが、この作品には陶然とさせられた。

さて、講談社から出ている「本」（六月号）に、蓮實重彦が興味深い論評を書いている。この連載コラムは〈誰が映画を畏れているか〉と題されているが、これは、映画評論家の山根貞男との往復書簡という形をとっていて、ここで蓮實は、近年〈普通の映画〉がめっきり少なくなったと述べている（蓮實のテーマは別のところにあるので、興味のある方は、原文に接して欲しい）。〈普通の映画〉は、当然、〈良質の映画〉と対比される。ここで〈普通の映画〉とは何か、〈良質の映画〉とは何かを論じてゆく紙幅はないので、この興味あるテーマは、別の機会に述べることにするが、映画ファンは、何も名作を見ようとして映画館に足を運ぶ訳ではない。アカデミー賞を獲った作品だから、あるいはキネマ旬報のベスト・テンに入ったからといってその作品を見る観客は、はっきり言って単なる俗物であろう。ボクの映画歴をふり返ってみても、本能的に〈良質の映画〉のいかがわしさを感知して、〈良質の映画〉からはずれた、真に面白く心ときめく映画を映画館で発見するというのが、それこそ普通の映画ファンの心情だったのではないかと思う。実際、二〇年前には、いわゆる二番館があって、大々的な宣伝から落ちこぼれた映画と出会えるチャンスがあった。二番館で、殆ど評判にもならなかった映画を見て、言い知れぬ幸福感に酔ったといった体験も、今日の映画ファンは奪われてしまっている。ロバート・アルドリッチの『キッスで殺せ』（一九五五）やドン・シーゲルの『殺人者たち』（一九六四）を場末の映画館でキャッチした興奮は、映画ファンのみが知る至福の時間であった。つまり、アルドリッチもシーゲルの映画も、〈普通の映画〉にすぎなかったのだ。また、ボクが推賞してやまぬ増村保造や加藤泰の映画は、いわゆる〈良質の映画〉から外れた面白さを持っていた。こういう風に書いてゆくと、〈良質の映画〉と〈普通の映画〉の違いが少しは解ってもらえようが、今日では、レンタル店の片隅に置いてある作品との幸福な出会いが、ファンに残された喜びであろう。

（「ぴっくあっぷ」一九九三年八月号）

エヴァ・ガードナーの伝記とカーク・ダグラスの自伝を読みながら、アメリカの五〇年代映画を回想してみよう

この〔一九九三年〕七月十六日の照国神社の六月燈に、渋谷毅のジャズ・オーケストラがやってきた。渋谷オーケストラ（といっても九人編成）は、今、我国のジャズ・シーンにあって最も光った存在である。このバンドは、人間的にも音楽的にも実に素晴らしい男たちによって結成されていて、渋谷毅の編曲は、各人の魅力的なソロを浮き立たせるために施されているように思える。このバンドは、一度聴くよりも、二度目、三度目になってようやく全体の面白さがわかってくると思うが、当夜は、前半雨にたたられて、演奏者側にはちょっと気の毒であったが、演奏は、密度の高いもので、強力なソロイストたちのプレイがたっぷり楽しめた。

　翌十七日は、当パノニカにて、このバンドの中で最も若い、臼庭潤（二十五歳）にスポットを当てたセッションが行われた。昼間、少しリハーサルをしただけで、何ともスリリングなコンボ・セッションが展開されることになった。バラード一曲を除く五曲は、全て臼庭のオリジナル・ナンバーで、どの曲も魅力があった。臼庭を中心に向井滋春と峰厚介を両側に入れた、まさに夢の六重奏団の実現で、もしボクがプロデューサーなら、この夜のプレイをレコードにしただろう。こちらの血を熱くさせた、スリリングなジャズ・ナイトであった。第二部のオーケストラの演奏も素晴らしかった。このような当地だけのセッションを実現させて下さった照国神社と、渋谷毅に感謝しておきたい。ジャズ・ファンの方は、この臼庭潤という若きテナー奏者に注目して欲しい。若手の中でもズバ抜けた実力を持つ白面のジャズメンである（近いうちに来鹿が予定されている）。

　この夏は、雨が続き、店の方はヒマにもかかわらず、いろんな事があって、今までになく雑用に追われ、本も読まず、映画もビデオもあまり見る時間がなかった。だから、まだ『ジュラシック・パーク』（スティーヴン・スピルバーグ監督、一九九三）を見ていない。わずかにロン・シェルトン監督の『ハード・プレイ』（一九九二）を一本見ただけだが、まさしく、これは〈普通の映画〉で大いに楽しめたコメディの快作であった。あまり期待しないで見た作品で、このクラスの映画が、月

に一本でも見られると、ファンは、嬉しくなる。

今回は、映画の本を紹介してみよう。まず、〈美しすぎた女の一生〉というサブ・タイトルの「エヴァ・ガードナー」（講談社）についてふれるが、ボクは、スターのインサイド・ストーリーにさほど興味を持っているわけではない。スターの実人生よりも、彼女らが登場する映画そのものが面白いに決まっている。このガードナー伝は、ボクが、ガードナーのファンであることを知っている友人が貸してくれたもので、彼女の生涯をスキャンダル中心に展開した軽い読み物で、推賞に値する伝記ではない。彼女は、南部出身の平凡な女学生だったが、その美貌は、少女時代から知られていて、スカウトに見出され、たちまちMGMの看板スターになった。いわゆるグラマーで、大型の女優としてスタートするが、若い頃の男性遍歴も大変なもので、当時RKOのオーナーであった富豪のハワード・ヒューズに始まって、最初に結婚した相手も、四〇年前後にナンバーワンのドル箱スターであったミッキー・ルーニー、二番目の夫が、クラリネット奏者のアーティ・ショウ、さらに三番目の夫がフランク・シナトラで、その間、タイロン・パワー、クラーク・ゲーブル、ロバート・ミッチャム、スペインの闘牛士マリオ・カブレ、ジョージ・C・スコットなどとの浮名を流している。エヴァは後年、〝わたしは本当に欲しいものを手に入れることが出来なかった〟ともらしたそうだが、晩年は、孤独な一人暮らしの生涯を終えた。フランク・シナトラとの結婚生活の失敗が彼女に傷を残したようだが、シナトラは、彼女が病気になった時、金銭的に援助している。エヴァ・ガードナーは、本誌に何回も書いたように、ボクにとっては、最初のセックス・シンボルといえる妖麗な女優さんであった。彼女の代表作となれば、まず『裸足の伯爵夫人』（ジョゼフ・L・マンキーウィッツ監督、一九五四）、それに『モガンボ』（ジョン・フォード監督、一九五三）、『キリマンジャロの雪』（ヘンリー・キング監督、一九五二）あたりか。ビデオ化されていない『殺人者』（ロバート・シオドマク監督、一九四六）と『パンドラ』（アルバート・リューイン監督、一九五〇）をもう一度目にしたい。

もう一冊、「カーク・ダグラス自伝　上・下」（早川書房）は、ハリウッド・スターの自叙伝としては、すこぶる興味深い一冊である。尤もボクはカーク・ダグラスという俳優が好きではなかった。最初に見た彼の映画は、『チャンピオン』（マーク・ロブスン監督、一九四九）というボクサーを主人公にしたもので、血だらけになって闘うカークの壮絶な演技が評判になったものの、そのクソ・リアリズム的なスタイルは、前時代のゲーリー・クーパー、ジョン・ウェイン、ケーリー・グラントの個性とあまりに異るもので、ボクは同じ戦後派の男優なら、ウィリアム・ホールデンの方が好きであった。次に見たのは、ビリー・ワイルダーの異色作『地獄の英雄』（一九五一）で、これもアクの強い性格の主人公役で、人の命まで犠牲にして特ダネをデッチあげようとするジャーナリスト役を熱演していたし、『悪人と美女』（ヴィンセント・ミネリ監督、一九五二）では、人を平気で裏切るハリウッドの大物プロデューサーを演じていた。ただ、ウィリアム・ワイラー監督の『探偵物語』（一九五一）には好感を持った。ワイラーの端正な演出によって、鬼刑事に扮したカークの職業人としての正義感と人間としての孤独感が絶妙な描写で浮き出た、彼の代表作といえよう。

この自伝は、驚くほどの率直さで、デビュー当時から今日に至るまでを語っていて、結婚するまでは、ほとんどの共演女優と性的関係を結んでいるし、マレーネ・ディートリッヒ、ジョーン・クロフォードといった、カークよりずっと年上の女優の愛人でもあった。

この自伝で最も興味深いことは、スタンリー・キューブリックに目をつけたカークが、自分の金で『突撃』（一九五七）を完成させたことだろう。この七月に、キューブリックの初期の作品である、ギャング映画の『現金に体を張れ』（一九五六）〈カークはこの作品を見てキューブリックを発見する〉と『突撃』が、WOWOWで放映されたばかりだが、ことに『突撃』こそ、戦争の内側を鋭く抉った反戦映画の傑作で、心に灼きつくような描写は、まさしく五〇年代後半の最も魅力的なアメリカ映画といえるものである。この作品が、まったく金にならないことを知りながら、カークは、この作品に賭けた。その情熱にうたれる。

さらに彼は、その後に『スパルタカス』（一九六〇）を撮ることになるが、この作品の撮影は、スタート時点からトラブル続きで、この作品を完成させるまでのゴタゴタが、この自伝のハイライトである。この映画の監督は、最初はアンソニー・マンだったが、途中でキューブリックに替える。この作品の脚本をダルトン・トランボに依頼するが、トランボは、赤狩りのためハリウッドを追放された〈ハリウッド・テン〉の一人で、偽名を使って細々と生活していた彼を大胆に起用するあたりにも、カークのプロデューサーとしての力量が見られよう。

このトランボの脚本を得て作られた『脱獄』（デイヴィッド・ミラー監督、一九六二）こそ、カークの最高傑作である。カークは、『脱獄』の脚本を読んで「私がこれまでに出演した七十五本の作品で、作家が非の打ちどころのない台本を寄こしたのは、これ一作だけだ」と述べているが、これは六〇年代初期に作られたアメリカ映画の中でも、最も興味深い作品の一つであった。

（「ぴっくあっぷ」一九九三年九月号）

白井佳夫の「日本映画黄金伝説」は、読者の思考を挑発する。

白井佳夫が、久しぶりに映画論集「日本映画黄金伝説」（時事通信社）を出した。これは、おそらく十年程前に出版された「日本映画のほんとうの面白さをご存知ですか？」（講談社）以来のものであろう。

白井佳夫というプロの批評家の映画論が、いかに独創的なものであったかを、かつての作品評から検証してみることにする。

キネマ旬報社から発刊されている「キネマ旬報ベスト・テン全史」というのがある。白井佳夫は、二〇年近くキネ旬で働き、編集長も八年ほど務めている（一九七〇―七八年）。エディターとしての白井佳夫は、大変優れた才能を発揮した。彼の最初の本は「白井佳夫の映画の本」（話の特集）で、これは、彼の編集長時代に実践した座談会を主とした、ジャーナリスティックな運動体としての雑誌作りに、どのような書き手、論者、読者のエネルギーを結集していったかの、実践的レポートの書ともいうべき処女作であったが、彼の個々の作品評もユニークなもので、そんなに多くの評を書いていないにもかかわらず、今、目を通してみても、六〇年代後半から七〇年代に至る論考は、読者を大いに挑発したと思う。

まず、一九六九年の浦山桐郎の『私が棄てた女』についての評を見てみよう。この作品は、この年のキネ旬ベスト・テンの二位にランクされている。一位は『心中天網島』だが、白井は、これに投じず、彼のベスト・ワンは、森﨑東の処女作『喜劇・女は度胸』で以下、『新宿泥棒日記』（大島渚監督）、『盲獣』（増村保造監督）、『パルチザン前史』（土本典昭／堤雅雄監督）、『私が棄てた女』、『二人の恋人』（森谷司郎監督）、『緋牡丹博徒花札勝負』（加藤泰監督）とつづいていて、キネ旬の上位に入った『少年』（大島渚監督）、『橋のない川』（今井正監督）、『男はつらいよ』（山田洋次監督）といった作品にも票を投じていない。

浦山桐郎の『私が棄てた女』は、当時各方面から絶賛された作品であった。白井は、この作品は、日本映画の伝統、つまり自然主義リアリズムに立脚した、心情的な側面からの人間描写にそった傑作ではあるが、「……六〇年安保挫折派の主人公の、うっ屈し、わだかまった心情、その心情に反映した、ものぐさで刹那的で、にえ切らぬ主人公の行動、その末に出てくる、一度きめたらテコでも動かぬ訴求テーマの居直りの精神」「……こういった日本的心情と精神風土の負の部分の抽出を七〇年安保につながる大テーマに再び拡散させて、そこから果して何か新しいものが生れてくるだろうか」という疑問を提出している。

では、このような良心的で心情的な作品を超える作品とは何か。翌年（一九七〇年）の白井のベスト5は『やくざ絶唱』（増村保造監督）、『高校さすらい派』（森﨑東監督）、『でんきくらげ』（増村監督）、『しびれくらげ』（増村監督）、『その人は女教師』（出目昌伸監督）で、何と五本のうち三本が増村保造の作品であり、キネ旬の第一位『家族』（山田洋次監督）、第二位『戦争と人間』（山本薩夫監督）は無視している。この『でんきくらげ』について「映画のドラマを創ることは、仮構の物語を手際よく映画的に造形することではなく、エネルギッシュな生命力を、日本的風土と地つづきのスクリーンの中で爆発させて、日本的情念のルネッサンスを描いていくことなのだ」とする増村保造の映画の魅力を解明した上で、肉感的な渥美マリという新人女優を使うことで、増村のテーマがよりダイナミックに展開した作品として、その成果を讃えている。大映のエロ路線にのって作られたプログラム・ピクチャーであったであろう『でんきくらげ』にこれだけの批評を展開してのけるところに、白井佳夫批評の大きな魅力があった。

「……影の部分としての映画の、造型のためだけの美学に足をとられてしまっては、本末転倒だ。大体、われわれの周辺を見まわしてみても、現実は不安定形で、流動し、矛盾をはらみ、衝突し、いつもグラグラとゆれている。そんなアンバランスな現実をうつす影が、スクリーンの中なわけで、妙に円満に、安定し、完結してしまっていい筈はない」。この一文は、かつてボク達が出した「映画によるもう一つの戦後論――〈第三映画の会・共同執筆〉」（那須書房）のあとがきに書かれた白井の一文であり、ここに彼の映画論の核になるキー・ワードがある。白井は、批評家も感覚的な、あるいはアカデミックな映画論を書いているだけではダメだと考え、批評家も行動すべしと自ら外国や日本各地に足をのばしている。湯布院映画祭も彼の行動と発案によって今日まで発展してきたし、そういった白井佳夫の行動的映画論は、現在、キネマ旬報に連載中の〈映画を使って何ができる〉に具体的に論考されている。また、五年前に当地でも上映された『無法松の一生』（稲垣浩監督、一九四三）〈阪東妻三郎主演版〉を使った映画イベントも白井佳夫の映画論を実践したものであろう。

「日本映画黄金伝説」には、この『無法松の一生』をめぐってのエッセイも収められているが、このイベントをドイツのケルンまで持っていったところが凄い。第一章には〈戦後日本映画にとって大島渚とは何だったのか?〉という書き下ろしの対談も収められているし、勝新太郎と石原裕次郎というスターをめぐるエッセイも興味深いものだが、ここでは誌面の都合もあって、一番最後に入っている〈「松竹大船映画」の政治学〉についていくつか補足的な論述をしておこう。というのも、この論文の中に白井佳夫ならではの独創的な映画観が集中されているると考えるからだ。

日本映画の作品系譜の流れの中に松竹大船調のホーム・ドラマの流れがあり、白井は、かつての松竹の製作部長であった城戸四郎のことばの引用から始めて、この会社から生み出された代表作を挙げながら、今日に至るホーム・ドラマとしての松竹映画の狙った映画世界が何であったかを論述していく。白井が挙げた作品は、まず小津安二郎のサイレント映画『生れてはみたけれど』（一九三二）、島津保次郎の『隣の八重ちゃん』（一九三四）、戦争中に作られた木下惠介の『陸軍』（一九四四）、そして戦後の占領時代の『晩春』（小津安二郎監督、一九四九）、高度成長期に作られた大島渚の『愛と希望の街』（一九五九）、そして今日の山田洋次の『男はつらいよ』シリーズ（一九六九〜一九九七）に至る松竹映画のそれぞれの時代の代表作を挙げながら、現代の『男はつらいよ』シリーズに見られる特殊な日本的構造を分析していく。「このシリーズの寅さんとは、リッチな飽食の時代の現代の管理型社会の網の目の中で日々規制されて生きている日本人のもろもろの潜在願望というものを、次から次へと晴らしてくれるもの」で、この正体をつきつめていくと、「庶民の味方のような顔をした、実は日本的なスーパーマンの映画」ではないかと追求していくのだが、映画産業が斜陽化し、日本映画が絶望的な地点に追い込まれている状況の中で、この『男はつらいよ』シリーズだけが、何故、大衆に歓迎されているのかを、山田洋次のかつての作品の内容を含めて論述した結果、寅さん映画の成功の中に見えるものは、新しいファシズムではないかと結論づけているのだが、そこに至る白井の論によどみはない。このファシズムの正体は、当面の敵が確とは眼に見えてこないが、「まあいいではないか」「しかたがないだろうその程度のことは」といった論理的な批判を放棄してしまった私たち自身の「なしくずしの許容」「なしくずしの合意」の合体に醸成されているもので、『男はつらいよ』シリーズに正対できるような思考と論理を生み出さない限り、このファシズムは、さらに深く進行していくだろうと、白井は、読者を挑発している。あなたも、この一冊を手にしていただき、考えてもらいたい。

（「ぴっくあっぷ」一九九三年十月号）

エイズ患者を主人公にした二本の映画をめぐって

このところ、映画をめぐる本のことや過去の映画について書いてきたので、新作映画に目をむけてみよう。

この夏、最大の話題をさらった『ジュラシック・パーク』（スティーヴン・スピルバーグ監督、一九九三）は、やや期待を裏切る大作となった。スピルバーグ映画の面白さというのは、『JAWS　ジョーズ』（一九七五）、『未知との遭遇』（一九七七）や『E.T.』（一九八二）においては、映画のクライマックスに至る前半の部分、つまり映画的設定がよく工夫されていて、観客は、そういった細部の設定に魅せられつつ、クライマックスに近づくのだが、この作品では太古の恐竜が現代によみがえるという前半の部分がうまく説明されていないので、彼自身の映画的抒情がまったくない作品になってしまった。SFXはうまく出来ていても、この映画のスリルやショックは、見る者に昂揚感を与えない。

『ダイ・ハード』（一九八八）という傑作をものにしている、ジョン・マクティアナンの『ラスト・アクション・ヒーロー』（一九九三）は、映画マニアをニヤリとさせるパロディやギャグが随所に出てきて笑わせるものの、アクション映画としての荒唐無稽の高みに達しているのかとなると、首をかしげざるを得ない作品となった。それでもベルイマンの『第七の封印』（一九五七）を使って、この映画の魔術師が飛び出してくる後半のアクションとアイディアには楽しませてもらったが。

ハリソン・フォード主演の『逃亡者』（アンドリュー・デイビス監督、一九九三）は、かつてデヴィッド・ジャンセンが主演した連続テレビ・ドラマのリメークであるが、かつてのテレビファンは、失望なさったのではないだろうか。テレビの「逃亡者」の魅力は、逃亡そのもののプロセスの面白さにあって、まだ人種差別や貧困があった六〇年代中頃のアメリカの暗い表情が巧みにテレビ・ドラマに導入されていたと思うが、この映画では、犯人追求というドラマが、一時間をすぎたところから中心になるので、逃亡そのものの追われる人間の悲哀といったものは、ここには表現されていない。息もつかせぬカッティングによって生まれるサスペンスとスリルは、アメリカ映画特有のもので、それなりの魅力を持っているにもかかわらず、このキンブル医師には魅力が感じられなかった。

マイケル・ダグラス主演の『フォーリング・ダウン』（ジョエル・

シュマッカー監督、一九九三）の方も、傑作になりそこねた作品に思える。主人公のイライラと現代のメカニズムによる非人間性をついた、かなりアクチュアルな不条理ドラマといえる構成をもっている作品ながら、ここでも、めまぐるしいスピーディなカッティングと編集がこちらをイライラさせるだけで、もっとじっくり人間と社会を見つめて行くカメラ・ワークが必要ではなかっただろうかという気がする。結局、二日前に見たイーストウッド主演の『ザ・シークレット・サービス』（一九九三）に接して、ようやくアメリカ映画らしい人間味のあるアクション映画に出会うことになった。こういう作品は、悪党にどれだけ魅力的な役者が出てくるかで勝負はきまる。ジョン・マルコビッチの出色の演技が楽しめる快作で、このアクション映画の監督は、ドイツで『U・ボート』（一九八一）などを作っているヴォルフガング・ペーターゼンである。

今回は、エイズ感染者の映画を二本見たので、エイズについて少し論じることにする。

シリル・コラールが出演し監督したフランス映画『野性の夜に』（一九九二）は、エイズ感染者であったコラールが発表した小説を自ら監督した作品で、自伝的要素の強い作品である。このコラールは、今年の三月にエイズで亡くなっているだけに、まさしく〈コラールは自らの命を映画〉にした作品といえるだろう。『野性の夜に』は、セザール賞を得た作品であるだけに、新人らしからぬ映像感覚があって、見る者を魅了しているが、この荒々しいリアリズム、生々しいカメラ・ワークが、第一級の表現にまで達しているかどうか、ちょっと疑問も残る。

コラールは、バイ・セクシャルで、とりわけ、パリの男娼窟で集団でセックスするシーンなどはぞっとするし、彼の明らかにホモ的なその雰囲気が、ボクには異和感を与えたが、主人公の恋人役を演じるロマーヌ・ボーランジェが、演技の枠を超えた存在感で、迫力のある演技を見せている。エイズと知りながらセックスをした男を愛してしまう、女性の追いつめられた表情が見る者を圧倒する。

日本映画の『私を抱いてそしてキスして』（佐藤純彌監督、一九九二）は、普通のOLの南野陽子が、学生時代につき合っていた恋人によって自分がエイズに感染したことを知ってショックを受けるところから始まる。ここでは女性の方が、エイズでありながら、失意の時に知り合った男とセックスする。何しろ南野陽子が子供まで産むというメロドラマ風の展開で、『野性の夜に』に比べると衝撃度はおちるものの、どちらの映画も相手にエイズが感染しないという展開になっている。『私を抱いて……』は日本映画最初のエイズをテーマにした作品となったが、感染しない率は、30％くらいしかないというから、特に日本映画の場合は、南野陽子を綺麗に撮るために、エイズの恐しさを伝えていない。

ボク自身、エイズのことはあまり知らない。『野性の夜に』は、死を目前にした作家のストレートなエイズへの視線が観客にアピールし、フランスでは大ヒットしたというだけあって、（むしろフランス映画の伝統に即したラブ・ストーリーとしてのリアリティも含めて）伝説的なシネマとして記憶されることになるだろう。

映画から少し離れるが、今日の文明というのは、あくまで生命優先の、美しきもの、汚れなきものを求める文明といえるだろう。この十年の間に街に乞食を見ることもなくなった。スラム街も一掃された。人々は、清潔な環境を求め、全ての空間を綺麗に飾ろうとする。何年か前に横浜で、高校生だったか、中学生だったか、集団で浮浪者を襲撃する事件があった。彼等は、中級の上に属する家庭の生徒たちで、理由として汚い奴は見たくないから打撲したと語っていたと思うが、あの事件は、今日の若者たちが極度に汚れたものを憎んでいることを端的に語った事件であったと思う。ボクは、ヘビー・スモーカーだから、ここで勝手にいわせてもらうが、近年の嫌煙運動も度を超しているように思われる。こういう時代に突入すると、もう、スクリーンの中でタバコを吸う美しいシーンを見ることが出来なくなるだろう。ハンフリー・ボガートやゲーリー・クーパーやイングリッド・バーグマンやローレン・バコールの美しい喫煙のシーンは、モノクロのビデオの箱の中にしか残っていない。こういった嫌汚権を進めていくと、ナチズムが、ユダヤ人を汚れた人種として差別し、のしあがっていった歴史もあることを忘れないで欲しい。

逆説的かもしれないが、ハンセン病やチフス、コレラを克服した中に、このエイズだけが不気味に拡大していることは、今日の文明にとって救いになるかもしれない。ガンの方は、すでに市民権を得ている。

こんなことを考えるのも、人間というのは、もともと汚れたものを持って生まれてきた種族ではないか、と考えるからだ。ゴミひとつない空間を作ったところで、人間は幸福になれるわけではない。

今後、エイズをテーマにした映画は、たくさん作られることになるであろうが、『野性の夜に』を超える作品が生まれることを願っておこう。

（「ぴっくあっぷ」一九九三年十一月号）

日本映画の底力を見せた
魅力あふれる三本の新作をめぐって

十一月一日には、四年ぶりの黒テント公演「荷風のオペラ」が中央公民館で行われた。今回は、テント公演ではなく、劇場を使っての初めての公演だったが、相変らずその卓抜な空間構成による芝居の進行は、この劇団独自のもので、永井荷風を主人公にしたドラマというよりも、佐藤信独自の迷宮的ドラマ空間の魅力に酔った一夜であった。他劇団からの二人の女優さんの生き生きとした演技が爽やかな印象を残した。佐藤信自らの舞台挨拶があったのも初めてで、彼と直に話をするチャンスにもめぐまれたが、次回は、今まで通り黒テントで巡業するとのこと。思えば、黒テントとのつき合いも二〇年を経ていて、「鼠小僧次郎吉」を天文館公園で行ったのは、一九七〇年であっただろうか。最古参の新井純が、まだ若々しい演技を見せていたのも頼もしいかぎりだ。この劇団の前途に期待したい。

さて、十月末から日本映画の新作を三本見たが、いずれも瞠目すべき成果をあげたもので、ここにきて日本映画のがんばりに拍手を送りたい。

まず、大沢在昌のハードボイルド小説「新宿鮫」は、すでに四作目（「無間人形」）が出版されていて、目下、大半に目を通したところだが、これも抜群に面白い。近年生れた最高の小説の映画化『眠らない街　新宿鮫』（滝田洋二郎監督、一九九三）も期待を裏切らぬ快作に仕上っている。一匹狼的ハミダシ刑事（真田広之）が改造銃づくりの名人（奥田瑛二）を追及するという設定のアクション・ドラマで、主人公が、現実の新宿・歌舞伎町界隈を歩く冒頭のシークエンスから、ロケーションを使った生々しいタッチが、いい雰囲気を出している。特に近年、東南アジアからの移民が増加しつつある新宿の猥雑にして不気味な都市の裏側が描きこまれているところに、この映画の成功があったと思われる。後半、改造銃による動機なき連続殺人犯を演じる松尾貴史の怪演もいいのだが、主人公が何故奥田瑛二にかくも憎しみを持つのか、この二者の情念がうまく伝わってこないのが欠点と思う。それでもボクは、今まで滝田洋二郎監督の映画『コミック雑誌なんかいらない！』（一九八六）、『病院へ行こう』（一九九〇）、それに今春公開された『僕らはみんな生きている』（一九九三）といった作品にまったく感情移入出来なかっただけに、初めて彼の作品に魅了された。いずれにしろこれは、犯罪映画の分野に新境地を拓いた快作であった。

松竹時代、脚本家から出発し、数々の名作を書いてきた松山善三の久々の監督作品『虹の橋』（一九九三）も見応えのある一作である。

時代劇としての『虹の橋』の成功は、江戸時代の京都の長屋部落を中心にスタートするが、セットは、せいぜい四つか五つなのだが、それぞれの美術がしっかりとデザインされているので、そこに生きる人間に存在感が生れていることにある。物語は、長屋で生活する四つの家族の子供たちの成長過程を見せた作品で、その子供たちが青春期を迎えて遭遇する諸々の困難を描く、青春群像ドラマである。特にこの作品では、提燈、傘張り職人、扇絵師といった職人さんの生活を丁寧に撮っている。さらに俳優には、かん高い声でしゃべらせ、身振りもややオーバーに演技させ、カットとカットのつなぎがダイナミックに編集されているので、ややオーバーともいえるアクションが生きてくる。ヒロインの和久井映見は、大きな魚問屋に引きとられるが、その魚問屋が遠くの魚村から新鮮な魚を背おって運んでくるシーンなど強い印象を残している。ドラマは、この長屋で育った娘が遊廓に売られることになり、和久井らが彼女を救い出すために奔走するというストーリー展開になっていくが、大人たちの北大路欣也や田中邦衛、池内淳子といったベテランの役者と若い俳優たちとの演技のアンサンブルも見事である。一種の人情ドラマながら、老年の松山善三が、このようなダイナミックな時代劇を撮った、その力量に敬意を表したい気持だ。

というのも、この作品のスタッフは、黒澤明が育てたスタッフであるという。つまり、日本映画を入念に作りあげる裏方の職人の皆さんが、この映画の職人の世界をより鮮明に描きあげたわけである。この辺に、この作品の成功の秘密があったのかもしれない。

その松山善三の脚本による、鹿児島を舞台にした『望郷』（斎藤耕一監督、一九九三）もすこぶる面白い異色作だ。原作は、窪田操という現在も活躍する事業家の自伝ということだが、この作品でも松山善三の脚本の力がものをいっているように思う。

映画は、昭和十五年、大隅半島のある豪商の当主（田中健）が株の暴落で倒産し、一家離散しなければならないところから始まる。この家の長男（新人・秋月健太郎）の、敗戦の昭和二〇年に至るまでの五年にわたる波乱万丈、流浪の旅を描いたもので、かなり悲惨なドラマを、これまでの日本映画に見られなかった、図太く、スピーディな展開で描いていく。次に何が起こるかわからない事件のつみかさねによって、見る者に涙っぽい情感を与える余地もない。最も哀しいシークエンスは、金沢に売られた姉（細川直美）を訪ねていくところで、やっと再会しながらも、また離別しなければならない。戦時下にあって少年が炭坑夫をしながら金沢に至るまでの、描写もいい。とりわけ、田中健の型破りの演技が光っていた。〝オレが死んだら、プラチナの入歯を抜いて金にしろ〟という遺言に息子は、墓を掘りおこしミイラ化した父親の歯からプラチナを抜いて金にかえ、母をたずねていくというエピソードなど泣かせるが、そういったぞっとするような描写もこの映画は、ハードボイルドなタッチでやってしまう。九州の大自然を豊かに描くと同時に、軍国主義が幅をきかせていた戦時中の不自由の中を少年は、苦難の行動を続ける。むしろ、時としてユーモラスに描き込んだ力感あふれる型やぶりのダイナミックな描写に圧倒される。

今年の日本映画の助演賞は、この父親役の田中健に、新人賞は、秋月健太郎に、脚本賞は、松山善三に決定してもいいと思わせる斬新な日本映画であった。

斎藤耕一には、かつて『旅の重さ』（一九七二）、『約束』（一九七二）、『津軽じょんがら節』（一九七三）といった、映像派といえる青春映画の傑作があった。こういった過去の華麗なカメラワークによる作品と比すれば、ずっと雑なつくり方をしているにもかかわらず、この映画は、メロドラマの枠を越えた、そして本格的な日本映画の魅力を持った傑作となった。

いずれの作品も、それぞれユニークな映画世界を見せてくれた三本であり、外国映画の新作より、はるかに豊かな刺激を与えてくれた三作であった。

本誌にも、日本映画の絶望的な状況について何回も書いてきたが、この三作のような日本映画に接すると、日本映画は、まだまだ、もっといい作品が生れるような気がしてくる。

（「ぴっくあっぷ」一九九三年十二月号）

一九四〇年代のハリウッドこそ、全世界の映画をリードした豊かな土壌があった

もう師走に入った。十月以来、暖かい日が続いたり、寒波に襲われたりで、こちらの精神状態も不安定だ。あわただしい時期に入ると、映画を見る時間を作るのが難しくなる。それでも『ライジング・サン』（フィリップ・カウフマン監督、一九九三）、『クリフハンガー』（レニー・ハーリン監督、一九九三）、それにイヴ・モンタンの遺作となったフランス映

画『IP5　愛を探す恋人たち』（ジャン＝ジャック・ベネックス監督、一九九二）を見た。

それぞれ映画的に興味のある部分も見せてくれているのだが、どの作品も大味なのだ。『ライジング・サン』は、日本企業の中での殺人事件が描かれているが、ミステリーのルールを踏んだ犯人探しを描いたもので、とても『ライトスタッフ』（一九八三）や『存在の耐えられない軽さ』（一九八八）といった秀作を撮ったフィリップ・カウフマンの作品とは思えなかったし、『IP5』にしても黒人の子供と若い画家が奇妙な老人に出会って旅をするという物語展開で、モンタンはなかなかいいのだが、こういったストーリーは、アメリカ映画ならもっと面白い作品になったはずである。その間、フェデリコ・フェリーニとマキノ雅裕が亡くなった。共に映画に全てを賭けてきた偉大なシネアストであった。この二人の追悼文を書こうか、イヴ・モンタンの過去の映画を何本か思い浮べながら彼のことについて書こうかと迷いながら、この一年間、ビデオや衛星テレビで放映されたアメリカ映画を何本か見るチャンスを得たので、アメリカ映画の魅力について書くことにする。

「すべての映画は、アメリカ映画」であると喝破したのは、ジャン＝リュック・ゴダールであった。世界の映画を動かしたのは、まぎれもなくハリウッド映画であった。むろん、今日のアメリカ映画は、昔日の威力を持っているわけではない。しかし、ハリウッドの生んだ映画は、世界を制覇したのだ。いうまでもなく、世界各地から、ルキノ・ヴィスコンティとかイングマール・ベルイマンとかサタジット・レイとか小津安二郎といった映画の巨匠が生まれている。だが、小津にしても山中貞雄にしてもアメリカ映画の絶大な影響を受けて育ったし、ベルイマンがヒッチコックを研究して自分のスタイルを創ったことはよく知られているし、黒澤明にしてもジョン・フォードの存在なくして、『七人の侍』（一九五四）は生まれなかった。とりあえず、ハリウッドの最大にして最良の映画作家としてエルンスト・ルビッチ、ハワード・ホークス、ジョン・フォードの三人を挙げることにする。この三人は、いずれも無声映画時代から映画を撮り、ハリウッドの黄金時代ともいえる三〇年代、四〇年代に最も油の乗りきった作品を作った監督だが、何故ハリウッドが世界の映画をリードしてきたかは、この三人の映画作家の作品を辿っていくことで証明されるだろう。

ボクは、ハリウッドの黄金時代は、一九四〇年代にあったと思う。どんな作品でも、四〇年代に作られたアメリカ映画なら見たいという気持になる。第二次大戦を前にした頃のハリウッドには、異常な活気がみなぎっていて、ここには、一種独特のアナーキーなエネルギーが充満していた。

四〇年代に作られた最もポピュラーな映画は、『カサブランカ』（一九四二）であろう。この映画の監督マイケル・カーティスは、亡命者ではないがハンガリー・ブダペストの出身であり、音楽を担当しているのは、『男の敵』（ジョン・フォード監督、一九三五）、『情熱の航路』（アーヴィング・ラパー監督、一九四二）、『君去りし後』（ジョン・クロムウェル監督、一九四四）で三回もアカデミー音楽賞を得ているマックス・スタイナー。彼は、オーストリア・ウィーンの出身である。むろん、イングリッド・バーグマンは、スウェーデンからスカウトされてハリウッド入りした女優。『カサブランカ』の前半のシーンで、ボガートにパスポートを渡した後射殺される、目玉のギョロリとした小太りで背の低い俳優は、この頃のアメリカ映画に多く出ていたピーター・ローレで、彼は、フリッツ・ラングのドイツ映画『M』(一九三一)で殺人鬼を演じて有名になった人である。ナチ側の将校コンラート・ファイトも、かつてドイツ表現主義映画の最高傑作といわれるロベルト・ヴィーネ監督の『カリガリ博士』(一九一九)で学生役を演じたサイレント時代の名優であり、レジスタンス側の闘志、つまりバーグマンの夫役のポール・ヘンリードも、ドイツの劇団マックス・ラインハルトの下で舞台に立った人であり、フランス側の警察署長を演じたクロード・レインズとボガートがラストで自分の店を売ろうとする相手の、太めの大きな体のシドニー・グリーンストリートは、共にイギリスの舞台で活躍した俳優であった。つまり大半は、ナチの手を逃れてハリウッド入りしたキャストで『カサブランカ』は占められていて、生粋のアメリカ人俳優は、ハンフリー・ボガート一人である。もともとアメリカという国は、移民の国だからこじつけているようにも思われようが、ナチが政権をとると同時に、ハリウッドに逃れてきた亡命映画作家を挙げていくとフリッツ・ラング、エドガー・G・ウルマー、フレッド・ジンネマン、ビリー・ワイルダー、ダグラス・サーク、オットー・プレミンジャー、アナトール・リトヴァクなど挙げられるが、彼等の映画が、四〇年代のハリウッド映画をいかに輝かせたかについては、多言を要しない。何れにしろ、こういった才能豊かな亡命映画人の流入によって、ハリウッドの四〇年代の作品は、魅力を増した訳だが、日本では『カサブランカ』だけが、この時代を代表している感があるものの、ボクにいわせれば『カサブランカ』クラスの作品は、三〇本以上ある。そういったハリウッド映画に対するボクの興味を刺激した作品が、最近ビデオになったり衛星テレビで放映されたので、何本かを紹介することにしよう。

まずラオール・ウォルシュのというより、ハンフリー・ボガートをスターにした『ハイ・シエラ』(一九四一)。この作品の直後にボガートは、ジョン・ヒューストンの処女作『マルタの鷹』(一九四一)に出演し、名声を不動のものにしているが、『ハイ・シエラ』の脚本はジョン・ヒューストン。八年の刑を終えて出所したボガートが、高級ホテルの強盗を試みるが、仲間の裏切りによっておたずね者になり、恋人のアイダ・ルピノと逃亡するという、典型的な逃避行映画である。だが、この単純にして緊迫した一直線のシネマツルギーは、ただ素晴らしいとしかいえない。

ハワード・ホークスの『脱出』(一九四四)は、ボガートとローレン・バコールを結びつけた伝説的作品で、どのレンタル店に置いてあっても不思議ではない。トリュフォーもゴダールもロメールも愛した作品で、『カサブランカ』風の活劇なのだが、ホークスの映画には独自の雰囲気があり、冒頭のボガートとバコールのマッチの投げ合いは、何回見ても美しい。さらにケーリー・グラントとアン・シェリダン主演の『僕は戦争花嫁』(一九四九)は、ホークスのクレイジー・コメディの傑作。

コメディといえば、今日再評価されているプレストン・スタージェスの『殺人幻想曲』（一九四八）を見ることが出来た。イギリスの名指揮者レックス・ハリソンが、リンダ・ダーネルの奥さんが浮気をしていると思い込み、あの手この手の幻想による完全犯罪を試みるという、話術とコメディの基本をわきまえた演出が心憎い。

コメディといえば、エルンスト・ルビッチの『小間使』（一九四六）は、ルビッチ晩年の作品だが、もう涙なくして見ることは出来ない。何という巧妙にしてスマートな展開であろう。

フリッツ・ラングの西部劇『地獄への逆襲』（一九四〇）と『西部魂』（一九四一）に触れる余裕がなくなった。四〇年代アメリカ映画の魅力を伝える異色西部劇である。

（「ぴっくあっぷ」一九九四年一月号）

正月に見た三本のアメリカ映画をめぐって

年末から正月にかけては、水商売をやっているせいで、かなり忙しいにもかかわらず、今年の正月は、映画を三日連続で見ることになった。不況時に映画は強いという伝説があったが、それが今日残っているかどうか。ボクの行った映画館はかなり混んでいたが、それでもボクの少年時代の正月の映画館とは雰囲気が違っていた。ボクが十五歳頃の昭和二八年前後は、今の映画観客数の約十倍の人々が映画館につめかけた時代で、当時の正月の映画館は殺気だっていた。同じ混雑でも、どこかのんびりしている。それでも、映画館が混んでいる状態がボクは好きなのだ。正月はお年玉をもらっているから、全部の映画館に足を運ぶことができた。洋画系が三館あり、日本映画は五社の他に新東宝もあった頃だから、全部見終ると仕方なく新東宝の映画を見に行くのである。映画なら何でも良かった時代である。上映三〇分くらい前に入って前の方に走り、席を確保するのだが、席を取るのはうまいものだった。そういった少年時代の映画館を思い出しながら、正月映画を楽しむことにした。

ボクが見た三本の映画はいずれもアメリカ映画で、今年は、ヨーロッパの新作は封切られていない。

マイケル・J・フォックス主演の『バラ色の選択』（バリー・ソネンフェルド監督、一九九三）は、正月にふさわしい、軽いコメディである。フォックスは一流ホテルの接客係で、宿泊する金持ちの雑用をスピーディにやってのけるのだが、犬の散歩から宝石の買物、一流レストランの予約、ブロードウェイ・ミュージカルのチケットの確保、さらにお客の逢びき用の部屋の用意など、小柄なフォックス君が走り回る。こういった接客係の細部のアクションがうまく作られている。このフォックス君が、宝石店の売り子で歌手志望の娘に惚れているという設定でドラマが進行する。その娘の役を『セント・オブ・ウーマン夢の香り』（マーティン・ブレスト監督、一九九二）で、主演のアル・パチーノとホテルのダンス・フロアでタンゴを踊る美女ガブリエル・アンウォーが、フレッシュに演じている。ある日フォックス君が、ホテルの上客で有名デザイナーの密会用に部屋を用意した時、この娘がデザイナーの不倫の相手であることを知ってショックを受ける。果たしてフォックス君は、この娘の愛を得ることが出来るかどうかが後半のお楽しみだが、この辺りに至って誰もが連想するのは、ビリー・ワイルダーの傑作喜劇『アパートの鍵貸します』（一九六〇）である。ワイルダーの映画のシャーリー・マクレーンは、エレベーター係だったが、『バラ色の選択』のアンウォー嬢は、もっと現代的で知的な女性に設定されている。ドラマは、フォックス君が理想のホテルを作るという夢を持っていて、中年のデザイナー氏がその話に乗ってくるという展開になっていて、ラストは、夢の実現か愛をとるのかというハリウッド的二者択一を迫られるということになる。いつもながらのルーティンながら、結構楽しく見せてくれるところが、これまたアメリカ映画の魅力である。

女流監督のノーラ・エフロン監督『めぐり逢えたら』（一九九三）も、驚くほど昔のアメリカ映画のメロドラマを踏襲した映画である。婚約者もいるボルティモア（東海岸）の新聞記者メグ・ライアンは、偶然、シアトル（西海岸）の建築家トム・ハンクスの息子が、ラジオを通して〝パパはママを亡くして落ちこんでいるので、新しい奥さんを見つけて下さい〟と訴え、ハンクスが電話を通して妻を亡くしてからのわびしい心境を語っているのを耳にし、そのハンクスの気持ちに心を奪われてしまい、シアトルまで出掛け、ハンクスの姿を直接見たりする。この映画も、かつてのケーリー・グラントとデボラ・カーの『めぐり逢い』（一九五七）を下敷にしている。『めぐり逢い』は、最近、衛星放送で何度も放映されているので、御覧になった方もいらっしゃるだろう。これは、レオ・マッケリー監督の晩年のメロドラマで、当時としては、時代遅れとしかいいようのない、のんびりしたメロドラマで、ボクは、リアルタイムで見ている。エンパイヤ・ステート・ビルで逢う約束をした二人が、女の方の事故で会えず離れ離れになるが、ちょっとしたことで男の方が、女性の脚が悪いことを知るというラストの微妙なドラマの仕掛けが泣かせるという設定で、何故か、このラストのところだけが心にひっかかる映画であった。

『めぐり逢えたら』では、メグ・ライアンと友人が『めぐり逢い』を見て、その度にもらい泣きするくらいこの映画に入れこんでいて、ラストは、同じくエンパイヤ・ステート・ビルで、バレンタイン・デイに二人が逢うという風にストーリー展開していくが、それにしても現代のキャリア・ウーマンが『めぐり逢い』にこれほどの親密感を持っているという設定に、ちょっと疑問を感じたりもするが、実は、この『めぐり逢い』は、同じくマッケリー監督が一九三九年に作った『邂逅』（脚本もマッケリー）のリメイクであり、ボクは、オリジナルの『邂逅』をずっと昔から見たいと思っていただけに〔後年鑑賞〕、この映画のプロットのいただきは、一種のギャグとして見ていた。こういう昔のメロドラマをこの映画のように使った例は、ウディ・アレンの『ボギー！俺も男だ』（ハーバート・ロス監督、一九七二）があるものの、珍しい例といえよう。それでもボクは、メグ・ライアンのファンだから退屈しなかったし、それにこの映画は、ジャズのスタンダード・ナンバーを巧みに使っていて、〝スターダスト〟に始まって〝時の過ぎゆくままに〟や後半の〝イン・ザ・

ウィー・スモール・アワーズ〟〝バイ・バイ・ブラックバード〟など、良い曲がたっぷり楽しめる。このノーラ・エフロン監督は、同じメグ・ライアン主演の『恋人たちの予感』（ロブ・ライナー監督、一九八九）の脚本を書いた人で、これも全篇ジャズのスタンダードを使った作品であった。

クリント・イーストウッド監督・出演の最新作『パーフェクト・ワールド』（一九九三）は、正月映画としてはまことに地味な作品で、アカデミー賞を得た『許されざる者』（一九九二）に比べると、はるかにリラックスした映画世界を見せてくれる。

凶悪犯といっても不遇な少年時代という過去を持ったケビン・コスナーが脱獄した際、同じく父のない八歳の少年を人質にして逃亡する。この脱獄囚をイーストウッドの警察署長と、心理学専攻のローラ・ダーン（まったく影の薄いキャラクター）が追うという展開だが、イーストウッドの方は、この映画ではまったくのワキ役である。コスナーと子供の交流を何のてらいもなく、ゆっくりしたテンポで描いているので、この二人の交流のドラマを楽しめるかどうかに、この映画の魅力はかかっているが、さすがコスナーだけあって実に上手い。そして、ここには、最近のアメリカ映画によく見られる騒々しいカッティングやスピードだけに頼ったアクションがないので、この二人の交流と逃亡過程を落着いて見ることが出来る。

『パーフェクト・ワールド』は、かつてイーストウッドのカントリー・シンガーが、子供を伴ってナッシュビルへと旅を続ける『センチメンタル・アドベンチャー』（一九八二）を想起させる。

こうして、正月に見た三本のアメリカ映画は、いずれもオリジナリティはなかったが、それぞれ、かつてのハリウッドのよき映画手法を踏んだ作品であった。

（「ぴっくあっぷ」一九九四年二月号）

新作映画の魅力をさぐる
『ミセス・ダウト』と『父の祈りを』を中心に

アカデミー賞を七個も獲った、『シンドラーのリスト』（スティーヴン・スピルバーグ監督、一九九三）は、第二次大戦下、ナチスのユダヤ人虐殺という実話をドラマにした、モノクロ撮影による三時間を超える大作である。おそらく、ユダヤ人を救済したシンドラーという実業家のヒューマニスティックな行動によって、アカデミー会員の評価を集めた訳だが、もう一つには、ハリウッドそのものがユダヤ人によって繁栄を持続してきた産業であり、スピルバーグ自身もユダヤ人であるが故に、『未知との遭遇』（一九七七）や『E.T.』（一九八二）で監督賞を得なかったのに、今回の作品に票が集まったのではなかろうか。しかし、作品の出来上りは、決して上質のものではないとボクは思っている。第一に、ナチの党員でもあったシンドラーが、何故ユダヤ人救出に命を賭けたのかという、一番大切なテーマが具体的に描かれていない。思うに、このシンドラーは、かなりいい加減な男で、いい加減な人間こそ、規律を重視する組織的なナチの非道を憎み、ユダヤ人を人間として見ることが出来るという、裏側にあったと思われるテーマが浮上してこないのだ。もうひとつには、モノクロ撮影による当時の状況が、意外にも平板な描写に終っていることも見逃せない。それでも、シンドラーと彼の工場経営の右腕である、ベン・キングスレーが演じる男との交流は、とてもよく描かれているし、ユダヤ人狩りに危機感を持つ子供たちが、逃げ場を探し求めて走り回るあたりの描写は、スピルバーグならではのスリリングなスペクタクル・シーンになっていた。また、遠景で写し出される赤いコートの少女（この部分だけカラー）が、やがて映画の後半で、山積みにされた死体の中に見えるシーンも悪くはなかった。子供を描くと、スピルバーグの映画は冴えるのである。

ジェーン・カンピオンの長篇第三作目にあたる『ピアノ・レッスン』（一九九三）は、今年公開された作品の中では、最も注目すべき作品であろう。一九世紀中頃、スコットランドから結婚のために未開地ニュージーランドに船でやってきた女性（ホリー・ハンター）と、彼女が未婚のままに生んだ娘（アンナ・パキン）を中心とするドラマである。ヒロインは、幼児の時から言語障害でことばを発することが出来ないという設定、冒頭で荒波の寄せる海辺に辿り着いた古いピアノを、ロング・ショットで捉えたフォトジェニックなシーンが素晴らしい。この映画は、彼女が持ち込んだピアノをめぐってのドラマである。夫（サム・ニール）の方は、未開地の開拓にのみ関心があって、ピアノを未開人と生活している男（ハーヴェイ・カイテル）に預けてしまう。ヒロインは、カイテル演じる奇妙な中年男にピアノを教える条件で、ピアノを返してもらうように頼む。ピアノを返す代償として、次第に身体をあらわにして見せていくという展開も面白く、やがて二人は、めくるめく官能におぼれていく。女性の地位が低く、一九世紀ヴィクトリア時代の因習でもあった、ヒロインのものものしいペティコートやコルセットといった衣裳が、男の手によってはがされていくあたりも、いかにも女性作家らしい繊細な描写である。もっとも、ボクはこの映画の古典的ともいえる格調の高いドラマに、あまり高揚感を感じなかった。芝山幹郎という批評家は、隠喩と象徴に満ちあふれた映画だと指摘していたが（キネマ旬報）、確かにカンピオンのオリジナル・シナリオでありながら、文芸映画的な物語性に仕掛けられた謎めいた寓意とかシンボルに、味気なさを感じるのだ。それに未開地で生活しているカイテルの白人男と、未開人との繋がりが描かれていない点も気になるし、ニュージーランドの風土的な非文明の側面が、キチンと描けていないのは、この映画の致命的な欠陥であろう。ただ前作『エンジェル・アット・マイ・テーブル』（一九九〇）に比べると、格段に円熟した作品に仕上っていたと思うが、ボクは、未熟ながら現代の家族を描いた処女作『スウィーティー』（一九八九）の方が好きである。

アメリカ映画『がんばれ！ルーキー』（ダニエル・スターン監督、一九九三）と『カリートの道』（ブライアン・デ・パルマ監督、一九九三）も見た。共に凡作で論じることもないが、前者は、明らかにボクが少年時代に見た野球コメディ『春の珍事』（ロイド・ベーコン監督、一九四九）のアイディアを盗んだ作品で、ボクのような野球狂には、それなりに楽しめる部分もあったが、大リーグの世界がまるで描かれていないので、興をそぐ。この映画でアナウンサーを演じていたジョン・キャシディの死が伝えられた。コメディアンとしては味のある役者であった。

『ミセス・ダウト』（一九九三）は、『ホーム・アローン』（一九九〇）シリーズのクリス・コロンバス監督の手によるコメディである。アニメの声優で、自由な生き方をしているロビン・ウィリアムズが失業して、キャリア・ウーマンで家族を支えている女房（サリー・フィールド）に離婚を宣言されるところから、ドラマはスタートする。この夫婦には三人の子供がいて、いつも優しい父親を慕っているし、父の方も子煩悩で、この離婚は、父にとって耐え難い。主人公は、ハリウッド映画の名メークアップ師に頼んで、イギリス出身の初老の婦人に変身させてもらい、離別した家に家政婦として入り込むという、いかにもアメリカ映画らしい、バカげたお話になるのだが、ロビン・ウィリアムズの変身ぶりが、圧倒的に素晴らしい。『いまを生きる』（ピーター・ウィアー監督、一九八九）や『レナードの朝』（ペニー・マーシャル監督、一九九〇）などのシリアスなロビンではない。ロビンがもっとも得意とするコメディの本能が画面一杯に横溢した作品に仕上っている。ロビンは、ジョン・ハウスマンの指導するジュリアードのアクターズ・スタジオで俳優術を学んだ経歴がある一方で、若い頃には大道芸で稼いでいたこともあって、いわゆるスタンダップ・コミックといわれる、ライブ・ハウスやバーなどで演じる、一人漫談を得意とする芸人でもあった。こういった二面性を持つロビンの、大道芸的才能の出た作品ともいえよう。メガネをつけた太った婦人に変身したロビンが、家事や育児に奔走するコメディ・アクションが最大の見どころで、最後には嘘がバレて、主人公は、元の女房と子供をいかに愛しているかが証明されるものの、古いハリウッド映画のように大ハッピー・エンドにしなかったところは、それなりに現代的である。

イギリス映画『父の祈りを』（一九九三）は、実際に起った事件（主人公の自伝）を原作にしたもので、監督はアイルランドの風土に密着して不具者の生き方を力強くリアルに描いた、『マイ・レフトフット』（一九八九）のジム・シェリダン。この作品では、鮮烈なタッチで父と息子の悲劇を描いている。

舞台は北アイルランドの街で、チンピラで泥棒までするダニエル・デイ＝ルイスが、アイルランドのテロリストのパブ爆破事件の犯人とされ、刑務所に入れられる。さらに、主人公の父も同じ犯行の一員として逮捕され、この父子が同じ獄中で生活することになる。この事件には政治的な法案成立が絡んでいて、警察は、強圧的な捜査を行い自白を迫る。こういった不当な政治的事件を背景に、いろんなエピソードが絡んでゴタゴタしている部分もあったが、むしろ説明を抜きにして、荒々しいタッチでぶっきら棒に描いていく手法が、見る者を圧倒する。テロリストのリーダーが、同じ獄中でパブ事件の主犯であったことを自白する間に、父親の方がアッ気なく獄死する。ここで息子は、父が再審へのたゆまぬ努力の途上で死んだことを知って、エマ・トンプソンの女弁護士の力を借りて無罪を勝ちとるまでを描いた、久しぶりの社会派ドラマの傑作である。

（「ぴっくあっぷ」一九九四年六月号）

フレッド・ジンネマンは最も成功した亡命映画作家であった
=「フレッド・ジンネマン自伝」を読んで=

たいした映画ではないと思いながらも、心の底に残っている映画がある。フレッド・ジンネマン監督の『日曜日には鼠を殺せ』(一九六四)は、ボクにとって忘れがたい映画の一本である。この作品が、今日までボクを魅きつけているのは、スペイン市民戦争を舞台にしたドラマ(内乱の後日談というべきだが)であったからだろう。主演のグレゴリー・ペックには、カタロニア人気質といったものが欠けていたし、映画にももう一つ緊迫感がなかったにもかかわらず、いつまでも心の奥底にメラメラと燃えるような情念を残している。

冒頭、スペイン市民戦争が終り、共和国側のゲリラの英雄ペックは、フランスの田舎町に亡命する。いつしか歳月は流れ、二〇年を経た今。ペックは初老のアル中である。彼は時折、山を越えてスペイン領内に入って銀行強盗などして生活しているという設定。ペックの宿敵は、今や警察署長となり、いつかペックを捕えることに執念を燃やすアンソニー・クイン。ペックの母が重病であることを知ったクインは、ペック側にいる情報屋を通して、彼をおびき出すという罠を張る。ペックは、罠だと知りながら母に会いに行こうとする。いよいよ出発の朝、ペックがかつて埋めた銃を地下から掘り出し手入れをして、早朝、山小屋でコーヒーを飲むというシーンがあった。この山小屋のレストランの若いウェイトレスのスカートからはみ出た白い太腿をチラッと見るシーンが、ボクの脳裏にいつまでも焼き付いている。

ペックはピレネー山脈を越え、敵に囲まれた病院に単身乗り込み、ただ一発の銃弾を打つチャンスを得る。彼の二〇年来の宿敵アンソニー・クインか、彼を裏切った情報屋か、その結末はこれからこの作品を見るチャンスのあるファンの為に伏せておこう。この二人のうちどちらを殺すべきかという作品の結末は、当時の映画ジャーナリズムでも論議されたものである。

『日曜日には鼠を殺せ』にいまだに愛着を持っているのは、スペイン市民戦争という、今世紀最後の正義の戦争を舞台にしたロマンが、そこに展開されていたからであろう。昨年、アンドレ・マルローの幻の傑作とされている『希望 テルエルの山々』(一九三九)を見て、激しく心を揺さぶられたのは、一九三七年の内乱を共和国の側から描いた、その鮮烈なドキュメンタリーにあった。後にフランスの文化大臣にまでなるマルローが、カタロニアの農民や兵士たちの戦闘の姿を比類のないタッチで描いた、その正直なまでの瑞々しい記録にある。

『日曜日――』は、ハリウッドの一種の冒険ロマンの一作にすぎず、ベストテンなどに入る名作でもないが、アル中になったペックの日常生活の描き方が良かったし、クインのフランコ側の環境描写も良かったが、何とこの映画の美術デザインは『霧の波止場』（マルセル・カルネ監督、一九三八）や『天井棧敷の人々』（カルネ監督、一九四四）のアレクサンドル・トローネルの手によるものであった。

ここから論じようとするのは、昨年出版された「フレッド・ジンネマン自伝」（キネマ旬報社）についてである。

一九三〇年代、ナチズムの手を逃れてハリウッドに亡命した映画作家の中で、最も成功したのはビリー・ワイルダーとフレッド・ジンネマンであった。高齢の二人はまだ健在であるが、おそらく新作を見ることは出来ないだろう。

ジンネマンは一九〇七年ウィーンに生まれ、早くから美術に関心を持っていた。彼は、すでに一九二九年にアメリカに渡り、単身、アメリカ横断旅行を試み、ハリウッドにも行っている。ナチズムが政権をとる前には、ドイツの映画会社で働いていたが、一九三〇年『日曜日の人々』というドキュメンタリー・タッチの劇映画に撮影助手として関わることになる。この映画には製作・監督エドガー・G・ウルマー、監督ロバート・シオドマーク、脚本ビリー・ワイルダー、撮影オイゲン・シュフタンらが名をつらね、後に全員ハリウッドへ亡命する事になる。

ジンネマンは一九三〇年頃、アメリカにおいて、高名なドキュメンタリー作家ロバート・フラハティの知遇を得て、ヨーロッパで映画を撮るために再度渡欧するが、すでにナチが政権を獲っていて、映画は作られることはなかった。彼はハリウッドに帰り、MGMやゴールドウィン映画の傘下で働くことになるが、ジンネマンの処女作は、メキシコ政府から依頼されたドキュメンタリー映画『波』（一九三四）で、漁師たちの生活を描いたものであった。ハリウッドでの劇映画の第一作は、ヴァン・ヘフリン主演の『キッド・グローブ・キラー』（一九四二）である。

ボクが見た最初のジンネマン映画は、モンゴメリー・クリフト主演の『山河遙かなり』（一九四七）であった。ナチの収容所から救い出された孤児の母を、アメリカ兵が探すという社会的なテーマを持つ渋い作品であった。次に見たのは『真昼の決闘』（一九五二）、さらに『地上より永遠に』（一九五三）で、この二本が最もポピュラーなジンネマン映画であろうが、この二作ともボクは、あまり好きではなかった。前者の西部劇は、アメリカの赤狩りの傷が明らかに脚本の中に書き込まれていたし、後者の軍隊批判も今一つリアリティを持ってなかった。

ジンネマンの代表作となれば、『わが命つきるとも』（一九六六）と『ジュリア』（一九七七）にとどめをさすだろう。二作ともジンネマンが狙ったテーマが、堂々たる映画術によって完璧に描かれた大傑作で、強いて欠点をあげれば、あまりにも立派すぎるということになろう。ハリウッドの映画史の中で、口当りの良い逃避的メロドラマや非現実的なアクション・ドラマが氾濫する中にあって、『わが命つきるとも』と『ジュリア』を撮ったジンネマンの根性ある信念には頭が下がる思いがする。むろん、あの追っかけサスペンスの『ジャッカルの日』（一九七三）もあるし、ヘプバーン主演の『尼僧物語』（一九五九）、さらにボクの好きな『氷壁の女』（一九八二）もあるが、未公開のマーロン・ブランド主演の『男たち』（一九五〇）と、学生時代に見た『夜を逃れて』（一九五七）をもう一度見たいと思う。それでも『日曜日には鼠を殺せ』は、ボクにとって特別な一作だ。

（「ぴっくあっぷ」一九九四年八・九月号）

ビリー・ワイルダーの喜劇は、わが青春時代の華であった

フレッド・ジンネマンと共に亡命映画人でハリウッドで成功した人に、ウィーン生まれのビリー・ワイルダーがいる。ワイルダーといえば、まず『お熱いのがお好き』（一九五九）が浮んでくる。この作品はワイルダーの代表作というよりも、トーキー以後アメリカで作られた最高のスラップスティック・コメディとして伝説化されているものだが、このような喜劇がヨーロッパ生まれの作家によって作られた事実は不思議な気がする。

冒頭、シカゴの市街をおごそかに霊柩車が走っているとパトカーが追いかけてきて、突如激しい銃撃戦が始まる。この霊柩車に弾が当たると、お棺の中からボトボトと水（お酒）が流れ落ちてくる。霊柩車は、場末の静かな教会に着くが、この教会の地下がもぐり酒場になっていて、のぞき窓から合図を送ると秘密のドアが開き、タイツ姿のレビュー・ガールが〝スイート・ジョージア・ブラウン〟のジャズをバックに踊りまくっているという舌をまくばかりのプロローグの見事さ。このスピーク・イージー（もぐり酒場）での乱闘騒ぎの中から、本編の主人公たる楽隊員、テナー吹き（トニー・カーティス）とベーシスト（ジャック・レモン）が紹介される。この二人が、聖ヴァレンタインの大虐殺を目撃してしまったことからギャングに狙われ、やむなく女装して女だけの楽団にもぐりこむことになるが、ここでマリリン・モンローが登場（〝シュガー〟という名前がゴキゲン）するあたりも抜群のタッチである。実際この時代には女だけのバンドがあったのだが、このバンド名が〈スイート・スー・アンド・ハア・シンコペイターズ〉、テーマ・ソングはむろん〝スイート・スー〟（二〇年代盛んにプレイされたスイング・ナンバー）、ジョージ・ラフト扮するギャングの親分の名がスパッツ・コロンボ。トニー・カーティスが、ヨットの中でマリリン・モンローを口説くシーンの、眼鏡をかけたダンディなスタイルに注目してもらいたい。それは明らかにケーリー・グラント〈ハワード・ホークスの『赤ちゃん教育』（一九三八）の考古学者〉のパロディ演技である。この一作は、時代考証が入念で、二〇年代の風俗を見事にパロディ化すると同時に、ワイルダーのサイレント・コメディへのオマージュ的演出も随所に見られよう。トーキー初期に活躍した大口ジョー・E・ブラウンの見事な使い方！

ボクが最初に見たワイルダー作品は『熱砂の秘密』（一九四三）であった。原タイトル「FIVE GRAVES TO CAIRO」。高校一年の時である。一台の戦車が、砂漠の中をクネクネと大海の中を漂うように走っているところへカメラが近付いていくと、戦車の中に気を失った男が倒れているという導入部のシーンが、圧倒的に素晴らしかった。これは、第二次大戦の北アフリカ戦争を描いたもので、主人公がロンメル将軍の動きを探るというスパイ・スリラーであった。ロンメル役は、エリッヒ・フォン・シュトロハイム。そのシュトロハイム

が堂々たる演技を見せる『サンセット大通り』（一九五〇）を、『熱砂の秘密』を見た数日後に見ることになった。冒頭、プールに浮んだ死体のナレーションで始まるという手法に度肝を抜かれ、圧倒的なラスト・シーンの凄さにしばらく席を立てなかった。次に犯罪映画『深夜の告白』（一九四四）も同じ年に見ている。この作品のサスペンスの張り方、ナレーションの使い方のうまさも見事であった。ワイルダーの三本の映画を同じ年に見てしまった幸福感は、今となっては他にかえ難いものであったと思う。

その間、ジャーナリストが、自らニュースをデッチあげるカーク・ダグラス主演の『地獄の英雄』（一九五一）、翌年『第十七捕虜収容所』（一九五三）を見ることになるのだが、この『第十七――』こそボクが最も興奮した一作であった。ナチの収容所を舞台にしながらスリラーを絡ませ、ナンセンス・コメディに仕上げてワイルダーの溢れんばかりの才気を知らしめた一作で、特に所長にオットー・プレミンジャー（彼も亡命監督の一人）を使ったあたりにも、ワイルダーのユーモアが感じられる。無類に面白い！　とその頃のノートに書き記してある。

こうしてワイルダー作品の面白さを辿っていくと紙数が足りないので、急いでボクなりのワイルダー論を補足しておこう。ワイルダーのコメディはどこかグロテスクで、底流にあったのは一種のニヒリズムではなかったかと思う。『お熱いのがお好き』の後に作られた『アパートの鍵貸します』（一九六〇）と『ねぇ！キスしてよ』（一九六四）は、本来はかなり残酷な話である。

小林信彦は、師匠のルビッチと比較して〈ワイルダーの演出は一流だろうか？〉というエッセイ（『映画を夢みて』筑摩書房）を書いて、ワイルダーの演出はやや俗っぽいと述べている。このエッセイは二〇年前に書かれているが、その後、ボクたちはルビッチの映画を六本ほど見ることになった。そこで知ったことは、晩年に至るまで、ルビッチの演出は一流であり、映画的話術にしても超一級であり、さらにホークスのコメディを何本か見るに及び、ワイルダーよりホークスは、より過激で天才的なコメディを撮っていたことを知ることになる。同じ原作（ベン・ヘクト／チャールズ・マッカーサー）の『ヒズ・ガール・フライデー』（一九四〇）とワイルダー晩年の『フロント・ページ』（一九七四）にしても、ハワード・ホークス作品が勝利していると思うが、ワイルダー映画も捨てたものではない。あのウォルター・マッソーとジャック・レモンのかけ合いは何回見ても笑えるし、演出も堂々たるものだ。

ワイルダーは今もって健在だが（二〇〇二年没）、もうワイルダーの映画を見ることは出来ないだろう。遺作となるであろう『新・おかしな二人　バディ・バディ』（一九八一）も、演出はたるんでいるが、結構面白い。ワイルダー作品で一番人気のある『麗しのサブリナ』（一九五四）については触れる余裕がなくなったが、これも渋いロマンティック・コメディの佳作といえる。ワイルダー作品の中で最も下品なのは『昼下りの情事』（一九五七）で、あの陳腐なギャグのあくどい使い方など今もって許し難い作品と思っている。ここで花田清輝の『お熱いのがお好き』を痛烈に批判した「ファースへのノスタルジア」

という一文も思い出されるが、しかしワイルダーのコメディは、わが青春時代の糧であった。
ワイルダーよ、幸いあれ！

（「ぴっくあっぷ」一九九四年十・十一月号）

現代アメリカ映画の魅力をさぐる

近年のアメリカ映画は、面白くなくなったという話を耳にしたり雑誌などで読んだりする。実際、アメリカの映画産業も衰退をたどっていて、ニュー・シネマが出現した七〇年代初期の頃に比べると、緩やかにではあるが興行収入は減少し続けているという。最近では東南アジアや、映画小国であった東欧やオーストラリアからの作品がベスト・テンに入っている状況を見れば、アメリカ映画はダメになったという感想を持つ者が出てくるのもやむをえまい。

しかし、依然としてアメリカ映画が一番活力があり興味深く、そのエネルギーは衰えることがないように思われる。ただ、かつてのハリウッドの〝絢爛豪華〟な作品とは内容が大幅に変化しているだけである。

一九九三年にアカデミー賞の作品賞にノミネートされた五作品（製作年はすべて一九九二年）は『セント・オブ・ウーマン夢の香り』（マーティン・ブレスト監督）、『許されざる者』（クリント・イーストウッド監督）、『ザ・プレイヤー』（ロバート・アルトマン監督）、『クライング・ゲーム』（ニール・ジョーダン監督）、『ハワーズ・エンド』（ジェームズ・アイヴォリー監督）で、九四年（製作年はすべて一九九三年）は『シンドラーのリスト』（スティーヴン・スピルバーグ監督）、『逃亡者』（アンドリュー・デイヴィス監督）、『ピアノ・レッスン』（ジェーン・カンピオン監督）、『日の名残り』（ジェームズ・アイヴォリー監督）、『父の祈りを』（ジム・シェリダン監督）の五作品なのだが、この十本を見るとハリウッド映画といえる作品は『セント・オブ――』と『逃亡者』だけである。メジャー配給になっていても、スピルバーグ、イーストウッド、アルトマンの映画は独立プロ作品であり、『クライング・ゲーム』『ピアノ・レッスン』『父の祈りを』などはイギリス映画であり、『ハワーズ・エンド』と『日の名残り』のジェームズ・アイヴォリーは、アメリカ人だが昔からイギリスとイギリス人を中心に描いてきた作家で、反ハリウッドの映画作家といえる人である。アメリカの資本導入によって作られたとはいえ、『ピアノ・レッスン』や『父の祈りを』といった傑作がアカデミー賞のリストに入ったわけだが、どちらもまったくアメリカ臭のない非ハリウッド的作品であり、こうしてみるとアメリカが誇るアメリカ的な作品に、秀作が作られていないという現象を知らされもするのだが、この三、四年に当地で公開されたアメリカ映画を見ると、興味深い作品が何本もある。別の機会に詳しく論じようと思っているのだが、ハリウッドが得意とするアクションとコメディ映画は、目を覆いたくなるような無残な出来映えの作品が多い（それでもヒットする）。一方、ボクが注目したいのは、シリアスに人間と社会を直視した新しいタイプの作品が作られているという事実である。当然のことながら、秀れた作品とはその国の風土と精神の上に立ったリアリズム追求の新しい表現方法が見られる映画である。

今では巨匠となったスピルバーグやコッポラ、あるいはバリー・レヴィンソン、フィリップ・カウフマン、マーティン・スコセッシといった才能ある作家たちの近作が魅力に欠けるなか、ベテラン監督の中では、わずかにマイク・ニコルズ〈『ワーキング・ガール』（一九八八）、『心の旅』（一九九一）〉やマーク・ライデルの『フォー・ザ・ボーイズ』（一九九一）など光っていた。シドニー・ポラック、ジョージ・ロイ・ヒル、ローレンス・カスダン〈近作『ワイアット・アープ』（一九九四）には大失望〉、ブライアン・デ・パルマ、アラン・J・パクラといった作家の近年にも覇気がない。

新しい作品の中で注目したいのは、ジョン・アヴネットの『フライド・グリーン・トマト』（一九九一）、ロバート・レッドフォードの『リバー・ランズ・スルー・イット』（一九九二）、マーティン・ブレストの『セント・オブ・ウーマン　夢の香り』（一九九二）、あるいはペニー・マーシャルの『レナードの朝』（一九九〇）、『プリティ・リーグ』（一九九二）、ジョナサン・デミの『フィラデルフィア』（一九九三）、ジョナサン・カプランの『告発の行方』（一九八八）、ランダ・ヘインズの『ドクター』（一九九一）、アイヴァン・ライトマンの『デーヴ』（一九九三）、クリス・コロンバスの『ミセス・ダウト』（一九九三）、早世したリヴァー・フェニックス主演でガス・ヴァン・サントの『マイ・プライベート・アイダホ』（一九九一）やジェレマイア・S・チェチックの『妹の恋人』（一九九三）といった作品群で、新しいスタイルの作品が生まれている。むろん、それぞれ欠点もあるし甘さやセンチメンタリズムを抜け出していない作品もあるが、いずれも現代のアメリカに生きる人間と社会を見つめたリアリスティックな作品である。未熟ではあっても、新人作家らしい既成の映画手法に捉われないドラマ構成と自由なカメラの息吹きを伝えているだけに、今後のアメリカ映画への期待が高まってくる。

また外国から才能を買われてハリウッドに移住した監督の活躍も目覚ましい。『いまを生きる』（一九八九）のピーター・ウィアー、『トータル・リコール』（一九九〇）、『氷の微笑』（一九九二）のポール・ヴァーホーヴェン、『ブラック・レイン』（一九八九）、『テルマ&ルイーズ』（一九九一）のリドリー・スコット、といった作品に接していくと、アメリカ映画がダメになったという評は、コンスタントにアメリカ映画を見ていない者の評であろう。

問題は、アメリカ映画の得意とするアクション・ドラマだ。ジェームズ・キャメロンの『ターミネーター』（一九八四）も、ジョン・マクティアナンの『ダイ・ハード』（一九八八）も直線的で単純なプロットによるアクション映画の傑作だったが、どちらも続編が作られ、大型化されるに従って内的なスリルを失っている。アクション映画と犯罪映画こそはアメリカの誇るジャンルであったが、わずかに成功したのは『羊たちの沈黙』（ジョナサン・デミ監督、一九九一）、『パーフェクト・ワールド』（クリント・イーストウッド監督、一九九三）くらいのものであろう。

しかし、アメリカは懐が深い。ここにきてクエンティン・タランティーノという、わずか三十一歳の偉才が登場する。タランティーノの『レザボア・ドッグス』（一九九一）と『パルプ・フィクション』（一九九四）を見て驚くのは、各シークエンスごとに高まっていく映画的構成の進行過程のスリル、つまりシナリオのうまさと、カッティングの妙である。編集が抜群に良いのだ。ということは、若いにもかかわらず、映画をよく知っているということである。彼がシナリオを書いた『トゥルー・ロマンス』（トニー・スコット監督、一九九三）を見れば、タランティーノの才能がよくおわかりになると思う。もう一つは、ヒップなスピリットとユーモア感覚である。『パルプ・フィクション』には哄笑を誘うシーンがいくつもある。こういった若い才能のある映画作家が、毎年、一人は生まれてくるというところに、アメリカ映画のエネルギーがある。

（「ぴっくあっぷ」一九九四年十二・一九九五年一月号）

トリュフォー没後十年に出版された二冊の本をめぐって

フランソワ・トリュフォーは、一九八四年十月二十一日に脳腫瘍（癌）のため五十二歳で亡くなっている。翌年、夏、当地の映画館（文化プラザ１２０）でトリュフォーの遺作『日曜日が待ち遠しい！』（一九八三）が公開され、ボクは新聞社の依頼で短い追悼文を書いている。アッという間の没後十年であり、今、トリュフォーに関する二冊の本を前にボク自身の十年間を振返ってみたい気持ちもある。

まず「トリュフォー」（リブロポート刊）は、写真集ともいえる豪華なもので、雑誌などに書かれた文章、テレビ、ラジオを含むインタヴューやトリュフォー個人の写真など集めトータルなトリュフォー像を浮上させたドキュメントであり、〝わが人生〟〝わが映画〟という二部構成になっている。この本は、編集者であり訳者でもある山田宏一氏の苦心の再編集がみごとに結実した一冊である。

その山田宏一氏による、「トリュフォー　ある映画的人生」（平凡社）の増補改訂版も再刊された。この本については、三年前に本誌に書評を書いているのでくわしい紹介はしないが、この二冊に目を通すことでトリュフォーの全体像が把握出来るので、読者は、この機会に是非ともこの二冊を入手されんことを。「トリュフォーによるトリュフォー」の前半、彼が家出と非行をくり返しながら映画に近付いて、アンドレ・バザンという父親以上の恩人と知り合い、映画についての文章を書き始め、や

がて批評家として一人立ちするまでが、自伝的に語られているのだが、当の映画評論集「映画の夢　夢の批評」「わが人生わが映画」（たざわ書房刊、一九七九年）はすでに廃刊になっている。それだけにこの本は貴重である。

トリュフォーは、全生涯を映画に捧げた人で、映画以外のもの、例えばスポーツや演劇すら嫌っていた。彼の女性関係も全て映画と直結していたことは、山田宏一氏の改訂版「トリュフォー」によってくわしく知ることが出来るが、トリュフォーくらい自分の思考や感性を自作の中に投影させた映画監督はいなかったのではないだろうか。二年間一緒に生活したカトリーヌ・ドヌーヴは、『隣の女』（一九八一）のファニー・アルダンの演じたヒロインのセリフは、全部自分の言ったことばかりだと怒っていたそうだが、『ピアニストを撃て』（一九六〇）にしろ『柔らかい肌』（一九六四）にしろ、あるいは『映画に愛をこめて　アメリカの夜』（一九七三）においてもトリュフォーは、映画＝自己という認識のもとに映画を撮った監督であった。

「トリュフォーによるトリュフォー」の後半、〝わが映画〟は、『ある訪問』（一九五四）に始まる自分の映画についての発言から成り立っているが、明解な自作品の記録は、生き生きとして実に興味深い。映画ファンのみならず、これから映画を撮る人々に示唆するものが多く含まれている。

トリュフォーの作品を振り返ってみると、彼は、決して天才的映画作家ではなかったと思う。だからトリュフォーは、ヒッチコックやウェルズのような天才的な映画作家に憧れていた。

もうひとつ気になるのは、彼が日本でポピュラーな映画作家であったのは、『大人は判ってくれない』（一九五九）と『突然炎のごとく』（一九六一）のヒットがあったからだが、『恋のエチュード』（一九七一）、『恋愛日記』（一九七七）、『隣の女』などは、日本では当たらなかった作品である。『恋のエチュード』も『隣の女』も暗い物語で、実は、この二作について女性の映画ファンと話をするとスムーズに話が展開してゆかない。現代の女性たちに、かつて増村保造が、愛することは殺すことだと言ったメッセージはとどかないだろう。しかし、『恋のエチュード』と『隣の女』の中にこそ、天才ではなかったトリュフォーのきわだった、孤高の美しさが宿った映画術が見られるのだ。

『恋のエチュード』の主人公（ジャン＝ピエール・レオー）は、映画史上、最も煮えきらないダメ男である。彼は、イギリスの二人の姉妹に恋してしまったものの、その恋をどう発展させていいのかわからず、何と十五年をすごしてしまう。何ともコッケイで悲痛な物語でありながら、映画そのものは、したたかに気高く輝いている。恋において自分がダメな男であることを感知出来る人間でないと、この映画の素晴らしさは味わえないだろう。

『隣の女』は最後にセックス中に女の方が男を殺し、心中するが、彼女は、そうするしか生きられなかったからだ。映画は、かつての傑作『柔らかい肌』のように次に何が起るか予測させないタッチで描かれていく。トリュフォーの映画は、失敗作を含めてウェルメイドに完成させようという意図がなく、見る者を心地よく誘うような映画は、一本もない。愛する者の苦しみが、愛されない人間の孤独が、まったく虚飾のないタッチで描かれるので、実は、『恋のエチュード』も『隣の女』も反時代的な映画ともいえる。『恋のエチュード』は、フランスでも当たらず、批評もさんざんだったということだが、トリュフォー自ら一種のコスチューム・プレイと規定したこの作品は、トリュフォーが到達した金字塔的作品で、同じ原作者アンリ＝ピエール・ロシェを使っていながら『突然炎のごとく』のアンチ的作品ともいえよう。だから、『恋のエチュード』は、『市民ケーン』（オーソン・ウェルズ監督、一九四一）のアンチ的作品『偉大なるアンバーソン家の人々』（ウェルズ監督、一九四二）のように極めてロマネスク的な傑作といえよう。

「トリュフォーによるトリュフォー」において彼が『恋のエチュード』について論述した文章もこの映画のように美しい。いずれにしろ、この二冊を読むことによって、もう一度、読者は、トリュフォー作品を見たくなるにちがいない。正直に言って、ボクは今、映画館で山田宏一氏の手によるスーパー版『恋のエチュード』をゆっくり見たい欲求にかられている。

（「ぴっくあっぷ」一九九五年二・三月号）

白井佳夫の「黒白映像　日本映画礼讃」は、画期的な日本映画論集である

読者の中には目を通した方もいらっしゃると思うが、今年の春に出た「別冊文藝春秋」における若尾文子と白井佳夫の対談〈わが非凡なる監督たち〉は、近年ない出色の対談であった。

昭和七年生まれの白井佳夫にとって、若尾文子は同時代の最も親近感のある女優さんであり、彼女は、デビューして間もなく多くのプログラム・ピクチャーに出演しながら、溝口健二にはじまり川島雄三、増村保造といった日本映画黄金時代の映画作家の作品に出演した女優さんであるだけに、白井の若尾にむけられた質疑は、実に的を射たもので、若尾を大いに語らせている。むろん、ボクにとっても若尾文子は、憧れの女優さんであるのみならず、彼女と増村保造が組んだ何本かの作品は、最もスリリングな日本映画として記憶に残っている。

若尾／もう増村さんとの仕事っていうのは、ほんとに勝つか負けるかでした、エネルギーのぶっつけあいで。
白井／そうでしょう。増村監督が言っていましたよ。「いい映画ってのは、現場で俳優さんとスタッフがどこまでエネルギーを放出できるかだ。そのエネルギーの総量が、映画のよい悪いを決める」と。おそらく増村監督は、若尾さんを得ることで初めて理想の女優を得たんじゃないかって気がするなあ……

こんな調子で、その対談の熱気が伝わってくる。
その白井佳夫の、「別冊文藝春秋」に連載した〈日本映画名作劇場〉をまとめた「黒白映像　日本映画礼讃」（文藝春秋）が出版された。これは、白井佳夫の「日本映画のほんとうの面白さをご存知ですか?」（一九八一年、講談社）、さらに一昨年出版された「日本映画黄金伝説」（時事通信社）につぐ本

格的な日本映画論集であり、日本映画に興味をもつファンには是非とも目にしていただきたい貴重な著作である。実際のところ、このモノクロのスタンダード時代の映画論考が出るのが、十年遅かったように思う。

　ここでは、戦後に作られた二十八本〈正確には戦中の『無法松の一生』（稲垣浩監督、一九四三）が一本入っている。この作品と白井佳夫については以前にも書いたので省く〉の作品がとりあげられている。戦後すぐにつくられた谷口千吉の『銀嶺の果て』（一九四七）にはじまって、増村保造の『くちづけ』（一九五七）に終る二十七本の日本映画は、いずれもモノクロのスタンダード・サイズの作品で、カラー・ワイドの作品は意図的に一本も含まれていない。読み終ってまず感じたことは、この著作が他の日本映画論に見られぬユニークな点は、白井自身、ほとんどリアルタイムでこれらの作品を見ていること、さらに各作品論において、その作品にかかわった監督、俳優、カメラマンなどの証言をとって、一本一本の作品がはらんでいる時代とその背景の社会情況を浮かび上がらせることに成功していることである。この昭和三十二（一九五七）年までに作られた日本映画の名作といえども、今日の若いファンから見ればかなり昔の古典であり、今日ではビデオでしか鑑賞できない古い作品群でもある。こういったスタンダード・モノクロ時代の映画の面白さをもう一度、今日的なテーマを持った作品として甦らせたいという欲求が白井佳夫にあったと思う。彼自身、あとがきに「ここでとりあげた四〇年代から五〇年代にかけての日本映画の製作にかかわったかたがたが、もうほとんどおられなくなってきている、という現実に直面して、改めて息をのむような思いをした」と述べているが、白井自身、テレビで日本映画を放映していた時も、丁寧にその作品の現場を担った映画人の証言をとっていたし、キネマ旬報社で十年近く編集長をつとめていた体験が充分にいかされているだけに、この本は十年前に出版されるべきで、今日、ボクらが目にするのは、その後のカラー・ワイド時代の作品論であるべきではなかったかという思いがする。

　この本でとりあげられた『西鶴一代女』（溝口健二監督、一九五二）、『真空地帯』（山本薩夫監督、一九五二）、『煙突の見える場所』（五所平之助監督、一九五三）といった作品分析とその背景についての論述は、むろん充分に魅力的だ。そして日本映画の黄金時代は、まさしくこの昭和二十三年あたりから昭和三十五年あたりにあって、この期の日本映画は、世界最強のもので、この期の日本映画に対抗できたのは、イタリアのネオ・レアリズモの作品群しかなかったことを充分に知らしめている。

　増村保造の『くちづけ』が作られた昭和三十二（一九五七）年という年は、日本映画界にとっても日本の社会にとっても大変重要な年ではなかったかと思う。この前年に日本政府の作った経済白書の中に「もはや戦後ではない」と書かれていたが、この辺から日本の文化も新しい時代に突入する。この時代の映画界はピークをむかえていて、観客動員も十一億を超えるという空前の数字が残されているが、当時は週替りの二本立て興行が恒常化されていて、六社による年間映画製作本数が五百本を超えていた。映画は、まだ娯楽の王者であった時代である。この昭和三十一年にボクは早稲田大学に入って、翌三十二年に増村の『くちづけ』に出会ったのであり、そこで白井佳夫にも出会ったのである。当時、彼は、早稲田大学映画研究部の幹事長であった。この『くちづけ』を最大限に擁護したのが、白井佳夫であった。日本の映画評論家は、この作品の素晴らしさがわからなかった。したがって無視した。その『くちづけ』について、白井佳夫は「日本のヌーヴェル・ヴァーグは、いわば『狂った果実』（一九五六）の中平康によって幕を切って落とされ、『くちづけ』の増村監督によって、本格的な映像表現として、日本の風土の中に定着されていったのである。彼の一本一本をそうした視点から見続けた歳月の、恍惚と興奮の時というものを私は忘れることができない」

　このような、今では定説になっている日本映画史も、白井佳夫やボクらが作ったという自負がある。むろん、それも増村保造の『くちづけ』が出現したからだが。

　ボク自身にとっても、映画のルネッサンス（その直後に出現したフランスのヌーヴェル・ヴァーグの作品との出会い）と、ボク自身の青春のルネッサンスがぶつかった時代でもあった。

　ワイド時代に入って日本映画の観客は、大激減してゆくわけだが、娯楽の王座を転落していく中にあって新しい世代の映画人の苦渋が続き、増村をはじめ加藤泰、神代辰巳と、次々に優れた映画人が亡くなっていく。正統派の批評家である白井佳夫の次なる日本映画論を待望するのはボクだけではないだろう。梅雨の中でウツ状態にあるボクの頭の中に、大いなる刺激を与えてくれた「黒白映像　日本映画礼讃」に感謝しよう。

（「ぴっくあっぷ」一九九六年八・九月号）

武満徹、渥美清の死と、戦後五十一年目の夏

　今年の夏は、七月に入ってオリンピックを、八月に入って高校野球をダラダラと見続けるという、いってみれば、この怠惰な時間こそボクにとって唯一の贅沢なときであって、もう少し仕事に精を出さないといけないと思いながら、戦後五十一年目の夏を無為に過ごしてしまった。わが鹿児島実業高校は、春の大会で見せた魅力がなく、ベスト8で姿を消したが、決勝戦の松山商業と熊本工業の試合は、息をのむ熱戦であった。

　その間、フランキー堺につづいて渥美清が亡くなった。この二人の訃報に接し、何らかの感想を書こうと思いをめぐらせたものの、とりあえず渥美清に対しては、九月から再スタートするビデオ会で加藤泰の『沓掛時次郎　遊侠一匹』（一九六六）を取り上げることにした。『男はつらいよ』シリーズでは、とくに印象の深かった『男はつらいよ　寅次郎忘れな草』（山田洋次監督、一九七三）〈浅丘ルリ子との第一作〉をビデオで再

見して彼を追悼しようと思う。

映画ファンとしては、この六月に亡くなった武満徹に対して何らかの文章を綴りたい。たまたま、NHK教育で立花隆による武満徹の追悼番組を見た。最後に立花隆が、泣きじゃくって彼を惜しんでいたのが印象に残る。ボクは、武満徹の音楽について多くを知らない。彼は、一音楽家である前に大変な映画ファンであった。映画が好きな故に、若い頃に最も偉大な映画音楽家であった早坂文雄に師事し、彼のアシスタントを務めた。まったくの独学で作曲法を学び、ジャズ音楽に対しても興味を持ち続けた。たしか小林正樹の『からみ合い』（一九六二）や篠田正浩の『涙を、獅子のたて髪に』（一九六二）などでジャズを巧みに使っていたと思う。

アメリカの映画音楽家が、武満さんに一本いくらぐらいのギャラをもらうかと尋ねたが、その安さに仰天したというエピソードが残っている。というのも彼の映画音楽フィルモグラフィを辿ってみると、独立プロ系の作品が多い。おそらく、人のいい武満さんは、安いギャラで音楽を引き受けたのであろう。アメリカの音楽家からみると、武満さんは大豪邸の住人でいてもいい、世界的音楽家であるというのに実に質素な生活をしていたという。彼の代表作とされている『おとし穴』（勅使河原宏監督、一九六二）、『他人の顔』（勅使河原監督、一九六六）、『心中天網島』（篠田監督、一九六九）、『青幻記　遠い日の母は美しく』（成島東一郎監督、一九七三）、『愛の亡霊』（大島渚監督、一九七八）から『黒い雨』（今村昌平監督、一九八九）、そして遺作の『写楽』（篠田監督、一九九五）に至る音楽は、むろん第一級のものであったが、彼が携わった作品の中に『めぐりあい』（恩地日出夫監督、一九六八）、『あこがれ』（恩地監督、一九六六）といった叙情的なホームドラマが含まれていて、この二本とも、爽やかな印象を残している。特に武満徹の映画音楽の中で印象に残るのは『暗殺』（篠田監督、一九六四）と『どですかでん』（黒澤明監督、一九七〇）であったが、前者の尺八を使った音楽は、今でも心に残っている。幸いにも今月衛星テレビでの放映が決まっているので、この映画との再会を楽しみにしている。今年の八月の湯布院映画祭では、武満徹追悼として『暗殺』と『最後の審判』（堀川弘通監督、一九六五）の二本が上映されたという。

「それにしても、人間が映画を発明しそれにともなう多くを考案したのは、やはり素晴らしいことだった。映画がなかった時代と私たちの時代では、その青春の色合いを異にしたに違いない。映画館という暗闇。人間がそれぞれの感情で思い描く忘れがたい闇。〈子供は母親のおなかで形をなす瞬間には暗闇のなかにいる〉とフェリーニは、言ったが、嘘と真実と、空想と現実が友好的な接触を保つ夜の空間。映画は、そこで生れる」。

これは、唯一と思われる彼の映画論集「夢の引用」（岩波書店）からの一文。本当に惜しい人を亡くした。享年六十五歳。

もっとも、だらしなく過ごしている夏の間に新作を見なかったわけではない。『アンカーウーマン』（ジョン・アヴネット監督、一九九六）を見る、『誘う女』（ガス・ヴァン・サント監督、一九九五）を見る、『イレイザー』（チャールズ・ラッセル監督、一九九六）を見る、『ミッション：インポッシブル』（ブライアン・

デ・パルマ監督、一九九六）を見る、『悪魔のような女』（ジェレマイア・S・チェチック監督、一九九六）を見る。わずかに『アンカーウーマン』と『12モンキーズ』（テリー・ギリアム監督、一九九五）は見料に値したとはいえ、特にアメリカのアクション映画の退廃は目を覆わんばかりだ。東京ではもう少しまし な作品も上映されているだろうと情報誌をめくるが、今夏は、どうも最悪のシーズンだったといえよう。

だらしなく過ごした夏にあって、少しは読書もしている。今年亡くなった司馬遼太郎の「坂の上の雲」と桶谷秀昭「昭和精神史」（文春文庫）及び豊田穣の「革命家　北一輝」（講談社文庫）を拾い読みしている。夏になると戦争が終った五十一年前の記憶がよみがえってくるから、自然にこの二冊を手にしたわけだが、桶谷秀昭の著作は、大変な労作で第二次大戦終了までの日本人の生き方を再検証しようとするもので、厖大な資料の中から昭和の戦争と変革に必死に生きようとした日本人の苦悩と悲しみを丹念に掘り起こしている。ただこの分厚い（七二〇頁）本を読了して思うことは、昭和二〇年までに生きた人々と現代のわれわれとの間にある大きな距離である。おそらく桶谷秀昭にとっても三島由紀夫自決をもって昭和の精神は、滅んでしまったものであろう。

この二冊とも二・二六事件を大きく取り扱っているが、先号で紹介した白井佳夫の「黒白映像　日本映画礼讃」でも取り上げられている『叛乱』（佐分利信／阿部豊監督、一九五四）を急に見たくなった。二・二六事件を描いた作品の中では、この『叛乱』が最も印象に残っている。この作品の中に二・二六事件の黒幕とされている北一輝も西田税も出てきたのだが、北一輝に扮したのは誰だったのか〔鶴丸睦彦扮演〕、この『叛乱』もビデオ会でぜひ見てもらいたい一作である。

実は、今年になって最も感動した『スモーク』（ウェイン・ワン監督、一九九五）について書こうと思っていたのだが、この『スモーク』のスタッフが撮影後に撮った一種の記録映画風のコメディ『ブルー・イン・ザ・フェイス』（ウェイン・ワン監督、一九九五）も今月、ビデオで出たとのことだ。『スモーク』の脚本家であるポール・オースターの小説「幽霊たち」と「孤独の発明」（ともに新潮文庫）を読んで、『スモーク』の面白さは、このポール・オースターの参加にあったと納得したところだ。小説好きの方は、この二冊ぜひ読んでいただきたい。心に沁みる好篇である。

（「ぴっくあっぷ」一九九六年十・十一月号）

イーストウッド監督の『愛のそよ風』のウィリアム・ホールデンを見ながら、ホールデンという俳優の軌跡を追ってみた

秋も深まって映画館には『真実の行方』（グレゴリー・ホブリット監督、一九九六）、『デッドマン・ウォーキング』（ティム・ロビンス監督、一九九五）、『ザ・ファン』（トニー・スコット監督、一九九六）、『戦火の勇気』（エドワード・ズウィック監督、一九九六）といった新作がかかっているが、これらの作品を見る時間がとれない。

一ケ月程前、深夜、近くのビデオ店で借りてきた『ユージュアル・サスペクツ』（一九九五）を見て興奮した。こんなに面白い犯罪映画に出会ったのは久しぶりのことだ。どこのレンタル店にもおいてあるからご覧になって下さい。

まず、冒頭、貨物船の中で爆発事故があって、銃を手にした男が殺される。そこから回想場面に入るのだが、二段、三段の回想場面の仕掛けがあって、三つ目の回想シーンで、五人の男がトラック強奪事件の容疑者として刑務所内で、いわゆる面通し（壁ぎわに並ばされる）される。この五人の男たちが、次なる犯罪事件に誘発されていくあたりの展開が絶妙である。ともかく予断を許さぬ巧妙なプロット、五人の役者の性格設定の面白さ、それにセリフの素晴らしさといい、これくらいスリリングなアメリカン・フィルム・ノワールに出会うとは嬉しい限り。『ユージュアル・サスペクツ』の脚本を書いたのは、二十九歳のクリストファー・マッカリーで、この作品でアカデミー脚本賞を得ている。監督のブライアン・シンガーは同世代で、彼の演出もB級映画風の背景を見事に生かしている。有名な俳優が一人も出ていないので当地では劇場公開されなかったのだろうが、この作品以上の犯罪映画は、この十年一本もないのではないかと思う。このような映画が、突然現れるところにアメリカ映画の底力があるといえようが、このブライアン・シンガーの出現は、かつてのジョン・ヒューストンを想起させる〈ヒューストンの処女作も『マルタの鷹』（一九四一）という犯罪映画であった〉。

その間、ジョン・フォードのサイレント映画『アイアン・ホース』（一九二四）と『3悪人』（一九二六）、さらに『周遊する蒸気船』（一九三五）をビデオで見たが、フォードの天才的映画術は、見る者を心地よく楽しませてくれた。

衛星テレビの方でも、ボクが高校一年生の頃に見たビリー・ワイルダーの『熱砂の秘密』（一九四三）に再会し、あらためてビリー・ワイルダーの才気溢れるサスペンスの展開に息を飲んだ。ボクは、この作品でワイルダーの名を頭に刻んだ。これは、第二次大戦の北アフリカ戦線をめぐるスパイ・スリラーで、ロンメル将軍をエリッヒ・フォン・シュトロハイムが楽しそうに演じている。

さらにクリント・イーストウッドの日本未公開作品『愛のそよ風』（一九七三）が衛星テレビで放映された。これがまた泣かせるのだ。イーストウッドの処女作はこの作品の二年前に作られた『恐怖のメロディ』（一九七一）で、『愛のそよ風』は第三作にあたるものだが、このような甘いメロドラマも撮っていたのだ。

『愛のそよ風』は、ハリウッド映画の得意とする、金持ちの中年男とヒッピー娘とのラブ・ストーリーで、数年前にヒットしたリチャード・ギアとジュリア・ロバーツの『プリティ・ウーマン』（ゲーリー・マーシャル監督、一九九〇）もそうであったように、環境のまったく違う男と女（『愛のそよ風』の場合は、年齢も大きく違う）が結ばれていく過程を、イーストウッドはゆったりとしたテンポで展開させている。主演はウィリアム・ホールデン、ヒッピー娘を演じているのはケイ・レンツという新人女優。音楽は、ミシェル・ルグラン。原タイトルがBre ezyで、娘の名前である。『愛のそよ風』が何故公開されなかったかは不明だが、七〇年代のウィリアム・ホールデンに観客を引き付ける魅力がなくなったからであろうか。実際、『愛のそよ風』のホールデンは五十五歳で、年齢に相応しい役柄であったとはいえ、往年の精気が感じられない。

ボクにとってウィリアム・ホールデンは、とても気になる俳優であった。ホールデンは、一九八一年に亡くなっている。自宅の階段から酔って転倒し、頭に傷を負っての出血多量が死因で、死後四日経ってから発見されたもので、ホールデンの五〇年代の華々しい活躍からすれば、実に不遇で孤独な死に方であった。

ボクが、最初に見たホールデンの映画が『サンセット大通り』（ビリー・ワイルダー監督、一九五〇）であった（高校一年）。冒頭、彼は、プールで死体となって浮いていて、そのプールの死体がナレーションを始めるという、瞠目すべきプロローグにショックを受けた。しかし『サンセット大通り』は、ホールデンを一躍スターダムにのせたとはいえ、この映画の主役はあくまでグロリア・スワンソンであり、エリッヒ・フォン・シュトロハイムであり、むしろ抑えたホールデンの演技が、この作品に相応しく、そして好ましいものとして印象付けられている。

ホールデンは、一九三九年に『ゴールデン・ボーイ』（ルーベン・マムーリアン監督）でデビューしているが、『サンセット大通り』までいい作品に恵まれていないし、明らかに彼も戦後派的な男優の一人であった。同世代のカーク・ダグラスのようなアクの強さもなく、グレゴリー・ペックのような端正な二枚目でもなく、オードリー・ヘプバーンとの共演『麗しのサブリナ』（ワイルダー監督、一九五四）は好演であったが、『パリで一緒に』（リチャード・クワイン監督、一九六三）のホールデンは、ひどかった。ただ、この『サンセット大通り』を皮切りにホールデンは、映画のラストで死ぬ俳優としてボクには奇妙な印象を残している。実際、『慕情』（ヘンリー・キング監督、一九五五）のジャーナリスト、『トコリの橋』（マーク・ロブスン監督、一九五四）のパイロット、『戦場にかける橋』（デヴィッド・リーン監督、一九五七）のアメリカ兵、さらに後年の『ワイルドバンチ』（サム・ペキンパー監督、一九六九）と、彼は、ごく簡単に死ぬ役をこなした。前世代の大スターであったゲーリー・クーパー、クラーク・ゲーブル、ジョン・ウェインといった俳優が、めったに死ぬことはなかったのに、ホールデンは平然として死ぬのである。

ホールデンの代表作は、何といってもアカデミー賞を得た『第十七捕虜収容所』（ワイルダー監督、一九五三）と『ピクニック』（ジョシュア・ローガン監督、一九五五）であろう。どちらも五〇年代のアメリカ映画を代表する作品だが、前者の抜け目のない、ひねくれていて、それでいて憎めない一匹狼的なヤンキー気質のホールデンは、やや臭い演技ながら見事であった。『ピクニック』の流れ者の役も彼自身を思わせるもので、キム・ノヴァクを必死に口説くホールデンが素晴らしかった。

ホールデンは、ヒッチコックの映画には出演していないが、ジョン・フォードには一本だけ『騎兵隊』（一九五九）に出演している。彼は、ジョン・ウェインとことごとく対立する北軍の軍医の役で、明らかにウェインの引き立て役であったが、敢えて抑えた演技で、この渋いホールデンが、ホレボレするくらいよかった。それにしても『騎兵隊』は何と美しい作品であろう。ホールデンが持っていたいかがわしさ、ある種の暗さの中に、ハリウッドの五〇年代の空気（悲劇）が感じられる。大スターであったホールデンが、役柄の上で死ぬ役を選択したのも、この五〇年代のハリウッドの崩壊と亀裂の中に生きた男優であったからであろう。

（「ぴっくあっぷ」一九九六年十二・一九九七年一月号）

二冊の映画作家のインタビュー集を読む
「オーソン・ウェルズ　その半生を語る」と
「追放された魂の物語　映画監督ジョセフ・ロージー」

ボクの店に集う本好きの仲間たちで最近最も評判になったのが、宮崎学著「突破者　戦後史の陰を駆け抜けた五〇年」（南風社）である。無類に面白い本で、一気に読ませる。かつてジャーナリズムの世界にも身を置いていたという、この著者の文章そのものがダイナミックだ。こんな男が、日本にもいたのかと驚き、読み終ると何となく元気の出てくる一冊だ。

宮崎学は、京都の土建屋の〝若ダンナ〟として出生し、一九六七年に早人に入ると、日共＝民青系の武闘派グループのリーダー格として東大闘争などに関わるのだが、この六〇年代の学生闘争の内幕が実にリアルかつユーモラスに描出されている。ここにあるのは一種の自伝でありながら、宮崎が育ってきた境遇や体験に独自の風格があるので、読む者をのっぴきならぬ世界に突入させるし、彼の素晴らしいところは、いつも底辺で物事を考え、いざとなると一匹狼となって闘争の中心に身体ごとぶち当たっていく。その胆力、度胸のよさで、そういった激しさがこの本の魅力であろう。後年、グリコ・森永事件の時、警察から犯人（怪人二十一面相〝キツネ目の男〟）として容疑をかけられるに至る。京都に帰った宮崎が、家業を救うために悪戦苦闘するあたりも面白く、日本社会の歪み、その陰で暗躍する怪しい人物が次々に出てきて興味がつきない。ボクは、グリコ・森永事件を追求したドキュメント「闇に消えた怪人」（一橋文哉著・新潮社）を読んでいるところだ。

ところで、映画となると昨年は、特に外国映画は、まったく不作の年で、心を揺るがしてくれる作品がまったくなかった。そこで、今回は、最近読んだ映画の本を紹介することにしよう。映画作家でもあるピーター・ボグダノヴィッチの「オーソン・ウェルズ　その半生

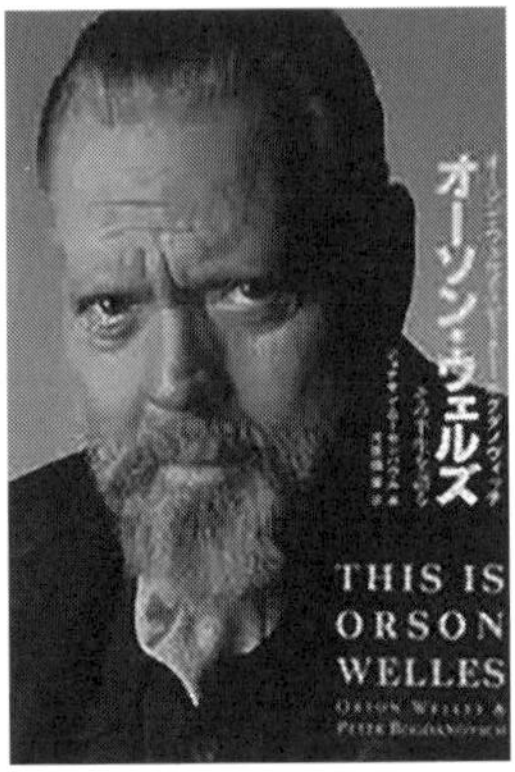

を語る」（キネマ旬報）と「追放された魂の物語　映画監督ジョゼフ・ロージー」（ミシェル・シマン著・日本テレビ）の二冊で、共にインタビュー集である。前者は、ボグダノヴィッチが数十年にわたりウェルズを追跡し、いろんな場所でインタビューを試みたものをまとめたもの。後に詳細なウェルズの年譜が付いているのだが、これを読むとウェルズが映画のみならず、テレビ、ラジオ、演劇と、あらゆる分野において一瞬も休むことなく活動を続けた巨人であったことを知らされる。とりわけボクがこの本に注目したのは、ウェルズのオリジナル・シナリオ『偉大なるアンバーソン家の人々』（一九四二）が掲載されていることだ。

『偉大なるアンバーソン家の人々』は、アメリカ映画史上、まさしく呪われた傑作であり、これからも何回も見るに値する未完の傑作である。未完というのは、本来一四〇分の作品に仕上がるものが、ウェルズ自身の不備もあって、今日、我々が見ることができるのは八十八分のバージョンである。むろん、この映画は修復不可能であろう。ただ、ウェルズが意図したカットやシークエンスが、どんなものであったか、消去された部分はどこにあるのか、このシナリオによって、この作品の謎がいくらか解けるのである。特に主人公の青年が後半、事故に遭うシークエンス、さらにロバート・ワイズが編集したというラスト・シーンなど、もう一度、オリジナル・シナリオに照らしてビデオでこの作品を検証したい。

一方、ジョゼフ・ロージーも数奇な映画人生を送った異色の映画作家で、ハリウッドを追放されたロージーのインタビュー集は、特に三〇年代、四〇年代のアメリカのインテリの状況を知るうえで興味深い著作である。

ロージーは、一九四七年に始まったハリウッドの赤狩りに巻き込まれた映画人で、五〇年代にイギリスに亡命し、二度とアメリカで映画を撮ることなく、ロンドンの自宅で七十五歳の生涯（一九八四年没）を閉じた。彼は、ハリウッドに入るまで、若い頃から演劇に熱中し、三〇年代は、かなり過激な左翼的な演劇に関わっている。その間、ジャズのプロデューサーだったジョン・ハモンドと親交があり、ハモンドによってジャズにも興味を持つようになり、デューク・エリントンとミュージカルを企画したと語っている。また、無名時代のビリー・ホリデイもよく聞いたと語っている。四〇年代に入ってドイツから亡命してきたベルトルト・ブレヒトと共同で「ガリレオ」（チャールズ・ロートン主演）を演出したこともよく知られているが、ロージーのアメリカに対する不信と怒りは消えることがなかった。ロージーの代表作ともいえる『コンクリート・ジャングル』や『エヴァの匂い』についてのエピソードなど実に興味深い。この本の後にロージーが企画しながら作品にならなかったもの、また他の映画作家の手によって映画化されたもののリストがあるので、もしロージーが自ら映画化したらどんな作品になったかを想像してみるのも面白いと思うので、それらの作品を挙げてみることにする。

『アパッチ』（これは、バート・ランカスター主演、ロバート・アルドリッチ監督によって一九五四年に映画化された）。『真昼の決闘』（これも、フレッド・ジンネマン監督によって一九五二年に映画化されたが、最初はロージーの企画であった)。『乱暴者』(これは、ラズロ・ベネデック監督、マーロン・ブランド主演によって一九五四年に映画化されている)。『ひとりぼっちの青春』(ジェーン・フォンダ主演、シドニー・ポラック監督によって一九六九年に映画化されたが、この原作の映画化権はロージーが所有していた)。

『夏の夜の10時30分』と『ジブラルタルの追想』(前者は、ジュールス・ダッシン監督によって一九六七年に映画化、後者はジャンヌ・モロー主演、トニー・リチャードソン監督によって一九六七年に映画化、原題は「ジブラルタルの水夫」、共にマルグリット・デュラス原作)。『火山のもとで』(これは一九八四年、ジョン・ヒューストンによって映画化されている)。その他、フォークナーの「野性の棕櫚」、またジンネマン監督の『ジュリア』(一九七七)の原作にあたるリリアン・ヘルマンの「ペンティメント」もロージーは映画化を望んでいた。

こうして見るとロージーは、亡命者でありながら、生涯にわたっていつもいい作品を企画していたことがわかる。ロージーの作品の中でまだ未公開のもの、ビデオ化されていないものがかなりあるが、ボクなりのベスト作品を挙げておく。『緑色の髪の少年』(一九四八)、『狙われた男』(一九五九)、『コンクリート・ジャングル』(一九六〇)、『エヴァの匂い』(一九六二)、『召使』(一九六三)、『できごと』(一九六七)、『恋』(一九七一)、『パリの灯は遠く』(一九七六)。ロージーの遺作は『スチームバス女たちの夢』(一九八五)で、これはWOWOWで放映された。

(「ぴっくあっぷ」一九九七年二・三月号)

山田宏一著「エジソン的回帰」は、ビデオ時代の映画について書かれた最良の、そして最も刺激的な映画論である

山田宏一さんの「映画について私が知っている二、三の事柄」(三一書房)を読んだのは、一九七一年の夏が終る頃であった。この映画論こそ、ボクが待望していたものだった。山田さんの映画論は、映画をあるがままに語り、映画がそこにある以上のものを引き出し、映画の欠点すら美点に変えてしまうような、映画の鼓動——つまりは、映画の素晴らしいカットつなぎや、女優の美しいクローズアップや姿態——をそのまま伝えるような文章がそこにあり、いかなる映画への自嘲も絶望も許されないその文体は、映画のように魅力にあふれ、映画のように面白いものであった。そのとき映画は、ボクにとってより身近な存在となって躍動しはじめたのだ。山田さんの著作に出会うことがなかったら、こんなにも映画にのめりこむこともなく、また映画についての文章を、この年に至るまで書き綴ることはなかったかもしれない。山田宏一さんのその後の著作「友よ映画よ　わがヌーヴェル・ヴァーグ誌」「映画的なあまりに映画的な　美女と犯罪」といった名著は、今でもボクの座右の書になっているのだが、その山田さんの近著「エジソン的回帰」(青土社)は、まさしく山田さんならではの、近年の快書である。

現代は、大勢で見るスクリーンから、一人一人で見るビデオ時代になったわけで、それは、リュミエールの世界からエジソンに回帰するに至ったのだが、ビデオで見た映画から、これだ

け豊富な映画論が書ける人は、山田宏一さん唯一人であろう。ここには、さまざまな時代の映画が出てくるが、山田さんのペンによって、それぞれの映画が時代を超えて今日の映画として甦るのである。山田さんが何回も書いているハワード・ホークスやバスター・キートンやあるいはプレストン・スタージェスをめぐる文章は、むろん充分に楽しいが、中でも昭和十年代に作られた清水宏の『風の中の子供』（一九三七）、『簪』（一九四一）、『按摩と女』（一九三八）をめぐる映画論は、実に素晴らしいとしかいいようがない。実は、この三作品ともに最近、ボク自身ビデオで見たばかりなのだが、われら映画ファンは、山田宏一さんの文章と共に清水宏という、うらぶれ趣味の映画人を発見したのである。その幸福感こそ、映画ファンのものであろう。

さらに「エジソン的回帰」の中には、亀井文夫の『戦ふ兵隊』（一九三九）やフランク・キャプラの第二次大戦時のドキュメンタリー映画論もあり、ボクが驚いたのは、「歴史映画考」である。戦前、あるいは戦争中に作られた木村荘十二監督の『新選組』（一九三七）や熊谷久虎監督の『阿部一族』（一九三八）から、この時代のリアリズム時代劇にスポットをあて、みごとに現代への視野を広げた映画史論は、それが映画史とは思えぬ興味深い論述である。つまり山田さんの文章と彼が取り上げた

映画は、時空を超えてボクらのハートを直撃する。

一九八三（昭和五十八）年にスタートした本誌も、今号（Ｎｏ・一三九）をもってついに休刊ということになったが、年をとると周辺の先輩や後輩の死に遭遇してうろたえている。映画人の方々も老齢による死はともかく、武満徹の死などにはショックを受ける。

今年になって、萬屋錦之介と杉村春子の死が伝えられたが、杉村春子の場合は、老齢とはいえ、最後まで女優としての仕事をまっとうした大女優であった。小津安二郎や成瀬巳喜男や新藤兼人の映画と共に、不滅の業績を残している。

昨年亡くなった映画人の中では、ポーランドのクシシュトフ・キェシロフスキが、わずか五十四歳での夭逝である。ともかく、昨年公開された『トリコロール』三部作（一九九三〜一九九四）は、キェシロフスキの実力を全世界に知らしめた傑作であった。その前に作られた『ふたりのベロニカ』（一九九一）が素晴らしかった。映画を見ていて、こちらの呼吸が止まりそうになるような映画を作る人は、今日では彼をおいて他にいない。

日本の映画人としては、まず渥美清とフランキー堺という二大コメディアンの死が惜しまれる。渥美清の死と共に、松竹の小市民映画の伝統は死滅するかもしれない。

監督の小林正樹も亡くなったが初期の『この広い空のどこかに』（一九五四）をもう一度見たい。『黒い河』（一九五七）も傑作だった。老齢死とはいえ沢村貞子、宮城千賀子それにバイ・プレイヤーとして多くの映画に出演した山形勲、悪役専門だっ

た内田朝雄、さらに高橋悦史は六〇歳で亡くなっている。

マルセル・カルネとルネ・クレマンという、フランスの黄金時代を築いた名監督の死も伝えられた。クレマンは、日本で最も高く評価された映画作家でもあった。またマリア・カザレスとアナベラも亡くなっている。イタリアの名優マルチェロ・マストロヤンニの死にも驚いたが、すでにフェリーニもなく、戦後のイタリア映画のいくつかのシーンが脳裡をかすめる。

アメリカのジーン・ケリー。それにジョン・フォードの映画の中で、最も美しい馬の乗り方を見せたベン・ジョンソンは、その後もさまざまな映画で脇役人生をまっとうした。なつかしのグリア・ガースン、クローデット・コルベール、ドロシー・ラムーア、ジョーン・ドルーといった女優さんも亡くなった。

作家の大藪春彦は、早大時代のボクの同級生で、学生時代に「野獣死すべし」を書いて有名作家になった。早大教授で映画史家でもあった、飯島正も亡くなっている。

最後に、萬屋錦之介について少し書いておこう。中村錦之助時代の東映のヒット作となった、笛吹童子時代の彼の映画はまったく見ていない。彼が素晴らしい俳優として印象をもったのは、伊藤大輔の『反逆児』（一九六一）あたりからだろう。もっとも沢島忠による『一心太助』シリーズは面白かった。庶民派でエネルギッシュな一心太助は、東映映画にエネルギーをもたらした。錦之助が永遠にボクの心にきざまれるのは、『沓掛時次郎　遊侠一匹』（加藤泰監督、一九六六）と『関の彌太ッペ』（山下耕作監督、一九六三）の二本があるからだ。この二作は、多分、高倉健や鶴田浩二では、生涯の名作まで昇華できなかったであろう。ともかくこの二作において、錦之助は、人間としての激情と男の意地といったものがまざりあって、日本映画にしかない情念の男を演じきっている。むろん、『宮本武蔵』シリーズも錦之助ならではの名作であったろう。中でも山本周五郎原作の、『冷飯とおさんとちゃん』（田坂具隆監督、一九六五）の、江戸の職人の錦之助が、消えてしまった三田佳子のおさんを探し回る哀しい世界が目に浮かんでくる。合掌。


（「ぴっくあっぷ」一九九七年六・七月号）

わが生涯のベスト・テン

わが生涯のベスト・テンとか、わが青春の一本といったアンケートは、そろそろ止めようじゃないかという論を書いたことがある。

ビデオ時代に入って、埋もれた世界の傑作が次々に発掘されている。キネマ旬報式のベストテンは廃止すべきではないか。やるのであれば、一〇〇本、もしくは二〇〇本単位でやって欲しいし、それから、あの醜悪きわまりない『ニュー・シネマ・パラダイス』（ジュゼッペ・トルナトーレ監督、一九八九）が代表するような、かつて映画が輝いていた頃のノスタルジックな気分で映画を回想するのも止めて欲しい。

第一に、小津安二郎の『晩春』（一九四九）、『東京物語』（一九五三）、『麦秋』（一九五一）、『早春』（一九五六）から一本選出するなんて無理な話で、いずれもベストテン・クラスの傑作だし、オーソン・ウェルズだって『Mr・アーカディン』（一九五五）、『黒い罠』（一九五八）、『市民ケーン』（一九四一）といずれも映画史上の大傑作だし、ジャン・ルノワールまたしかりである。

だから、以下、一〇〇本を選出する為の一〇本という意味で挙げておくことにするが、まだ見ぬ傑作をこれから見るチャンスが出てくるだけでもワクワクする。

○『偉大なるアンバーソン家の人々』（オーソン・ウェルズ監督、一九四二）〈『市民ケーン』、一九四一〉。

○『わが谷は緑なりき』（ジョン・フォード監督、一九四一）〈『捜索者』、一九五六〉。

○『ヒズ・ガール・フライデー』（ハワード・ホークス監督、一九四〇）〈『赤ちゃん教育』、一九三八〉。

○『飾窓の女』（フリッツ・ラング監督、一九四四）〈『M』、一九三一〉。

○『バンド・ワゴン』（ヴィンセント・ミネリ監督、一九五三）〈『パジャマ・ゲーム』スタンリー・ドーネン／ジョージ・アボット監督、一九五七〉。

○『河』（ジャン・ルノワール監督、一九五一）〈『ゲームの規則』、一九三九〉。

○『昇天峠』（ルイス・ブニュエル監督、一九五一）〈『忘れられた人々』、一九五〇〉。

○『ロベレ将軍』（ロベルト・ロッセリーニ監督、一九五九）〈『無防備都市』、一九四五〉。

○『白夜』（ロベール・ブレッソン監督、一九七一）〈『ラルジャン』、一九八三〉。

○『隣の女』（フランソワ・トリュフォー監督、一九八一）〈『恋のエチュード』、一九七一〉。

それでも、あまりに多くの作品がもれてしまうので、何本か挙げてみる。

○『シナラ』（キング・ヴィダー監督、一九三二）〈『摩天楼』、一九四九〉。

○『生きるべきか死ぬべきか』（エルンスト・ルビッチ監督、一九四二）〈『天国は待ってくれる』、一九四三〉。
○『チャップリンの殺人狂時代』（チャールズ・チャップリン監督、一九四七）〈『チャップリンの独裁者』、一九四〇〉。
○『罪ある女』（ヴィリ・フォルスト監督、一九五一）〈『たそがれの維納』、一九三四〉。
○『忘れじの面影』（マックス・オフュルス監督、一九四八）〈『たそがれの女心』、一九五三〉。
○『サンセット大通り』（ビリー・ワイルダー監督、一九五〇）〈『熱砂の秘密』、一九四三〉。
○『めまい』（アルフレッド・ヒッチコック監督、一九五八）〈『疑惑の影』、一九四三〉。
○『現金に体を張れ』（スタンリー・キューブリック監督、一九五六年）〈『突撃』、一九五七〉。
○『クレールの膝』（エリック・ロメール監督、一九七〇）〈『緑の光線』、一九八五〉。
○『我輩はカモである』（レオ・マッケリー監督、一九三三）〈『マルクス兄弟　オペラは踊る』サム・ウッド監督、一九三五〉。

それでも、以下の監督の何本かの作品が浮かんでくる。ジョン・ヒューストン、ウィリアム・ワイラー、フランク・キャプラ、ジョゼフ・L・マンキーウィッツ、アレクサンダー・マッケンドリック、ラオール・ウォルシュ、フレッド・ジンネマン、ジュールス・ダッシン、ウィリアム・ディターレ、ジョゼフ・ロージー、ドン・シーゲル、ロバート・アルドリッチ、フェデリコ・フェリーニ、イングマール・ベルイマン、ヴァレリオ・ズルリーニ、ダニエル・シュミット、ヴィム・ヴェンダース、ベルナルド・ベルトルッチ、レオス・カラックス、ルネ・クレール、マルセル・カルネ、ミケランジェロ・アントニオーニ、ジャン＝リュック・ゴダール、クロード・シャブロル。それで、十本とは酷だし、ナンセンスだし、一〇〇本でも足りない。日本映画もしかり……。

（「私だけの生涯の邦・洋画ベスト・テン」一九九一年三月、新潟映画研究会）

『サンセット大通り』グロリア・スワンソン

『市民ケーン』オーソン・ウェルズ

第六章

シネマとジャズの「共鳴箱」

『第三の男』ジョゼフ・コットン、オーソン・ウェルズ

ご存じの通り映画は、一八九五年十二月にフランスのリュミエール兄弟の手によって今日の映画興行が確立され、一九二七年にトーキー化に成功した後、大きな発展をとげました。ジャズは、一九一〇年代にアメリカのニューオリンズで発生し、シカゴ、ニューヨーク、カンザス・シティへとジャズメンが移動するにつれ発展し、今日では世界各地で演奏される現代的な音楽です。この二つの大衆芸能こそは、国際的な規模の、二十世紀最大のメディア芸術であり、実に豊かな文化遺産を残してきたといえましょう。

映画は、小中学生のころから見続けてきました。特に昭和二十年代から三十年代初めに公開された映画は、目もくらまんばかりの傑作が多く、ジョン・フォードもアルフレッド・ヒッチコックもヌーヴェル・ヴァーグの作品群も黒澤明や木下惠介の映画もリアル・タイムで見ることができた、その興奮と恍惚《こうこつ》の時間を私は忘れることができません。

ジャズの方も、一九六一年の精鋭が集まったアート・ブレイキー五重奏団に接して以来、ソニー・ロリンズ、セロニアス・モンク、ジョン・コルトレーンといった巨人たちの演奏を目前で聴くことができました。また日本のジャズメンたちの熱く、ダイナミックな演奏の一つ一つのライブも記憶に生々しく残っています。し、彼らとの楽しい交流も私の大きな財産といえるものでした。

また鹿児島にあってはジャズ・ファン・クラブを結成したり、自主映画の会という上映活動にもかかわったりしてきました。私も多くの友人や仲間との出会いが刺激となってここまでやってきたという思いがあります。一人のシネマとジャズのファンとして、感受性が一番豊かな時に、黄金期の素晴らしい側面を同時代的に体験できたのはとても幸運だったといえます。

短いコラムの中に、このような私の体験や見聞がどれだけ反映できるのかわかりませんが、私なりに楽しみながら書いていこうと思っているところです。

「南日本新聞」平成9年12月29日

運命の絆。誰もそれを裂くことはできない。

映画『タイタニック』のチラシから

映画館に行くと近く公開予定の作品のチラシが置いてある。そこには映画会社が作った宣伝文、つまり惹句（コピー文）がある。最近印象に残った惹句を挙げると〈真実のラスト──それは美しい裏切りの瞬間《とき》〉──『フェイク』、〈世界の「核」は全てコントロールされているはずだった……〉──『ピースメーカー』、北野武監督の『HANA–BI』は〈その時に抱きとめてくれるひとがいますか〉である。ファンはこんな一文を目にして未知の映画全体のムードを想像する。

H10・1・1

誰も愛さない……全くの孤独　誰からも愛されない……全くの自由

映画『天井棧敷の人々』の台詞より

マルセル・カルネが、第二次世界大戦中にナチの目をかいくぐって完成させた作品は、私たち映画ファンを熱狂させた。ジャン＝ルイ・バローやアルレッティの名演とともにマルセル・エラン扮する詩人で人殺しのフランソワ・ラスネルのクールでダンディーなセリフまわしと演技は圧倒的だった。脚色者、詩人のジャック・プレヴェールの全編を彩る豊かなエスプリによって、永遠不滅の名作となったといって過言ではない。この犯罪詩人は、実在の人物をモデルにしているという。

H10・1・3

アメリカ文化が真に誇れる芸術は、ウェスタンとジャズだけである

クリント・イーストウッド

私たちの世代にとって昭和二十年代から三十年代は、ウェスタン（西部劇）こそ映画の王様であった。思い出すままに『荒野の決闘』『シェーン』『赤い河』『真昼の決闘』『大平原』といった快作が浮かんでくる。近年、何本かの西部劇が製作されたものの、どれも魅力に欠けるものだった。イーストウッド自身、西部劇復興を賭けて『ペイルライダー』やアカデミー賞を得た『許されざる者』を作ったが、成功作とはいえなかった。五〇年代のインディアン問題を含めたリアリズム化とともに西部劇は魅力をなくしてしまった。

H10・1・4

ジャズとは、サウンド・オブ・サプライズである

ホイットニー・バリエット（アメリカの評論家）

学生時代、初めてモダン・ジャズを聴いたとき、その騒がしいリズムと奇妙なハーモニーに戸惑い、流れる音が何を伝えようとしているのか、全く理解できなかった。ただ不思議な官能的ともいえる感覚が残り、本能的に、手ごわいアートであると感知した。時として難解だといわれる音楽だが、中に入っていくと、多様な発見がある。次々に新しいサウンドが生れ、新人のジャズメンの思考や技術が、一枚のレコードによってファン

に伝えられてゆく、その過程の面白さにこの音楽の魅力がある。

H10・1・8

ジャズと自由は、共に行進する

セロニアス・モンク

いつごろからトイレの落書きがなくなったのだろう。猥雑なものが多かったが、六〇年代末頃のジャズ喫茶のトイレの落書きは、政治的なものも多く、レベルの高いものがかなりあった。この一文もその一つで、確か寺山修司がエッセイの中にこの一文を引用していた記憶がある。モンクは極めて寡黙なピアニストで、インタビューなど全く残していないので、彼がどこでこのような発言をしたのか不明だが、モンク独自のピアノを聴いていると、その音の中に無限の自由が広がっていくように思える。

H10・1・9

演奏された音楽は空中に消えてしまうと それを再びとり戻すことは出来ない

エリック・ドルフィー

「ラストデイト」というレコードのB面の〝ミス・アン〟の演奏が終わると、柔らかく穏やかなドルフィー自身の声が流れる。ジャズメンは一回性のアドリブにかける。即興演奏とは彼の言う通り、修復不可能の音楽だ。彼はミンガスやコルトレーンのグループで極限にまで即興演奏の仕方を追求したマルチリード奏者で、一九六四年にベルリンで客死し、全世界のファンに衝撃を与えた。それだけにこのレコードは重要な文化遺産といえよう。

H10・1・18

僕は映画が好きです。ここに映画館を建てよう

映画『セブン・イヤーズ・イン・チベット』の台詞より

こういって若きダライ・ラマと冒険家のハインリヒ・ハラーは交流を深めていく。宮殿の中に造られた映画館で最初にどんな映画が上映されるか期待したが、物語は、大戦終結とともにチベットの古い文化が中国共産党によって抹殺される悲劇へと急展開する。西洋文明とチベットのような異文化との接点を描いた映画は、これまでも多くあったが、この作品では、古い文化や宗教によって主人公の心が癒されていく過程をも描いている。

H10・1・20

ババリアの狂王の眼に月凍る

白井佳夫「朝日俳句」

残映五句として映画をテーマにした映画評論家白井の一句。彼は、学生時代から漢詩の訳をノートに記すくらい漢文に通じ

ていた。この句はヴィスコンティの『ルートヴィヒ』を謳った
ものでで彼が生涯のベストフィルムとして称賛している作品。ワ
グナーに心酔し、巨大な国費をつぎ込んで奇怪な城を築いたバ
イエルン国王の孤絶した生涯を、病に倒れながら執念で作り上
げたヴィスコンティの鬼気迫る傑作。白井は、私の学生時代の
先輩であり、映画論の師でもある。

H10・1・22

アル・カポネはガーシュインの〝ラプソディー・イン・ブルー〟を指揮した

ローレンス・バーグリーン「カポネ　人と時代　愛と野望のニューヨーク篇」

昨年出版されたシカゴのギャングの親分として悪名を馳せた
カポネとその時代（狂乱の二〇年代）を活写したノンフィクショ
ンからのエピソード。一九二七年の有名なデンプシー対タニー
のボクシング試合が終わった後、カポネは盛大なパーティーを
開く。そこで彼は楽団の前に立って、この名曲を指揮したとい
う。訳者の常盤新平が後書きで書いているように、これはあの
二〇年代にしかあり得なかったことだ。

H10・1・23

本物のジャズをやっていたのは、守安さんただ一人だったからね

植田紗加栄「そして風が走りぬけて行った」

昨年出版されたジャズ書の中でこの著作には感動させられた。
昭和三十年九月三日、山手線・目黒駅で投身自殺した天才ジャ
ズピアニスト守安祥太郎の伝記である。戦争が終わって手探り
でジャズの探求に向かった昭和二十年代の若きパイオニアたち
の姿が鮮やかに甦る。その頂点のジャズシーンは、今日、CD
化されている「幻のモガンボ・セッション」で、若き日の秋吉
敏子や渡辺貞夫もいる。右のセリフは守安の最も身近にいたテ
ナー奏者の宮沢昭のものである。

H10・1・24

取り壊された刑務所の門にグランドピアノを持ち出して弾いた者がいる

山下洋輔「ドバラダ乱入帖」

「一九八六年一月の鹿児島ジャズフェスティバルから偶然始
まった山下啓次郎とその建物についての調査メモ」と書かれて
いる。大雪に見舞われた、この正月に初めて山下は刑務所の門
前に立つことになる。〈レクイエム・コンサート〉なるイベン
トを実践したのは、私たちジャズ・ファンであった。東京から
二十社近くが取材に来るという一大騒動となり、やがてこの事
件が、壮大な「ドバラダ門」という著作に結実することになる。

H10・1・25

南部の町々に多くの楽器をぶらさげて歩く盲目の辻音楽師がモダン・ジャズの世界に現れた感じだ

ヨアヒム・E・ベーレント「ジャズ　その歴史と鑑賞」

それはローランド・カークのことだ。彼のCDが昨春十枚近く発売されたが、二枚購入してよく聴いている。演奏は目前で二度聴いているのだが、三本のサックスを同時に吹く瞬間のファンキーなサウンドにはうなってしまう。マンゼロとストリッチという珍しい楽器も吹くが、これは、ある夜夢を見ていた時、自分のサウンドを実現させるのに必要だったので、古道具屋で見つけたものだと語っている。

H10・1・26

ニューヨークは、古いものを決して捨てようとはしない

池波正太郎

これは、ウディ・アレンの『マンハッタン』にふれて書かれた「映画日記」の一節。多忙な小説家であり、演出家でもあった池波は、映画を見ないと損をすると断言して時間をつくり映画を見続けた。映画を見る時間をつくるのも才能であるという気がする。彼には確たるウェイ・オブ・ライフがあったというべきか。「天ぷらとそばで酒を飲んだ後、カレー丼までいただいた」とか「夜食は筍飯に卵と三つ葉の吸い物」とか「いい気分になってペギー・リーのジャズを聴いた」といった記述が、読者を幸せな気分に誘う。

H10・1・28

ジャズ・クラブがぼくを育てた

内田修「ジャズが若かったころ」

内田は、かつて岡崎市で病院を経営する外科医でドクター・ジャズとして広くジャズメンやファンに知られるジャズ狂である。昨年十月、彼の主催する名古屋ヤマハ・クラブの百五十回目のコンサートが盛大に催された。この著作は、彼が学生時代からジャズに熱中し、ファン・クラブを結成するに至る半生記である。ジャズをジャズたらしめているのは何なのかを、ライブ・スポットの変転を伝えながら書かれた貴重なジャズ書で、ジャズメンのエピソードも楽しく述べられている。

H10・2・5

エヴァンズの自伝だって？　おっかなくて読めねぇな

ジャック・ニコルソン

右の一文はロバート・エヴァンズの「くたばれ！ハリウッド」の帯に描かれた宣伝文。エヴァンズは、五〇年代に新進スターとして売り出されたが、その後パラマウント社のプロデューサー（副社長）として豪腕をふるった。衰退しかかった撮影所の中で『ある愛の詩』という大ヒットを飛ばしパラマウント社を救った。特に大作『ゴッドファーザー』が完成するまでのいきさつが面白い。

彼が製作した代表作に『ローズマリーの赤ちゃん』『ブラック・サンデー』『コットンクラブ』がある。

H10・2・7

ジャズの最高の楽しみ方は、そのセッションがいかにパーティー感覚にあふれているかどうか

奥成達「みんながジャズに明け暮れた」

「聴衆が〈耳〉ばかりではなくて、〈目〉や〈顔〉や〈身体〉をフルに使って、そのセッションの場をいかに楽しく見届けられているかどうかにあるのだ」。全くその通りだ。ジャズ・ライブの面白さは、聴衆と演奏者の間にもたらされる緊張感にある。いいセッションに出会った後では、レコードの再生ジャズなど必要ないとさえ思えてくる。ここには随所にライブの楽しさに触れた論述がある。

H10・2・10

モニュメント・ヴァレーはアリゾナ州とユタ州の両州にまたがるナバホ・インディアンの居留地の中に拡がっている

ピーター・ボグダノヴィッチ「ハリウッド・インプレッション」

モニュメント・ヴァレーは、ジョン・フォードの映画を見た人なら誰でも知っている地である。フォードの西部劇によってこの場所は世界中に知れ渡った。フォードはアイルランドからアメリカに渡った移民でサイレント時代から映画を撮り続け、アカデミー監督賞を四個所有する唯一人の監督。私たちの世代は、フォードの映画に少年時代から親しんできた。詩情豊かな西部劇に郷愁すら覚えてしまう。彼の映画は基本的にホームドラマであったと思う。

H10・2・11

ちゃんジイを大切にしろよ

中村誠一「サックス吹きに語らせろ!」

ジャズメンはよく言葉をひっくり返して楽隊用語として使う。テナーはナーテ、ピアノはヤノピーでかつて守安祥太郎は、矢野敏と言う偽名でクラブに出演していた。ここではじいさんがちゃんジイになるわけだが、ナーテ奏者の中村は、漫談や冗談が好きで周りのファンを笑わせる。かつてアメリカで働いていた時、彼の国では老いたジャズメンが若手から大変に尊敬されているのを見て「年寄りベテランがうまく競い合ってこそいいハーモニーが生まれるのではないか」と述べている。

H10・2・13

すべてのミュージシャンは、ある日集って、デューク(エリントン)の前にひざまずくべきなのだ

マイルス・デイヴィス

モダン・ジャズの帝王デイヴィスが言っているようにエリン

トンは、生涯、自分のオーケストラを率い、多くのレコードを残し、世界中を演奏して回った偉大なバンド・リーダーであった。数々の名演はもとより、彼の作った歌曲の多彩さ、豊富さに驚かされる。ブロードウェイで「ソフィスティケーテッド・レディ」というエリントンのナンバーだけを集めたミュージカルも作られているように今日でも演奏される名曲が、六十曲以上あると思われる。

H10・2・16

ブラウニーの演奏は、音楽的かつ感情的に高揚する瞬間の連続だが……

クインシー・ジョーンズ「ハード・バップ」

「それは創造物の自然な発露と技術的な修練の賜物だ」。もしクリフォード・ブラウンがいなければ、私はこの年までジャズを聴き続けたかどうかわからない。そのトランペットから吹き出されるトーン、タイミング、何よりも泉のごとく湧き出るメロディック・ラインの素晴らしさは比類がない。活動期間はわずか六年にも満たないものだったが、それでもすべてのことをやってのけたのだ。彼の音はいつまでもファンに勇気を与えている。

H10・2・17

GOD BLESS THE CHILD

ビリー・ホリデイ

ビリーはジャズ史上、最大にして最高のシンガーで、作詞したナンバーも何曲かある。最も有名なのが南部でリンチを受けた黒人を描いた「奇妙な果実」であろう。「悲しみよこんにちは」は若きフランソワーズ・サガンがビリーのヴォーカルにひらめきを受けて小説にした。「ゴッド・ブレス・ザ・チャイルド」は、母との確執から生まれたもので〝持てるものは与えられん持たざるものは失わん　ふた親財を成すとても　財は自ら築くべし〟と続く内容のバラードで、私の大好きな歌の一つだ。

H10・2・18

どうして山中貞雄みたいな、こんないい男が、こんなことで死ななければならなかったのか

加藤泰

右の一文は「映画監督　山中貞雄」の結びである。加藤は山中の甥にあたる映画作家でこの伝記を書くことで命を縮めたとも言われている。山中の作品が今もってファンに見続けられているのは、残されたわずか三本の映画が実に素晴らしいからだ。それは『丹下左膳餘話・百萬兩の壺』『河内山宗俊』『人情紙風船』である。彼は日中戦争の泥沼の中で昭和十三年九月十七日、河南省の野戦病院の中で死亡した。わずか二十九歳であった。

H10・2・21

本質的に非機能的な芸術としてのジャズの発展は、逆転不可能である

ナット・ヘントフ（相倉久人著「現代ジャズの視点」より）

「つまりジャズは二度と故郷に帰ることはできず、ごくわずかな道標しかない未知の路上を進みつつある」と述べるヘントフの定義は、見事にジャズの歴史的展開の本質を突いている。ジャズは、それぞれの都市にあって、絶えず新しいスタイルを創り、一瞬も休むことなく革新的流派を生み出してきた。そのエネルギーの源になっているのは、譜面の否定であろう。即興演奏のパワーが常に先行し、感情に訴えるプレイが、譜面を抹殺するのだ。

H10・2・22

ズートの人柄の良さは最後の最後まで変わらなかった

ビル・クロウ「さよならバードランド」

クロウは一九五〇年代から活躍してきたベーシストで『真夏の夜のジャズ』のマリガン・グループで姿を目にすることができる。この本は、彼がプロとして多くのミュージシャンと共演した思い出を綴った、エピソード満載の楽しい読み物で訳は村上春樹。ズート・シムズは白人きってのテナー・サックスの名手で、そのスインギーな演奏は、ファンの心を和ませた。私もズートのアルバムを十枚ほど所有しているが、いずれの盤でも快演が聴ける。

H10・2・26

闇は、それ自身、深い意味を持っている

埴谷雄高「古い映画手帖」

「暗闇に座ることが深い平安に包まれることであるが、同時にまた逆に名状しがたい不安の中に目覚めることであるといった矛盾がそこではともに可能である」と続く論述は、映画館の闇とは何かを問う哲学的エッセイである。映画が始まるとわれわれはじっとうずくまってスクリーンを凝視するが、そこから逃れることができないし、観ながら考えることもできない。光と影の乱舞に翻弄されるままになるが、それはなんと魅力的なことか。それにしても映画館はだいぶ明るくなった。

H10・2・28

レコードに聞くビル・エバンスは非常に平均点の高いピアニストである

粟村政昭「ジャズ・レコード・ブック」

エバンスのジャズ・ピアノに薫るロマンチシズムに、多くの女性ファンがついた点でも彼の功績は大きいものであった。〈一度ときほぐした糸を再び紡ぎ合わせたような〉という形容で賞賛されるバラードプレイは絶品であった。だが、粟村も述べているように速いテンポに乗った時もすばらしい。エバンス独自のリズム感に天才があったと思うが、一音一音が独自の輝きと閃きを残して空間に消えていく。そのスリルがたまらない。

H10・3・1

宿命との、運命との戦いというのが私の作品にすべて通底してる特徴であり、テーマだ

フリッツ・ラング「映画監督に著作権はない」

ラングは、ナチのゲッベルスからナチズムを賛美する映画を作るよう要請されるが、その夜（一九三三年）ベルリンを脱出しパリを経てアメリカに亡命した。これは戦前はドイツ表現派の巨匠として『ドクトル・マブゼ』や『メトロポリス』を作った彼のハリウッド時代の作品を回想した貴重な著作。アメリカでも自由な映画製作はできず、西部劇やメロドラマを撮りながらも一貫して宿命と戦う人間を描いた。

H10・3・2

映画館を出ると、とたんにみんなに吹聴したくなる。見ていない人に早く見せたくなってくる

植草甚一「いい映画を見に行こう」

植草は、シネマとジャズのエッセイの達人であった。彼の論述は、その語り口の面白さにあった。例えば映画を観た後の印象や興奮を豊富な情報と知識を駆使して述べていくのだが、時に脱線したりすると、その脱線振りが実に面白く、それでいて一瞬たりとも映画そのものの魅力から離れることがない。そこから植草甚一節というべきスタイルが生まれる。どんなマイナーな作品にも温かい目を注ぎ続けた。

H10・3・3

映画をダメにした七つの大罪

舟橋和郎「回想の日本映画黄金期」

舟橋は戦後すぐに脚本家としてデビュー、主に大映で仕事を残している。今日の日本映画の惨状に対し、最も大きな罪はメジャー映画会社の経営陣の無能ぶりにあるとして、以下①経営者の不明、姑息な守りの姿勢②ディレクター・システムの行き過ぎ③それを許した脚本家の姿勢④原作ものへと傾倒した会社の偏向⑤それを許した脚本家の主体性の欠如⑥映画批評家の芸術至上主義、エンタテインメント軽視⑦入場料が高すぎる。

脚本家らしい日本映画への愛情が込められている好著作。

H10・3・4

楽器というのは、すごく面白いものなのだ。かわいがればかわいがるほどいいのである

渡辺貞夫

一九六九年に出版された「ぼく自身のためのジャズ」を久しぶりに読み返してみた。これは、これからジャズを演奏しようとする若い世代にも、今からジャズの面白さを知りたいというファンにも、とても説得力のある入門書としての魅力を持つ本だ。同時に渡辺の青春時代を回想した著作でもある。右の一文は、若いミュージシャンへのアドバイスとして述べられたもので、一つのことを覚えるには時間をかけて闘うより方法はない

と説かれている。

H10・3・5

シネ・ミュージカルスは、二十世紀後半期におけるもっともアヴァンギャルド的芸術である

花田清輝「新編映画的思考」

私は学生時代に花田の「アヴァンギャルド芸術」を読んで以来、彼のファンとなり全集まで入手した。彼の批評は、じめじめした日本の精神と風土の上にドライなユーモアと鋭いレトリックを持ち込んだもので、文章そのものが挑発的であった。次々とテーマが広がり転がってゆく語り口の躍動的なスタイルに面白さがあった。六〇年代には多くの映画論を書き残しているが、今読み返してみても前人未到の領域に入り込んだようなスリルを感じる。

H10・3・11

今日我々はパーカーを最も重要な開拓期の音楽家と見ている

マーティン・ウィリアムズ「モダン・ジャズの伝統」

「というのも彼の影響力が大きく広範囲で持続力のあるものだからである」。チャーリー・パーカーが創出したジャズは、ファンよりミュージシャンに多大な影響を与え、それは今日に至っている。彼自身は、あまりに自由奔放な生活を送り若死にしたが（わずか三十四歳）、彼の残した録音は、処女吹き込みから最後のものまですべて耳を傾けるべきであろう。一九五五年三月十二日、ニカ・ド・コーニングズウォーター男爵夫人のアパートで死去。

H10・3・12

BIRD LIVES チャーリー・パーカーは生きている！

バードとはパーカーのニックネーム。彼の死が伝えられた直後に〝バード・リヴズ〟という落書きがグリニッチ・ビレッジのあちこちの壁に見受けられたと言う。一九八二年五月、バリー・ハリスとともに来鹿したパーカー直系のチャールス・マクファーソンは、私の司会の合間に黒板にBIRD LIVESと書いて私に何やら語りかけた。十分にあなたの言いたいことはわかると返事した。パーカーは、今日に至る黒人ジャズメンにとって、ほとんどキリストに近い存在になっていると思う。

H10・3・13

プレス（レスター・ヤング）はおれたちが待ち望んでいた完全に新しいサウンドを持っていたんだ

デクスター・ゴードン「サッチモからマイルスまで」

突き詰めて言えば、私が本当に好きなジャズ演奏家は、レスター・ヤングとチャーリー・パーカーである。二人に関する限り、どのような吹き込みであろうと無関心ではいられなくなる。特にレスターとビリー・ホリデイの一九三〇年代のセッションは、私の最も愛するもので、約三十年間聴き続けても少しも飽きることがない。レスターの完全無欠にしてデリケートなサウンドは、よき時代の豊饒な音楽である。

H10・3・17

スクリーンをエモーションで埋めつくさねばならない

アルフレッド・ヒッチコック「映画術　ヒッチコック／トリュフォー」

あるいは「つづれ織り《タペストリー》の織り目を出来るだけ完全に絡み合わせなければならない」「ある監督は人生の断片《きれはし》を映画に撮る。私はケーキの断片を映画に撮るのだ」といったヒッチコックの映画作りの秘策と警句が次々と語られる。これくらいスリリングで興味深い映画書は他にないだろう。というのも彼の映画を熟知しているトリュフォーの質疑応答がツボを心得ているからだろう。まさに「映画的キャリアの素晴らしさに驚嘆せざるを得ない」一冊。

H10・3・18

カンザス・シティは、ジャズを開花させた黒人ゲットーの過熱した文化の最後の産褥の地である

ロス・ラッセル「カンザス・シティ・ジャズ」

これは三〇年代に繁栄した中西部のカンザス・シティに生まれたブルース、ゴスペル、ブギウギなどの様態や夜の街のクラブやバー、黒人専用のダンスホール、さらにこの街を牛耳っていた悪徳市長トム・ペンダーギャストにまつわるエピソードなどを詳細に描く本。この無法地帯からカウント・ベイシー楽団が出現するわけだがジェイ・マクシャンやジョー・ターナーのブルースには独自の土の香りが漂う。

H10・3・22

五〇年代のホーレス・シルバーの出現は、重要で、ファンキー・スタイルは、本来やろうとして始めたことをやったのだ

マーティン・ウィリアムズ「モダン・ジャズの伝統」

モダン・ジャズの黄金時代は、明らかに一九五〇年代にあった。四十年の歳月を経ると、五〇年代に活躍したジャズの巨人のほとんどがなくなっていることに気づく。シルバーも昨年健康を害して、今も病床にある。六〇年代初め、ジャズ喫茶で一番人気があったのが、このシルバーのグループだった。明解でラテン的陽気があり、ブルースに根ざしたソウルフルな演奏だった。

H10・3・25

即興演奏の基礎となるハーモニーを、驚くほどの自由さで、手玉に取れるのは、ロリンズである

ヨアヒム・E・ベーレント「ジャズ　その歴史と鑑賞」

ジャズの専門誌で、最高のジャズ・アルバムは何かを選出したときにベスト・ワンになったのが、ソニー・ロリンズの「サキソフォン・コロッサス」である。このアルバムは、過去四十年近くの間に日本で一番売れたレコードであろう。中でも〝モリタート〟と〝ブルー・セブン〟における構成的な即興演奏のスリルは、聴くものの想像力をかきたてるもので、今もって若いファンを魅了し続けている。

H10・4・5

ジャズは、若い人たちにも大人にも、大抵のアメリカ人にとって未知の国なのです

ナット・ヘントフ「ジャズ・カントリー」

ヘントフはジャズ評論家であると同時に公民権運動、ベトナム反戦運動に関わった社会評論家としても知られる。これは、裕福な白人家庭に育った十六歳の高校生がジャズを発見する内的な旅を描いた、一種の教養小説ともいえる本。黒人トランペッターと知り合った主人公は、黒人が抱える人種差別などの現実にも目を開かれていく。ジャズの心を若い世代へ伝えたいというヘントフの思いがうかがわれる。

H10・4・7

溝口の技法は、最も簡潔であるために最も複雑なものなのである

ジャン＝リュック・ゴダール「ゴダール全集」

今日では、溝口健二は、小津安二郎と並ぶ世界最高の映画作家としての評価が定着しているが、溝口作品の発見は、当時のヌーヴェル・ヴァーグ派の映画作家たちによる称賛から始まっている。ゴダールは『雨月物語』における溝口の魔術的技法を二つ取り上げ「溝口の芸術は、〈真実の生は別のところにある〉、しかし生は、みずからの不思議な輝かしい美の中にこそある、という二つの事柄を同時に証明してみせる点にある」と結んでいる。

H10・4・9

私が正しいと信じている道を信じない人がいればその人を説得し、理想について論じ、敵を友に変えるだろう

ジョン・ハモンド「ジャズ・プロデューサーの半生記」

ビリー・ホリデイが自伝の中で「ハモンドは欲しいものなら何でも買える家庭に育った」と述べているように彼は、上流階級の身でありながら、三〇年代の黒人ジャズメンに関心を持ち、プロデューサーとして、グッドマン、ベイシー、ホリデイ、クリスチャンといった演奏家を発掘し、彼らの才能を全世界に広めた。二十世紀アメリカン・ポピュラー音楽の伝説的エピソードに彩られた貴重な自叙伝。

H10・4・10

オレ達の音楽は、信じられないほどすごいものになっていた

「マイルス・デイヴィス自伝」

かつてテネシー・ウィリアムズの自伝を読んで、あまりの赤裸々な告白に驚いたことがあったが、マイルスの自伝もあけすけに自己の楽歴と事件を語りつくした、実に興味深い著作だ。一九五五年、コルトレーンを入れてのグループを結成する。新しい五重奏団について「あまりにすごいんで、夜な夜な背筋が凍る思いがするほどだった」と回想している。この絶妙な巡り合わせによってマイルス自身、大きな飛躍を遂げる。コルトレーンの革新的プレイもこのグループが出発となった。

H10・4・11

創造する人間たちは忘れられてしまう。そして真似する人間たちの勝ちと言うわけだ

ボリス・ヴィアン「ぼくはくたばりたくない」

ヴィアンは、不条理の作家と言われ、戦後のフランスにあって、劇作家、エッセイスト、シャンソンの作詩(〝脱走兵の歌〟が有名)、さらにジャズ・トランペッターとしても活躍した。偽名で書かれた「墓に唾をかけろ」という小説もある。この著作は、詩やジャズ・エッセイのアンソロジーだが、エリントンの信奉者でもあったヴィアンは、五〇年前後のビ・バップ・ジャズに対して正しい評価を下している。

H10・4・16

時は短い／僕たちに時はさらに短いのだ

「長田弘詩集」

脚本家として優れた仕事を残してきた荒井晴彦の監督処女作『身も心も』の後半、ホテルのロビーで柄本明によって長田の詩の一節が朗読される。「クリストファーよ ぼくたちは何処にいるのか」。この詩が私の心に突き刺さり、久しぶりに詩集を買ってみる気になった。映画は鹿児島では未公開だが、柄本、奥田瑛二、かたせ梨乃、永島暎子の四人の中年男女が織り成すドラマ。七〇年安保から三十年が経った現在、それぞれの生き様が、激しいセックス・シーンを通じて描かれる。

H10・4・17

キートンの顔は、初期のアメリカ人の原型としてリンカーンのそれにほぼ匹敵する

ジェームス・エイジー「コメディのもっとも偉大な時代」

一度もスクリーン上で笑ったことがなかったバスター・キートンは、無声映画時代、チャップリンと並ぶ喜劇の王様だった。『セブン・チャンス』で花嫁の大群に追いかけられるシーンのおかしさ、そして岩石のなだれが襲いかかるアクション、『蒸気船』の暴風雨に立ち向かうキートンの芸の素晴らしさ、『大列車追跡』の追跡アクションなど不滅のコメディ。しかし、どこのビデオレンタル店でも見かけない。

H10・4・25

ミンガスの音楽の源の一つは渦巻くように情緒的な、教会音楽のような集団的音楽づくりである

ナット・ヘントフ「ジャズ・イズ」

十年ほど前に亡くなったチャールズ・ミンガスくらい常に前進意欲に富み、飽くことなき自己主張を貫いたベーシストはいないだろう。彼のアルバム「ミンガス・プレゼンツ・ミンガス」の中に〝フォーバス知事の寓話〟という曲がある。これは、リトルロックの黒人共学事件で州兵を動員してまで白人側に味方した知事を諷刺したもので〝こっけいなやつだよ、フォーバスは〟といったヴォーカルが入っている。

H10・5・1

『灰とダイヤモンド』は名もなくゴミのようにくたばっていく、愚か者の死を描いた映画だ

北方謙三「シネマ倶楽部」

と、断定できるかどうか。一九五九年に公開されたこの映画に多くの若者が衝撃を受けた。一九四五年五月にドイツは降伏、ソ連軍はポーランドを解放する。対独抵抗運動のポーランド闘士マチェック（ズビグニエフ・チブルスキー）ら自由主義の組織にとって、解放は失望と幻滅であった。かくして彼は新政府に反抗するテロリストとなる。ラスト、保安隊に撃たれ、ヒクヒクと自分の血を嗅ぎながらゴミ捨て場で虫ケラのように死ぬチブルスキーの演技が圧倒的である。

H10・5・8

ロバと王様とわたし／あしたはみんな死ぬ／ロバは飢えて／王様は退屈で／わたしは恋で……時は五月

映画『やぶにらみの暴君（王と鳥）』より

この季節になると、右の詩の一節が浮かんでくる。映画の中のシャンソンの歌詞で、フランス映画史に大きな足跡を残したジャック・プレヴェールとジョセフ・コスマの共作（「枯葉」もこのコンビによる）。王様の独裁と圧政ぶりがシュールなタッチで描かれていてプレヴェールのセリフも諷刺がピリッと効いていた。一九五五年度キネマ旬報ベスト第六位にランクされた大人向けアニメの秀作。監督はポール・グリモー。

H10・5・5

労働の生活を送る人びとをチャップリンほど熱心に描いた監督は、後にも先にもいないだろう

ロバート・スクラー「アメリカ映画の文化史」

チャップリンの無声映画が、全世界の人々に共感を与えたのは、スピード感あふれるギャグとアクションにあったのだが、何よりも、人はどうやって生き延びることができるのか、どのようにして食物を見つけ雨や嵐をしのぐ場所を見いだすかという極限状態に置かれた人間を描いたからだ。ドタ靴にだぶだぶのズボン、山高帽、ステッキを振り回す浮浪者。『キッド』『黄金狂時代』は何回見ても素晴らしい。

H10・5・16

『大人は判ってくれない』に出会った時、いつか映画を作ろうという夢を見つけた

ジョン・ウー

最近発行された別冊「ブルータス」の映画特集で、現在第一線で活躍している十五人の監督が、好きな映画のベスト・テンを挙げている。B級映画のコーマンは『戦艦ポチョムキン』『大いなる幻影』など意外にも歴史上の傑作を挙げ、タランティーノは『座頭市喧嘩旅』や『続　夕陽のガンマン』を、ドイツのヴェンダースは『晩春』や『捜索者』を挙げた後、アンゲロプロス監督の最近作『ユリシーズの瞳』こそ最高作として大絶賛している。

H10・5・19

坂田明の音は、もはや聴衆にむけて吹いているわけではなくなる。彼は宙に浮き、宙に踊る

奥成達「ジャズ三度笠」

「つまり彼が吹いて聴かせるのは、テーマではなく、彼のエネルギーの相なのだ」。以上の評は、坂田ジャズを見事にとらえている。彼のジャズは、一気呵成に疾走し、そこに迷いがない。一九七二年末、山下洋輔トリオに入団し、このフリー・トリオの絶頂期を形成した坂田には様々な伝説があるが、最近では「ミジンコ道楽」なる本を出した。この道楽も南米やモンゴルまで出掛けるほどスケールが大きい。坂田がトリオを組み久々に来鹿する。

H10・5・24

アルバータ・ハンターは、嘆きや悲しみをブルースで歌うのだが、その歌はどれも力強い

フランク・C・テイラー「人生を三度生きた女」

アルバータは、一八九五年メンフィスに生まれ、歌手としてカムバックした時は八十一歳だった。一九二〇年代、シカゴではベッシー・スミスと並ぶブルース歌手として活躍し、その後パリに舞台を移して大戦まで芸能活動を続けた。六十歳にして看護婦として二十年間働き、やがて復帰後は大統領の前でも歌うことになった。彼女の残したアルバム「アムトラック・ブルース」は勇気を与える名盤である。

H10・5・27

私がしていることは全部物語を語ることだ。分析したり、そこに沢山の思考を盛り込んだりはしない

ハワード・ホークス「監督ハワード・ホークス［映画］を語る」

ホークスは、特にヌーヴェル・ヴァーグの監督たちに真のスタイルを持つ映画作家として評価され、六〇年代に入って脚光を浴びた。『コンドル』『脱出』といった活劇、『赤い河』『リオ・ブラボー』などの西部劇、さらにコメディでも特異な才能を発揮している。『赤ちゃん教育』『ヒズ・ガール・フライデー』などは今日見ても大いに笑える傑作。トーキー初期の作品が、六月にWOWOWで放映される。

H10・5・28

ビリー・ワイルダーは、モラリストであり、人間がいかに金銭の奴隷となってゆくかの犠牲者だ

モーリス・ゾロトウ「ビリー・ワイルダー・イン・ハリウッド」

ワイルダー作品に初めて接したのは『熱砂の秘密』という北アフリカ戦線を舞台にしたスリラーだった。最も熱狂したのが『第十七捕虜収容所』、前後して『サンセット大通り』『深夜の告白』『お熱いのがお好き』『アパートの鍵貸します』を見た。ロマンティック・コメディ『麗しのサブリナ』もあるが、ワイルダー喜劇を振り返ると、その底には人間と社会に対する残酷な視線があったように思う。

H10・5・29

バップの歴史は、あらゆる保守的な考え方に対する死にものぐるいの抵抗の歴史であった

いソノてルヲ「ジャズクラブ」

一九五六年に出版された、このジャズ書は、私にとって幻の一冊だったが、友人に借りて読んだ。わが国のジャズ文献の中でも一番初期のものである。パーカーやガレスピィのバップ・ジャズが、まだ未評価の時代にいち早く新スタイルのジャズの動きに照明を当てた功績は大きい。「新しいものなら何でも眉をしかめ、それを理解することも演奏することも出来ない反動派に対する痛快な闘争であった」といった記述に著者の意気込みが感じられる。

H10・5・30

リー・モーガンの死によってハード・バップは終わった

デヴィッド・H・ローゼンタール「ハード・バップ」

私が初めて最先端のモダン・ジャズを聴いたのは、一九六一年正月に来日した〈A・ブレーキー&ジャズ・メッセンジャーズ〉であった。その時のリーのトランペット・ジャズは、今でも心がうずいてくるほど鮮烈なものだった。攻撃的で強力なスイング感、独自の間の取り方、せせら笑うようなダーティなソロ、そして舞台でのカッコイイ姿がくっきりと思い出される。彼は一九七二年二月、底冷えのするニューヨークのクラブで愛人に射殺された。

H10・6・6

誰一人、ここに来ていないじゃないか。犬や猫じゃあるまいし……

映画『ラブ・レター』の台詞より

火葬場で吐き出すように言う中井貴一のセリフが痛々しい。浅田次郎の原作を久しぶりにメガホンを取った森﨑東監督の新作。クライマックスのラブ・レターを読むシーンには心底、泣かされる。七〇年代初めの『男はつらいよ』シリーズとは異なった、骨太の喜劇を森崎は何本も作っている。特に『喜劇・女』シリーズの、雑多なエピソードを引きずって登場する庶民の描写は圧巻だった。ここでも大地康雄、佐藤B作ら脇役陣の描き方に森崎ならではの面白さがある。健在なり、東さん！

H10・6・8

私を今日あらしめた環境とは、他ならぬ映画である

「ジャン・ルノワール自伝」

「だからどこの人間だということを問題にするなら、自分は映画国の市民だ」と続く。この言葉ほど、自由人ルノワールの人間主義を語るものはないだろう。彼の映画創造の過程を語った書だが、ここに描かれているのは、人間同士の出会いの面白さ、楽しさである。「友情とは、友人がそこにいることを楽しむことである」という一文もあるように、登場する人物たち、シュトロハイム、ギャバン、シモン、サン＝テグジュペリなど、だれもが生き生きと描かれている。

H10・6・13

ルイス・ブニュエルは自由な精神である。彼がのぞもうとのぞむまいと、彼はシュルレアリストである

アド・キルー「映画とシュルレアリスム」

ブニュエルの『忘れられた人々』は、私の映画観を変えた衝撃的作品だった。スペイン出身の彼は二〇年代、『アンダルシアの犬』『黄金時代』などの前衛映画を作っているが、その真価は、メキシコに渡ってから発揮されたと思う。『エル』『ナサリン』『昇天峠』『嵐が丘』といった映画の中に奔放な映画術が見られよう。遺作の『欲望のあいまいな対象』にも驚かされた。その時ブニュエルは七十六歳だった。

H10・6・16

もう今日ではモンタージュは全能の操作法として見なされていない。本物がそこにある。なぜそれに手を加えるのか

ロベルト・ロッセリーニ「世界の映画作家」シリーズより

ロッセリーニを中心とする、現実をあるがままにカメラアイで肉薄するネオ・レアリズモ。ロケーションを主体とした現場主義、即興演出、素人俳優の出演、カットとカットをつなぐモンタージュ手法を否定し、世界中の映画人に影響を与えた。代表的作品に『無防備都市』『戦火のかなた』があるが、最も崇高な作品は『神の道化師、フランチェスコ』（一九五〇年）であろう。

H10・6・18

中でも圧倒されたのが、智絵さんの歌、特にそのスキャットには信じ難い程のすごさがあった

内田修

綾戸智絵のヴォーカルに初めて接した感想を、新作CD「FOR ALL WE KNOW」のライナー・ノーツに記している。ジャズ界には、時として彗星のごとき新人が出現してジャズ全体に活気をもたらすことがある。今月発売される綾戸のCDに耳を傾けてほしい。小柄な体から、どうしてこのようなダイナミックな唱法が生まれるのか、戦慄すら覚える、驚くべき歌手の登場だ。このような新人が出てくるところにジャズ音楽の魅力がある。

H10・6・20

エロール・ガーナーは、ファッツ・ウォーラー以来のハッピー・ピアニストである

ヨアヒム・E・ベーレント「ジャズ　その歴史と鑑賞」

ガーナーのピアノは、よくビハインド・ビート・スタイルといわれているが、大抵のピアニストは彼の物まねをする。誰もが彼のスタイルを模倣するくらい、ポピュラーであったということになる。ベーレントは「彼は楽譜の読み方を覚えようとしなかった。ジャズ・フィーリングを少しも失わずに、怒濤のようなピアノを弾き得る唯一の存在であった」と述べているが、彼の演奏は聴衆に幸福な音楽を伝えた。

H10・6・21

二人の作ったレコードには、楽器と声が一体となり、ウィットとパッションが完全に一つに溶けこんでいく時間が刻まれている

デイヴ・ケリー「レスター・ヤング」

レスター・ヤングとビリー・ホリデイの三〇年代後半のレコードは約二十曲あるが、四十年近く聴き続けてきても少しも古びない。特にレスターのサックス・ソロは、この上もなくスイングし、優雅で、誇り高く、それでいて傷つきやすい男の内面が見えてくるようだ。妙におもねることもない。ただ無心に歌うことに徹した、史上最高のサックス奏者のソロが記録されている。

H10・6・27

事件を作り出してみせるのが映画である

鈴木清順

「もっと自由にうそを描きたい」という発言もあるが、鈴木監督の映画は、物語を進行させるためにあるのではなく、あくまで映画的な飛躍や変化が逸脱した形で画面に出現するという遊びをやってのけてきたところに面白さがあった。日活時代の『東京流れ者』『河内カルメン』『けんかえれじい』など今日ではカルト・ムービーとして支持されている。彼の奔放な映画術と大正アナーキー的感性が結実したのが『ツィゴイネルワイゼン』（一九八〇年）であろう。

H10・6・28

形式的な映画感覚を完全に錯乱させる以外には、この凍てついた映画制度を破壊する道はない

ジョナス・メカス「メカスの映画日記」

この著作は、最近再刊された感動的なドキュメンタリー的日記。メカスには『リトアニアへの旅の追憶』という作品があるように亡命者で、ニューヨークに住み着き、実験映画の運動を開始する。澄みきった感性で映像文化に革命を起こそうとする個人映画創造の運動であり、当然のことながら並外れた貧乏生活を強いられる。だが、メカスはあきらめなかった。そこからアンガー、ウォーホール、カサベテスらの個性的、歴史的な作品が生まれていった。

H10・6・30

二つの宿命——根深い風俗性と想像を絶した恐怖に、われわれは絶えずさらされている

スーザン・ソンタグ「反解釈」

「たいがいのひとびとがこれら二つの妖怪をうまく処理できるのは、大衆芸術によって大量に生産される幻想があるからだ」。以上の一文はソンタグのSF映画論の一節。私の少年時代には、夏になるとお化け映画大会というのがあって、怪談、化け猫、幽霊が飛び交うB級映画があったが、今日ではスプラッター・ムービー（血しぶきが出てくる）が中心で殺人鬼やゾンビものが多くなった。『エイリアン』も第四作が公開されたば

かり。

H10・7・3

音楽についてぼくの知っていることといえば、真に音楽をきいているひとは、そう多くいない、ということだけだ

ジェームス・ボールドウィン「サニーのブルース」

心に傷を持つジャズピアニストの弟サニーの演奏を教師の兄の目でとらえたライブ・シーンが、次のように描かれる。「音楽を創造する人間はなにか別のものをきいていて、虚空から湧きあがるとどろきを相手にし、それが大気を打つ時に秩序を与えるのだ。彼のこころに喚び起されるものは、言葉を持たぬがゆえに恐ろしく、また同じ理由から一層勝ち誇ってもいるのだ」。ジャズの本質に迫るユニークな小説。

H10・7・4

〝曲のタイトルくらい紹介したらどうだい？〟

マックス・ゴードン「ライブ・アット・ザ・ビレッジ・ヴァンガード」

オーナーのゴードンのセリフに応えてマイルス・デイヴィスは「おれはミュージシャンなんだぜ。コメディアンと一緒にしないでもらおうじゃないか」。リトアニアからの移民だったゴードンは、ニューヨークの片隅にライブ・ハウスを造り、約五十年間経営してきた。この本は、ヴァンガードでの録音があるロ

リンズ、エバンス、コルトレーンらのエピソードを満載した自伝。ヴァンガードは日本のファンに最も親しまれているライブ・ハウスでもある。

H10・7・9

ジャズ音楽には名曲というものはない。けれども素晴らしい演奏、名演がなされた場合においてだけ、それは名曲といえる

野川香文「ジャズ楽曲の解説」

この一文は、ジャズの本質をついたものだが、例えば、エリントンの〝キャラバン〟、ベイシーの〝シャイニー・ストッキングス〟のように名演にして名曲となった例もないわけではない。ジャズは、即興演奏に生命があるので、曲はあくまで素材でしかない。この野川の著作は、ラグタイム、ブルースからスイング、ビ・バップに至る歴史に残る約八百五十曲を解説した。初版は一九五一年。最も古い文献だ。

H10・7・10

ジャズの魅力の源は自由な創造である即興演奏以外にない

ジェリー・コカー「ジャズを聴く」

だれもが、ジャズの魅力は即興演奏にあると言う。その魅力について「ジャズ演奏が実際に始まるまで、演奏している者も聴いている者もどのようなメロディーが演奏されるか、それに対してどのような伴奏が付けられるか、見当がつかない。ぞくぞくするような興奮がそこにある」と述べる。ジャズ教育書として魅力的なこの著作によって、読者はあらゆるスタイル及びあらゆる時代のジャズ演奏の聴き方、その価値の在り方を学べるだろう。

H10・7・23

尾道の老父に凪の夏の海

白井佳夫「朝日俳句」

残映五句として映画をテーマにした映画評論家白井佳夫の句。これは、今や世界映画史上の傑作として全世界に知られる小津安二郎の『東京物語』（一九五三年）を詠ったもの。尾道に住む老夫婦が成人した子供たちの家を訪れるが、彼らに親切に付き合ってくれたのは、戦死した息子の嫁（原節子）であった。旅に疲れた老妻は、あっという間にこの世を去った。地面スレスレの低いポジションのカメラによってとらえられた人生の哀感が端正な画調の中で描かれる。

H10・7・24

僕が最高と過信したミュージシャンを集めたのに、なんたる客の来なさ

明田川荘之「ああ良心様、ポン！」

明田川は、自ら天才アケタと名乗り七〇年代初期から今日まで活躍するジャズ・ピアニスト。彼は、西荻窪に「アケタの店」というライブ店を持ち、アケタズ・ディスクというマイナー・レーベルを所有、自分の好きなジャズメンのCDを制作している。ジャズ・クラブとレコード会社を持つことは、最終的にファンが夢見ることで、これを二十年以上も持続させ、日本一貧しいと思えるライブ店もジャズの聖地となりつつある。がんばれ、アケタ！

H10・7・27

花に嵐のたとえもあるさ　サヨナラだけが人生だ

「サヨナラだけが人生だ　映画監督川島雄三の生涯」

川島の不朽の傑作『幕末太陽傳』の主演で一躍スターとなったフランキー堺は、この本（今村昌平・編）で次のようなエピソードを紹介している。『貸間あり』（井伏鱒二・原作）の撮影中、主演の桂小金治に〝ここで立小便をして、サヨナラだけが人生だ、とこういって下さい〟。このシーンは、最初の脚本にはなかった。川島は、完全な映画作法は無視して、できるだけデタラメに面白い作品を作ってやろうという気概がいつも先行していたように思う。

H10・7・30

バド・パウエルの演奏は、鋭い彫りあとを残して天空にそびえる金属像を思わせる

ヨアヒム・E・ベーレント「ジャズ　その歴史と鑑賞」

パウエルは、パーカーのジャズが全世界の演奏家に大きな影響を与えたように、ジャズ・ピアノの世界に、モダン・ピアノの流れをつくった革新的なスタイリストだった。一九四七年から二年間に録音された演奏は、彼の厳しくかつロマンティックな感受性を伝える歴史的な古典となっている。特にバラードの〝アイ・シュッド・ケア〟は、いつ聴いても陶然とさせられる。一九六六年の今日七月三十一日、肺結核と栄養失調のため、四十一歳で亡くなっている。

H10・7・31

ジャズは、口伝えの文化だ。物語に似ている。耳にしたものを人に伝える

モーガン・モンソー「ジャズ　わたしの音楽、わたしの仲間たち」

黒人作家であり、画家でもあるモンソーの、ジャズメンのプロフィルを添えた画集で、見ているだけで楽しくなる。彼にとってジャズは、毎日の暮らしの一部になっていて、音楽を聴いた時の気分の高まりを絵にしたいという思いから、この画集を作ったと述べている。エリントン、パーカー、ガレスピィなどの巨人が取り上げられ、序文にウィントン・マルサリスが寄稿しているが、これも読ませる。

H10・8・11

ヒットラーの台頭は、ドイツ有数の映画作家をアメリカにもたらした

オットー・フリードリック「ハリウッド帝国の興亡」

四〇年代のハリウッドは、無国籍集団によるアナーキーな活力によって多くの傑作を生むことになった。大戦に勝利したということもあり、映画産業はピークを迎えていた。『風と共に去りぬ』から『サンセット大通り』に至るハリウッド、あるいはハリウッドを取り巻く政治、犯罪、陰謀、スキャンダルなど膨大な資料を駆使して書かれたアメリカ四〇年代の社会文化史ともいえる一冊。著者は五百冊の本を参考にして、この著作を書き上げた。

H10・8・18

ウェスの凄さはとてつもないハイテクニックを、それと悟られることなく自然に演奏の中にとけこませたところにある

後藤雅洋「ジャズ・オブ・パラダイス」

オクターブの二つの音を同時に弾いてメロディ・ラインを演奏するウェス・モンゴメリーのオクターブ奏法は、ピックを使わずに指だけでギターを弾くという奏法によって一時代を画した。彼のアルバム「インクレディブル・ジャズ・ギター」は、まさしく驚くべき技法がたっぷり聴ける傑作。〝フル・ハウス〟〝ハーフノートのウェス〟も後世に残る名演。彼の実演奏を記録したビデオが昨年発売されている。

H10・8・26

パンクの冷淡さと、ほのかな暖かみ、そしてきざっぽすぎる醒めた結末

ポーリン・ケイル「映画辛口案内」

右の評は、ジム・ジャームッシュの『ストレンジャー・ザン・パラダイス』（八四年）について書かれたもの。この映画は、黒白で撮影され、各場面は、ワン・ショットで次のショットに移る前に暗転で終わる。つまり、ひとつひとつのシーンは分離されてつながらない。ニューヨークを舞台にしているとは思えぬ、うすぎたない、白くザラついた映像の作品ながら「理屈を超えた一種の本能的タイミングで、こちらの不意をつき、爆笑させる」不思議な感覚のインディーズ映画だ。

H10・8・27

チャップリンの『独裁者』が、今日の眼からみると、もはや古臭くて鑑賞にたえない、といったような批評を信じない

花田清輝「新編映画的思考」

技法のみならず、デモクラシーの勝利というテーマも古臭かったに違いない『独裁者』を徹底的に擁護した「三人のチャップリン」と題した花田のエッセイ。彼は次のように要約する。「兵隊のチャップリンは、戦前派のように、戦争を政治の続きと考え、独裁者の彼は、戦中派のように、政治を戦争の続きだと考え、抵抗者のチャップリンは、戦後派のように、昨日の続きなどあり得ないと考える」

H10・8・28

ジャズは、いつも少数者志向の音楽としてあり続けてきた

デヴィッド・H・ローゼンタール「ハード・バップ」

モダン・ジャズを聴き始めた頃、一番人気はソニー・クラークのブルーノート盤「クール・ストラッティン」だった。路上を歩くタイト・スカートの足だけを撮ったジャケットが、このピアニストの魅力を伝えていた。濃密なハード・バップ・サウンドのアルバムは、アメリカでは千部も売れなかったというが、この盤を愛し続けたのは、日本のジャズファン達だった。タイム盤と、〝朝日の如くさわやかに〟の入ったトリオ編成のクラークも抜群。

H10・9・6

よく考えてみるとぼくたちはエリントンのことを少ししか知らない

加藤総夫「ジャズ最後の日」

デューク・エリントンは、ジャズ史上最大の音楽家として、他のジャンルの演奏家や批評家からも多くの尊敬を集めているが、いざレコードに聴くエリントンは、いくら聴いても聴きたりず、いつまでも謎めいた音が残る。加藤は、〈増殖装置としてのエリントン〉〈作曲家としての——〉〈ピアニストとしての——〉という章によって、この偉大なバンド・リーダーの秘密に迫る。「エリントンを発見するのはこれからだ」というのが彼の結論である。

H10・10・6

いま女性ジャズ・プレイヤーたちが元気だ

スイングジャーナル別冊「世界の女性ジャズマン」

ピアニストのジェリ・アレン以来、アメリカ・ジャズ界に強力な女性ジャズマンが多く出現しているが、わが国で今、最も注目されている大西順子の活躍がめざましい。彼女のピアノ・スタイルは、バップからモードを経てフリー・ジャズに至る伝統がしっかりと根をおろしている。それでいて躍動的なフレーズが機関銃のように次々に出てくるところに魅力がある。大西に次ぐ演奏家としてジャズ・ヴァイオリン奏者の寺井尚子を挙げておきたい。

H10・10・18

楽器を持ってステージに上ってみなければ自分がどんな演奏をするか私にもわからない

エルビン・ジョーンズ

相倉久人は、「現代ジャズの視点」でドラマーのジョーンズの言葉を引用して、ジャズの譜面は過去に作られた「もの」として否定される、と述べている。ジャズにおいて譜面は、単なるアウトラインにすぎない。もっとも今日では、過去の名演奏が譜面化され、音楽学校でテキストとして使用されている。これからジャズを学ぶものにとって便利な時代になったが、譜面をたよりにしている限り、本物のジャズは生まれないだろう。ジャズでは、演奏家のソロが最も重要な要素なのだ。

H10・10・22

いつもはっきりした拍子《スイング》で演奏しなくちゃならない。それが制約になるんです

チャールズ・ミンガス「ミンガス自伝　敗け犬の下で」

「私の場合は円運動知覚という言葉を使うんですが、一つの円環内に存在するビートを頭の中に描ければ、より自由な即興演奏が出来ます」と〝あなたの音楽の特徴は?〟という質問に答えているが、ベースの巨人ミンガスも、マイルスやロリンズと同じように数々の実験を行ってきた。ミンガスの作品の中には、リズムが自在に変化するものが多い。この著作でミンガスは、黒人意識を前面に出し、内的な衝動を語っている。

H10・10・27

中野駅南口でおりると、左てに「ひかり座まで百メートル」と書いてある

田中小実昌「ぼくのシネマ・グラフィティ」

そこで藤井克彦監督『女新入社員5時から9時まで』、渡辺護監督『愛人日記　濡れた亀裂』など四本立映画を見る。コミサンと仲間うちでは呼ばれている小説家でありミステリーの翻訳家でもある田中ほど自由な生き方をしている人はいないだろう。毛糸で編んだ帽子をかぶり、奇妙なシャツを着て、肩掛け鞄を下げ、ふらりとバスに乗って町に出掛け、小さな映画館に入る。彼のエッセイは、彼のライフスタイルと同じで、おもおもしいムードのものや大げさなものが嫌われる。

H10・10・28

悪徳の都ハリウッドは、星の数より多いスターとスキャンダルを生み出した

ケネス・アンガー「ハリウッド・バビロン」

古くは、ヴァレンチノ、シュトロハイム、チャップリン、ディートリヒからギャングの情婦であったターナー、自殺したとされているガーランド、モンロー、そして虐殺されたテイトまで、欲望渦巻く、血まみれのバビロン＝ハリウッドを暴く。アンガーは、アンダーグラウンドの映画作家として『スコピオ・ライジング』などの作品で有名だが、この本で華やかな夢工場の陰のドラマを多くの写真を使い再現している。スキャンダルのタネは尽きまじ、である。

H10・11・3

これは、アート・ブレイキーのレコードだ。ホットな夜だった。外は雪が降っていたけどね

ルー・ドナルドソン

今月号の「スイングジャーナル」誌で、現在七十二歳のサックス奏者ルーが、ブレイキーを含む「バードランドの夜」のセッションを回想している。当時ほとんど無名だった新進の演奏家を集めたもので、この時点でリーダーはいなかった。ルーの演奏もすごかったが、C・ブラウンの火の出るような鮮烈なソロが圧倒的だった。タイム・スリップができるとすれば、ジャズ・ファンなら、この五四年二月のバードランドに飛び込みたいだろう。

H10・11・6

マイルス・デイヴィスは、ジャズの先導者だ

ギル・エバンス

「何故なら、彼は自分の好みに確固たる信念を持っているし、自分の感覚に自信を持っていて、常にわが道を行っているのだ」。かつて「マイルス・アヘッド」「ポギーとベス」などマイルスと歴史的セッションを行ったアレンジャーのギルは、ヘントフの著作「ジャズに生きる」の中でそう語っている。マイルスほど洗練された単純性を推し進めた演奏家はいないだろう。単純な音で、より自由なソロを展開させるモード手法の開拓者でもある。彼の吹く一音によって空間が震えるのだ。

H10・11・11

私はまだかつて嫌いな人に逢ったことがない

淀川長治

淀川の口癖だったこのセリフは、そのまま著作のタイトルになっているが、日本の映画批評の長老であった淀川も、黒澤明を追うようにして亡くなった。淀川批評は、関西弁ののりで展開されるトークによる感覚批評だったが、その感覚は厚みのある素養に裏付けられていた。それに恐るべき記憶力で、彼の映画歴を全部吐かせようと試みた山田宏一と蓮實重彥による「映画千夜一夜」(中央公論新社)は、類のない面白さであった。これを再度読みながら、淀川を追悼することにしよう。

H10・11・13

わたしは、失敗することは才能だと信じる

フランソワ・トリュフォー「映画の夢　夢の批評」

「……私の確信するところだが、なにかを犠牲にしない偉大な映画作家はいないのだ」と述べた後、ルノワールは、俳優がいい演技をするためなら、シナリオも技術も犠牲にするし、ヒッチコックは、危機的シチュエーションを生かすためなら、ミステリーの本当らしさを犠牲にする。映画史上のあらゆる偉大な作品は、失敗作であると『アタラント号』『ゲームの規則』『私は告白する』など挙げ、このような失敗作を擁護顕揚すると宣言している。

H10・11・17

天使が翼をもらったのよ

映画『素晴らしき哉、人生！』の台詞より

ラスト・シーンで、クリスマスツリーに飾られた小さな鈴が鳴るのを聞いて、J・スチュアートの小さな娘が言うこのセリフを聴く度に涙を抑えることができない。絶望のどん底から奇跡が起きハッピーエンドをもたらすというF・キャプラならではの大団円。クリスマスを舞台にした数多くの作品の中でも、飛び抜けて幸福感にあふれている。この映画の構成の面白さは、二級天使の案内によって主人公の〈自分が生まれなかった世界〉を見せる所にある。おとぎ話とはいえ、生きる勇気を与えてくれる。

H10・12・24

映画とは何かという定義のすべては、すでに消滅した。いまやわたし達は映画が何であるかを知らない

ジョナス・メカス「メカスの映画日記」

アメリカン・ニュー・ウェーブ運動の中心であったメカスの「映画日記」のこの一文は、現代の映画状況を照射している。日本の映画産業は、ほぼ完全に消滅しようとしている。これから映画を撮る者は、自分の感性と行動を頼りに、全くの手探りで新たに映画を発見してゆかねばならないだろう。その萌芽が、森田芳光の『（ハル）』、北野武の『HANA－BI』、荒井晴彦の『身も心も』に見られよう。「すべての扉と窓は開け放たれた」のだ。

H10・12・29

面白い映画を見てお茶でも飲みながらいい正月を迎えようではないか

森山浩志

友人の森山（元ジャズ評論家）からの私信の一節。ビデオや衛星テレビの発達で年末年始を映画を見ながら過ごすファンも増えている。私なら『バンド・ワゴン』を含むMGMミュージカル、ルビッチ、ホークス、ワイルダー、さらにマルクス・ブラザースのコメディというプログラムを組みたい。今年は、不況下にあって、忌まわしい事件が多かった。今、私たちに必要なのは、本物の笑いと優雅な踊りではないだろうか。〝さあれ去年《こぞ》の雪いまいずこ〟（フランソワ・ヴィヨン）

H10・12・31

特別寄稿

中山信一郎／オーソン・ウェルズ／キャロル・リード／そして「失われた時を求めて」

白井佳夫

中山信一郎がその電話をかけてきたのは、彼が一度つぶした鹿児島のジャズの店を、新しく再開する、ちょっと以前のことであったように思う。

「白井さん、あなたが持っているオーソン・ウェルズの『第三の男』のスチル写真を、貸してもらえませんか。彼が演じるハリー・ライムが、ウィーンの夜の街の暗闇の中に、忽然と現われる、あのシーンのスチルですよ。クローズ・アップでニヤリと、不敵な笑みを浮べてね」

というのが、彼の頼みごとであった。

「そのスチルを、どうするんだい？」

という私の問いへの彼の答えは、こうであった。

「新しいジャズの店の壁に、大きく拡大して、飾りたいんですよ。私がジャズの次に大好きな、映画というものを、ちょっと、シンボライズするような形でね」

「なるほど、解った。すぐに送るよ。ただしあのスチル写真は、私のコレクションの中でも、大事なものの一つなので、くれぐれも傷をつけたり、紛失したりしないでくれよ」

と、私は念をおした。
「よく解ってますよ、そんなことは」
というのが、彼の答えであった、と記憶する。

中山信一郎は、早稲田大学映画研究会の、私の二年後輩、という関係の人間である。そういえば、また思い出すのだが、その早大を卒業して私が、まだ映画雑誌「キネマ旬報」の下積み編集部員だった頃のことだったと思う。彼が映研の仲間と共に「第三映画」という、新しいパンフレット雑誌を作って、私の誕生日を発刊日として、私に贈ってくれたことがあった。それまで、そういうものを作るとは、私にはまったく知らせないで。

これは、いかにも彼らしい好意ある贈り物で、とてもうれしかった。と同時に、「何で私に教えてくれなかったんだ。そんなことなら、私もちょっと長い、映画評か論文を書いたのに」という、くやしさも強くもったのを、今でもよく、憶えている。当時の私は、下っぱの若い一編集部員で、まだまだ「キネマ旬報」誌上に、映画評や映画論を自由に書かせてもらえる、という立場ではなかったからだ。だから「映画について何か書くこと」に、私は飢えてもいたのである。

その「第三映画」については、大島渚監督が、「早稲田大学の映研から、『第三映画』という雑誌が出た。映画『第三の男』をイメージしてつけた、タイトルなのだろうが、いかにも早稲田の映研らしい命名ではないか」といった風の、ちょっぴり冷笑的な感想が、どこかの新聞であったか雑誌であったかにのって、私はちょっとばかり、気分を害したりもした(?)。

キャロル・リード監督の、イギリス映画『第三の男』(一九四九・昭和二四年)という作品は、このイギリス人映画監督の映像感覚というものが、『邪魔者は殺せ』から『落ちた偶像』へと、だんだんと密度を高めていって、この映画でまさに一つの頂点に達した、といってもいいような、一作であった。黒白画面の映画の映像表現というものが一つの飽和点に到達した、とでも形容したいような。そして、その次に、『文化果つるところ』という、その終結点のような作品が作られ、さらにその次の『二つの世界の男』で、キャロル・リード監督は、『第三の男』の焼き直しのような映画を作り、一挙に燃えつきていくのである。まあその後、映画がカラー画面の新時代に入って、彼は『空中ぶらんこ』とか『華麗なる激情』といったような、やや注目すべき作品も、作りはするのだが。

要するに、キャロル・リードの『第三の男』に対する当時の評価というのは、厳しくいってしまえば「いわば、研ぎすまされたような映像感覚の頂点を極めただけの、確たるテーマ喪失の一種のムード映画」といったものでもある一面があったのである。大島渚監督の「第三映画」への感想は、そのへんをふまえての、ものなのである。

早稲田大学映画研究会時代、私は三年生の頃から「映画理論講座」という集まりを、主宰していた。そして、集った後輩たちに、よく議論をしかけた。その中の一つが、次のような映画『第三の男』の分析に関するものであった。

「映画のラスト・シーンで、『第三の男』は、あれだけ黒白画面の映画の映像表現の、最先端の映像感覚を駆使したような、スピーディで迫力ある画面を作りながら、一転してキャメラを、静止させてしまう」

「ハリー・ライムの死体が、今度は本当に埋められた、ウィーンの墓地の並木道を、縦の構図で見すえたまま、キャメラはじっと、静止位置を占め長廻しを始める。そしてハリー・ライムの愛人だった、アリダ・ヴァリの演じる女優、アンナが、一人でそこを歩いて、やってくる」

「彼女を愛している、大衆西部劇小説作家ホリーを演じるジョセフ・コットンが、それを一人でじっと、画面の左側で待つ。しかし意外なことに女優アンナは、彼には見向きもせずに、一人で歩調を変えずに、その場を前方に向って通り過ぎていってしまうのである」

「画面左側に残った小説家ホリーは、一人タバコに火をつける。そして、アントン・カラスのチターによる、『第三の男』のテーマ曲が高鳴って、この映画は、終りとなるのである」

「さて、ここからが問題である。女優アンナは、なぜ、小説家ホリーに、見向きもせず墓地の並木道を、通り過ぎていってしまったのであろうか。常識的にいうと、そこには二つの解釈が、成立しそうな気がする」

「①女優アンナは、あの悪魔的な魅力を持った男、ハリー・ライムをよく知る、その愛人だった女性である。あのハリー・ライムに、友人として心服していた平凡な、三文小説家のホリー。あなたは、ハリー・ライムを裏切って、ウィーンの地下水道内で、彼をピストルで撃って殺した。そんなあなたの方など、私は、一瞥も与えずに、去っていくのよ。あなたが、私のことを愛しているらしいことを、知っていればこそなお」

「②女優アンナは、小説家ホリーが、自分を本当に愛してくれていて、結局そのためにこそ心服していた親友ハリー・ライムを、自分の手で射殺したことも知っている。しかし、あの悪魔的な男を愛してしまった私のような女は、私を愛してくれている平凡人のあなたの方を、じっと見詰めて、その愛を受入れる資格は、ないと思う。それは結局、あなたを不幸にするだけなのだから。だから私は、あえて、あなたの方を見向きもせずに、去っていくのよ」

さて、あなたの解釈は、①なのか、あるいは②なのか。果してどちらだろうか。従来の映画のドラマというものを解釈する方法としては、この①女優アンナは結局、小説家ホリーを〈憎んでいたのだ〉という考え方。あるいは②女優アンナは結局、小説家ホリーをそれほど〈愛していたのだ〉という考え方。だからこそあえて〈見向きもせずに去っていった〉のだ、という考え方である。

さて、そうした二つの解釈に対して、実は私はこう考えるのである。映画『第三の男』で、キャロル・リード監督は、結局そのどちらかを〈正しい〉とするような、一方的な古い〈割切り・解釈〉で作品を作ってはいないのである。キャロル・リード監督は女優アンナが、三文小説家ホリーを、〈憎んで〉もいたし、同時に〈愛して〉もいたのだろうと規定しているのだ、とでもいったらいいのか。順番を逆にして、彼女は悪魔的な愛人ハリー・ライムを、〈強烈に愛して〉もいたし、同時に〈強烈に憎悪して〉もいたのである。そんな〈両義的な一瞬を切り取って、フィルムの映像として永遠化するようなこと〉こそが〈現代的な黒白映画の映像表現の最先端を極めたやりかた〉ではないのか、とキャロル・リードは心の底で、秘かに考えていたに、違いないのである。

そうでもなければ、あんな鮮烈な黒白の映像表現の〈現代的な作品〉は、生み出せなかったのではなかろうか。

『第三の男』にはまた、三文西部劇小説家ホリーが、ウィーンのイギリス文化会館のような所に急に講師として呼ばれ、インテリの参加者たちに、マルセル・プルーストやジェームズ・ジョイスの文学の重要テーマである「意識の流れ」について質問されて、困惑してしまう、というちょっと笑ってしまうような、皮肉なシーンがある。

あるいはキャロル・リード監督には〈プルーストの小説の『失われた時を求めて』が、文字を使ってやったことを、より極めて感覚的な、黒白映像の映画表現を駆使して、もっと現代的に、やってみせようではないか〉とでもいった、思いがあったのかもしれない。

そして、作家グレアム・グリーンと組んだ『第三の男』の次に、ジョーゼフ・コンラッドの原作で原始と文明の衝突を面白く描いた『文化果つるところ』を作ったのがギリギリの限界線で、リード監督はその次の『二つの世界の男』で、ついに燃えつきてしまうのである。その〈向う側に突き抜けていくこと〉はついに、彼には出来なかったのである。

感覚は鋭敏だが、それを新しい思想化の極点にまで押しあげることができなかった、一つの限界を持った映画の天才、それがキャロル・リードだった、ともいえるのかもしれない。さて、そのプルーストの小説「失われた時を求めて」は、実はわが敬愛するイタリアの巨匠監督ルキノ・ヴィスコンティが、映画化しようとして、シナリオまで完成させながら、ついにその死によって実現はならなかった。そのシナリオ（スーゾ・チェッキ・ダミーコ共作）が、日本語に訳されて、出版されている（「シナリオ・失われた時を求めて」大條成昭訳／ちくま文庫）ので、興味のあるかたは、ぜひごらんいただきたい。またジョーゼフ・コンラッドの小説と、その映画化である『文化果つるところ』から色濃く影響を受けて、フランシス・フォード・コッポラ監督が映画『地獄の黙示録』を作ってもいる。こちらもまた、このことについての、実に興味深い、参考資料的な映画であると私は思う。

中山信一郎のことを書くうちに、この文章は意外な方向をたどることに、なってきてしまった。しかしこれも、彼がいたからこそ導き出された、一つの興味深い映画と文学にかかわる問題を持ったテーマだ、と考えてみることにしようか。

その中山信一郎が、鹿児島に再開させたジャズの店の壁面に、『第三の男』のオーソン・ウェルズ演じるハリー・ライムのアップのスチル写真を、どんな風に拡大して使ったのかは、私は知らない。ついに彼の生前に、その店に行くことは、なかったからである。

中山信一郎がいろいろとお世話になった、ジャズの世界の方々や、地元鹿児島の方々、東京その他の各地方の方々のために、私は彼の「ジャズ葬」の日に、参会者にお配りするための私の本を提供し、その一冊一冊にサインをした。それは、直接お会いすることが出来ない彼の友人の方々への、私の心からの御礼のごあいさつの、つもりであった。改めて、特に記しておきたい。私の弟といってもいい、中山信一郎のために、本当にいろいろと、ありがとうございました。

『第三の男』オーソン・ウェルズ

あとがきにかえて　中山信一郎さんとの想い出

小野公宇一

あれは忘れもしない二〇〇五（平成十七）年十月二十三日の日曜日のことだった。

その日は朝からその秋一番の冷え込みだったが、前日の日本シリーズ第1戦で阪神がロッテに1対10の屈辱的大敗を喫した鬱屈もいっとき忘れるような快晴の秋晴れだった。

中山信一郎さんとはそのころ週に最低二回ぐらいはお会いしていて、うち一回は中山さんが経営されていた地元鹿児島のジャズの店「パノニカ」で働いていた女性が営まれる居酒屋「うげつ」で、土曜の夜にお会いするのがお決まりだった。

中山さんも私も、日本のプロ野球では阪神を応援していて、十月初旬、中山さんは軽い脳梗塞で入院されたが、一週間ほどで退院されて早々、阪神のリーグ優勝祝いを料亭「吾愛人《わかな》」でやったばかりだった。日本シリーズ初戦を終えた二十二日の夜には、阪神のダラシナサに中山さんから厳しいコメントが寄せられるに違いない。そう思って店に足を向けたが、中山さんはおいでにならなかった。

退院後からお持ちになった携帯電話に何度かけても繋がらない。

中山さんと親しい店の常連の方々からは、旅行にでも出かけられたのでは、と楽観説もあったが、気になって仕方がなく、翌朝一番に中山さんがお住まいのマンションに様子を見に出かけた。

入口のドアには鍵がかかっていて、新聞受けには新聞が数日分溜まっていた。

ベランダの見えるほうに回ってみると、こちら側からだと二階相当の中山さんのご住居の物干しには洗濯物が取り込まれずにかかっており、寒い朝なのに部屋のサッシが細目に開いていた！

これはと思いほうぼうに電話連絡したが、ほどなく中山さんのご友人の岩下壮一さん〔岩下三四画伯のご子息〕たちが駆けつけてくれ、調達してもらった梯子をよじ登りベランダから部屋に飛び込んだ。

そこには中山さんがうつ伏せに倒れておられた。

動かすといけないので「中山さん！　中山さん！」と大声で呼びかけたが反応はなかった。

二度目の、重い脳梗塞だった。

奇しくも私が第一発見者になってしまった形だったが、中山さんを運んでいく救急車の赤色回転灯を眺めているうちに、中山さんとの交流が走馬灯のように蘇った。

中山さんと初めてお会いしたのは一九八八（昭和六十三）年、今はなき地元誌「文化ジャーナル鹿児島」の宴会でだった。ただそのとき私は殆どお話ししていない。映画やジャズのことを早口でマシンガンのように周囲に話される中山さんを、ただ茫然と眺めているだけだった。

初めて面と向ってお話ししたのは、中山さんが作家の色川武大さんから拝領された貴重な『丹下左膳餘話　百萬兩の壺』のビデオを人づてにお借りしたお礼というか、そんなビデオを痛めてしまったので、お詫びに「パノニカ」に伺ったときのことだった。

初っ端がそんなふうだったので、私の第一印象はコワイ方という感じだった。

それがご縁でパノニカには以後足繁く通うようになり、それまで興味のなかったジャズもよく聴くようになったが、たいてい挨拶抜きでいきなり話を核心から始められる中山さんに、私のような負い目のない者でも、第一印象がスゴク良かったという方が果たしてどれくらいいらっしゃったことだろうか。中山さんが前に繊維問屋の「丸十」の社長をしておられたことは後で知ったが、あれで社長職は大丈夫だったのかナ、と思ったりしたこともあった（まあ大丈夫じゃなかった証拠に丸十はなくなったワケだ⁉）。

でも私の不手際に中山さんはそんなにお怒りにならなかったし、一見ぶっきらぼうな方だが、実は初対面の人物にはとてもシャイで、おつき合いして頂けば頂くほど中山さんの本当の優しさ、よさ（無茶苦茶な方ではあったが！）が身にしみてわかってきた。

なので後年、二〇〇八（平成二十）年に『ヒポクラテスたち』の大森一樹監督と和歌山県の田辺での映画祭でお会いしたときも、一見むすっとした感じで近寄り難そうだった（？）が、中山さんとのおつき合いから大森監督も中山さんのような方だろうと思って話しかけてみた。思った通りで、こんな優しい監督さんは滅多にいらっしゃらない。それ以来とても親しくさせて頂いている（ただ知遇を得たのがもう少し早ければ！　鹿児島にも幾度かおいでになられたので、斉藤由貴主演の映画『恋する女たち』が大好きだった中山さんに大森監督をお引き合わせしたかった！）。

私の場合ジャズよりむしろ映画から、中山さんと親しくさせて頂いたが、元号が平成に変わってからは、ご自宅と私の家が比較的近いということもあり、週に一度は「ドトール」に呼び出され、コーヒー飲みつつ楽しい映画や野球談義と相成った。そのときの中山さんの笑顔が今も忘れられない。中山さんはニコッと笑ったときの、とても笑顔の素敵な方だった！

また二か月に一度、年金支給日には「分家無邪気」（ここは地元の巨人ファンの巣窟みたいな店で、虎党の中山さんと私とにはそぐわないのだが、焼き鳥が美味しいので）で中山さんに晩御飯をご馳走になったりもした（結局何のかので割り勘になることもしばしばだったが⁉）。

あと中山さんと一パイ飲《や》ったあと、路上の隅での立ち小便の見張りをさせられたり（！）、鴨池野球場〔現・平和リース球場〕になぜか西武戦の公式戦を一緒に観に行き、渡米前、ライオンズ在籍時代の松坂大輔のピッチング（1イニングだけ調整登板で投げたのだ！）を観たり、新しい商業ビルができたとあれば一緒に出かけたり……。多分私しか知らない中山さんとの想い出は枚挙に暇がない。

中山さんが脳梗塞再発で長い闘病生活に入られる前の数年間で、私はもっとも親しく時間を割いて下さった一人だっただろう。中山さんには本当に感謝の言葉しかない。

ただ中山さんは数十年前、ご友人の方が孤独死されたころから、「オレは野垂れ死にが理想だ」としばしば言っておられた。二度目の脳梗塞に倒れられた中山さんへの私の救出が遅れたので、「小野、お前は余計なことをしてくれたな！」と中山さんが夢枕に立つ悪夢にうなされることが少なからずあった。

でも叱られても、後で遅すぎた（闘病十三年で物故されるとは想像もしていなかった）と思っても、あの日中山さんのお部屋に飛び込まずにはいられなかったのです。

夢で見た中山さんだったが、今はもう黒澤明監督や小津安二郎監督、山中貞雄監督のおられる彼岸に旅立たれてしまった。

中山さんに叱られる夢も最近は見なくなった。今ではきっと私のしでかしたことを水に流してお赦し下さっていると身勝手に思っている。

夢ではまた、中山さんが以前のようにマシンガン・トークで楽しく貴重なお話を聞かせて下さっているというのも何度か見た。二〇一八（平成三十）年三月七日で、いや二〇〇五年の、あの救急車の赤色灯を見た秋の日を境に、愉しい時間は永遠に失われた。いや、本当にそうか？　私の心には今も折々に中山さんとの愉しい想い出が湧く。いずれ彼岸で、また映画談義ということになるかもしれない。その時まで、私は中山さんがご覧になれなかった新作映画を一本でも多く観て、ディテールを覚えておかなければ、と思う。

そしてそのときついでに、中山さんにお世話になったお礼の意味を込めて、映画評論家の山田宏一さん、ワイズ出版の岡田博社長が多大のお力添えを下さって、早稲田大学の先輩の白井佳夫さんもご寄稿下さって、あちらでこうして中山さんの四冊目の著書を何とか出してきましたよ、とご報告したいとも思っている。

最後に繰り返しになるかもしれないが言わせて頂きたい、中山さん、本当にありがとうございました。

そして本書を最後までお読みくださった皆さまに、篤く御礼申し上げます。

二〇二〇（令和二）年三月

「中山信一郎とメモリーズ・フォーエバー」（であいの葬儀ドットコム自分史出版部、二〇一九年三月刊）より改稿

著者

中山信一郎（なかやま・しんいちろう）

１９３６年鹿児島市生まれ。早稲田大学中退。１９７４年、鹿児島市に「パノニカ」をオープン。２０００年の閉店まで数多くのジャズライブを開いた。「鹿児島モダン・ジャズの会」の中心メンバーとして活動、新聞や雑誌などにジャズ・映画評論を繰り広げる。著書に「土曜日のジャズ　日曜日のシネマ」(松尾書房)、「ぼくのシネローグ〔パノニカ映画通信〕」（ジーワンブックス)、「シネマとジャズの『共鳴箱』」（のんぶる舎）がある。２０１８年3月没。享年８１。

編者

山田宏一（やまだ・こういち）

映画評論家。１９３８年、ジャカルタ生まれ。早稲田大学中退。東京外国語大学フランス語科卒。１９６４年～１９６７年、パリ在住。その間「カイエ・デュ・シネマ」誌同人。著書に「〔増補〕友よ映画よ、わがヌーヴェル・ヴァーグ誌」「〔増補〕トリュフォー、ある映画的人生」「ハワード・ホークス映画読本」「ヒッチコック映画読本」「森一生映画旅」（山根貞男と共著）「キン・フー武俠電影作法」（宇田川幸洋と共著）「ヒッチコックに進路を取れ」（和田誠と共著）「ジャック・ドゥミ𝄞ミシェル・ルグラン　シネマ・アンシャンテ」（濱田髙志と共著）など。訳書に「〔定本〕映画術　ヒッチコック／トリュフォー」（蓮實重彥と共訳）など。

小野公宇一（おの・こういち）

本名、宏一。１９６３年鹿児島市生まれ。大阪外国語大中退。フリーライター。鹿児島コミュニティシネマ（ガーデンズシネマ）理事。「宮崎日日新聞」に不定期に映画評を掲載。映画検定１級。著書「映画狂シネマ道中記」（風詠社)、「百萬両の女　喜代三」（彩流社）がある。

映画館前の著者

泣き笑い　映画とジャズの極道日記

発行日　2020年4月30日　第1刷

著　者　中山信一郎
編　者　山田宏一　小野公宇一

発行者　岡田博
ブックデザイン　田中ひろこ
協　力　関佳彦
岩下壮一　森田孝一郎　竹田敏昭　木下ユリカ　小川陽一郎
横山俊雄　阿部陽子　石割平

発行所　ワイズ出版
東京都新宿区西新宿7-7-23-7F
電話　03-3369-9218　ファックス　03-3369-1436

印刷・製本　日本ハイコム株式会社

ワイズ出版　山田宏一の本

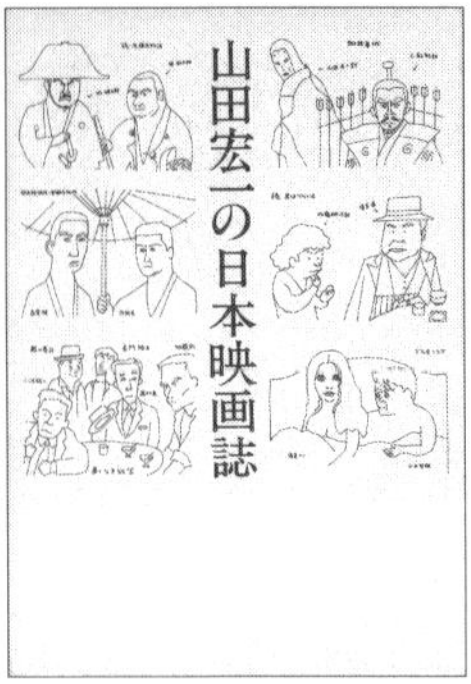

A5判上製／2800円＋税
山田宏一の、心ときめく初の日本映画論集。

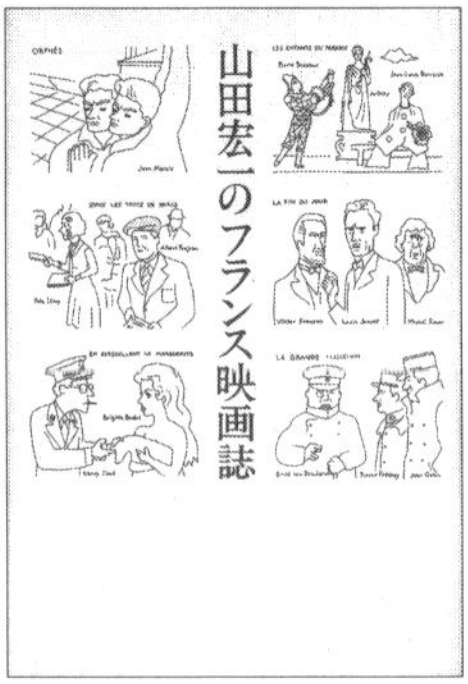

A5判上製／3800円＋税
山田宏一の、珠玉のフランス映画論集。

A5判並製／952円＋税
『天井棧敷の人々』、山田宏一の解説とシナリオを採録。

A5判並製／3400円＋税
名著「美女と犯罪」（23編）に、あらたな17編を加えた完全版！

A4判並製／1600円＋税
森繁久彌、共演者のインタビュー、作品解説、フィルモグラフィーなど。

A5判並製／2800円＋税
徹底したドキュメント構成でゴダールの、永遠のアンナ・カリーナ時代を説き明かす！

文庫判／1200円＋税
「次郎長三国志―マキノ雅弘の世界」「日本侠客伝―マキノ雅弘の世界」再編集・改稿版！これが映画だ、マキノ節。

文庫判／1400円＋税
「山田宏一の日本映画誌」全面改稿！巨匠からプログラム・ピクチャー、寅さんからロマン・ポルノまで。

文庫判／1400円＋税
「山田宏一の日本映画誌」全面改稿！ドキュメンタリーから自主映画まで。日本映画の粋を味わいつくす！